# 总统幕僚

## 在肯尼迪身边十一年

〔美〕特德·索伦森（Ted Sorensen） 著

魏宗雷 译

COUNSELOR

重庆出版集团 重庆出版社

版贸核渝字 (2010) 第067号

**图书在版编目(CIP)数据**

总统幕僚：在肯尼迪身边十一年 /〔美〕索伦森著；魏宗雷译. —重庆：重庆出版社，2010.9

书名原文：Counselor: A Life at the Edge of History

ISBN 978-7-229-02460-4

Ⅰ. ①总… Ⅱ. ①索… ②魏… Ⅲ. ①回忆录－美国－现代 Ⅳ. ①I712.55

中国版本图书馆CIP数据核字(2010)第111184号

**总统幕僚**

ZONGTONG MULIAO

〔美〕特德·索伦森 著
魏宗雷 译

出 版 人：罗小卫
策　　划：中资海派·重庆出版集团科技出版中心
执行策划：黄　河　桂　林
责任编辑：朱小玉　朱兆虎
版式设计：张　英
封面设计：袁青青　黄充擎

重庆出版集团 重庆出版社 出版
（重庆长江二路 205 号）

深圳市彩美印刷有限公司制版　印刷
重庆出版集团图书发行有限公司　发行
邮购电话：023-68809452
E-MAIL: fxchu@cqph.com
全国新华书店经销

开本：787mm×1 092mm　1/16　印张：26　字数：467 千
2010 年 9 月第 1 版　2010 年 9 月第 1 次印刷
定价：48.00 元

如有印装质量问题，请致电：023-68706683

写给我的孙子们——

罗里、汉纳、奥拉夫、林肯、特里和索菲亚，

让他们知道特德爷爷为他们的世界作出了贡献。

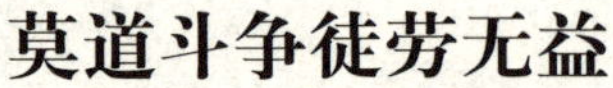

# 莫道斗争徒劳无益

阿瑟·休·克拉夫（1819～1861）

不要说斗争徒劳无益，
劳役和伤痛白费力气，
敌人既没大伤元气，也未一败涂地，
就像什么也没发生，一如往昔。

波浪拍岸也嫌累，白白撞得粉碎；
得寸都很吃力，进尺谈何容易。
背后远方的支流小溪，
才是大海潮涨潮落的主力。

天亮并非总是从东窗开启，
天下大白扯出第一缕晨曦，
地平线上太阳缓缓升起，
向西，光明重回大地。

（写于1849年，选自《阿瑟·休·克拉夫的诗和散文》）

# 特德·索伦森介绍

COUNSELOR

特德·索伦森出生于内布拉斯加州林肯市，毕业于内布拉斯加州大学法学院，后到华盛顿谋求发展。在那里，他以参议员助手、总统撰稿人和特别顾问的身份，陪伴肯尼迪走过了八年的参议员生涯和三年的总统任期，深受肯尼迪器重和信赖，在肯尼迪成名作、就职演讲、古巴导弹危机、民权法案等一系列重大事件决策中，发挥了重要作用。

肯尼迪遇刺后，索伦森继续留在白宫为接任的约翰逊总统工作了几个月，期间为约翰逊撰写了他在国会的第一篇公开演讲和第一篇国情咨文，随后便离开白宫潜心写作《肯尼迪传》。

1966年，索伦森加入美国最著名的宝维斯律师事务所，成为一位国际知名律师，为政府和国际大型公司提供法律咨询。他长期活跃于政界、外交界以及国际事务中，包括在1968年罗伯特·肯尼迪的总统竞选中担任重要角色。

2007年3月9日，索伦森与巴拉克·奥巴马参议员在纽约凯悦格兰特大酒店展开对话，并公开表示支持奥巴马参加2008年总统竞选。他在奥巴马的总统竞选中表现活跃，并为奥巴马2009年就职演讲提供帮助。

# 特德·索伦森主要著作

《贵为民主党人》（1996 年）

*Why I Am a Democrat*

《畅所欲言》（主编，1988 年）

*Let the Word Go Forth*

《变宽的大西洋？国内变革与外交政策》（合著，1986 年）

*A Widening Atlantic? Domestic Change and Foreign Policy*

《变个花样当总统：打破政治僵局》（1984 年）

*A Different Kind of Presidency:*
*A Proposal for Breaking the Political Deadlock*

《黑夜守望者：水门事件后的总统威信》（1975 年）

*Watchmen in the Night:*
*Presidential Accountability After Watergate*

《肯尼迪遗产》（1969 年）

*The Kennedy Legacy*

《肯尼迪传》（1965 年）

*Kennedy*

《白宫决策》（1963 年）

*Decision-Making in the White House*

# 中文版序言

COUNSELOR

约翰·F. 肯尼迪总统如果事先料到自己将无缘活到第二任期，将会后悔他当初决定将“中国问题”推迟到第二任期（这是1961年1月下旬他亲口对我说的，当时我们在一个新闻发布会上讨论了今后是否有可能向中国大陆提供粮食援助以缓解那里的灾荒，后来这种可能性被排除了）。

他决定推迟的原因有两个：一是需要等待中国转变态度——愿意与美国搞好关系，二是在这一最具争议性的问题上，需要等到美国国内的政治局势发生有利转变。第二点的考虑是基于1960年总统大选中他仅凭微弱的选票优势获胜（实际上总统选举实行双票制，与他获得了大部分选举人票相比，这是小事一件），还有他上任伊始就面临着如何摆平保守的南方民主-共和联盟及由他们把持的国会参众两院等棘手问题。

在那种大环境下，带有一定理想主义色彩、广结善缘的肯尼迪对于采取什么样的外交政策非常谨慎，因为任何大胆的政策都会引起国内的反对。他对我说，中国事务（意指外交、贸易和其他关系正常化）将是他第二任期要解决的重大问题。可惜啊，他竟未能等到这一天。他本应是那位重塑历史的总统，带领美国实现与亚洲最大国家的关系正常化，使中美关系建立在更具建设性、有更多共识的基础上，正如他能在其他极富争议的问题上获得完美解决一样。

值得注意的是，在这个问题上，他会受到国务卿迪安·腊斯克的反对，但他还是会和我一起，推进这些计划，我在白宫的其他同事们毫无疑问也会支持他的。在总统的第一个任期里，我在处理国际安全事务上的影响非常有限，但我的建议总统是会听的。

在尼克松-基辛格的破冰之旅之前，更早地实现关系正常化，对两国的经济发展和政治格局都有利，即使肯尼迪总统担心苏联和美国国会会有支持台独的保守分子，他也会毅然做出抉择。

离开白宫后，我以国际律师的身份到中国作过几次私人和公事访问。第一次是1978年，应英国伦敦出口公司的邀请，与副总裁杰克·佩里先生遍游了中国，这是首批与中国做生意的西方公司之一。2000年，我再次应佩里家族的邀请，在佩里逝世一周年之际到北京出席中国政府部门为杰克·佩里举行的纪念活动并演讲。2004年，我再访北京，参加外交关系理事会的研究交流活动，发表了演讲并见到一些中国学者。另外，几年来，我多次到香港出差，我所在的美国宝维斯律师事务所在那里有办事处，现在北京也有了。每次到访，中国快速增长的经济、日新月异的城市面貌和热情好客的中国人都给我留下深刻印象。

# 名人推荐

COUNSELOR

特德·索伦森的作品鼓舞了一代又一代人，他的智慧和决断帮助我们的国家度过了最困难的一段时期。这部扣人心弦、真切动人的回忆录，清晰再现了美国历史上那个受人尊崇的时代，冲击着美国人对政治的冷嘲热讽，唤起我们的理想主义，重新点燃我们的想象力，让我们认识到国家的成就，响应时代的召唤。这将是一本世代传诵的经典。

——巴拉克·奥巴马

美国总统

回忆录作者们给我们带来的往往是孤芳自赏、沉闷无趣的“内幕”，终于，我们在这里发现了一个令人眼前一亮的例外。特德·索伦森的《总统幕僚》是一份难得的礼物，是对历史的还原。索伦森谦虚地称他站在历史的边缘，事实上，他是种种重大历史事件的参与者，他站在事件的中心。他既是一个敏锐的观察者，洞察一切微妙之处，又是一个技艺纯熟的作者，让我们了解历史的深刻。

——罗伯特·卡罗

两度普利策奖获得者

《林登·约翰逊总统传》作者

这是一本非常重要的书，也是一本思想深刻的书。正如杰姬·肯尼迪评价特德·索伦森为她丈夫撰写的演讲稿那样，本书不仅凝聚了索伦森的灵魂，也凝聚了约翰·肯尼迪的灵魂。它令人爱不释手，像史书一样让人心潮澎湃，又像小说一样跌宕起伏。

——沃尔特·艾萨克森
CNN前主席兼首席执行官
《时代周刊》前执行主编
《美国倩影》《爱因斯坦的人生和世界》《本杰明·富兰克林》作者

特德·索伦森凭借超凡脱俗的文采和历史学家的眼光，带给我们一本非常受欢迎的书。他以独到的视角讲述了约翰·肯尼迪的政治生涯，为后辈带来新鲜的感悟和深刻的教诲。

——汤姆·布罗考
NBC晚间新闻前执行主编兼主持人
《最伟大的一代》作者

特德·索伦森秉持着一种令人向往的正面的生活观，现在他又写了一本令人向往的正面的回忆录。索伦森用他的文采和诚挚，带我们踏上历史时空隧道，回到美国上世纪后半叶的许多重要历史时刻：与肯尼迪合著《当仁不让》、古巴导弹危机、达拉斯事件和一系列后续事件，为我们讲述他和肯尼迪的经历。这是一部引人入胜的作品。

——乔恩·米查姆
《新闻周刊》主编
普利策奖获得者
《罗斯福与丘吉尔》和《美国雄狮》作者

每一个到华盛顿来的人都想成为特德·索伦森。

——麦柯理
美国克林顿总统时期的白宫新闻秘书

相信中译本与特德的原著一样经典。

——丹尼尔·特里斯
美国布兰代斯大学副校长
公共生活道德中心主任

特德·索伦森——居白宫之高位却鲜为人知，处权力核心却不事张扬的圈内人。任何一位在总统身边工作的人都应有特德的人品，任何一位想在演讲与口才上成功的人都应学习特德的文采。

——汤姆·艾德曼
美国 CBS 前播音员
媒体演讲台创办人

我猜你们一定会说历史有惊人的相似，这实际上是一种薪火相传，或者某种……随你说吧。

——亚当·弗兰克
特德·索伦森特别助理
奥巴马三大捉刀人之一

# 译者序

COUNSELOR

## 在历史的刀锋上游走人生

特德·索伦森是肯尼迪最贴心的幕僚和第一支笔，也是肯尼迪时代仅存的活历史。单凭这一点，他本身就是历史的一部分。他的文字曾经过肯尼迪之口激励一代又一代美国人，“不要问国家能为你做什么,而要问你能为国家做什么。”这些神来之笔据说正是出于特德之手。2008年美国大选期间，奥巴马阵营正是看重特德这一点，把特德当做一个宝。从肯尼迪、卡特到克林顿乃至奥巴马，无不想从特德那里获取灵感。奥巴马激情四射的演说有特德的痕迹。特德为肯尼迪而活着，他为美国民主党而活着。他是生命周期最长的美国总统“捉刀人”。

本书名直译为《总统顾问：在历史的刀锋上游走人生》。主标也可译作《总统幕僚》、《总统捉刀人》。副题“A Life at the Edge of History”，Edge既是边缘，也又指刀锋，寓意风口浪尖。这也符合索伦森所处的时代和地位，他是古巴导弹危机等重大事件的参与者，起草肯尼迪给赫鲁晓夫的密函，巧妙化解当时被视为两个超级大国的首次核对抗危机。好莱坞影片《十三天》中索伦森是重要一角。从这个意义上讲，特德是“风口浪尖上的总统幕僚”。有一本《影子总统》，全书记述的都是各届总统的高级顾问，其中就有索伦森。索伦森一直是辅佐总统的助手，提出建议，从旁指点。虽说他的能力足以胜任内阁部长，但却一直甘当幕后英雄。

肯尼迪那一篇篇激人奋进的演讲稿，措词委婉，斗志激昂，穿越时空，让美国人重拾信心，没人会记起这里面有索伦森的笔墨和智慧。索伦森作为最有才华的总统演讲稿撰稿人，他的语言功底在本书的写作中也得到彰显，对仗、押韵、幽默、诙谐、典故，比比皆是。有时一个长句就是一大段，主谓宾相隔甚远，如同鲜竹笋，外粗里嫩，顺着纹理，小心翼翼，层层剥开，豁然开朗，才见笋心，白白嫩嫩，秀色可餐，那时，翻译的那份成就感、那份美也就油然而生。

索伦森这本叙事风格如纪实文学一样的自传体回忆录，记录了美国政坛的台前幕后，囊括了美国官场的是非百态，难怪有人评论他的作品可以作为历史学家的参考文献。

这是一本饱含人生故事、情趣、哲理的书，也是索伦森一生的写照。他在肯尼迪总统身边11年，而肯尼迪伴他一生。动笔著本书时索伦森已经七十有三，然而如此高龄着手巨作还不是最令人惊讶的，真正让人震撼的是他写作的时机。2001年索伦森被诊断为小脑中风，视力极度受损几近失明。在几个月的自怨自艾后，他发现虽然自己身体疼痛、视力模糊，但记忆力却没有受到丝毫损害，于是决定撰写回忆录。已被医生宣判只有六个月生存时间的索伦森，在此书完成时已经活了六年多了，而今刚过完八十大寿。之所以能创造这一奇迹应源于他内心最强烈的信念："告诉其他人，尤其是年轻的美国人有关肯尼迪的故事，激励他们为公众服务。现在终于可以对辅佐肯尼迪的那段往事画上一个完满的句号，我已完成了这一生对他的效劳。"

自始至终，索伦森一直都对肯尼迪怀有崇高的敬意和怀念，不仅是因为肯尼迪对他有知遇之恩，更是因为肯尼迪对他的一生都影响深远、意义重大，跟随肯尼迪一同走过的11年，令他终身受益，也终身怀念。正如他自己所言："要不是由于我同肯尼迪总统的因缘际会，我将一事无成。"在这个世界上，有人为另一个人活着而死去，也有人为死去的另一个人而活着。现代人追求自我，又多是追星族。索伦森并不追星，他本身也足以成星。英雄惺惺相惜，得一知己足矣。读了《总统幕僚》这本书，我们才知道什么是知足常乐。

魏宗雷

2010年5月

# 目 录



我始终怀念着那个生我养我的地方——安全、祥和、井然有序；那里孕育了我的童年，并为我的生活和事业打下了基础。我一直将内布拉斯加视为心灵圣地，它对我年轻时的世界观有着极深的影响。



当历史的最高法庭对我们每个人进行审判时——判断我们是否对我们的国家尽了最大的责任的标准，是我们对这四个问题的回答：我们是真的勇士吗？是真的捍卫公正的人吗？是真的保持忠诚的人吗？是真的勇于奉献的人吗？

我在肯尼迪身边的那 11 年是很愉快的，在这里从事私人法律业务则不然，它充满挑战，富于变化，使人有成就感；更重要的是，它好比一场其乐无穷、永无止境的探险，总能发生离奇的故事，遇到非凡的人物。

## 作者声明

特别鸣谢普林斯顿大学和伦敦经济学院的毕业生亚当·弗兰克。作为我的首席助手兼亲密的合著者，毫不夸张地说，他如同我的双眼一般，对此书倾注了长达六年的心血。是他的忠诚与奉献使该书得以完成。得益于他出色的研究、组织及编辑能力，这本书才做得更加完美。

作为朋友，我很欣赏他，也相信亚当凭借自己的卓越才华，假以时日定会大展鸿图。

特德·索伦森

# 本书缘起

COUNSELOR

我基于以下三点理由撰写此书。

首先，1965 年，我撰写了《肯尼迪传》，记录我与约翰 ·F. 肯尼迪共事 11 年的经历。那时，总统在达拉斯遇刺身亡的痛苦萦绕我心，林登 · 约翰逊接任总统，罗伯特 ·F. 肯尼迪也身涉政界，杰奎琳 · 肯尼迪还处于极度悲痛中，我不愿去伤害他们任何一位的感情。时间的推移却使我形成一个更为广阔、更为清晰真实的观察角度。

第二，最近一位历史学家告诉我，历史学界充分地认可肯尼迪对美国乃至整个世界的影响，也认可我的一些想法和观点对肯尼迪产生的巨大影响，却对我这些灵感来源知之甚少，甚至一无所知。他补充道："为我们还原真相，是历史赋予你的责任。"我不禁想起 1962 年某杂志头版头条的标题"特德 · 索伦森——政界神秘人物"。此书正能扫除残存的神秘感。而我的故事也无疑时刻接受着各种信息的考验——这就是所谓的历史。

第三，幻想破灭的美国公民们，而今对总统的政绩充满了不屑和怀疑。大多数美国年轻人武断地认为当代的总统们欺骗了人民，让他们大失所望。在我看来，也许十分有必要去提醒他们：的确曾经有过这样一位总统，他诚实，充满理想，并全力以赴为这个国家创造最大的价值。至少有我——我就是见证人。事实上，目前美国政治领导的尴尬局面与肯尼迪时代截然不同，这促使我展开回忆，在文字中重现历史。

当然，写作过程中，我逐渐认清一些主要障碍：

1. 记忆障碍——我不可避免地受到选择性失忆和后续事件的影响(我总是忙于谨慎地处理参议院和白宫事务而没有时间写日记)。

2. 谦逊的本性——这本书需要更多地以第一人称叙述，这让我不大习惯，但我记得著名的美国哲学家、棒球名家杰尔姆·“迪齐”·迪安的名言（实际上是惠特曼的名言。——译者注）：只要干过了，就不叫吹牛。

3. 忠诚的义务——我承担着巨大的压力，因为读者能从我笔下透视到他人的智慧和决策，也能透视到他们的隐私和秘密。

4. 时间和空间的限制，要求我避免冗余，拒绝委婉。另外，我觉得并没有必要加脚注，因为这本书面对的是各个层次各个年龄段的读者，而不仅仅是学者。

2001 年我中风后，我的视力和精力日渐衰退，我对自己能否顺利完成这本书的写作心存疑虑。一位天赋异禀的作家朋友告诉我：“讲讲故事就行了。”是的，我一直都喜欢讲故事，并且有很多故事要讲。历史学家大卫·麦卡洛曾道出他的忧心：“美国人正在失去对国家故事的记忆，遗忘了我们的身份和发展的武器。”我的初衷仅仅是完成一个人的回忆录。它可能既无法充分满足那些挑剔的历史学家，也无法给人深切的感动。但我希望，这本书不仅是我重温的个人故事，也是一个鼓舞人心的美国故事。

特德·索伦森

2007 年于纽约

# 序言

COUNSELOR

20世纪80年代末，正值冷战即将结束之时，一天早晨，一位前苏联人走进我在纽约的律师事务所，直截了当地对我说："我们曾通过信。"对我来说，他完全是个陌生人，我半信半疑，便询问他的身份。他接着说道："在古巴导弹危机期间，是不是你帮肯尼迪起草了给赫鲁晓夫的密函？"我笑了笑。他接着说，"我帮赫鲁晓夫写了回信。"后来我才得知他不仅是一名杰出的律师，也是前苏联高官——费奥多尔·布拉斯基。他或许对自己有些言过其实了，赫鲁晓夫的其他下属也做了很多重要的工作。

实际上，那个星期六的傍晚我感受到前所未有的压力，却也最终体验到前所未有的成就感。那天是1962年10月27日。美国总统约翰·F.肯尼迪任命我在他弟弟——司法部部长罗伯特·F.肯尼迪的指导下，起草一份总统亲笔签名的密函，寄给前苏联部长会议主席尼基塔·赫鲁晓夫。

这是我起草过的最为生死攸关的一份声明。那年我34岁。

10月27日，时间来到历史学家们所谓的"人类历史上最危险的13天"的第12天，两个超级核大国首次对决（实际上，也是唯一的一次），两国都有毁灭对方的力量，即使无意，也能将彼此乃至整个地球毁于一旦；赫鲁晓夫对古巴核战略作出了仓促又轻率的决定，使此次危机愈演愈烈。苏方设计巧妙的骗局，在距美国海岸90英里的位置，秘密设置了9个导弹基地，并安置了30余枚中远程核导弹，这些导弹足以消灭成千上万的美国人和西半球的所有民众。

年仅45岁的肯尼迪总统，任命36岁的司法部部长以及34岁的我起草一份密函，这是他和主要顾问们经过激烈讨论后作出的决定。这些顾问组成了“国家安全顾问执委会”或简称“执委会”。我与罗伯特·肯尼迪在办公室起草密函，委员会的成员则聚集在内阁会议厅，他们一边与总统商讨对策，一边等待着我们的大作。早些时候，我们与卢埃林·汤普森进行了会谈，他是美国的首席前苏联问题专家，前驻莫斯科大使，认识赫鲁晓夫。对于赫鲁晓夫在24小时前所发来的两封密函，卢埃林极力建议总统和执委会不必一一回复，只回第一封，即10月26日星期五晚收到的那一封。那封信在一定程度上表达了某种希冀而又模棱两可的态度，我们读出了苏方希望我军从土耳其撤离的意愿。另外，我们力劝总统忽略10月27日星期六接到的第二封信。那封信语气更为强硬，要求美国承诺立即撤除北约部署在靠近前苏联的土耳其境内的核武器，只有这样，赫鲁晓夫才会撤除古巴境内的导弹。苏方明知我们无法立刻满足他们的要求，还是开出这样的交换条件。25年后，肯尼迪政府时期的国务卿迪安·腊斯克在给我的信中提到：“汤普森是从一开始就建议只回复赫鲁晓夫的第一封信……忽略第二封信的人——这是鲍比·肯尼迪在向总统提议之前，他与汤普森商议的结论。”

借助当天的录音资料，我回忆起了那个星期天下午的讨论会，大致如下。

我：“我们或许可以从他的第一封信中找到对我们有利的条件。”

罗伯特：“我觉得我们只要说——你尽管开口，我们都接受。”

我：“如果我们可以在回信中引用他们提出的一些条件或许有用。”

罗伯特：“总统阁下，为何要劳烦您大驾呢？就让我们搞定吧。”

肯尼迪：“我想我们应该有所行动。不要顾及我，我正在考虑到底要怎么回信。”

罗伯特：“我们应该在您不在的时候起草密函，以免您把它撕个粉碎！”（大笑）

我：“其实我倒认为鲍比的想法不错。如果我们说，‘我们接受您昨晚在信中所提要求，因此不必要再商讨其他事宜（指北约部署在土耳其的导弹）。’那我们就不像是发最后通牒。”

麦克斯威尔·泰勒将军：“联席会议的长官们建议对古巴实行大空袭……最晚星期一早上执行……七天之后长驱直入。”

罗伯特：“天啊，真是出奇制胜！”

肯尼迪：“那都是后续话题，现在我们还是先给赫鲁晓夫回信吧……”

总统最后将这项任务交给了我和罗伯特，要求我们尽快完成，而且他还建议我们与身在纽约的美国驻联合国大使艾德莱·史蒂文森进行商议，他有意将我们的回信公开，要求回信的语气避免挑衅，以争取其他各国的支持。离开了内阁会议室，我和罗伯特便在隔壁的办公室开始写回信。

我感到整个世界的重量都压到了自己的肩膀上。如果我们的回信没能令赫鲁晓夫满意，或者在一定程度上惹恼了他，那他的下个行动绝对出乎意料，甚至不堪设想。难以预料的还有肯尼迪总统能否镇住我军，以及执委会中主战的强硬派成员们，他们一直主张空袭古巴和前苏联导弹基地，紧接着入侵，“将古巴从卡斯特罗手中夺过来”。唯有如此，才能确保根除前苏联的导弹威胁，保护美国长远的安全和利益。

尽管资历浅薄，毫无外交经验，我还是深刻了解密函起草任务的重要性。总统并没有交代该写什么。凭我辅佐他十来年的经历和我对他个人的了解，我知道他一定会让我们以和平的手段解决这一可怕的危机。在鲍勃挑剔的目光下起草的回信如果令赫鲁晓夫察觉到火药味或感觉受辱的话，那我们只有作最坏的打算了。当天执委会的会议一开始，中情局就发布了一个可怕的情报。报告说，前苏联安置在古巴的导弹已经蓄势待发，核弹头想必已经运到古巴岛附近准备装载，万事俱备，只欠点火。再者，如果这封回信让其他西方同盟国甚至整个世界感觉美国太过软弱或屈从的话，我怀疑就连我们最牢固的盟国也不会继续相信美国愿为捍卫欧洲的自由而冒险采取军事行动。对我们的共同安全作用至深的盟国，它们是否还对美国保持信心，这完全依赖于其他国家的看法。

此时，国务院和美国常驻联合国代表团为了与执委会周旋而拟出了两份回复草案，但经过一番长时间的激烈讨论，都未获通过。气急败坏的委员们无法决定如何回信，也无法决定回复哪封信，也是情有可原。赫鲁晓夫如此迅速而隐秘地向古巴运送导弹，是否意味着他准备发动核战争或者核讹诈——我们无从得知。但是我们知道我们所做的一切尝试，都没能成功劝他撤除导弹。无论是联合国秘书长吴丹或世界舆论的压力，还是我们对古巴实行的军事封锁和警告，都没能达到预期的目标。我们不能肯定肯尼迪总统的回信一定能起死回生，却能完全肯定，我们已经被推到核战的边缘。

我起草密函的同时，仍能听到一群持反对意见的抗议者在拉斐特公园内大声吼叫，穿过宾法大道直达白宫。和平爱好者手举标语，警告总统不要最终将人类推向战争；愤怒的爱国者极力催促总统，联合西方同盟国的军事力量共同抵抗来自共产主义国家的紧迫威胁。如果那天下午有人告知我，在今后的几十年里我不仅会反复去莫斯科出差，还会与他们的前任官员进行具有时代意义的“重聚”——其中包括我的俄国朋友布拉斯基，他也亲身经历了这次历史上独一无二的危机——我一定会觉得这个人疯了。

毋庸置疑，肯尼迪总统面临着进退两难的抉择。此刻，压在他肩膀上的是一个苦闷的回忆，这点我和罗伯特永远也不会忘记。那就是1961年4月的古巴猪湾事件，他一上任就接受如此考验。那时，中情局秘密训练古巴流放势力，对猪湾进行偷袭，结果以失败告终。肯尼迪总统对这一行动的支持，不仅抹黑了他的个人名誉，也影响了国家荣誉。我和罗伯特都没有就他对这件事的决定提供建议。随后，总统邀请我们参加国家安全委员会的会议。我们一致认为，总统这回一定能在古巴问题上取得更美满的结果。猪湾事件的失败决策是肯尼迪总统政治生涯的一个污点，然而，18个月后的那个10月的下午，如果他仍然作出错误决定，后果将不堪设想。

就像一首老歌唱的那样，在那个星期六，肯尼迪与赫鲁晓夫“将整个世界握在手中”。

这并不是我第一次起草给赫鲁晓夫的回信。爆发古巴导弹危机的前一年，我就曾为肯尼迪起草过给前苏联主席的私人信函。1961年的感恩节，前苏联主席派他的记者女婿对正在海厄尼斯港的肯尼迪进行友好的访问，并带来一封私人回信。送来第一封信的是克格勃（前苏联国家安全委员会。——译者注）的特工人员格奥尔基·布尔萨科夫。这封信函故意避开前苏联外交部，语意模糊暧昧，国务院对此非常不安。一向沉稳镇静、精明强干的助理国务卿乔治·波尔在紧急召开的白宫会议上说：“总统先生，您会任命谁来起草您的回信（例如，由国务院还是白宫），恐怕是您作为总统所要作的一个最重要的决定！”“哦，”总统微笑着冲我点了点头，说，“我已经有人选了，他每周都在这儿。”

在总统的指示下，我起草了第一封给赫鲁晓夫的回信，以及后来的许多封。除此之外，我还扮演其他角色。一个周六的上午，罗伯特和新闻秘书皮阿尔·塞林杰都在忙其他的事，我以特派通信员的身份，在华盛顿街角与布尔萨科夫戏剧性地碰头，他悄悄从胳膊下面递给我一份当天的《华盛顿邮报》，里面藏着一封前苏联主席写的密函。

当我和司法部部长罗伯特·肯尼迪坐下来商讨如何起草回信时，我们研究了赫鲁晓夫前一天的信件，仔细考虑了执委会的意见。赫鲁晓夫的语气强硬，夹带警告和威胁（“如果你要惩罚他人，也会遭受同样的毁灭”），他还反复澄清并未在古巴放置任何杀伤性武器。同时，他又真诚地呼吁一种和平的解决办法，表达了非常模糊的暗示。国防部部长罗伯特·麦克纳马拉说道：

> 见鬼！没提条件！这里根本没提什么该死的条件……他根本没提要撤除导弹……整整十二页的废话。这可不是协议。你不能签字，我们也不知道要签什么。

起草回信时，我借助了以前在林肯中学辩论课上学到的技巧，就是利用对方的观点和理由来支持自己的论点。我呼吁采取一种“永久的”解决办法（这一点苏方并没有提到）：“我拜读了您的信函……了解您的建议……我觉得我们大致能够接受您的主要建议……”在我明确表态之前，这些模棱两可的话只不过是我营造的假象。

赫鲁晓夫想给美国打一剂强心针，使美国相信，联合国主持谈判会议的同时，前苏联并没有装载或计划装载杀伤性武器进入古巴，因此他也有理由要求，美国不仅必须解除对古巴湾的封锁（“公海海盗行为”），还必须保证绝不会入侵古巴，并且阻止他国的入侵行为。只有如此，前苏联才会取消在古巴安置核弹。赫鲁晓夫从来没有明确地表示前苏联会撤除已安置在古巴基地的导弹，除非美国保证不入侵古巴，“武装才会消失”。

我的回信更为简短，称他的来信表达了前苏联同意从古巴撤除所有“攻击性”武器的“条件”。字里行间还向他透露我们发现了导弹和IL-28轰炸机，巧妙地避开他的文字游戏：赫鲁晓夫坚称，前苏联在古巴安置的导弹，无论具备何等威力，都旨在“防御”，绝无意“攻击”。回信中，我还指出，前苏联撤除导弹的“条件”就是美国解除海域封锁和保证不会入侵古巴。他开出了一剂强心针——开向古巴的船只并没有装载导弹，只有美国承诺不入侵古巴后，他才会对那里的“专家（已装置的导弹）”进行不一样的处理，我们无视了这一点并明确提出，在古巴的武器必须在联合国或者公众的监督下（赫鲁晓夫的来信中并未提及）进行“拆卸”（罗伯特的建议用词），装箱，运返前苏联，并要求他作出新的保证，此类攻击性武器绝不会再进入古巴（这一点在他来信中也未提及）。我们的回信申明，前苏联的承诺必须在“联合国制定的调解协议”下立即执行并且永久执行，美国才会做出必要的行动和保证。我们轻松地改动他在来信中所安排的时间顺序，试着强调我们双方期望的结果是一致的。

我们的回信并没有就他在第二封信中对土耳其基地所提出的要求作出特别的回应，相反，我们强调当务之急是解决古巴危机——目前面临的最大危险，尽早解决这一危机，将“平息世界的紧张气氛，好让我们对您在第二封信中所提及的武装问题作出妥善处理”。

简而言之，我们除了同样呼吁用和平的手段化解危机，对他的建议表示赞赏外，并没有任何本质的退让。如果前苏联立即从古巴撤除导弹，我们愿意解除对古巴的临时封锁，并承诺此后绝不入侵古巴。其实，美国（至少是总统本人）原本就没打算发动入侵。那天晚上，罗伯特·肯尼迪在他的办公室里也向前苏联大使阿纳托利·多勃雷宁做了一个保密的口头保证，美国随后将撤除安置在土耳其的导弹。这也正好让我们有时间来与北约盟国及土耳其就那批特殊物资的“交换”进行协商——前苏联边境所设置的陈旧的、第一代的、不可靠的、引起明显争议的核武器，交换部署在大西洋的更具杀伤力的、更可靠的、隐秘的北极星核潜艇。

对于我们来说，这无异于一场赌博。赫鲁晓夫不顾一切、孤注一掷地以为，他能不声不响地向古巴运输导弹，而肯尼迪不会发现，或者视而不见。他输了。我们打赌我们可以大摇大摆地诱导赫鲁晓夫接受我们的解决方法，因为我们的“期望”一致。我们赢了。我们赢的唯一原因，就是我们提出赫鲁晓夫始料未及的形式和时间顺序，“接受”了他的交换提议。

10月28日，星期日，世界从毁灭的边缘退了回来，从此再也没有面临如此绝境。我很自豪我起草的回信成功逆转了格局。世界曾经离毁灭只差一步，真是令人恐慌。当天上午，肯尼迪做完祷告回来后，我在总统秘书室里和他谈话。就在旁边的内阁会议室里，执委会的成员们欢聚一堂，大概是在开后期会议。期间，他最得力、最受信任的助手卡尔·凯森走过来插话道：“总统，您终于可以协调中印边境问题了。”他是指在一周前发生在中印边境的冲突，当时我们很担心这会发展成一场全球性的危机。然而总统笑着回答道：“不，我可不认为这两国的任何一方会让我插手此事。”“但是总统，”卡尔嗔怪地反驳道，“您可是今非昔比啦！”“哦，”总统接着说道，“这种情况还会持续好些天呢！”

**2007年7月，《时代周刊》称肯尼迪是一位“永恒的偶像”，“在近20年来的全国民意调查中，他始终是三位最伟大的美国总统之一……他是一位谨慎机智、捍卫和平的勇士；他仇视战争，寻求一切手段避免核战争；他是一位灵活多变的实用主义者……肯尼迪的模范事迹不仅能帮助你更好地理解他所在的那个世界，也能帮助你更好地理解我们今天所处的世界”。**

# 第一部分

## 内布拉斯加州，林肯市，

## 1928 ～ 1951 年

我始终怀念着那个生我养我的地方——安全、祥和、井然有序；那里孕育了我的童年，并为我的生活和事业打下了基础。我一直将内布拉斯加视为心灵圣地，它对我年轻时的世界观有着极深的影响。

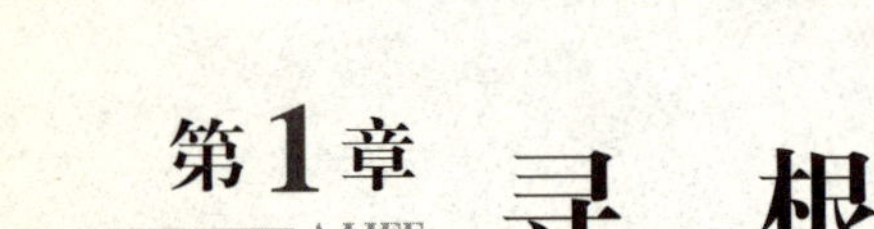

# 第1章 寻根

A LIFE AT THE EDGE OF HISTORY

1928年5月8日，哈里·杜鲁门44岁生日。清晨，内布拉斯加州，林肯市，我，呱呱坠地。作为密苏里州某县的法官，忙碌的哈里自然无暇注意到我的到来。二十几年过去了，我踏上前往华盛顿谋职的道路，联邦政府给了我第一份工作，而这时的他已贵为美国总统。

我的母亲安妮斯·蔡金·索伦森是一名犹太人，她在一家天主教堂生下我。护士班的修女们对我关怀备至，母亲对此尤其感念。我的父亲克里斯蒂安·A. 索伦森（简称C.A.）是一位叛逆的共和党人，第一步便是在那一年辞去了政府公职。我的出生却令他提笔给美国"胡佛后援团"的负责人写信："今晨我又喜得一子，组成索伦森家族的共和党俱乐部指日可待。"远在俄亥俄州的一位记者朋友把我的出生与父亲的竞选联系起来，在给他的信件中说道："这件喜事如经媒体适度包装，定能为你多添千百张选票。"

我的双亲加入的统一教会并没有入教或受洗仪式，于是我一出生就给我取了名字——西奥多·蔡金·索伦森。早在几十年前，西奥多·罗斯福总统就领导了我父亲所属的共和党进步派。3岁时，我收到总统之子小西奥多·罗斯福的一封来信，这缘于我父亲与他的一次偶遇。在信中，他提到我和他都与同一位伟人同名。父亲在回信中写到："阁下的来信在索伦森家激起层层波澜，就连小特德也知道此事非比寻常，意识到自己的与众不同。"

我母亲是一位和平主义者，一直都反对泰迪·罗斯福（西奥多·罗斯福的昵称。老罗斯福把西奥多这个名字变得在美国非常流行。——译者注）为建立帝国主义霸权而诉诸武力。她总是坚持我的名字是取希腊语"上帝的恩赐"

之意，与这位圣胡安山英雄（美西战争期间，罗斯福在古巴圣胡安山战斗中表现英勇。——译者注）毫无关联。作为早期的女权主义者，她还坚持孩子的名字中除了父姓之外还应该有她的娘家姓，自此我们兄妹五人的姓都是蔡金·索伦森。由于有两个姓是相当特别的，我们早已习惯被别人拼错名字。书籍、报纸和杂志屡屡犯错。半个世纪以来，单是《纽约时报》就拼错我的名字达百余次。接替我母亲担任大学学报编辑的人这么描述我母亲的离职，"安妮斯·蔡肯要辞职去当C.A. 索伦逊太太了。"——同一句话里我双亲的姓都被拼错了。

我一生都在思考是哪儿来的运气，让我出生那天比往后的任何一天都幸运。那天出生的千千万万婴儿中，只有我拿到同州的朋友沃伦·巴菲特所谓的"基因头彩"。我的另一个朋友霍达达德·法曼法玛尼和我同一天出生，而他却在地球另一端的伊朗。他颠沛流离，背井离乡，被藏在库尔德人的干草货车里。而我出生在法治的美国。

我的父母身体健康，头脑聪明，受过高等教育，对孩子们寄予厚望。我的幸运还在于出生在内布拉斯加这个美丽的地方。在我年少时，林肯市虽然面积不大，却也古朴精致，有随处可见的公园、错落有致的石教堂、点缀着街道的矮楼、小商铺和绿荫，这里是孩子成长的乐园。而今这样的小城镇似乎已经离人们远去了。正如内布拉斯加州的一块路标上写的，这里是"绝对中心"。小时候我和父母驾车出行的经历让我对此深信不疑。当我们穿过内布拉斯加州中部时，看到一块画着两个箭头的路牌，指向东边的箭头写着"距纽约世博园 1 454 英里"，指向西边的写着"距旧金山世博园 1 454 英里"。

即使我后来搬到了华盛顿，在那之后环球旅行：从富查伊拉到布琼布拉，从斯科普里到新加坡，我始终怀念着那个生我养我的地方——安全、祥和、井然有序。那里孕育了我的童年，并为我的生活和事业打下了基础。相比我所生活过的城市——华盛顿、波士顿和纽约，林肯市的水、空气，甚至政治环境，都更为纯净。

我有时会想："家乡的名字会影响一个人的政治生涯吗？希望？独立？"我始终记得自己成长在以亚伯拉罕·林肯命名的城市里。庄严的林肯雕像矗立在州议会大楼前，墙上镌刻着著名的葛底斯堡演讲词，那是我一直以来最常引用的文稿，深深地吸引着我探究他的人生和他的言谈。

我一直将内布拉斯加视为心灵圣地，它对我年轻时的世界观有着极深的影响。在那些安宁的日子里，内布拉斯加人衣着朴素，言行坦荡，绝不与各种中坚分子和狡诈世故的人为伍。他们大多是秉承中庸之道的中产阶级，是逐渐关注内布拉斯加农作物在海外的稳定市场的孤立主义者，是支持政教分离（但提倡学校公祷）的忠诚教徒，是对极右派和极左派都持怀疑态度的实用主义者和商人。他们以社会为本，反对政客们的挥霍无度，对虚伪地在琐碎小事上大做文章，却对真正重大的社会问题漠不关心的两党政客更是深恶痛绝。

然而，内布拉斯加州孕育了许多敢于挑战传统观念的领导人——满怀激情的传统政治反对者、宗教保守主义者威廉·詹宁斯·布赖恩，民权领袖马尔科姆·艾克斯（四世），休伯特·布劳内尔，艾森豪威尔司法部的 J. 李·兰金，后者曾经协助勇敢的民权法官们进入南部的联邦法院。

最有名的内布拉斯加人不是政界人物，而是已故的约翰尼·卡森。20 世纪 40 年代，我和约翰尼在内布拉斯加大学上学，他以魔术和口技表演闻名全校。我的哥哥汤姆认为约翰尼是他所教的新闻学初级班中最聪明的学生。毕业之际，汤姆推荐他到当地电台工作，当时汤姆是那里的新闻总监。“啊，谢谢你，索伦森先生，”约翰尼说道，“但我想尝试去好莱坞发展。”“好莱坞？”汤姆简直不敢相信，“我提供的这份工作一星期可是 55 美元啊！”

内布拉斯加总是那么令人神往。内布拉斯加人对那些东部人向来反感，东部佬总是无视其魅力，认为那里无趣得可以“一掠而过”。搬到东部后，我的耳边总是充斥着流言恶语，说什么从东部到西部的边境是多么漫长、乏味、一成不变。这都无所谓，反正东部人以后会了解的。

我的身上流淌着丹麦人、俄罗斯犹太人的血液，无疑属于这个泱泱大国里人数最少的民族。我的曾祖父——詹斯·克里斯蒂安·索伦森，出生在 1866 年的丹麦尼克宾市，他的父母亲分别叫索伦·佩德森和麦蒂·玛丽。他有一个绰号叫索伦邮差，显然是因为他靠当邮递员来赚取北海渔业和农业以外的收入。从教会和其他记录来看，我们的祖先可以追溯到我的六代之前的祖父佩德·克里斯蒂安，他于 1683 年与安妮·索伦斯戴特结婚，后搬到莫斯岛上的拜尔比以务农为生。那是一个很小的附属岛，位于日德兰半岛的一个大湖中央，这个半岛形成于冰川时代，占据着丹麦西部的绝大部分地域。（索伦或索伦森这个姓氏在北欧非常流行，如 19 世纪丹麦哲学家索伦·克尔凯郭尔，可能源于希腊著名的梭伦改革。——译者注）

之后的几代人都居住在莫斯岛上，都是农民和渔民，包括尼尔森斯、努德森斯、克里斯德森斯、拉森斯和佩德森斯，他们也当过临时教师、教区执事、圣歌歌手和校长。好几代人都是非常虔诚的宗教信徒。我祖母的一位祖先曾以斯堪的纳维亚联盟的传教士身份访问中国西北地区，我祖父的一位祖先可能还在石勒苏益格 - 荷尔斯泰因住了一段时间，那里曾被丹麦和德国占领多年。据说他加入德国军队，与法国开战，被俘后又获释放，随后与德国当地一位男爵的女儿结了婚，这是我的世系里唯一与皇室血统沾边的。而唯一的丑闻，则是传闻曾曾祖父可能是他父亲在德国国王麾下服兵役期间的私生子。

祖父詹斯 14 岁的时候，曾祖父母带着他们五兄妹来到美国，他们从不来梅出发，乘坐 S.S. 意大利哈普斯堡号，与八百多名乘客挤在下等舱中。1880 年 5 月 28 日抵达纽约港。尽管那时詹斯只有 14 岁，但他是家里幸存的 5 个孩子中年龄最大的一个，还有 4 个出生更早的孩子很小就分别因天花、白喉、猩红热和肺结核而夭折。

抵达美国之后，詹斯一家来到内布拉斯加州寻找出路。据说詹斯的父亲曾被联合太平洋铁路公司分配的土地吸引。该公司为了鼓励移民购买便宜的土地，承诺买地的人可以成为这个人口稀少地区的新居民。几年后，年轻的詹斯搬到怀俄明州首府夏安市，成为了联合太平洋铁路公司的一名铁路护工，之后成为州议会大厦的建筑工人，后来又当上了医院的护理员，根据英语习惯他把名字改为詹姆斯。1889 年，他与同是来自日德兰半岛的安・马德森结婚。年轻的安在詹斯寄宿的公寓里当厨师和裁缝，就在一年前，也就是安 19 岁那年，她的继父带着她和两个兄弟一起来到美国。我非常了解也非常喜欢安，所以小时候经常去看望她。听说她的曾祖父很有音乐天赋，还特别喜爱诗歌。

1880 年曾祖父索伦带他的妻儿来到美国，这是两百年以来，我的祖先们首次踏出莫斯岛。我与肯尼迪结识的初期，还是参议员的他从斯堪的纳维亚半岛寄信给我，他提及那里迷人的风光，还非常困惑地问道："为什么斯堪的纳维亚人要移居国外？"

2003 年，我和我的女儿朱丽叶参观了莫斯岛，我曾经试着猜测索伦移居的原因。索伦生活的那个年代，当地人没受过宗教或政治镇压，他们待人友好，耕种着肥沃的土地。但索伦显然具有海盗般的冒险精神，他对新机遇充满与生俱来的向往，在听说内布拉斯加州有大量肥沃的土地，而且还不用担心受到外居地主的骚扰后，便希望有更多的空间让他的孩子成长。他的血液里流淌着对新机遇的热情。

我和朱丽叶受到了好客的莫斯居民和市长的热烈欢迎和盛情款待。作为岛上的贵宾，我们受到了特殊的款待，品尝岛内的传统美味——油炸鳗鱼。之后，我终于明白了索伦为什么要离开。当听我赞扬他们的款待是如此"与众不同"时，这里的主人只是微微笑了一下！日德兰半岛是出了名的保守，我告诉朋友们他们最幽默的笑话也只是"一般般"。

我的祖父母结婚后，就搬回了内布拉斯加州。根据林肯总统 1862 年颁布的《宅地法》，他们在州北部中心地区寻找耕地。祖父詹斯回到联合太平洋铁路公司谋生，祖母留在家里操持家务。她出身于一个重视教育的家庭，所以能教邻居妇女阅读和书写。夜幕来临，邻居们从地里回来，就聚在一起交谈，在煤油灯下看书。他们和邻居轮流读《圣经》，并讨论其中的涵义。

詹斯和安最开始生活在一个山洞里，比山南边的小山洞还小，用原木、树枝、灌木、稻草等巩固外围和顶部，有时也用焦油纸或零散的木瓦。内布拉斯加大草原的冬天是最难熬的，即使是那些斯堪的纳维亚人，也难以忍受这里的严寒。很快，小山洞被粗糙的石屋代替，这种石屋由一种带着整齐美纹的岩石垒成，有人称之为草原石或者内布拉斯加大理石，经受了万万年酷暑和寒冬的考验。19世纪的政治家都喜欢宣称自己出生在小木屋里，但事实或许并非如此。我父亲克里斯蒂安·索伦森是1890年出生在山洞还是石屋里，现已无从考证。倘若出生在石屋里，那么他在政治上就有更高贵的血统。

无论如何，这是一个穷乡僻壤。这里没有电，要想喝水的话，只能用水桶去井里打；这里几乎没有任何医疗设施。安有3个孩子是死胎，被埋在离家不远的地方，周围种着蝴蝶花。在10个幸存的孩子中，我的父亲是老大。祖父母一家赖以为生的耕地，不是遭受干旱、洪水、雹子、暴风雪这样的天灾，就是遭受泛滥的蚱蜢这样的虫害，要么就被铺天盖地的沙尘侵蚀，甚至在半个世纪后的林肯市，在我的记忆里，我还见过蚱蜢席卷草坪、黄沙漫天飞舞的情景。沙尘无孔不入，草地上、房屋里，穿过窗户的裂缝，钻进橱柜里。草原诗人伍迪·格思里曾经写过一首民谣，就是描写1935年4月（我即将满7岁）那场来势汹汹的沙尘暴："它来到我的城市，就像拉下了黑色的天幕，我们想，这是命中注定，我们在劫难逃……"

此前半个世纪或更早一些，祖父詹斯终于熬过了这一切，苦尽甘来，赶上美国总统格罗弗·克利夫兰签署颁布《赠地法》，成了地主，当时那是相当荣耀的。富兰克林·D. 罗斯福总统执政期间，联邦政府为美国农民实施了一项农村供电计划，以改善人们的生活，还为他们带去了电水泵、电灯、洗衣机、收音机，之后又提供了电视和许多其他的家用电器。在内布拉斯加州，这场变革是由我祖父发起的，在得克萨斯州，则是由林登·约翰逊领导的。

这些贫困的农民跨越了浩瀚的大西洋，又穿越了大半个国家，来到这富饶却人迹罕至的大草原。正是因为具备了坚忍不拔的意志，他们才背井离乡承受这未知的命运——他们是多么勇敢勤劳啊！

就在索伦和詹斯来到美国的两年后，我的外祖父平克斯·蔡金——一位有着学者风范的俄国犹太人，和他的妻子史坦恩（之后改为斯特拉）· 斯麦霍夫一起，从乌克兰的切尔尼戈夫小镇出发，离开了这个他们出生、成长、结婚的地方。平克斯当时 38 岁，而史坦恩比他小 8 岁。试想一下，古老的乌克兰中心切尔尼戈夫小镇，四周围绕着果园，曾被喻为“王子之城”，从表面上来看，并不是一个不合人意的居住地。然而，19 世纪末，在整个俄罗斯帝国中，犹太人都受到了沙皇的恐怖统治和迫害。结果从 1870 年到 1900 年，有一百多万名犹太人迁至美国。平克斯和斯特拉便在其中。

不知何故，他们来到利物浦，在那换乘 S.S. 意大利号去往美国，终于在 1882 年 7 月 10 日抵达纽约。在抵达前埃利斯岛之前，他们曾经过位于曼哈顿最南端的加登堡。三等舱的行程特别难熬，船票每人高达 25 美元。上船前，乘客必须洗澡杀菌，行李必须消毒，并接受轮船公司医生们的检查。轮船在波涛汹涌的海上颠簸了一个多月，乘客们纷纷待在甲板上，相对于三等舱里无处不在的恶臭味、寄生虫、斗殴、赌博和偷窃来说，甲板是最好的去处。

与蔡金一家共同乘坐 S.S. 意大利号的人来自四面八方，有德国人、爱尔兰人、瑞典人和俄国人，其中俄国人最多，也许他们中大部分都是犹太人。几乎没有俄国犹太移民去往内布拉斯加州。对船务员宣称自己是工人的平克斯只懂得犹太人的唯一语言——毫无疑问应该是依地语，则和斯特拉一起，跟随他们朋友的足迹，兴高采烈地踏上奥马哈。这位不识时务的老学究平克斯 · 蔡金，后来将自己的名字改为时髦的英文名字彼得 · 蔡金，可能拥有或者经营或者监管了一家二手商店。他与斯特拉带着一个儿子和两个小女儿（其中年龄较小的就是我的母亲）就住在商店上面，那是在一片简陋街区中的一间破陋的房子。他们有 7 个孩子相继悲惨地早逝了。我母亲曾经告诉过我们，当时她只有两条裙子，一条穿一条洗，而她的姐姐不得不在 15 岁就结了婚以求“脱离现状”。

1900 年的人口普查结果显示他们一家五口全都会读写英语了，但我并不确定平克斯 1900 年是否能在家接受人口普查。他身上的学者风范明显地盖过了他的劳工形象，记录显示，平克斯当时决定要离开奥马哈，离开这个一贫如洗的家庭去周游世界。他声称，自己的愿望是去看看两个同样富于冒险精神的兄弟，他们早在多年前离开切尔尼戈夫小镇，到马达加斯加岛和印度谋求出路去了。我觉得难以置信，直到朋友们在印度找到了一个叫“弗拉基米尔 · 海芙金”的人的笔记。这个记录上面所写的“来自乌克兰的欧洲犹太人”于 1860 年抵达加尔各答，1893 年非常英勇地加入对抗城市瘟疫的战斗， 1896 年在孟买又作了同样的奉献。后来，孟买的瘟疫治疗中心被命名为“海芙金研究院”。试想一下，我的犹太人外祖父的兄弟竟然是“特蕾莎修女”之祖。平克斯的冒险旅行并没有对斯特拉造成阴影，以致多年后当他回到奥马哈时，竟然发现他的妻子已经获得了内布拉斯加州首个犹太教的离婚许可。

1967 年，我和我的三个儿子艾里克、史蒂夫和菲利浦一起来到切尔尼戈夫，开始了我们的寻根之旅。我们没找到亲朋好友，却受到了当地共产党官员的热情款待。不幸的是，这次探亲之行却被不停的推杯换盏所充斥。当地人不断地向我们举杯，不仅如此，他们为祝福我的母亲、我的儿子和我们两国之间的关系以及所有重要和不重要的人举杯。我原以为这就是传说中的“诡计”：用酒精麻醉来访的美国人，让他们迷失心智，这样就方便让他们拍照了。但事实并非如此，我很快就发现这些主人们比我醉得更厉害。在我备受呵护的生活中，这还是我唯一一次酩酊大醉。但这是我在追溯平克斯和斯特拉的过程中最不该做的。

# 母 亲 第2章

A LIFE AT THE EDGE OF HISTORY

1905 年，我的母亲安妮斯·蔡金离开奥马哈，离开生她养她的地方，来到林肯市的内布拉斯加大学学习。由于当时很少有奖学金颁发给女性，所以，她只能以一名女仆的身份在大学半工半读，而这个现象当时也很少见。她的老板埃德娜·麦克道威尔·巴克利——妇女活动学院的院长，则成了她的恩师。为了表达对恩师的怀念之情，30 多年后，母亲特意将一幅“和平壁画”赠予了自己的母校。

毫无疑问，到达大学的那个秋天，她是多么兴奋激动——她还未满 17 岁，就已经通过了内布拉斯加大学的入学考试，据说这项考察标准和哈佛、耶鲁一样严格——这也正是内布拉斯加大学的骄傲。对年轻的安妮斯·蔡金来说，一切有如作家薇拉·凯瑟 12 年前形容的那样：

> 一切都显得那么了不起，了不起的大学，了不起的家长，了不起的教授……（而）莘莘学子满怀着火一般的热情、雄心壮志和奉献精神……为了国家和社会，恨不得自己短暂的一生能完成几代人才能完成的工作。

1908 年，未满 20 岁的她就获得了文学学士学位。由于希腊语和拉丁语的成绩非常优异，第二年她就获得了这两个学科的硕士学位。多年后，在为《大学学报》撰稿时，她描写了这样一个女大学生（虽然她从未承认这是她自己）：

这个女孩有足够的勇气离开自己的家庭和以往的交际圈，进入一个完全陌生的生活环境，全凭为城里人做家务挣得的收入来完成大学学业……相应地，她实现了更美好更崇高的人生价值，这是当初囿于家庭小圈子的她所体验不到的。

由于有了大学学历，又对内布拉斯加州的公立学校都不感兴趣，安妮斯就申请去东部的一所知名大学教书并继续深造。可能由于她的性别或宗教信仰，申请未被批准。但她并未气馁，而是决定从事向妇女开放的社会工作——这是一条适合她的人生之路，与她的理想正相吻合。于是，她立即报名参加了纽约社会工作学院的社会服务课程，而此时她对纽约还一无所知。

尽管初到纽约，但她还是很快在1911年找到一份工作——在犹太孤儿收容所和援助社团的妇女委员会（也就是后来的犹太人监护委员会）工作。纽约儿童法院的法官们曾呼吁，社会应该要为越来越多的犹太犯罪少女提供援助。蔡金小姐被聘为缓刑监督官（撰写量刑前调查报告的人。——译者注）兼法院联络人，监督那些大部分来自贫困的移民家庭，与她本人的境遇极为相似的女孩们。不久，她又正式当选为第一任“犹太伟大姐妹社”的执行理事。多年后她风趣地告诉我：“当时有一位非常正统且著名的妇女委员会成员，在得知一名犯罪少女由于出自‘妓院’(原文disorderly house,是妓院的委婉说法,直译为“混乱的房子”。——译者注)，而需要特别关注时，竟然问我为什么这个案子需要紧急干预。还说许多妇女，包括我本人在内，‘都不是合格的家庭主妇’。”

很快，安妮斯在纽约小有名气。媒体称她“随时准备好告诉其他人她离开家乡到内布拉斯加求学的故事”。一个同事在给她的信中这样评价道：“你的观点如此新鲜刺激……无视习俗、先例和权威，令人欣赏，带有典型的西部人的作风。”50年后，一个纽约商人告诉我，他年轻时是多么钦佩这个来自遥远的内布拉斯加州精力充沛的红发女子。

在纽约，我的母亲逐渐认识了一些著名的学者、和平主义者、女权主义者、自由主义者、社工领导人和激进的新闻工作者（尤其是好揭发丑事者），包括简·亚当斯、拉比·斯蒂芬·魏斯。后来，也就是1916年，在得知她的母亲生病后，她返回内布拉斯加州，并接受校友团的邀请访问了内布拉斯加大学。社团委员会一致推选她担任《大学学报》的执行秘书和编辑。据说，这是份“非常琐碎和充满教条的工作……对个性强烈、精力充沛的她毫无吸引力。但她‘视野开阔’……她的文章特色鲜明、个性突出，她的风格卓越，语句精炼”。

在大学里，她不仅靠精炼的笔锋出名，还靠一股对反战和妇女普选运动的热情而出名。无疑她是受迪安·巴克利的影响，在听说年轻的校友C.A.索伦森律师乘坐亨利·福特的“和平号”出航了，便给他写了一封信，请求他为学报撰写一篇航行体验的文章。由于从未听说过安妮斯这个名字，C.A.索伦森在接受邀请的回信中开头称呼：“亲爱的蔡金先生。”

此后不久，安妮斯就身陷困境，由于一战爆发，反德情绪弥漫着整个美国社会，尤其在内布拉斯加更为激烈，她成了反德风潮的攻击对象。风暴席卷而来：一个匆忙组织起来的国防部委员会封锁了德国报纸，查封了图书馆中的德语书籍，禁止高校的德国研究，鼓动州立法机关制定相关法规，规定内布拉斯加州学校不得在8年级以下开设德语课程，即便是在德国路德教会学校私下授课，也视作违法。这个委员会还攻击国家非党派联盟，指责他们激进且不爱国的态度，直到我父亲站出来为他们辩护。他起诉了委员会，并成功地与之达成协议：只有联盟同意只聘请内布拉斯加人作为组织者，并回收引起争议的以战争为主题的小册子，委员会才表示不再干预联盟会议。

然而内布拉斯加州国防委员会并没有妥协。在1917年7月10日的活动公开总结上，国防委员会将大学列为一个问题，敦促大学董事会立即处理此事。董事会作出的反应是给校友秘书安妮斯·蔡金和其他人发出通报，指责她“过分同情世界产业工人组织（一个激进组织）”，还说她与反战的研究生院院长交谈甚欢。

安妮斯审慎地作出决定，有生以来她第一次需要咨询律师，并认为年轻的C.A.索伦森可能会给予她支持。最后，院长和其他两位教授被解雇，理由是“失职”。但C.A.索伦森成功地驳回了对蔡金小姐毫无根据的解雇指控。很快，他们便开始共同致力于解决内布拉斯加州的妇女选举权、世界和平、雇佣童工的问题和其他诉讼案件。

经过几年的合作和相处，1921年7月9日这个周末，C.A.索伦森和安妮斯几乎让他们所有的朋友都跌破眼镜——他们突然私奔到密苏里州的堪萨斯城举行了一个非宗教式的婚礼，而且没有邀请任何人，可能是他们担心双方家庭不允许吧。这是真正的爱情，也是对自己宗教信仰的一个批判。小时候，我们不明白基督教徒与犹太人的联姻有什么特别之处或重大意义，也不明白为什么那时异教联姻极为少见，尤其是在内布拉斯加州，对犹太妇女这种情况更为罕见。一名犹太拉比（犹太人的学者或教士。——译者注）告诉我，即使在今天，对于他来说，同性恋举行婚礼也比异教通婚更为容易，特别当女方为犹太人时。时至今日，异教联姻仍然需要很大的勇气和决心，何况在传统的1921年。

但是，这对新人并没有因为不同的背景而出现分歧。诚然，他们代表着19世纪末涌入内布拉斯加州的两个截然不同的外来种族。我的父亲来自内布拉斯加的农村，是虔诚保守的丹麦基督徒后裔；我的母亲是来自奥马哈的城市女孩，是虔诚保守的俄罗斯犹太人后裔。但两人都受过高等教育，都是原则性很强的自由派知识分子，用我母亲的朋友的话来说，他们“对传统习俗表现出令人欣赏的无视”。他们都十分关心并乐于帮助他人。我父亲的一位朋友（他在我父亲之前就认识我母亲）在我父母的婚礼后写信给我母亲说：“我祝福你前途无量。你能够把伟大的思想付诸实践并融入生活。”可能是这一点吸引了我的父亲吧，不过我肯定她的红色长发和淡褐色眼睛对我父亲很有吸引的。

在纽约崭露头角后，安妮斯开始考虑她是否应该放弃写作，就在内布拉斯加州当一名家庭主妇，安度余生。当时，没有哪些专心于婚姻和家庭的女人还想着攻读希腊语和拉丁语的硕士学位。她从未对单身感到焦虑，她曾对我妹妹说：“露丝，据我所知‘老处女’都是男性。”她甚至在给朋友的信中承认，她以前曾认为“永久单身才是幸福……但是，当我离开林肯市那天（实在受够了那条大街），我却发现有人令我无法割舍”。在这封信中，她是这样形容她的新婚丈夫的：

> 亚伯（C.A.）是一个真正的实践家，一个领导人，一个内布拉斯加州的理智的自由主义者，天生对政治充满热情……他人生的前16年在农场度过，这一经历使他对农民充满了理解和同情。他坚信土壤能够净化人类的心灵。他宁愿辛苦地耕十里地，也不愿潇洒地跳半宿舞。

新婚还不到一年，她半开玩笑地给朋友写信：“在家里，我简直是一个三头六臂的家庭保姆，做饭、洗碗、刷锅、拖地……幸好我们都喜欢简单的生活，只要我帮他准备好面包、牛奶和蜂蜜，他就心满意足了。所以你明白吧，我很难做一名合格的家庭主妇。”然而随着时间的推移，对她来说持家变得愈发重要。作为一个母亲，“我感觉到家庭职责的庄严与重要”。1933年第5个孩子出生后，她又给一位老朋友写信说：“如何看待一个母亲的一生，那得看方方面面。我最大的孩子——10岁的罗伯特——盼望着我和他表演二重唱；我5岁的孩子（作者）——责备我不苟言笑，而他总是笑得那么开怀，那么富有感染力。”

在她的角色转换中，无论她需要作多少困难的调整，她的宗教信仰绝不改变。从大学开始，我父亲就已经是唯一神教的信徒。唯一神教信徒和犹太人都相信，人类是代表一位真神存在于地球上的，人们努力工作就是对上帝的尊重。

我们的一个朋友——林肯市的地方犹太革新派拉比，有一次开玩笑说：“革新犹太教和唯一神教的信徒之间所存在的相似性，可以使这两个宗教群体合并为‘犹太唯一神论派’。”鉴于这些广泛的相似之处，我的母亲并不反对她的孩子在唯一神教教会长大。她和C.A.事先达成一致，共同商定在新家里遵守哪些节日、教义和习俗。他们彼此交换意见，希望建立一个新的宗教准则，至少能够在自己家里实行。

由于难以接受彼此成长背景中的宗教教义，接受唯一神教对他们而言更加容易。当我父亲还是一个15岁的孩子的时候，他亲眼看到一个乡下的犹太教传教士为他亲爱的妹妹——四个月大的埃丝特的病逝而欢呼，为她能重回天堂而喜悦。这件事对他触动很大。我的母亲，一位坚毅的女权主义者，对传统犹太教对妇女的苛刻限制深恶痛绝。后来，据我所知，她不是一个虔诚的奉教者，也不去犹太教教堂做礼拜。在她最后的几年光阴里，她偶尔与朋友举行逾越节（犹太教的主要节期之一。——译者注）家宴，她觉得安心。但是，在她给我的一封信中我读到了她那与众不同的信仰：“我喜欢今天在诺曼·克里沃莎家享受逾越节晚宴，明天又去埃莉诺·希恩曼家参加周日的复活节晚宴……”1967年，我从切尔尼戈夫回来后，送给她一个精致华丽并刻有俄文的盒子，里面装满了当地的土壤。她把它当做一个珍贵的纪念品摆放在壁炉前。但直到她弥留之际，也没有真正回归她与生俱来的宗教信仰，也没有请犹太拉比为她送行。

我的父亲也没有回归他儿时信仰的宗教。临终时，他最小的妹妹——一位基督教原教旨主义传教士，带着一位和她同样虔诚的姐妹特地赶来。她们把我父亲由于病痛而产生的一个无意识的点头当成了对她们宗教言论的认同。“太神奇了！”她们惊叹道，丝毫没有注意我母亲，“克里斯说他信仰耶稣了！”母亲因为不想使她们感到不快，所以表现得很得体，没有与她们争论。

根据犹太人的法律，我们5个兄弟姐妹，作为犹太人母亲的子女，都应该是犹太人。然而，我们又不是按犹太人的方式被抚养成人，我们也不认为自己是犹太人。我怀疑我们的朋友或他们的父母将我们视为犹太人，但我已无从证实。一些家庭宽裕的朋友喜欢在离我家不远的乡村俱乐部游泳或参加社会活动。我们本以为自己不能加入是因为钱的问题，后来才逐渐明白，这个俱乐部是歧视犹太人的。富有讽刺意味的是，在大萧条时期，这个俱乐部因为需要紧急资金，开始对那些富有的犹太人开放。但是，在林肯市，就算犹太人生前可以成为高尔夫球场的会员，死后也仍然会被当地许多的公墓拒之门外。

在抚养5个子女的同时，母亲仍然抽出时间去追求她的兴趣和理想，她帮助推动妇女普选运动进入内布拉斯加州妇女选民联盟。她担任州际月报《聪明的选民》的编辑，多年来一直为当地的联盟撰写时事通讯，通过她的努力让更多的妇女进入政界。她还抽时间帮助我父亲组织（全部5次）政治竞选活动，当父亲以共和党人的身份参加竞选时，她立即把投票登记由民主党临时转变成共和党，然后又转变成无党派。她晚年曾在一封信中写道："林肯市的共和党气氛太浓了，因此我不喜欢参与竞选。"当她出于各种各样的原因不再工作时，她便经常阅读林肯·斯蒂芬斯、艾达·塔贝尔、荷兰哲学家巴鲁赫·斯宾诺莎的辛辣作品，阅读珀尔·巴克和梅里·桑多兹的通俗小说。在照顾孙子的同时，她也不放弃读书。在写给一名她崇拜的作者的信中，她说："我想把孩子一生的起点与一本有价值的书联系起来。"

突然间，一切发生了始料未及的改变。完美地协调着母爱和公民责任的光辉思想、满怀爱心和智慧的美丽心灵偏离了轨道，就像从不误点的时钟毫无缘由地出现了故障。当问题逐渐浮出水面，我们才意识到，那些最初偶然的微小的失常言行，最终演变成为一个萦绕我们所有人的长久噩梦。我父亲、家庭医生、父亲请来的专家、我母亲的朋友，所有人都毫无头绪，不知所措。我母亲完全不晓人事。

她的精神疾病的发作无迹可寻，所以我也无法确定到底是从哪天开始的。可能在1943年我15岁时就已经开始了吧，我当时正在夏令营活动，听说她在住院接受治疗。当时她强烈反对我住在西部的大哥罗伯特的婚礼。医生们阻止她参加我家的第一个婚礼。无论医疗顾问还是家人，没人能确定她的病情到底会持续多久——一个月，一年，还是一生；也没人知道病情是什么导致的。我们猜测是更年期或长期压抑的缘故，当初她由一名才思敏捷的准作家，突然间变成了传统七口之家的家庭主妇；也有可能是因为经济拮据，丈夫长期奔波于生计和政治活动；或者是因为作为一个反战母亲，多年来担心儿子们会去服兵役；更或者是因为作为一名犹太人，她对希特勒种族灭绝的可怕言论极端恐惧，甚至在1941年开始的对乌克兰犹太人的大屠杀也让她不安。如果她的父母从未离开过切尔尼戈夫，那么1943年的她和他们的命运将会怎样？

除了身体乏力和精神消沉之外，她也算是坚强、健康，而且检查不出任何身体问题。生我的时候她将近40岁了，在我的印象里，她看起来总是很显苍老。时至今日，回顾我自己过往的岁月，我恍然意识到她当时是多么年轻，即使精神的魔鬼一直对她的身体进行肆无忌惮的摧残。

那时候，医学界的专家对精神疾病几乎一无所知。所谓的"精神失常"，既没有确切的定义，也没有合理的解释，更没有治疗的方法。若在今天，母亲的病基本可以确诊为躁郁症或躁狂抑郁症，也有新的药物可以治疗。然而60多年前，情况大相径庭。我的父亲拒绝对她进行前脑叶白质切除，那是当时最残忍的手术。于是，她只能接受电击疗法，能不能推迟发病还不一定。在我看来，这损害了她的体力、记忆力和精神，就是没能阻止病情的进一步恶化。后来，父亲请求医生对她采取药物治疗，他们却没这么做。他们采用了各种各样的治疗方法，每种治疗都带有严重的副作用，唯独对她的病情毫无作用。

一开始，病情每个月才发作一次，好像与女性的生理周期有关。但是渐渐地，情况就变得时好时坏、难以捉摸了，有时我们能放松几个月，有时我们觉得还有几年的希望，但希望最终都无情地破灭了。16岁那年的夏天，我在外参加一个辩论协会的活动。父亲和我通信，我回信问到，母亲的健康状况令人担忧，我是否应该在高三新学年开始前另找住处。“我没料想到她的病情会如此严重，我真的有必要离开林肯市吗？”我别无选择，这唯一的一次对话是我离奇又可悲的家庭生活的又一个写照。这些我从未对外人提起的事情，让我对这个世界的看法悲观了许多。

有时候，她会变成一个完全不一样的人，就像一个陌生人和我们生活在同一个屋檐下。她忘记自己是谁，也忘记了家人，一会儿突然地暴躁，一会儿又是毫无征兆地昏睡。最为可怕的是她怪异的演说，好像用意识流的手法玩双关语或者文字游戏，一个字、一句话都指代其他意思，这完全不是她的风格。有时，她穿着睡袍从家里晃荡到邻居家，嘴里还念念有词，街坊就叫我们把她接回来。连熟人都不知道，偶尔的古怪的行为或愤怒的情绪就是她的病征之一。他们总是说：“不，这不是真的……不是她……太荒唐了。”然后郁闷又困惑地匆匆离去。我们尽量避免冲撞她，甚至从不纠正她。幸好家里没有利器，所以我们并不担心她的安全。有些邻居非常友善，一如往常地带着做好的菜给我们当晚饭；孩子们常常跑到我家的门廊去按门铃，他们没有恶意，只是希望能够激起大人的斥责，他们就大笑着跑开。母亲病重的时候，我们就不再邀请朋友们到家里来了。

我们从小就学会心平气和，即使陷入困境，我们也会自己承担起困难，因此我们学到了很多。如果说成功源于磨难——实际上成功确实源于磨难——那么小时候的经历真让我们受益匪浅。我们学会了同情悲惨的人，却不问究竟；我们学会了分辨细微的诱惑和生活的缺陷；我们学会了判断哪些无关紧要，哪些又至关重要；我们学会了以自嘲来掩饰自己的绝望；我们懂得如果与母亲说理无用，那么争辩更是徒劳；我们懂得世事无常，生活充满了喜怒哀乐。终于，我们学会了如何承担责任、如何经营生活、如何克服困难。母亲的智慧和慈爱深深地影响着我们的学习、工作和个人生活。没有了她的呵护，我们必须自己作决定，因此我们迅速地成长，全心全意地学习、工作，并都早早地成了家。

对于我的父亲而言，眼睁睁看着心爱的女人遭受如此折磨，他所受的痛苦无疑是最大的。即使他有坚强宽厚的个性，他仍然因为无能为力而备感沮丧。他以圣人般的耐心和勇士般的毅力陪伴在母亲左右，独自一人承担起打理家务和照顾孩子的责任。正如在我给他的信中写的那样，他以“一贯的哲人般的冷静和勇气”默默承受着一切。父亲并不擅长做饭，幸好我姐姐能帮得上忙。我和哥哥汤姆就住在楼上的卧室，我们一致认为，如果早上醒来能闻到从楼下飘来父亲煎鸡蛋的糊味，那么母亲昨晚肯定没有去医院。

记得有一晚，我母亲的情绪严重失控，父亲害怕她的病情会有可怕的恶化，便叫医院派来救护车。那恐怖的场景令我终身难忘：医务人员把她强按在病床上，试图为她注入镇静剂，她使出浑身力气想要挣脱。我的弟弟妹妹吓得大哭起来，都匆匆地跑到楼上不敢再看。

这是我有生以来第一次提及生活中最不堪回首的一幕，之所以难以启齿，其原因恐怕有如下两点。首先，这些痛苦的经历震撼了我们所有人。也许大多数家庭的孩子以为，在这种情况下他们能够保持乐观的心情本能地适应，然而，即便是我们拥有足够的理智，我们还是难以接受她的精神疾病。无论怎样一次次提醒自己“她身不由己”、“她毫无意识”、“这不是她的错”，面对自己母亲不断的暴躁、尖叫和斥责，没有哪个年轻人能够泰然处之，更别提向外人诉说了。

其次，尽管我现在比以前更明白事理，还是不可避免地为母亲的精神失常感到羞耻和难堪，现在我依然认为，将母亲的病告诉他人好像是在揭她的短，这不仅让母亲感到难堪，还在某种程度上意味着我背叛了对她的忠诚。也许并非本意，但她的确无法或者不愿与我们交流，这使得我们之间的处境变得更加糟糕。她会偶尔含蓄地指出有些事情不对，却从来没有明说她得了什么病或者自己的感受。有一次，医生建议我们暂时不要看望或接近她，她就在病房的日记本上记下了对被隔离的疑惑。对于一个有着非凡智慧的女性来说，精神疾病不论是对于她还是她的家庭来说，都是难以接受的。

即使是病情最严重的时候，家庭依然在母亲心里占据着最重要的地位。她从来没有攻击过自己的子女和丈夫。在 1959 年父亲弥留之际，她一直无微不至地照料着他。他们相濡以沫，彼此从不抱怨或发泄不满。细想起来，他们在一起的最美好的时光不过短短二十余载，此后的 17 年里，痛苦就一直伴随着他们，直到父亲去世。但是，如果有人问我的父亲这一切是否值得，我敢肯定，他会不假思索地说："当然值得！"

此外，无论是清醒还是在病中，我母亲一直为孩子们和他们的事业感到无比骄傲。我在白宫工作时，朋友们问她："你不为你的儿子感到骄傲吗？"她总是这样回答："你指哪个儿子？我为我所有的孩子感到骄傲。"我们同样为她感到自豪。如今索伦森家族在内布拉斯加大学设立了安妮斯·蔡金·索伦森奖，以奖励那些在人文教学方面有杰出贡献的人；在她逝世后由肯尼迪家族设立了安妮斯·蔡金·索伦森学生基金，以表达对卓越思想者的敬意。

# 第3章 父　亲

A LIFE AT THE EDGE OF HISTORY

有一点我十分肯定，那就是母亲的教育对于我性格的塑造和智力的培养极为重要。同时我也相信，在往后的生活和职业生涯中使我受益匪浅的技巧，都是从父亲 C.A. 索伦森身上学到的。父亲和他的弟妹们长到 10 岁时，祖父就允许他们自己选择中间名。结果，我的五个叔叔分别取名叫威廉·麦金利、约翰·韦斯利、詹姆斯·门罗、乔治·华盛顿和克拉伦斯·伍德罗。我的父亲以丹麦国王的名字克里斯蒂安作为第一个名字，选择亚伯拉罕为中间名来表达自己对第十六届总统林肯这位政治英雄的尊敬，希望能以林肯为自己的榜样。

家人常叫他克里斯，朋友们叫他亚伯。刚上大学的时候，他就开始用“克里斯蒂安·亚伯拉罕·索伦森”这个名字作为签名了。1938 年，我们的生活中到处都是竞选州司法部长的“C.A. 索伦森”的讲话和传单。竞选活动后期的某一个晚上，我们在餐桌上讨论当时的形势——结果真让人难受——他很可能要输掉这次竞选。最小的弟弟，只有 5 岁大的菲尔突然问道：“这不就意味着他再也不是‘C.A.’了吗？”我们都笑着告诉他，父亲仍然还是 C.A.。也就是从那时起，我们家便开始使用这个名字称呼父亲了。

父辈们是在石屋里长大的（我们这代人都这样认为），C.A. 是 10 个孩子中最年长的一个，他的童年是在他父亲的农场里度过的。他在那里种玉米，养牲畜，深刻体会到体力劳动的艰辛。高中时代，他和朋友假扮成国会参议员，站在相互挨着的干草堆上，争论着关税等时政问题。同时，他也开始打零工来贴补大学学费：替人看门、在杂货店当店员、到临近的农场喂骡子，等等。他边打工边上学，顺利通过卢普高中的毕业考试，又在林肯市外的韦斯利公会学院继续两年的高等教育。在此期间，他的学费全靠挖煤挣得。

年轻的C.A.被离家比较近的格兰特岛浸信会学院录取了，这让他虔敬的父母感到无比骄傲。然而，短暂的大学时光永远地改变了他（和他的孩子们）的人生方向。1912年2月17日晚上，一个21岁的大二学生，代表学校参加了内布拉斯加州演讲比赛。他撰写并发表了一篇具有煽动性的演讲——《过去的死亡之手》，谴责了“因为古老，所以神圣”的“大众信仰”，并呼吁听众去反思祖先们留下的传统。

由于他的演讲不仅关系到政府、政治和经济，还关系到宗教，听众们都皱起了眉头。他讲到：“宗教生活的实质在于人与人之间的责任。”他又说，人们要坚持的宗教信仰，应该是合乎逻辑或富有理性的宗教习俗，因为它们代表着古老的传统。宗教生活意味着要对他人表现出仁慈和慷慨，以及坚持人类的博爱。

他选用萨姆·福斯的一首诗来阐述自己的观点。诗中描写了一头漫无目的、四处徘徊的小羊走过的道路，诗的名字叫做《羊肠小道》，其中写到：

人们总是麻木不仁，
坚持着心中的羊肠小道，
日复一日，年复一年，
不断重蹈覆辙。

对于他的这次演讲，听众反应强烈。《格兰特岛独立报》发表了标题为《抗议：教堂牧师怒斥大学生演说》的文章，文章称，允许一个来自教友学院的学生表达这样的宗教观念真是令人愤怒。院长向神职人员解释道：“这个小有能力却固执己见的年轻人故意无视学校的权威。”由于这次演讲，年轻的C.A.获得了内布拉斯加州演讲比赛的最高奖，同时收到了格陵兰特岛浸信会教友学院的开除通告。

不久之后，他收到了一个陌生人的来信，原来是林肯市第一大报纸《内布拉斯加州日报》的助理编辑沃尔特·洛克——他感到十分惊喜。洛克告诉C.A.，他看了学院开除的报道，还说C.A.只属于两个地方，且都在林肯市内：内布拉斯加州大学和唯一神教会。由于洛克在这两家机构中都有些影响力，所以，在他的帮助下，C.A.可以进入其中一家。这件事安排妥当后，他又邀请C.A.到他家里寄宿。

唯一神教会的牧师阿瑟·L.韦德里博士在洛克的推荐下，向年轻的C.A.提供奖学金以资助其在内布拉斯加州大学的学费。就这样，C.A. 获得了非比寻常的帮助。

在大学里，C.A. 是学报的编辑，又是辩论高手，他甚至写信给波士顿一位有名的律师路易斯 ·D. 布兰代斯，请他帮忙解答他即将辩论的一道辩题——从事州际贸易的公司是否必须办理联邦许可？——的相关问题。年轻的C.A. 当时正在研究此类问题，他提了许多关于联邦企业合并的问题，布兰代斯便饶有风度地用其早期在参议院的证词一一给予回答。

C.A. 最辉煌的作为是使美国避免了一场在他看来没有任何利益可得的战争。他是“让美国远离战争组织 ”中“联邦紧急状况和平协会”和“内布拉斯加州和平协会”的积极分子。1913 年，也就是大学毕业的那一年，他领导了一场运动，阻止内布拉斯加州建设军工厂。

1915 年，应和平主义者、唯一神教会的牧师韦德里博士之邀，C.A. 以法律专业学生的身份，获得实业家、发明家亨利 · 福特的许可，与和平主义活动分子一同乘坐“和平号”前往欧洲的中立国家，呼吁他们不要参战，通过和平会议来解决分歧与争端。这群未来和平的缔造者们来到了挪威、瑞典、丹麦等国家，并多次与支持者们举行会议。然而，新闻界却将这艘载有 67 名“代表”、36 名学生和 28 名记者的“和平号”讽刺为装载了“一群傻瓜”的“廉价小船”。

多年之后我才得知，在那艘船上 C.A. 遇到了比他年长 3 岁的莱拉 · 塞瑟——一位年轻的反战积极分子。对他们两人来说，真可以用相见恨晚来形容。他们的友谊一直保持了很多年。莱拉的孙女在几十年后出版了莱拉的日记和信件，并且到纽约的律师事务所把她的新书送给我。通过书中登载的信件，我看到了父亲感性的另一面。在信里他这样写道：

> 你的慷慨、宽厚和善良，仿佛是一段旅途的绿洲，我愿赫伯特 · 乔治 · 威尔斯（英国著名小说家，尤以科幻小说创作闻名于世。1895 年出版《时间机器》一举成名，是当时最多产的作家之一。——译者注）打开时间机器，让时间倒流……让我与你重回甲板之上！

1916 年，C.A. 从法学院毕业后，就代表内布拉斯加州妇女选举委员会起草了部分妇女选举法规，并获通过。之后他担任该委员会的律师，专门对付那些试图阻挠该法案通过的人。他始终坚持自己的反战立场。在 1916 年的总统竞选中，C.A. 投票支持民主党的伍德罗 · 威尔逊，理由是“他让我们远离了战争”；而几个月后威尔逊改变主意时，C.A. 却说：“我可不能这么快就改变自己的想法。”

1917年初，他不到27岁（比我第一次踏入白宫时还小5岁），就被华盛顿的一个教会组织的群众集会选中，成为了“三人代表团”成员之一，《国家》杂志主编的妻子奥斯瓦尔德·加里森·维拉德也是团队一员。他们向威尔逊总统发出呼吁，力谏美国不要参战。20年后他在给议员乔治·诺里斯的信中回忆说：“在那20分钟里，我竭尽全力地向总统请愿，请他让我们的国家远离战争……我不仅谈到了不可抵挡的死亡和痛苦……还谈到了战争过后势必引发的经济危机。”

随后，他的一些朋友纷纷应征入伍，年轻的C.A.还不能决定是否要参军。最后他选择等到入伍通知函到来后再作打算。他后来说道：“朋友在前线阵亡的消息让我惭愧得觉得自己好像胆小鬼一样。” 1918年10月末，他终于收到入伍通知，然而当时全球范围的流感推迟了他的入伍时间，而11月11日的停战协议使这份通知成为一张废纸。为了入伍，他变卖了律师事务所里的家具，还回到中部和父母亲道别。随着战争结束，他在林肯市重新开了一家私人律师事务所，并投身于公共事业。

回忆起当初，C.A.说他一直在“世界和平”和“政治抱负”之间左右为难。他准确地预测到“入伍事件”对他政治生涯的影响。果然，10年后的C.A.竞选州司法部长，却遭到美国退伍军人协会的指挥官J.B.凯恩的公开谴责，说C.A.“一直逃避服兵役”。

C.A.反驳道，他一直遵守美国军方的所有规章制度，若不是停战协议拖延了一个多星期，他一定会按时入伍的。因此，他顺利成为美国退伍军人协会的成员和“有正派背景的爱国者”；他挥舞着国旗，与那些抨击他的“超级爱国者”们并肩战斗。他的恩师沃尔特·洛克曾大声疾呼：“如果我们都能够像索伦森先生那样，一直以来都将我们的爱国主义付诸行动，那么我们对未来将无所畏惧。”

我父亲逐渐意识到，为社会作出贡献的最佳方法就是竞选公职。然而，像1924年乔治·诺里斯参选议员一样，C.A.在竞选活动中根本不把两个主要党的“正派”领导人放在眼里。他觉得共和党人已经摒弃了林肯和泰迪·罗斯福的原则，无法抵制水泥、能源、铁路和信托公司的诱惑。他写信给诺里斯说，内布拉斯加州的民主党组织只不过是“一部在‘胜利属于掠夺者’标语下运转的获利机器”。C.A.和他的“反叛”同伴，比如诺里斯和威斯康星州的拉·福莱特斯，最初都希望能结合他们无党派人员的第三方力量进入共和党内，推动该党向更进步的方向迈进。但不久之后，他们便开始逐渐独立起来，转而支持富兰克林·罗斯福和民主党了。

在这种背景下，我的父亲决定于1928年，也就是我出生的那一年，竞选由共和党提名的州司法部长的公职。内布拉斯加州的托拜厄斯在《时代周刊》的社论中写道："他代表了真正的亚伯拉罕·林肯的共和主义。"绝大多数的内布拉斯加州人都赞成这一说法。

我的父亲是一位勇于创新的司法部部长。1929年6月23日的《纽约时报》是这样报道的：

> 连日来，内布拉斯加州的人都在谈论着年轻的司法部部长——克里斯蒂安·亚伯拉罕·索伦森，他已经成为其他州选民心中的焦点人物——一个具有伟大的政治思想和勇气的人……难怪政治评论家都说，"关注索伦森"……他可能继承威廉·詹宁斯·布莱恩和乔治·诺里斯的光环……是一个普通人，也是人民的朋友。

那个年代的进步人士觉得，如果一个州政府所采纳的改革计划总是受到全国范围的反对，那它就像美国最高法院法官布兰代斯所说的那样，成为"民主实验室"。布兰代斯是我父亲早年的笔友，在他之前，C.A.曾以州司法部部长的身份为两起诉讼案作辩护。作为一个变革家，C.A.有着强烈的信念。他坚信："对重大事件的态度摇摆不定的人应该受到政治性的无视。""一名候选人，如果一再改变自己的立场去迎合每一个党派，必将变得一无是处。"对于执法，他总是坚持己见，他认为如果一个国家没有阻止那些无耻鼠辈对国民进行理直气壮的掠夺，那它就没有履行国家的首要职能。早在反战运动和争取妇女选举权运动的时候，他就与内布拉斯加州的教会密切合作过，他的主张遭到了酒鬼和瘾君子的反对，他们希望永远都不要看到女人参与投票，所以，他后来加入扫黄十字军并成为基督教妇女禁酒联合会的捍卫者，也就不那么令人惊讶了。虽然罗斯福为恢复经济所作的努力得到普遍拥护，但C.A.却将其嘲弄为"一份无头无脑的战斗宣言"。为了给啤酒销售的补救方案提供法律依据，富兰克林·罗斯福在1932年通过5美分/夸脱（容量单位，相当于1/4加仑，约1.14升。——译者注）的新税率以平衡财政预算。C.A.说道："美国的男女老少，每人每年必须喝掉240夸脱的啤酒才能平衡财政预算……真是一个泄气、受挫的国家解决问题的好办法！"禁赌成为了法律，禁酒也成为了法律，可是没人会遵守那些只有他认可的法律。他觉得"每一项法规都应该强制执行……无论是对官员的反腐败法规，还是对暴民的反偷盗法规"。

在奥马哈，那里的违法事件给这座城市贴上了“小艾尔·卡邦（20世纪20年代芝加哥市黑帮头子,也是该市所谓的“地下市长”。——译者注)的芝加哥”的标签。C.A.担任州司法部部长的4年时间里,人们对他不以为然。他通过调查、检举和通告，使许多警察被捕入狱。他的所作所为令汤姆·丹尼森甚为恼火，因为丹尼森正通过政治武器配合他强大的政治势力控制着奥马哈的黑社会、警察局和许多其他的政府机构。由于C.A.颁发了一份不得民心的赛马禁令，一名暴徒在奥马哈焚烧了他的画像。C.A.若无其事地回应道：“如果职责需要，我将十分乐意他来烧我本人。”

面对死亡的威胁，父亲在警方的建议下买了一把手枪。我见过那把手枪，就躺在他办公室的抽屉里。哈利·拉皮德斯——奥马哈的商人、某个司法部助理的岳父——被秘密谋杀后，奥马哈的气氛变得格外紧张。有人怀疑那些受雇的歹徒来自堪萨斯城，因为丹尼森那些令人厌恶的朋友就住在那里。

最后，C.A.还是引起了美国司法部门对调查奥马哈黑社会的关注。联邦总陪审团以密谋违反国家禁令、非法贩卖酒、向商家收取保护费、贿赂操纵陪审团、劫机、政治干预警署的罪名起诉了丹尼森和他的8个合伙人，以及“奥马哈酒业财团”。这就是汤姆·丹尼森的结局。

我们兄弟姐妹对此一无所知，我们只知道父亲突然将我们经常玩的扑克和棋盘从前面的回廊移到后边的卧室，以免扫黄支持者们看到后心生不满。我们都喜欢公共电台的广播剧“扫黑帮”，却不知道性格温顺的父亲也是其中一员。

1930年正值他为改选而奔走，“正派的”共和党人也加入到民主党的阵营中,伺机将他和他的伙伴等“反叛的”共和党人赶下台,尤其针对议员乔治·W.诺里斯。结果便有了两起全国闻名的案件。

案件1：1930年7月5日，为了混淆选民的视听，内布拉斯加州布罗肯堡的一个“凑巧”也叫乔治·W.诺里斯的杂货商，为8月12日的共和党初选提出参选申请。其目的很明显，就是要分流诺里斯的选票，然后“正派的”共和党候选人W.M.斯坦伯尼斯铺路方可以顺利当选。州司法部部长索伦森表示，杂货商诺里斯所提交的申请超过了法定的最后期限，予以驳回，一场法律纠纷由此展开。尽管共和党的州务部长接受了这一结果，但远在华盛顿的美国参议院选举委员会主席杰拉尔德·奈决定调查此事。言论沸沸扬扬，最终奥马哈的一个“凑巧”也叫索伦森的牙医的申请也被驳回，有人用相同的诡计雇他对州司法部部长的职位提出申请。

有人匿名打电话建议我父亲将共和党秘书长维克托·西摩推上证人席。真相终于浮出水面：杂货商诺里斯的竞选费用是由“正派的”共和党人支付的，他们引诱他参加竞选并为他提供充足的资金。杂货商诺里斯和西摩最终以伪证罪被送往联邦监狱。西摩的儿子和C.A.的孩子们在十多年后，在没有了解这些历史的情况下，却成了亲密的朋友，这是多么典型的内布拉斯加剧啊。

案件2：1930年8月11日晚上，也就是共和党初选的前一晚，竞选国家铁路委员会职位的“正派的”共和党人理查德·伍德，前往奥马哈的KFAB电台，代表“正派的”共和党人斯坦伯尼斯向对手诺里斯宣读了一份竞选的挑战宣言。然而，这次讲话的矛头并不是指向诺里斯，而是指向C.A.索伦森。对于我的父亲，伍德先生读道：“他在上帝和人们面前发誓他将秉公执法。他向人们所作的许诺全是空谈，他向上帝所发的誓言是一种亵渎，因为他是一个没有信仰的人，一个反宗教的浪子，一个疯子，一个傻瓜，他是国家和党派的出卖者。”

第二天，索伦森对伍德的种种诽谤提起诉讼，KFAB迫于压力，对于演说者可能表示的“任何无意的冒犯”表示道歉，还承诺在初选后为C.A.提供一次直播的机会以说明他不是浪子、疯子和傻瓜。伍德先生随后也做了违心的道歉。可是这些都没能打动C.A.，他将伍德和KFAB告上法庭，并要求赔偿10万美元的名誉损失费。联邦地区法庭判定，谎言只是口头形式，并未成文字出版，因此只构成口头的造谣中伤，而非文字性的诽谤；同时，造谣中伤还必须提供受到伤害的证据。由于索伦森已经轻松连任，也就无法证明自己的利益受到损害。最后，陪审团裁定，伍德仅仅是说了诽谤性的言辞，所以象征性地赔偿一美元，而KFAB电台什么都没说，不负任何法律责任。

在内布拉斯加州大学法学教授的建议下，C.A.转而对文字性诽谤提起诉讼，实际上，电台以某种模式“刊登”了那些诽谤性的言辞，就像发表在报纸上一样。因为这些言论被疯狂地流传，其破坏性到底有多严重也就难以估计了。内布拉斯加州最高法院受理了索伦森的申诉，并陈述道：“电台无权参与或协助发表诽谤。”这个案子成为美国范围内此类法律案件的首例。

这个案子已经收录到法学院的教科书中，我料想老师可能会要求我在课堂上就此作一个报告，于是我就问父亲后来又发生了什么。电台向美国最高法院提起上诉，但是国家广播协会仓促地从华盛顿来到奥马哈要求撤回上诉，以免美国最高法院会维持内布拉斯加州法院的原判。这样，原本适用于全国范围的法律，迄今只适用于这个州。KFAB放弃了上诉，并与我的父亲达成了适度的经济赔偿协议。国家广播协会也作出承诺，调整相应的规章制度，以免今后的广播员重蹈覆辙。

父亲担任州司法部长时的另外两件英勇事迹让我尤为自豪。首先，在他所供职的“赦免保释委员会”中，他与大多数成员的意见相左。他不顾其他成员的反对，提议对一个背景复杂的罪犯赦免死刑。用索伦森部长的话来说，这是一个“被酒精和欲望麻痹”才谋杀了雇佣他的农场主又奸杀农场主的妻女的年轻流浪汉。他义正严词地对死刑表达了异议：

> 死刑使国家成为……无异于谋杀案的凶手……社会应该在犯罪发生之前设法使自己远离犯罪……在美国，我希望文明的象征是学校而不是电椅。

如今，为了纪念内布拉斯加人反对死刑的精神而建立的年度奖就以克里斯蒂安·亚伯拉·索伦森命名。

其次是一个涉及种族问题的颇具争议的判决。虽然我父亲与W.E.B. 迪布瓦（迪布瓦被认为是20世纪美国最有影响的黑人知识分子，黑人文学和黑人精神的领导人。——译者注）谈过，但他对于这个问题还是没有多少经验。他参与的进步民粹运动也没有强调过公民权利。然而，在城市联盟委员会连续任职的C.A.，对林肯市电影院的隔离政策的合法性提出质疑，并公开指责州法庭对印第安人和黑人的腐朽偏见——法院将他们归为精神不健全的一类人，并规定他们不能作证。1931年，任州司法部长的C.A. 遇到了一个具体问题。全国有色人种协进会的法律救济委员会主席曾问他，怎么看待奥马哈一个咖啡馆的前窗上贴着“有色人种不予服务”的标语 。C.A. 的回答直截了当：

> 这种标语是违法的，法律要求餐厅的客人“充分平等地享受住宿、利益、设施和特权”。该标语的实际意思是“禁止进入”，它告诉奥马哈的有色人种，他们无权在这一指定的地点用餐……

然而，C.A. 为内布拉斯加州留下的最永恒的遗产，并不是争取种族平等和取消死刑，而是为无党派斗争和公共电力所作的贡献。他的最大成就就是和诺里斯一起为内布拉斯加州政府的精简和非政治化，制定了一个宪法修正案，力图将传统的两院两党的立法机关转换成为一个无党派一院制的立法机关。它是美国目前存在的独一无二的立法机关。诺里斯和C.A. 认为，如果一个院的代表指责另一个院的代表拖延、改变或阻碍立法，或如果两院开了秘密会议，没有在法案修改上达成一致，导致两院之前都通过的法案变得模棱两可，那么选民就无法选出有责任有担当的代表。父亲告诉我，当时州立法机关最关心的问题主要是公路、桥梁和基础设施，在这些问题上，不能存在特殊的共和党立场或民主党立场。

C.A. 的当选意味着内布拉斯加州人民，尤其是农村地区的居民，成功以低价获得公共电力的使用权。在 1928 年他首个任期的前几个月，林肯市召开了一次关于公共电力的市政所有权的会议。后来，运动蔓延到农场，诞生了农村公共电力区。农村公共电力区的内布拉斯加州分会成立后，C.A. 担任首任会长。儿时的我多次听到父亲对农民的演讲，告知他们当地变电站即将启动。与此同时，议员诺里斯在华盛顿推动罗斯福政府建立了一个农村电气化管理局。1948 年，有传言称，在总统大选中有信心击败杜鲁门的共和党提名人托马斯 ·E. 杜威，已经拟好了一份初步委任名单，其中就包括农村电气化管理局局长克里斯蒂安 · 亚伯拉罕 · 索伦森。

孩提时，我参观了内布拉斯加州的议会大厦——我们叫它“爸爸的议会大厦”。在等待父亲完成他的日常工作时，我和两个哥哥就在宽敞的展厅里捉迷藏。我们激动地站在最高的阳台上，在“播种者”威武的铜像下，遥望着无边无际的城市和平原。但他竞选公职的职业生涯并没有继续下去。1932 年，他没能成功连任三届州司法部长，此时罗斯福的民主党却以压倒性的优势打败了所有“正派的”和“非正派的”的共和党人。两年后，他决定在共和党统治的主要地区举起反共和党的旗帜，却被击败。1938 年，他成为内布拉斯加州最高法院院长的候选人，他赢得了初选但以失败告终，那是他最后一次竞选。1940 年的他已经年过半百了，自 1928 年到 1940 年，他在内布拉斯加州总共参选五次，从此他答应我的母亲再也不会竞选公职了。

父亲的职业生涯中最重要的伙伴是内布拉斯加州最伟大的政治家乔治 ·W. 诺里斯。在他的光辉岁月里，我由于年纪太小而没能与他交流。他晚年的时候又因年纪太大而无法与我谈话。但是我非常清楚他的故事。罗斯福称他为“美国理想的优雅骑士”。1902 年他当选为国会议员，又在 1910 年罢免议会“沙皇”——共和党人约瑟夫 · 坎农的运动中一举成名。1917 年，诺里斯加入反对美国参加一战的队伍，次年被年轻的索伦森在农民运动的组织中推举到美国参议院。后来我成功地建议肯尼迪在《当仁不让》一书中记录下这一片段。1942 年，81 岁高龄的诺里斯失去了参议院议员的席位，之前他刚刚接受罗斯福及其盟友的说服以如此高龄参选，他们希望友好的朋友诺里斯仍然在内布拉斯加州的参议院占有一席之位。对我父亲来说，诺里斯退出政府是莫大的悲哀。

在诺里斯任议员期间，我父亲对他如同我对肯尼迪那样，忠心耿耿，全力付出整整 30 年。诺里斯在他最后一个任期即将结束之际，报答了我父亲的忠诚和支持。当时林肯市的联邦地方法院的法官芒格决定辞职，父亲的朋友立刻建议他接替这个职务。议员诺里斯则马上向罗斯福总统推荐我父亲，要知道，诺里斯给罗斯福的恩惠要比我父亲给诺里斯的恩惠要多得多。于是，总统私下里写信给他的司法部长弗朗西斯·比德尔：

> 议员诺里斯说……来自林肯市的共和党人亚伯·索伦森为我和诺里斯投过票……尽量争取吉姆·劳伦斯（我父亲认识的一个内布拉斯加州的政治掮客）同意，以确定他在提名人名单上。
>
> 罗斯福

我当时才13岁，根本无从知晓也无法理解，有人暗中流传该职位已是我父亲的“囊中之物”。这一职位似乎是命中注定，1942年《马丁代尔法哈贝尔法律指南》未经确定就将索伦森列为林肯市联邦地方法院的法官。

然而芒格的辞职日期一改再改，席位一直空缺着，提名人的名单迟迟没有送到参议院。1941年8月初，新闻界把种种流言归结为“内布拉斯加州的法律和政治圈子中最流行的消遣”。《科尔法克斯访谈》报道：“顽固的共和党人排挤索伦森，因为他属于进步派；民主党人也厌恶他，因为他没有严格遵循他们所制定的党派路线。”民主党国家委员J.C.奎格利成功将罗斯福总统的助手尤金·B.凯西带到内布拉斯加州参加民主党领导人的秘密会议。这次会议起了决定性作用。主要的与会者还包括寂寂无名的奥马哈商人O.弗莱彻·“雷德”·尼尔，他是一位成功的保险业巨头，20世纪20年代农业大萧条时期，猪肉价格的下跌使他损失惨重。显然，尼尔先生黯淡的过去使他对C.A.怀恨已久。一批被盗的汽车被发现藏在奥本市尼尔的商业车库中，尼尔成了替罪羔羊，但他当时是腐败的民主党国家典狱官的司机，因此逃过了牢狱之灾。

参加会议的还有一位不知名的自由民主党人士，由他向议员诺里斯提交会议报告。他将尼尔描述为“内布拉斯加州参选人的真正靠山，领导着奥马哈某个无名组织，掌握着所有的选举资金。索伦森先生在担任司法部长期间，彻查了奥马哈黑社会，在很多方面得罪了尼尔，而尼尔却掌握着索伦森的命运。”在会议上，尼尔说：“这个索伦森绝不能担任联邦法官或其他职务……这是私人问题。”

尼尔的言论使C.A.的朋友们和内布拉斯加州的自由主义者十分震惊，他们立刻写信到白宫，反对由保守派的天主教律师替代C.A.任职联邦地方法官。一方面，罗斯福总统不愿与诺里斯为敌；另一方面，他在政府部门中安插了太多的天主教徒，别人的警告使他惶惶不安。1941年12月30日，也就是日本偷袭珍珠港三个星期后，总统在给司法部长比德尔的信中写道：

> 就内布拉斯加州的职位空缺，我听说有两种说法：1. 在90%的国民都是新教徒的国家，我所任命的大多数人都是天主教徒。2. 如果这不是真实的，你会给我正确的数字吗？

比德尔回复道，在联邦政府中，尽管许多位居高职的官员都是天主教徒，但“您所任命的大多数官员并不是天主教徒”。次年一月中旬，民主党领导人力荐天主教徒约翰·W. 德莱汉特为候选人，诺里斯只好默认了。数周之内，C.A. 一步步从候选人名单中消失，正如政治舞台上经常上演的剧目一样。他不知道是谁击败了他。

这段插曲在我的人生中别具讽刺意味。两年之间，我的父亲——我心中的第一个英雄，失去了联邦政府中他所追求的联邦地方法官一职，部分原因是他不是天主教徒；将近20年后，约翰·F. 肯尼迪——我心中的第二个英雄，险些失去联邦政府中他所追求的总统一职，在很大程度上却因为他是天主教徒。

在我进入肯尼迪议员工作班子的两年后，父亲写信跟我说：“纵观美国政界，议员肯尼迪是一位真正的政治家和前途光明的政治领导人。”遗憾的是，这两位英雄只有一面之缘。那是1957年5月，肯尼迪和我刚出席完民主党在奥马哈的会议，要到林肯市去参观一所大学。当时父亲的身体已经每况愈下了，在保姆车上他们并没怎么说话。他们的诸多共同点使这次沉寂的会面显得尤其可惜。他们都把原则置于政治前面；他们在危机关头都能镇定自若，随机应变；他们都不怨天尤人，也都在我还没完全领悟他们对我的教导之前就离我而去。

父亲的一生都倾注在工作上，吃得多锻炼得少。与同龄的人相比，他过早地患上癌症、溃疡、动脉硬化和糖尿病。几年来，我每天都看着他强忍疼痛为自己注射胰岛素。面对周身顽疾他始终心平气和，从来没有丧失过他的斗志。最后一次去林肯市探望他时，我问他：“你感觉如何？”“非常好，”他轻声说，“正在考虑别的疗法。”经受数年身体和精神的双重折磨，父亲于1959年辞世，享年69岁。他没能坚持到来参观我在白宫的办公室，而那里离总统办公室只有几步之遥。

在父亲的葬礼上，唯一神教派的牧师说道：

> 众所周知，克里斯蒂安·亚伯拉罕·索伦森在公共事业上是一位无畏的雷厉风行的改革者，如同《旧约》里的预言家一样果敢，鲜有

人知道他幽默、温和、绅士的一面。尽管遭遇过不少挑衅，但他从来没有对他的敌人报以个人怨恨……也许有一天，历史学家从尘封已久的档案中读到他生命中的信念和勇气，那将成为考验人们信仰的最好的试金石……

我就是那一位历史学家。

# 第4章 童年手足情

A LIFE AT THE EDGE OF HISTORY

“大萧条”的阴霾笼罩着整个20世纪30年代，随后又爆发了第二次世界大战，但严酷的现实并没有打乱我们在林肯小城的生活。在30年代，你不时可以看到，失业的农民和工人沿着铁路从一个镇移居到另一个镇。有时他们会敲我们的门，跟我们讨要食物或散钱，我母亲通常会给他们在后院安排个带薪的杂活，然后在后门楼梯的台阶上放几块三明治。我们时常开车到城郊，母亲告诉我们，栅栏围起来的地方叫作“乡村贫困农场”，“新政”时期在联邦福利政策和社会保障制度下进行整改，而当时是饥寒交迫的人们的聚集地。

我们的耳边充斥着极端主义者的叫嚣，他们包括考夫林神父、弗朗西斯·汤森德、休伊·朗和杰拉尔德·史密斯、三K党。美国的政治体系一度分崩离析。二战逼近欧洲的时候，父亲安慰我妹妹露丝说，战争不会蔓延到我们这里的。她一时心血来潮，给罗斯福总统写了一封信，信上说：“请让战争远离我们，我的哥哥罗伯特才16岁，我不想让他离开我们。”

在孩子们心中，家园既不是欧洲战场，也不是华盛顿特区，而是内布拉斯加州林肯市公园大街2451号，我的整个童年都在那里度过——两层大小中等的灰泥砖小楼。我们可以从小电视上欣赏《苏萨进行曲》和维克多·赫伯特的歌剧，客厅里的收音机可以收听广播剧，比如杰克·班尼的喜剧、《勒克斯广播剧场》，还可以听音乐。在我很小的时候，我们有个冰柜，但不久又买了一个小冰箱。我们经常在地下室玩台球和乒乓球。在老照片上，我们的后院曾经是一个种满鲜花绿草的伊甸园，但是由于我们多年来都在那里骑自行车、打球、玩游戏，现在它变成了一个多功能的泥土操场，摆放着秋千和玩具沙箱，是我们和附近的小孩玩耍的乐园。

我的父母在1921年结婚，两年多后，也就在母亲35岁生日的前五周，她生下了我的大哥——罗伯特，又在接下来的10年中相继生育了4个孩子。她40岁时生下我，45岁时生下我最小的弟弟菲尔。虽然我们流着相同的血液，接受相同的家庭教育，但兴趣各不相同。妹妹露丝是我们几个兄弟姐妹中最有家庭观念的，她热衷于环球旅行。弟弟菲尔拥有特殊的运动和竞选天赋。在他担任内布拉斯加州副州长期间，有一位难缠的记者问他是否计划竞选州长，他的回答让我忍俊不禁，他说："我还没有计划竞选任何超越我现在立足点的职位。"

8岁的时候，我总觉得父母对两个哥哥偏心，因为他们都是大孩子了；同时，他们又给弟弟妹妹们某些特权，因为他们还很小，理应得到宽容和呵护。经过一番研究，我对父母郑重宣布："我是大孩子中最小的，又是小孩子中最大的，必须享有两套特权。"

在家里，母亲就像雌狮一样，极力保护着自己的幼崽。在子女教育方面，她有着极强的原则性：不允许我们玩任何玩具士兵和玩具枪，除了在7月4日独立日那天可以玩玩具喷水枪和玩具枪。她希望我们玩些能激发创造力的玩具，比如建筑积木、七巧板和拼图。对她来说，军服意味着统一、守纪和服从，她不想在我们身上培养出这样的意识。我在音乐方面给她带来的自豪感，远远多于她起初对我参加高中仪仗队的不满。

1938年母亲过50岁生日，当时已经10岁的我，做了一首诗为她祝寿：

小诗一首赠亲娘，
少年因疾卧病床。
母亲榻前送食粮，
牛奶面包常飘香。
呕心沥血保安康，
病魔缠身斗日长。
儿患寒热烧不退，
夜深人静独不寐。
而今慈母五十岁，
生我养我十年头，
余生养她照顾她，
愿她健康寿无疆。

我的父亲是一个富有责任心的人，眼神犀利，内心温柔。他还有未雨绸缪的精神。在我弟弟妹妹出生前，他为母亲写道：

> 我不是一个感情外露的人，所以你不了解我是多么疼爱我们这三个棕色眼睛的儿子。我会毫不犹豫地把我的全部生命都献给——我们的孩子。

父亲总是希望能抽出时间陪我们，可他经常工作到周六晚上。记得在我十多岁的时候，父亲因公出差，我非要为他拎手提箱送他到车站，他不让，我就大哭起来。我平生第一句玩笑话就是关于父亲的繁忙工作的："我总是知道什么时候过圣诞节，因为那天父亲才待在家不忙事业。"（这句话到底是我还是弟弟菲尔的大作，目前仍有"争议"。）

父亲常常要坐很长时间的车去出席州里的各种会议，他频繁地带着我，仿佛成了一个特殊的约定。一路上，我不仅可以从父亲的话语中学到很多关于生活、政治和法律的知识，而且可以透过车窗，从内布拉斯加的乡间小路上增长见闻：沿途的小镇简单朴素，风光秀丽，都有着妙趣横生的名字，比如大泉、麋鹿角、红云、断箭、平顶山和卫矛；我们沿着小镇的主街道行驶，经常看见退休的农民坐在商店门口的长凳上聊天，他们穿着饲料公司的工作服，头戴工作帽，在路边看着人来车往；我看到广袤无垠的天空、高高矗立的仓房、栖息在路边围栏上的野云雀、暴风雨来临前干燥的混凝土公路、整齐划一的耕地，还有雅致的内布拉斯加州地平线和落日。

我 8 岁的时候，父亲带我到奥马哈的一家宾馆开会，他让我在休息厅等，看当地的报纸。等了一两个小时，我坐不住了，便夹着报纸到处闲逛。这时走来一位陌生人，他误以为我是报童，想要买报纸。我说这是"爸爸的报纸"。他问我父亲的名字，然后坐下来和我说话。几天后，《奥马哈世界先驱报》的报道中说"C.A. 索伦森的儿子特德希望长大后当一名消防员"，我才意识到那人原来是位记者。这是有生以来，我的信任和善意第一次受到媒体人的打击，当然，与后来生活中碰到过许多次媒体的打击一样，这绝非巧合。

八九年后与父亲的另一次旅行，促成了我生命中最成功的一次辩驳。在一个小镇宾馆的休息室里，店员告诉我，晚上当地高中作为东道主将与林肯市高中进行一场篮球比赛。我观看了这次比赛，并且坐在当地一个漂亮的拉拉队长旁边。比赛结束后，我们去看了电影，我又送她回家，尽管她警告我当心一辆正开过来的汽车，我还是亲吻了她的前额与她道晚安。当我欢喜雀跃地正要返回宾馆时，刚才的那辆车突然停在我面前，然后从车上跳下来一帮当地的男孩，个个身强力壮，领队的说我“弄脏”了他的姑娘，看样子是要好好地教训我一顿。

所有成功的演说都基于事实。我开始辩解：我对那位漂亮的女孩毫无企图，也不知道她已经心有所属，更没有蓄意挑衅；我从很远的地方来，回到住的宾馆后马上就要离开这里，离开你们，离开那个漂亮的女孩，永远地离开这个可爱的小镇，我真诚地祝你们永远幸福。我一边说着一边朝宾馆的方向走去，那些愤愤不平的男孩站在那里，愣愣地听着我的祝词。我加快步伐，他们并没有跟着我，于是我快速跑了起来，安全回到宾馆。

我们和周围的大部分家庭一样，家里经济并不宽裕。我十几岁的时候，隐约记得父亲的年收入大概是 1 万到 1.5 万美元。父亲的穿着就像他的言词一样，非常朴素。我们的房子刚好能容纳七口人。我们多年来一直开着那辆老福特轿车，这样的老古董不计其数，包括母亲坚持让我们五兄妹都学会弹的钢琴，也是二手货。父母在经济大萧条时期节衣缩食，我从小耳濡目染，养成了节俭的习惯。多年后，当我有了第一个孩子埃里克时，我父亲来信开玩笑说：“希望他能以你爸爸为榜样，学有所成，俭以养德——能用一分钱的明信片绝不用 3 分钱的信封。”在我很小的时候，父亲的朋友跟我和哥哥打赌说，如果我们在 21 岁前既不吸烟也不酗酒，就给我们每人 20 美元。这听起来可是很大一笔钱，于是我，唯独我，遵守了这个约定。后来我才知道，约瑟夫 · 肯尼迪的孩子们也接受着相同的考验，而他们会得到一千美元的奖励。虽然说不出什么原因，但我真怀疑他们能否做到。

那是一段简单而满足的生活。父亲体验过农场里的艰苦，母亲也目睹过纽约市贫民的穷困，他们对眼前的生活备感珍惜。虽然父亲收入微薄，但他还是会给祖父母、外祖母和一些生活贫困的亲戚寄钱接济。有一次我无意间看到一封祖父写给父亲的信，字里行间流露着悲伤。他说因为经济大萧条，他种的粮食卖不出去，希望父亲能多给他点钱。

战争开始前，我们家几乎每年都会开车去度一个短假，不是到爱荷华州附近的湖泊，就是到科罗拉多洛矶山脉的农舍，有一次还参观了芝加哥的世界博览会。偶尔周末时，我们会去内布拉斯加州的丹纳布罗格小镇探望祖母。星期六下午，我会独自一人走很久很久，享受独处的快乐：有时我在城里到处闲逛，路过联邦监狱，路过天主教孤儿院；有时沿着铁路走，看见流浪汉们打架、交换食物、谈论着美好的未来。夜晚入睡前，听着火车经过我家旁边的岩岛铁路传来汽笛声，我会想这列车要开往何处，载了何人，他们又因何事而远行。我对外国的了解仅限于从那些收集来的邮票上得到，边远国家如喀麦隆（非洲西部）和危地马拉（拉丁美洲）的邮票色彩最为丰富，也最让人着迷。但我还是做梦也想象不出外面的世界有多么精彩。

我在西北大学参加一个高中辩论协会的时候，认识了一位南方浸信会的漂亮女孩。我们每天都通信，每封信都写得很长，我满心期待着在圣诞节与她在达拉斯重逢。这样的旅行和际遇对我来说都是第一次，我准备了一份 5 页的“原因简报”向我父亲陈述这次“有意义的旅行”，并以此来说服他允许我的此次外出。我的简报获得通过，我也顺利出行了。旅途来回我都是搭便车，有一晚我错过车，还在土沟里过夜。这次的旅行使我满心喜悦，但不久之后，我们的通信越来越少，直到最后，她没有任何解释就停止了寄信。几个月以后我接到了她父母给我写的信，信上说，这个冰雪聪明的女孩自杀了。我顿时感到头晕目眩。这段经历使我早早懂得生命无常的道理，也是我第一堂噩梦般的人生课。

家里的男孩子十几岁的时候就出去工作了。我尝试敲开陌生人的家门，说服那些家庭主妇们订阅《科利尔》《美国人》《主妇之友》等杂志——我相信，如果我持之以恒，满腔热情地推销，我一定能像罗伯特那样成功。除此之外，我还当过花店的送花工，就是按照订单上的地址把花送到客户手中。当我敲门的时候，经常能碰到热情漂亮的女孩来开门——她们面对鲜花总是笑逐颜开。到了 14 岁的法定工作年龄，母亲就鼓励我去商店工作，于是我谋得了一份咖啡店洗杯子的工作。这份工作给了我一些人生体验。

最难忘的是在荒废的政府网球场工作。在冬季的几个月中，政府网球场杂草丛生，无人看管，于是，我和邻居小男孩约翰一起干了这份骄傲的活儿：我们赤膊上阵，把和我们齐高的杂草连根拔起，剩余的就用镰刀割断。经过一天的努力，我们完成了大部分的工作，剩下的想第二天再来完成，但是经过一天的暴晒和体力消耗，我们第二天根本没法起床。

史查德夏令营对我幼年的影响很大。这是一个基督教会青年夏令营，离林肯市 26 英里，就在蓝河附近。从 8 岁开始，每个夏天我都要在那里至少十天，只有第一次因为想家和可恶的毒葛过敏症而提前离开。渐渐地，我在夏令营里交了很多朋友，想家的情绪也逐渐淡化；游泳的技术逐年进步，我成为一名救生员和游泳教练。不幸的是，我的水泡过敏症经常复发。一位当地的手工艺人看到我起水泡的双腿，就跟我说，用马粪涂在上面，并等到它变干并硬化脱落就会痊愈。我照着做，水泡真的消失得无影无踪了。同时，朋友们的毒葛过敏症也纷纷治好了。于是我决定学习更多的传统治疗方法。

亚提马斯 ·W. 布朗（“布朗尼”）是夏令营的营长。我担任了两届夏令营的助理营长和项目负责人，布朗尼成为我的良师益友。有一次，一个年少的辅导员助理倚仗他母亲的权势而出言不逊，却对我的惩教极其不满，就在半夜愤然离开了营地，并留下了一封言语恶毒的信。那时布朗尼正在林肯市，当他赶回营地面对那孩子愤怒的母亲时，他非常羞愧，并要求我对此作出解释。但是当他听了我的解释并读完那封信后，他只是摇摇头对我说："我们只把这封信交给他妈妈就好。"

在营地里，我经历过的事情远比那次更糟糕。那是1945年，17岁生日刚刚才过了5周，我竟与死神擦身而过，我把这次经历完整地写下来告诉父亲：

在索伦森家里，你差点儿就少了一个儿子。洪水淹没了这里……水流湍急，水位很高。数天前，几个辅导员和一个炊事员助手出去看电影，河水突然涨高，他们（过不了蓝河）直到昨天才回来。我独自划着一艘很大的"印第安独木舟"到对岸去接他们和随身的行李。我艰难地划着桨，小船逆流而上。我努力地控制船身，使它驶向对岸的码头，让他们带着那些行李小心翼翼地上船，大家用尽全身力气，齐心协力地划桨。他们都很害怕，因为在较深的地方，河水漫过了大坝……也许你知道还有一条紧急救援绳，如果失事的船员落入河中，他就可以抓住绳子尽力攀游回大坝。但是在渡河的时候，尽管我努力地控制船身并抓紧绳子，我们的船还是翻了，我、身材矮小而够不到绳子的辅导员拉里、13岁的炊事员还有那些行李，全都落入水中。我奋力浮出水面，立即脱掉鞋子和牛仔裤，尽我所能地向上游游去。失控的独木舟从我身边急速飘过，落水的拉里在我前面向营地的码头游去，当他抓住营地那边的绳子较低的一头时，我使劲抓住他的腿，就在我回头的那一刻，我看到另外四个惊声呼救的辅导员紧紧地抓着绳子。小鲍勃那瘦弱的胳膊根本抓不住，他被湍急的洪水冲到了大坝的另一端。早上，家长们把落水的孩子救上岸时，岸上所有的人都歇斯底里地尖叫起来。

布朗尼让我们在旗杆底下集合，安慰我们，等我们把情绪稳定下来，又让大家把洪水过后的污泥清理干净，并允许我们在午餐过后回到城里去看电影放松一下。同时，他还带来一个噩耗，明天将会有一场审讯。警方和消防部门对整个河面进行全面搜索，但还是没有找到鲍勃的任何踪迹，他们表示下一步将打捞整个河底进行搜救。在大坝下游的混凝土围墙边上仅仅找到独木舟的碎片残骸。我们情不自禁地猜想，鲍勃是不是已经尸首无存了。

我的信写到这儿,故事并没有完,只是我没有时间了。“审讯?”我惊讶不已。我必须为那艘载满人的独木舟负责吗，我会被刑事拘留吗?

我永远不会忘记，下游面粉厂的老板打来电话说，被洪水冲刷过的一英里外的河中心小岛上有个小男孩在呼救，大家都感到难以置信，既惊讶又欣慰，纷纷留下泪水。那是鲍勃！他除了在河中喝足了洪水之外，一切都好。由于他身体较轻，所以没有撞到混凝土大坝的围墙上，同时他很顽强地在水中拼命地游着，他抓住了一块独木舟的碎片，一直不敢放手，直到他被冲到小岛附近，他奋力游向小岛，蹒跚上岸，最终筋疲力尽地昏睡过去。接着他的父母相继打来电话，告知鲍勃在大坝上奇迹般地脱险生还的好消息。

# 教 育 第5章

A LIFE
AT THE EDGE OF HISTORY

作为一名作家，不管我的能力多高，都与我家这样一个书香门第的熏陶分不开。我的父亲是一名杰出的演说家和律师。母亲是一名专业编辑和作家。兄弟姐妹都是辩论高手。孩子们的教育和培养，都从我们家的餐桌上开始。

母亲和我们一起玩填字游戏，她还教我说绕口令，使我口齿伶俐。父亲一贯言辞精辟，言之有物，他坚持对孩子们高标准的要求。无论何时何地，我们中的哪一个讲述一件事时，说到“以前我们……”这样的句子，他总是会问：“以前什么时间？”他使我们懂得清晰又直接的表达的重要性。

我们家里总是充满了各种读物，书柜里、杂志架上、书桌上，都被各种各样的报纸和杂志填满了：《星期六晚邮报》《生活》《视野》《哈珀杂志》《大西洋月刊》《周末文学评论》《整本书》（在这本书中，我如饥似渴地阅读了当时种种畅销书的缩写本）和《读者文摘月刊》。小时候，我就读遍了身边所有能找到的书。由几个大部头组成的一套百科全书就放在卧室书柜的底层，它们中的任何一册对我来说都太重了，我根本拿不动。我就拉出其中一本在地板上摊开，趴在上面用双肘托着下巴品读，徜徉在历史、地理和人物传记之中。

每个星期六早晨，母亲都会把我们带到林肯公共图书馆的儿童阅读区，随身携带一个大篮子来装我们挑选的书籍。下一个星期六早晨，又用相同的大篮子装满新书带回来。《金银岛》《汤姆·索亚历险记》《伊索寓言》《球童伍德朗》《野性的呼唤》，以及狄更斯、桑伯格、斯威夫特、路易斯·卡罗的作品等，都令我着迷。我读的第一本书是桑顿·伯吉斯所写的有关动物王国的小说，接着我又对童话故事产生了兴趣，比如《绿野仙踪》和该系列的其他作品（我那个时代的《哈利·波特》）、安徒生和格林兄弟的作品，甚至于弗兰克·卡普拉的电影，它们加强了我的理想主义理念，即正义和真爱可以战胜邪恶的国王、巫婆和政客。

到了高中阶段，我读了有关赛兰诺、奥赛罗和其他后世景仰的英雄的故事。我的兴趣，甚至我的文学风格都是从杰斐逊、林肯、丘吉尔和富兰克林·罗斯福的言辞中受到启迪。在大学里，我最喜欢罗伯特·舍伍德写的《罗斯福和霍普金斯》，这本书描写了一位来自东部的积极革新的总统，与来自中西部的愚忠笨拙的自由主义者助手之间非同寻常的恩怨故事。我读了父母收藏的许多反战作品——雷马克的《西线无战事》和哈里森的《将军死在床上》。通过阅读我深入了解了某些著名的律师和演说家，比如克拉伦斯·达罗、罗伯特·G.英格索尔。通过阅读我也发现，现实发生的事情要比小说更戏剧化，比喜剧更滑稽，比推理小说更令人震撼。

尽管我很少走出中西部，但梦想一旦插上文学的翅膀，我就开始飞向远方，我来到波斯、巴黎、中国、意大利的卡碧岛（Capri岛距离人们熟悉的意大利歌曲《重归苏莲托》的城市Sorrento只有三十几分钟的船程，是意大利及众多国际游客的钟爱之地。——译者注），穿越丝绸之路和香料之路，到达伦敦塔，穿过奥兹仙境，我从未想过后半生可以游遍地球上的每个角落，与总理、王子和贵族们进行会晤。

我的第一本书是一本诗歌集，收录了我在小学和初中时所写的诗歌作品，其中除了一首比较长的诗外，其他的都只有一到三节。它们包括：《书》《停战日》（写时已经开始反战了）《遭遇海盗》（情节紧张的叙事诗）和《盘子》等。唯一的一首长达两页的诗是《英雄》，叙述了一位名叫杰克的勇士，在一场火光冲天的飞机坠毁事故中设法营救我、飞行员和乘客，但他还没完成正义之举却永远地倒下了。

我当众演讲的能力一开始并不好。一年级的时候，母亲就组织了一次家庭诵诗会，指定我必须朗诵《斑布狗和杂色猫》。我的朗诵刚刚开始，汤姆就在前排椅子上笑。我忍受不了他的嘲笑跑出了房间。当上法律顾问之后，情况稍稍好了一点。一年夏天，在明尼苏达州的米沙沃卡营地，一场暴风刮倒了营地的旗杆、救生塔、树和唯一的电线，我的工作就是给130名在黑暗的食堂里瑟瑟发抖的孩子们讲故事，以确保他们在暴风中安定下来。我已经记不起当时讲的是什么故事了，但在最近收到的一封信中，我得知，他们中的一人依然记得六十多年前那个戏剧性的夜晚，这令我深深感动。

我在谢里丹小学、欧文中学和林肯高中完成了大学前的教育。父母亲对于我的一些选择虽然十分关注，却让我自主决定，可有一个例外——我的母亲一直坚持孩子们都要学习拉丁语，而且要坚持多年。在林肯高中，我是作家协会的会长和《作家》杂志的编辑,通过这本杂志我大大提高了写作技巧。在《作家》责任人的介绍板块上，我的自我描述为："兴趣是做运动……讨厌伪君子……议员诺里斯是当今最伟大的政治家。"

参加高中辩论赛的经历对我提高写作的思维清晰度和文采有很大的帮助。比赛之前，我都会拟一份大纲，全面而简短地组织论据和材料。接着我会摘抄著名人物的相关信息，将其写在小卡片上，遇到相关问题时便可信手拈来。1960 年我的最大成就，恐怕就是协助约翰·肯尼迪在竞选辩论中击败对手理查德·尼克松了，我的高中辩论赛教练弗洛伦斯·詹金斯教了我许多演讲与辩论的知识与技巧，最终成为那场选举成功的一个关键。

我高中时代对戏剧很感兴趣，但我并不期待演戏会给我未来的职业打下什么基础。也许真的有所影响，为了建立友谊，为了拉近白宫与国会的关系，为了在国际上发展外交，一切都需要一些演技。

1945 年 6 月 2 日，我高中演说生涯的完美谢幕是在圣保罗基督教卫理公会上，我为 386 名毕业生以及他们的亲友做毕业致辞。我的演讲被夸张地命名为《美国是我们的》,内容不仅谈到我们国家的"崇高理想",而且还谈到了"腐败与贿赂、外战与内乱、歧视与犯罪"。

> 现在火炬传到我们这里了。我们该怎么办呢？一些人认为我们成事不足，败事有余，认为我们这一代不关心国家大事，是不负责任的纨绔子弟。他们只说青年男女驾着五颜六色的改装跑车，出入舞会和药店，说着轻佻无知的话语……但是我们用行动证明他们是错的……在我们玩世不恭的外表下，有着丰富的感情和深刻的思想，我们要为国家服务，实现自我价值。现在正是时候……我们要实现自身价值，那就是改变我们的国家。(我非常喜欢这一句，于是又重复了一遍。)
>
> 现在，这是我们的美国。

或许这次演讲并不能引起大的轰动，可我当时只有 17 岁。

林肯市是美国农业带的中心，但在 1928 年，人们习惯把这里称为"西部的哈特福德"(Hartford，美国康涅狄格州首府，保险业发达，当时是世界金融保险业之都。——译者注)，因为许多保险公司都选择在这里设立总部。对我而言，更重要的是有三所高等院校坐落在这里，其中包括我挚爱的母校，内布拉斯加大学。我们的梦想就是进入这所大学，追随父母亲的脚步。作为内布拉斯加州的居民，我大一的所有费用总计 150 美元，但我拿到优秀学生奖学金，它又抵消了其中的大部分学费。我母亲的一位朋友——剧作家弗雷德·巴拉德，说我应该去他的母校哈佛，他还帮我咨询，然而结果却不尽如人意。也许天意如此，一个不吸烟、不喝酒、不会跳舞的 17 岁男生，与内布拉斯加大学格格不入。

为了接纳从二战战场上回国的老兵，内布拉斯加大学和其下属的法学院开了一门综合课程。这个课程规定学生只要完成两年的大学本科文科课程便可进入法学院进行四年制的学习，六年大学学习之后可以获得法学学位。由于迫切想要追随父亲的脚步进入法律界，我在学制的选择上犯了错误。文科课程包含宪政史、税务、会计以及其他以后我在法律界可能用到的课程。大一的时候，我就问我的辅导员是否应该改学这些课程。“不用。”他说，并指着一个街区远的法学院说，“这些课程很快会让你变成一名水暖工的。”于是我没有改学任何课程。结果，我错过了文学、历史和经济等附加课。事后我真后悔没学习那些课程。

因为没有计划成为一名演讲稿撰写人，我就没有学习古典修辞学原理、辩论技巧甚至英文写作等大学课程。幸运的是，我从两名睿智的大学辩论教练和演讲导师身上学到不少技巧，一次次地参加辩论赛也令我受益匪浅。在我与来访的英国辩论队的比赛中遭遇惨败之后，我从对方诙谐的言辞、机敏的反应和即席辩论的高超技巧中学到很多。

我大学生活的中心是大学基督教青年会，倒不是出于什么宗教原因，而是因为我和我的哥哥汤姆都与那里的执行秘书戈登·利比特是好朋友。他又高又胖，带个眼镜，热情幽默，喜欢打乒乓球，还是卫理工会的会长。戈登与露丝·希恩组——大学基督教女青年会（YWCA）的优秀领导人物一起带领团队，参与基督教学生的社会实践运动。他们向队员宣传了自由行动主义，还特别介绍了代表少数民族权利和工人权利的思想，以及纽约的左翼日报 *PM*——我的哥哥罗伯特是该报的忠实读者。

大学校长 R.A. 古斯塔夫森博士一向积极参与联合国教科文组织的工作，在学校召开了一个“模仿”教科文组织的会议，从我接受担任会议主持人的那一刻起，我便对国际事务产生了浓厚的兴趣。通过古斯塔夫森校长，我们接触到了许多杰出的主题演讲人，其中包括著名的作家、诗人、外交官阿奇博尔德·麦克利什，以及卓越的政治家拉尔夫·邦奇（我毕生崇拜的英雄之一）——

他是诺贝尔和平奖的获得者和民权运动的领导人，还是联合国宪章的主要起草人。邦奇为人低调内敛，从不哗众取宠，他在返回纽约之前去了我小小的学生公寓，这令我备感荣幸。

在法学院读书（尤其是在第一年里）是痛苦和喜悦兼备的，我尤其喜欢法学院的“大脖子”院长弗雷德里克·K. 比特尔大一的宪法课。如果学生在回答问题时没有准备，或者说话结结巴巴，那他就会大发雷霆，让我们甚为恐惧。无论什么时候，只要有学生回答说没准备好指定的作业，这位“火爆院长”（国家立法者送的称号）就晃动他那结实的脑袋，在班级名册里那个可怜的学生名字旁边草草地挥几笔，然后大声地咆哮：“家门不幸！家门不幸！”我们确实感到太不幸了。在随后的一年中，我在他的指导下与他一起负责“自由主义的起源”的研究工作，度过了平静的大二学年。我猜想，也许是因为年龄或者病痛的缘故，他那雷声般有力的声音似乎有所减弱。但出乎意料的是，当我再次路过正在上宪法课的大一教室时，他震耳欲聋的责备，粗暴专横的教训还是不减当年。现在我知道，正是大一的这些经历使我们受益良多。

我还是《法律评论》的主编，担负着写稿和编辑的责任。早在30年前，我的父亲就曾任该职。我的一篇评论还被引用到1951年3月份的《进步者》，我的父母是这本期刊的长期读者。在题为《难道教师不是公民吗》的文章中，我强烈反对当地政府和学校董事会把教师归到专业人士之外，而把他们当做雇员。教师作为雇员，被禁止成为积极分子或候选人参与竞选，尤其是那些涉及到教育界的竞选，而林肯学校董事会提出的一个解决方案也被美国民主行动的林肯分会否决了！

在法学院里，我交到了几个终身伴随左右的朋友，其中包括奥马哈的李·怀特——我后来在参议院和白宫的副手之一。李告诉我，我们第一次见面时，我正在和一位教授说他的案例正好反映了“玛丽女皇综合征”的情况。李说，当教授要求我作出解释的时候，我讲述了一个纽约客的故事。故事里纽约客告诉他的妻子，在哈德森码头，他正在午休，他背靠着玛丽女皇号点了一支烟，玛丽女皇号就出海了，这是因果逻辑的错误判定。

我十分珍惜在林肯市的成长，但是，与我的兄弟姐妹们一样，我在这里也得不到满足。我的家人曾在林肯先锋公园举行野餐会，庆祝我从法学院毕业。一年多后，《林肯晚报》竟然对此报道：“索伦森家有一个国际化的邮箱。五个孩子的信件让索伦森夫妇对国际的重大事件了如指掌。”我的妹妹露丝被约翰·霍普金斯大学高级国际研究院录取，毕业后，她和她的丈夫德里克·辛格前往玻利维亚，为一家非赢利性国际组织服务；罗伯特为政府项目做研究，不久就被派到慕尼黑的欧洲自由电台工作；汤姆成为一名新闻记者，同美国国务院信息服务部一起在黎巴嫩和叙利亚工作（是否还为其他机构工作过他从未公开说过）；菲尔前往日本同海岸警卫队一起加入预备军训练队，他穿了与他那身漂亮的制服极不匹配的袜子，沉默地表示他是一个反军国主义者；我是唯一一个留在美国并到华盛顿去谋职的孩子。父亲对一个记者说道："我们有五个孩子，因为我们在渐渐变老，我们才能经常见到他们，现在他们都在不同的大陆。"

在服完兵役之后，我的弟弟菲尔就回到林肯市，又以优异的成绩从内布拉斯加大学法学院毕业，成为了一名联邦法官，并开了私人律师事务所。在他经办的许多著名案件中，有一件值得一提，那就是菲尔使州精神病院释放了一名被非法认定有罪的内布拉斯加州白人女大学生，因为她曾向她父亲透露要和一名黑人学生结婚，她的父亲大发雷霆。菲尔使用了全部的法律力量让这个年轻女人重获自由。这一案件为他在内布拉斯加州的一场丑陋的竞选中胜出打下了基础，他成功地当选为内布拉斯加州的副州长。

# 心的召唤 第6章

A LIFE AT THE EDGE OF HISTORY

## 政治活动分子

有一年，父亲在内布拉斯加州东南部参加竞选活动，在演讲台上他提到了自己的三个儿子。后来我们被邀请到当地的奶制品合作社，可以随意品尝美味可口的冰激凌。从那时起我就觉得从政真不错。1936 年 10 月 10 日，总统富兰克林·D. 罗斯福开始了他连任竞选的首站，他在奥马哈的火车站的月台上发表演讲。我父亲开车带我到奥马哈，我们被挤在人群外围，我坐在父亲肩膀上——这是我第一次看到美国总统。我还记得选举的前一天晚上，11 月的夜晚漆黑又寒冷，我亲眼目睹激动的民主党人在谢里丹大街进行传统的火炬灯游行，高唱着罗斯福的竞选歌曲《幸福的日子又来了》。那时，除了我 13 岁的哥哥罗伯特支持阿尔夫·兰登之外，全家人都支持罗斯福。这并不奇怪，因为我父亲就是无党派人士，父母并不强求我们一定要支持哪个党派。几十年后，当被问及我们被父母培养成"共和党人、民主党人还是其他党派人士"时，我的哥哥汤姆回答说："其他党派。"

在接下来的选举年，即 1938 年，我第一次体验了真正的政治活动。从夏令营回来后，我知道父亲组织了一次无党派人士竞选内布拉斯加州最高法院首席大法官的活动，这次竞选的代表包含了多个党派的人士，因此他面临着一场艰苦的战争。在初选前夕，我父亲租用了州广播台在周日晚间时段直播他的演讲，而他的一个竞选对手租下了下一个的时段，如此一来，我的父亲为他建起了一个听众群。当全家聚集在收音机前仔细聆听我父亲的演讲时，我们发现父亲把演讲精简了，在剩下的时间段里，电台播放着最难听、最刺耳的歌剧音乐。我们立刻关掉了收音机。毫无疑问，刺耳的声音回响在州的各个角落，在父亲那个倒霉的对手开始演讲之前，人们就都把收音机关掉了。我大哥和父亲从电台回来时，他笑着说，播放“歌剧音乐”时，他正和父亲的竞选对手坐在等候室里，那位竞选者的脸色很是难看。

卑劣的手段并不是等到尼克松时期才出现的。大选在 11 月份开始，父亲是两位候选者之一，而我承担了一项无上光荣的任务，站在指定的投票地点——我的学校门口，把印有父亲名字、相片、竞选口号的卡片发放到选民手中。同时，我都会满怀感激地说：“请投票给索伦森。”路人则对我投来支持的目光。我还尽职地设计了另一个宣传方案，就是从大道前的草坪开始，穿过小山一直来到学校，沿途贴满大幅的宣传海报。但有一对衣冠楚楚的夫妇在山脚下撕了我的海报，我既震惊又愤怒。更让我吃惊的是，当那对夫妇经过我身边并拒绝我的卡片时，我发现干坏事的不是别人，正是我父亲的对手和他的妻子。不过，他赢了，成为杰出的首席大法官，也成为我们家的朋友。

我们对政治的兴趣不仅仅表现在对选举活动的热情。我们订阅了《国家》《新共和》和《进步派》等推崇自由主义观点的杂志。罗斯福总统的肖像被挂在客厅中最显眼的地方，后来我们又把《四大自由》的文稿裱起来，挂到了一块儿。汤姆经常在睡觉前向我倾诉他的秘密政治蓝图：先成为当地卫生区的理事，接着进入学校的董事会，再成为州立法委员，然后再成为市长、众议院的议员、参议员，甚至进入白宫。许多年后，当我真的进入白宫工作时，他告诉一位访问者说：“1940 年，也就是特德 12 岁的时候，他绝对不会是我们五个人当中最有可能成为总统御用顾问的那个人……我警告他，如果想将来有出息，就不能花大量的时间去修葡萄藤或者剪贴棒球图片。”在这样一个对政治敏感的家庭里，我似乎是对政治最不感兴趣的一个。汤姆还真是一针见血。

对我而言，与耀眼的体育明星和勇敢的飞行员相比，大多数政治家显得古板乏味。我的这一想法在 1944 年发生了改变，那是我在参加西北大学夏季辩论会的一个晚上，我们收听了富兰克林 · 罗斯福的著名演讲《运输司机工会》。在演讲中，对于他的小狗法拉遭遇共和党攻击的事件，罗斯福半嘲笑地回应道：共和党批评我竟然用一艘美国军舰来运送它，从苏格兰远道而来的法拉的小心灵可是受伤不轻啊。罗斯福巧妙地将幽默、口才和政治性的反驳合为一体，这对我来说是一种启发。后来，当我的同学们在欣赏流行音乐的时候，我则在收听演讲大师们的演讲录音。

高中开始，我就对政治越来越有兴趣了。在一个旨在为学生提供就业机会的项目中，我成为州立法机关的一名高级官员的临时助手，他很和蔼地让我准备一部悬而未决的备忘录。由于过于害羞，我没敢登上立法院的台阶把报告交给他，只是紧张地在门口徘徊，直到一个爱管闲事的警卫问道："我能帮你吗，小男孩？"这句话点燃了一个高中生内心的愤懑，我暗自思忖：小男孩？总有一天我会回来的！

早些年，我们五个不止一次参加过当地的选举运动。一天晚上，罗伯特和我得知了父亲的一个对手的丑闻。我们能用它做什么呢？对于当地的媒体来说，我们没有身份，就没有可信度，得不到他们的信任。我们决定把这个潜伏的爆炸性新闻（我们这样认为）带给老练的竞选经理 A.V. 道林先生。那时已是深夜了，他穿着睡衣站在门口，当我们表达了我们的苦恼——没有人能够把这条消息透漏给媒体时，他没有正面回答我们，却打趣地问道："让'卑鄙的'的道林来做，怎么样？"

14 岁时，我只会瞟一瞟在调查中被我描述成政治英雄的政治家，二十多年后，这位政治家的照片被我挂在白宫办公室的墙上。当年老体衰的参议员乔治·W. 诺里斯回到内布拉斯加州想在改选中做最后的努力时，我父亲带着我们全家去露天广场上帮他呐喊助威。我的妹妹露丝，为了制造媒体焦点，还坐在诺里斯的大腿上让摄影师拍照。还有另一位政治家，他的名字在内布拉斯加州人所共知，尽管他的全盛时期是在十几年前，他就是威廉·詹宁斯·布赖恩。他的三个故事对最基本的政治真理进行了生动说明。

**1. 所有政党都是统一的**

布赖恩首次意外获得总统提名后，记者问保守的民主党参议员大卫·希尔，是否会支持自己党派的提名人时，他小心而坚定地答道："我就是民主党人——一直都是。"

**2. 所有的政治都是地方政治**

当布赖恩一家在林肯市等待着 11 月份总统大选的结果时，他的女儿露丝（后来成为一名著名的外交官）坐不住了，跑到户外去大玩跳绳。许多记者围着问她是否已经提前知晓选举结果时，她回答道："我不清楚其他地区，但是在 D 街还不错。"

**3. 一日为政，终身"当政"**

在我很小的时候，有一次我和父亲在市区街道散步，一个人走上前来与父亲简单地攀谈了几句，父亲称呼他为“州长”。后来我问父亲那个人是谁，他说：“查理·布赖恩。”他是威廉·詹宁斯·布赖恩的弟弟，人们称他为“伟大的平民”。那时，我对政局已经稍有了解：“他不是州长啊。”爸爸解释道：“他曾经是，他就永远都是。”

## 唯一神教的信仰

真诚地说，我不是任何一个宗教组织的成员——我是一名唯一神教徒。“唯一神教徒”这个词最初是专门用来指代非信仰“圣三一”的基督教徒的。为了感念耶稣慈悲的教义和勇敢的精神，唯一神教徒们坚持，上帝对人类的恩赐和惩罚并不是因为耶稣的出生和死亡。他们相信，耶稣是“上帝之子”，在这个信念下，所有的人类都是上帝的孩子，人类的身上都闪耀着上帝的精神光芒。我们将他视为一位伟大的偶像，而不是一个灵巧的工人，将他奉为一名和平、庄严和智慧的使者，并向他致敬。正如我年轻时写的那样：“我相信上帝拥有爱、真理、善良和谦逊。”

如果我能够重新出版正式的唯一神教的教义，那么冗长的陈述将变得言简意赅。可惜我没有这个机会。令人称奇的是，唯一神教主张将信仰的多样性与心灵统一起来。因此，我们不主张我们的宗教是唯一正统的宗教，我们的教堂也不是通往天堂或和上帝见面的唯一途径。把我们团结在一起的基本教义是：每个唯一神教徒都要独立思考，并且能够包容不同的信念。用莫里斯·科恩(我少年时最喜欢的一位哲学家）的话来说：“正直的疑问也许比世人的信念更显智慧、勇气和信念。”坚持正直的怀疑让我终生受益。坦率地讲，唯一神教徒都是怀疑论者，但由于谦虚，他们不敢夸口说自己能精确地阐释上帝的意愿，所以，他们称自己是人文主义者，而不是无神论者。

我认识很多虔诚的宗教信徒，他们倡导积极和优质的生活，而我本人则用一种蔑视和挑衅的态度来标榜自己是“无神论者”，尽管如此，我还是做过许多次祈祷，把神作为超越一般物质和预言的自然力量。不可否认的是，我们无法解释世上的许多事，比如世间的某些影像能够反映出我们未知的某种更强大的力量。我有两个口头禅，其一，真理和合理，有时也存在着一些无法回答的疑问。唯一神教徒们也发现，我们的教义没有约束力，因此就没有叛教或异教的说法，当然这并不意味着我们没有信仰。我们在人性、家庭、民主、判断和道德方面都有信仰。其二，我相信普遍的价值，并不是所有的一切都来自基督教或者他们的造物者。

我遇到过许多明明信仰唯一神教却不自知的人，他们当中的许多人很像莫里哀喜剧中的一个角色，突然有一天发现自己一生都在说“散文”。据说（听起来更像开玩笑而非事实）在唯一神教成立的早期，这个国家的唯一神教徒们拥护三个基本准则：上帝的慈爱，人类的友爱和波士顿人的情谊。在林肯市，传说古老的唯一神教的教堂代表的是“人的尊贵和世界的团结”，有些人可能会说这些还不够，但是我敢肯定这和最初的基督教义并无不同。就像耶稣口中慈善的撒玛利亚人一样，唯一神教徒关爱世间最贫困、最孤独、最迷惘的三种人，他们将信仰与善念相融。这是一种自由和人文的宗教信仰，而不是经受地狱式磨难的宗教信仰。在政治上，大多数的唯一神教徒是自由主义者。

小时候，我们在家里就不谈宗教。有时，父亲会唱他年轻时的圣诗，他所投入的更多是感情，而非信念。有一次他写道：“那时，我还是一个迂腐的白面书生，把《新约》里的教义奉为真理。”他的一些竞选演说引自《圣经》，有人因此特意写信斥责C.A.：“除了你引用《圣经》的那一段，其余的地方我都赞同。只有无赖、盗贼和华尔街的银行家才信奉《圣经》。”

父亲自称为“现实的理想主义者”，他曾经给我写过一封信阐述他的“理想主义哲学”，或者说是他的“信仰哲学”：

> 宇宙的未来还没有被记载入册，它只存在于受困的人类的大脑和血液里。人类的未来掌握在自己的手中；没有什么是永恒不变的，而改变得由我们来执行。所以我要给你介绍世界“未完成”的哲学，这个“未完成”让我们继续探险，继续完成心中所想。对年轻人来说，它提供了一个可贵的机会，让你们参与《人类的未来》这部戏剧的编写和演出。我们所有的人，无论老少，都是宇宙的建造者。

童年时，圣诞节是我们一年当中最喜欢的，对我们来说它是一个家庭节日，而不是宗教节日。圣诞节前夕，我们一定会开车经过林肯市的民宅，去看看那些精心制作的户外装饰。然后买些闪亮的冰晶来装饰我们卧室中的圣诞树，却没有买小天使。我们唱着圣诞诗，却不知道“我们亲爱的救世主诞生”为何意。

我们在班级里背诵祷文——事实上，我背诵了两个不同的版本，却从不确定我的错误或罪过是否需要得到宽恕，而且我也没有在背诵时深深地忏悔。弟弟菲尔出生后，爸爸让他虔诚的妹妹格蕾斯来照顾我们。她坚持要我们在睡觉前背诵儿童祷告文：“主赐我甜美的睡眠……”她离开以后，我们很快就不再背诵了。倒是她在后院和我们一起打垒球的情景给我们留下了很深的印象。

在我十一二岁的某一天，母亲告诉我们，如果星期天不去主日学校（基督教教会为了向儿童灌输宗教思想，在星期天开办的儿童班。——译者注），我们就再也不能参加教堂的聚餐了，这突然间给我们的日常生活带来了很大的变化。从那以后的每个星期天的早上，最小的三个孩子——我、菲尔和露丝，就去主日学校上学，其他人去参加万灵统一教会的活动。这些安排打乱了我们的垒球和橄榄球比赛。但是我们逐渐地调整，并加入教会社团，还认识了许多新朋友，其中包括韦瑟利博士——一位年长的牧师，他曾将我父亲带上了“福特和平号”。

韦瑟利牧师的继任者卡尔·斯托姆，是一位来自新英格兰的充满活力的年轻牧师，他每个星期天都会宣讲布道，内容包括唯一神教和其他宗教，以及它们在美国和世界的地位，这些宣讲非常精彩，还丰富了我们的见闻。我从中学到了很多东西，特别是自由主义、理想主义以及盲信主义之间的区别。与我之前所听到的或读到的任何一个布道者所宣讲的内容相比，他的言论更加敏锐地突出了公共事务和宗教问题中的伪善。他的布道使我在少年时代对每周的礼拜产生兴趣。唯一神教在我的生活中有着重要的影响。从我上小学开始一直到23岁启程前往华盛顿，这段时间的万灵教堂不仅扮演着我们的宗教中心，还是一个社交和智慧来源的中心，它对我的影响仅次于我的父母和兄弟姐妹，我甚至还考虑过要成为一名唯一神教的牧师。直到我高中毕业那年，达拉斯的女朋友向我灌输她的南方浸信会教的教义时，我对唯一神教才有所动摇。当时，父亲耐心地和我讨论我的新宗教倾向，他只是提了几个问题，并没有表示反对。

1948年5月16日，星期天，我20岁的生日刚过8天。我向整个教区寄出了一份以《唯一神教的年轻人有宗教信仰吗》为题的文章，这是教会中的唯一神教徒和外界批评家们偶然提出来的问题。在这篇文章中，我首先认可了这个教派中存在的信念和实践的多样性，然后再回答上述的问题。我以父亲的宗教哲学为依据，并引用了一句爱德华·马卡姆的诗：“在人类的共同道路上，随处是建造天堂的材料。”在那些战后的日子里，我提倡的重建计划要求“服从人类的能力，通过一种人性的途径满足人类的需要，重视人类价值和进步”。除了我在高中时寄往林肯非洲卫理公会的一篇关于民权的文章之外，这是我40岁之前寄出去的唯一一份与宗教有关的文章。60年后重新阅读这篇文章，我依然支持里面的观点，即各个年龄段的唯一神教徒事实上要做的就是“有成熟的宗教信仰”。

唯一神教和约翰·肯尼迪信仰的天主教，在信念、教义、宗教与国家的关系、仪式、象征和教阶制度等问题上，都站到了对立面。然而长久以来，就如何减少天主教的信仰对他的竞选造成的阻碍，我们两人的合作十分默契，这真是大大的讽刺。1960 年，约翰 · 肯尼迪成为民主党总统提名人，在他的政治道路上，他的宗教信仰是最大的阻拦。1963 年，北美的“唯一神教自由主义协会”的主席承认，尽管天主教站在教会—国家分离的立场上，但他还是高度赞赏约翰 · 肯尼迪为推进“民主主义、和平和自由”所作的贡献和他的“自由主义、理性和勇气”。

1960 年 9 月，约翰 · 肯尼迪在休斯敦部长协会进行了一次关于政教分离的著名演讲。在飞往堪萨斯的竞选专机上，我们就那场演讲的最终稿展开讨论，他笑着问我两个问题：多年来我对政教问题的参与是否代表了他的观点；与天主教神职人员的接触和对教宗通谕的研读对我有多大的影响。他还问道：“一些天主教支持者不会因你而转移吧？”“当然不会，”我回答，“但是我认为一些唯一神论选民会因你而转移。”我所撰写的许多演讲都提到了唯一神教的原则。

约翰 · 肯尼迪在面向休斯敦的新教牧师的演讲提及唯一神教，几天之后，他的主要助手之一——小阿瑟 · 施莱辛格在纽约自由党的演讲中也有提及，这并不是巧合，因为他也是唯一神教徒。

## 入伍登记

二战接近尾声的时候，到了入伍年龄的我面临一个两难抉择。唯一神教的教义和我所接受的教育一直提倡拒绝武力，于是我坚定地站到反战的立场上，但希特勒企图统治世界的野心以及日本偷袭珍珠港的罪行激起了一个民族的愤怒，几乎每个美国人都希望团结起来，共同抗敌。我的家人更不例外。父亲答应在我服役期间每个月给我 300 美元作为鼓励。法西斯主义和极权主义威胁到我父亲一直拥护的民主主义的原则。当时，我对父亲的过去并没有足够的了解，以致没有意识到他的观点在二战期间发生了那么大的转变，要知道，他年轻时不仅反对战争而且也反对军事训练。

1945 年（那年我 17 岁）8 月 16 日，我在基督教青年会营地给父亲写信：

> 昨天之前，我还信誓旦旦地要应征入伍当一名海军……我这么做都是因为您，但是现在情况完全变了。昨天日本投降了（随着五月份欧洲战场的胜利，日本的投降标志着二战彻底结束了）。美国和同盟国完全战胜了所有的敌人，所以不再需要战士了……

8 月 17 日，我父亲在回信中写道：

> 现在战争结束了，我也认为你没有必要再入伍……我不知道明年（我 18 岁）入伍的法案是否依然有效。如果是，你当然可以并且应该和其他的男孩子一起去了……

那一年，我遇到了卡米拉·帕尔默，与她坠入爱河，并深受她的影响。卡米拉由一个公谊会教徒抚养长大，强烈地信仰和平主义。我们在爱荷华州布恩市的一所暑期机构工作，该学院由美国公谊服务委员会赞助，致力于和平和非暴力事业。1949 年 9 月 8 日，我们在万灵统一教会举行了一场公谊会式的婚礼。

1946 年，我发现许多朋友对入伍有着不同的理解。仅入伍登记这一项就被有些人视作是对和平主义原则的侵犯，他们宁愿去坐牢也不愿去当兵。有的人绞尽脑汁，千方百计地使自己免服兵役；有的人躲到加拿大去；有的人宣誓登记成为“非战斗人员”（但在“非常时刻”他们却改变了主意）。

我没有那样做。我很乐意，确切地说是我很希望为国家服役，不管是作为一名救护车司机或者医生，还是其他形式的非战斗人员。这也是我拒绝服兵役，却又申请成为非战斗人员的原因。

我向林肯市征兵局提交了一份“立场声明”，一开始便声明作为非战斗人员，我“不会因为困难和危险而逃避我的职责”，也会接受“许多批评”。我作出这一选择是因为：

> 我是一名唯一神教徒……每个人都是我的兄弟，每个人与生俱来地带着神赐的光芒，每个人与上帝相连。因此，我不会杀人……我是和平主义者——也就是耶稣所说的和平缔造者……

在二战结束之后的第一年，我把这个声明提交征兵局。当时正值和平主义盛行，短期内也没有其他战争的火药味。那一年，我恰巧 18 岁。

因为依照法律，拒绝服兵役者需要宗教背景的支持，于是我在声明中综合表达了三种宗教背景——索伦森家对唯一神教的信仰，我未婚妻对传统公谊会的信仰，学生时期基督教活动宣扬的非暴力立场。

在这篇长达五页的激情澎湃的声明里，我援引了大法官姆斯曼诺在纽伦堡审判上的论据，美国最高法院法官威廉·O. 道格拉斯和奥利弗·温德尔·霍姆斯的观点，甘地的名言和唯一神教哲学家的言论，我还列举了我父亲母亲组织和参加的活动。这个声明最终成功了。

稍后不久，我写信给立场和我相同的妹妹，说明自己的立场和举动，告诉她我不会抵制入伍。相反，尽管我拒绝服兵役，我却已经登记入伍，成为一名非战斗人员：

> 我处在一个尴尬的位置上，因为我会遭到责难，这些责难不仅会来自那些保守派和军国主义者们（这对我的法律事业和政治前途都非常不利），还来自那些不支持入伍的“相当极端的”和平主义者们。我理解他们的心情，但是我自己并不认同他们的观点……

几年之后，当我踏上华盛顿，在遇到参议员约翰·肯尼迪之前，我打听了一下如何以储备律师的身份加入军队的法律顾问团——我的愿望就是在自己的职位上竭尽所能，将我所学的充分利用起来……成为一名律师。军方迅速做出回应——按规定，那些“拒服兵役”并从未“放弃此等信念和原则”的人没有资格进入军队成为储备人才。

我相信约翰·肯尼迪一开始并不知晓也不在意我的入伍情况，尽管他后来（在参议员巴里·戈德华特就我的身份发起攻击之后）或许也考虑到，在有关军事的公开场合或者会议上，应该谨慎对待我的出席。很显然，约翰·肯尼迪，二战时期太平洋战场上的英雄，既不是和平主义者，也不是坚决的反兵役者。或许我不应该说“很显然”，正如艾森豪威尔将军经历二战之后，他深信战争的实质就是金钱和生命的挥霍。这些年我逐渐熟识并崇拜的军事领导人，比如麦克斯韦尔·泰勒将军、埃尔莫·朱姆沃尔特上将，近些年来还十分活跃的韦斯利·克拉克将军，和那些从未直面恐怖的战争的政治家相比，他们更坚定地反对通过武力来解决国际争端。

1961年，十多年前我以拒绝服兵役者的身份入伍的事情再次被掀起，全拜保守派的报纸《芝加哥论坛》华盛顿地区的主编沃尔特·特罗所赐，他说我母亲是一个“在一战中因为强烈的反战情绪和同情心而备受指责的顽固的女权主义者”，还说我“拒绝服兵役，逃避入伍，还以当了父亲为借口逃避参加朝鲜战争”。

巴里·戈德华特在参议院里振振有词地说：“相比于在军队效劳，我们往往需要更多的勇气去挖掘拒绝服兵役者。然而，让我好奇的是，如果儿子正踏上军旅之途，父母却得知总统最亲近的顾问竟然是一个从信仰上就拒绝军队的人，他们会怎么想。”

民众写给肯尼迪总统的信件中也反映了戈德华特提出的问题。幸运的是，在内布拉斯加州长期担任入伍登记的负责人盖伊·亨宁格——退役的陆军少将，在戈德华特之后迅速发表了一篇支持我的声明，说他已经确定了我的入伍登记。

> 非常正常……我注意到一些议员的说辞，说索伦森通过表明自己是一名拒绝服兵役者来避开军队服役。1AO 级别的士兵不能说是没服过兵役。无论是在医疗队还是其他部门，只要合格就和其他的兵穿一样的制服。

他还补充说，如果所有登记入伍的士兵都和我一样，向征兵局详细地报告自己的住址、家庭状况以及其他情况的变更，那么整个征兵体系的工作将会更加顺畅。为了回应公众争议，我在 1961 年 9 月 28 日的总统备忘录中陈述了事实，如下：

> 20 岁时，我已与一个公谊会信徒的女孩订婚，同时深受我父母的人文主义—和平主义精神的影响，以及教会和其他同伴的感染，二战结束后，我登记成为非战斗服务（不是非危险服务）的军队成员。我这么做并不是因为我反对服兵役，而是非战斗人员的身份不会影响到我的个人义务和潜力……他们还重新划分 4F 级别，自那时候起，我被归到 3A 级（已婚而且有子）。
>
> 我们应该抱最好的希望，同时做最坏的打算。戈德华特和《芝加哥论坛》甚至还发现了我母亲的父母来自俄罗斯，我有一个名叫尤金·德布斯的表兄弟，而且我还隶属于“内布拉斯加州本土子女会”、“内布拉斯加州律师协会”、“健康协会”和“基督教青年会”这些明显可疑的组织。

离开白宫之后的第三年，我收到了一个陌生年轻人的来信，他向我咨询，如果他想从事公共服务事业，那么拒绝服兵役的证明会对他有多少影响。我回答道：“这可能危害到你在公共事业方面的职业生涯，如果你忠诚地坚持追求公共服务事业，这是你在勇敢的行动前必须面对的第一步。”我对他的建议只有这么多。

## 投身民权运动

在我的青年时期，民权问题是我最积极关注的问题。这对于一个在内布拉斯加州长大的男孩来说，似乎非常奇怪。因为除了大城市奥马哈以外，这个农业大州从来就没有多少黑人。我的曾祖父索伦来这个州定居的时候，人口普查报告显示在林肯市只有15个黑人居民。当越来越多的黑人从南方移到此地定居时，种族间的紧张状态就不断升级，甚至出现暴乱。

我无法理解种族主义。我无法理解，那些信仰耶稣的内布拉斯加州人仅仅因为肤色问题就心照不宣地排斥、侮辱和伤害自己的同胞。青年时期，我正是通过基督教青年会每周四晚上的“黑人之夜”才首次和黑人有了接触，那个人就是国家城市联盟林肯市的负责人克莱德·马龙，我父亲和他一起工作过。我高中的时候，马龙先生就邀我为城市联盟的报纸《声音》写月度专栏。这份报纸被分派到林肯市所有小型的、被隔离的黑人社区。由于居住环境过度拥挤，当地的黑人试图搬到传统的白人居住区，竟遭到激烈反抗，而市议会在黑人住房过度拥挤的问题上毫无作为，我的专栏对此进行了抨击。通过基督教青年会，我了解了许多组织，比如“基督教学生组织”、和睦团体及其下属的种族和睦团体，倡导和平的宗教组织等，这些机构在后来的民权运动中都起到了至关重要的作用。

读高二的时候，我们学校文学杂志的黑人小编辑经常受斥责，我感到非常气愤——受尊敬的白人竟然如此伪善。对自己的坏毛病，我也定了一些规矩，尽量克服吧，比如，不再说那句在同龄人当中流行的口头禅——“你真白呀！”我的女朋友要在她的学院女生联谊组织的国民大会上发言，我甚至说服她公开抨击该组织只有白人才享有会员资格的条款。

对种族歧视的批判在我的学生生涯的演讲中反复出现，贯穿始终。我参加的民权运动并没有引导我对这个主题进行演讲，恰恰相反，是我的演讲引导我参加了民权运动。回想我父亲首次竞选州司法部长时美国退伍军人协会的险恶用心，讽刺的是，我演讲的最高荣誉竟是获得由该协会主办的年度演讲比赛的冠军。我强调了对《人权法》进行正确的理解。我说道：“在纳粹德国犹太人是很艰难的，但是在民主的美国黑人难道就不艰难吗？”

有一次，我受邀给一个黑人教会做演讲，演讲的题目为《伟大的日子即将到来》，充分表达了我对林肯市种族相处状况的悲愤之情。我说：“一个被标榜为大救星的城市，黑人仅限于在30个街区中购买和租赁土地，而且还必须支付更高的价格……把自己当做美国人去寻找你们的权利，但是在短期内不要期待太多，因为这是一个自古就有的复杂问题……”几年后，我遗憾地发现，我还应该表达出我本人的关爱。

我高中的两次获奖演讲都是对种族歧视的批判。在一次名为《一次美国的失败》的演讲中，我高度评价了日裔美籍的战斗英雄本·黑木，他从二战战场回到内布拉斯加州却遭到了明显的种族歧视。我认识的两名日裔美籍的女大学生的家在珍珠港战争（富兰克林·罗斯福唯一的、最致命的错误）之后遭到非法拆迁，这件事也让我感慨万千。

对这一主题我不仅仅只是做做演讲那么简单。由白人和黑人共同组成的“林肯市社会行动委员会”让我担任主席，我采取行动的最好机会到来了。那是一次激动人心的经历。“林肯市社会行动委员会”的成员要的是行动，我们也确实采取了行动，比如组织多种族一起静坐，这种形式立即见效，具有很强的象征意义，虽然只是暂时的，却也结束了私有机构里的种族歧视。我们到市游泳池、饭店、旱冰场和大学生宿舍宣传种族融合，甚至还向大学施压，要求解除六大运动联盟对黑人运动队的隔离政策，最终大学里解除了隔离。

一天晚上，我们组织了一个由白人和黑人组成的情侣团，去城外一家拒绝黑人进入的路边酒吧。那天晚上正好埃林顿公爵和他的乐队在那里表演，我们猜测黑人顾客应该可以进去吧，如果真是那样的话，我们发誓一定要见到公爵本人。我们毫不费力地进入酒吧。后来我想起来，公爵在他的演出合同中都有一项条款，明确规定在任何他表演的场合没有强制隔离。

通过社会行动委员会，我努力向内布拉斯加州议会争取通过《国家公平就业实施法》，希望可以效仿二战期间富兰克林·罗斯福建立的“国家公平就业实施委员会”。我一直倾注全力演讲，游说，组织征文比赛，和来自奥马哈及其他地区的法律支援者商议法规的指定，甚至还在立法委员会举行听证会之前就去证实它的可行性。

那位自封为内布拉斯加州共产党主席的“主席”出现在立法听证会上支持我们的提案，他的出现只会影响我们在立法委员会的立场，事实上，除了他自己，任何人他都代表不了。内布拉斯加相关产业联合会的主席宣称我们的法案是“共产主义法律”，而我是一名共产主义分子。我感到十分惊讶和懊恼，事实上，他忘了他的两个儿子还是我们多年的友邻玩伴。我和我的同事受到了林肯市最大的工厂的厂长更为亲切的对待（我真怀疑他在讨好我们），他在州议院诚实地作证：“原谅他们吧，他们不知道自己在做什么……从我的儿子参战之后，你们就不能强迫我去雇用日本人了。”（后来他的工厂好像真的被一家日本公司收购了。）

1947 年，委员会通过秘密投票的方式否决了《国家公平就业实施法》法案，而我们在 1951 年又将这一法案重新提上日程，获得了城市联盟奥马哈地区新来的助理惠特尼·扬的支持。15 年后，她成为美国城市联盟的领导人，我和她在白宫有密切的合作。我们说，我们的努力永远不会停止，事实也确实如此。后来，《林肯每日星报》的一篇文章称："20 世纪 60 年代，世界开始发生变化，就业、法律、人们的态度，方方面面的种族歧视都在逐渐弱化。"这至少有部分归功于我们的努力。最近的一份分析报告总结道：1965 年内布拉斯加州州议会通过的《公平就业法案》与 1947 ～ 1951 年间由特德·索伦森帮助起草和提倡的那份法案之间，只存在细微的差异。

我的父母关注所有的这些活动。事实上，这些活动也鼓舞了他们。母亲早就经历了宗教偏见给她带来的痛楚，1916 年，她在《大学学报》上发表了一篇社论："先驱者的精神和人类的手足情谊是不可分割的，人类是一个整体，没有种族、肤色和信仰的区别。"然而，当我越来越多地参与到民权运动中时，他们并不提什么意见，尽管我后来听说我父亲并不赞同我的一篇法律评论的观点——建议内布拉斯加州的立法机关就种族通婚的情况重新进行调查。1950 年，内布拉斯加州参议员休·巴特勒通知我们，我的妹妹参加了静坐，要求华盛顿所有饭店都消除种族隔离，因此被拘留在哥伦比亚特区。我父亲听了之后没有生气，也没有夸奖她的正义，只是平静地说了句"那才是露丝"，随即给她送去了保释金。

在我到达华盛顿后不久，我便成为一名政府律师，开始了我的职业生涯。1952 年，我以私人律师的身份，向人们义务提供法律咨询，这份工作并未得到真正授权。在《布朗诉堪萨斯州托皮卡地方教育委员会案》这一具有里程碑意义的案件提交到美国最高法院之前，我很荣幸地参与了一小部分。同期提交的还有另外四个针对学校种族隔离的《宪法第十四修正案》的提案，除了堪萨斯州之外还涉及到哥伦比亚特区。在后来的"博林诉夏坡"案子中，18 个民间组织聚集到一起整理了一份非当事人意见陈述，称最高法院不但有责任考虑学校种族隔离制度的司法和立法历史，而且还要考虑到"社会现象"根本不能被当事人提为证据，以证明学校的种族隔离制度将引起广泛的歧视和破坏。

我提出，我们政府的职责就是，针对国会在全国军事基地建立种族融合的公立学校这一事件制订一个方案——种族融合当时正在有条不紊地进行。在我的提议之后，18 个民间组织之一的美国犹太人法律和社会活动委员会的首席律师让我加入他们的队伍，一起完善非当事人意见陈述。在我的印象中，除了几个不起眼的编排建议之外，我唯一的贡献就是为这个委员会提供那些学校的简短介绍。由于这个小小的贡献，委员会的主要负责人坚持把我的名字和他们的列到一起，成为该文件的四位署名律师之一。

## 成长中的自由主义

我的家族基因遗传到我身上的还有自由主义理想。我的父母亲身先士卒，教导我们要为人类而改变世界，我们也将这个教导记在心里。我参与到林肯市社会活动委员会的组建中来，我和我的兄弟姐妹们也全力支持建立“美国人争取民主行动组织”的林肯市分部，该组织是由全国的非共产主义的自由主义者组织起来的，致力于在美国推广激进运动；我哥哥罗伯特的妻子玛吉，曾在芝加哥的“美国人争取民主行动组织”的附属机构工作过。我告诉朋友们，建立“美国人争取民主行动组织”林肯市分部就像开罗建立反诽谤联盟一样困难。2003年，内布拉斯加州政府为我举办了一场表彰晚宴，任职多年的前州长弗兰克·B.莫里森在致辞时对我的家庭提出赞扬，并提到：“在我的政治生涯早期，一个朋友建议我说，‘最好离姓索伦森的远点儿——因为他们都有左翼倾向。’”

那完全是胡扯。然而，富兰克林·罗斯福的农业纲领成功地使许多激进的农民富有起来，给他们股份，把他们变成保守的共和党人——那些年里我家确实引人关注。当人们越来越保守时，索伦森一家却在向民主党靠拢，而不愿死守在中立派的政治监狱里，因为中立派既不能在主要战役中坚持立场，更不能对决策施加影响。1948年，有消息说明尼苏达州前州长哈罗德·斯塔森——共和党最有希望的一名总统候选人，想要雇用一名法律系的大学生，在内布拉斯加州帮助他初选。由于我并不支持他所在的政党，所以这个职位对我来说也没有什么诱惑力。1950年，我22岁，正式注册成为一名民主党人。两年之后，我的政治立场又恢复过来了，我又重新成为“无党派人士”。在那之后的某一天，大概是在我加入约翰·肯尼迪的工作班子之后，我又注册成为民主党人。

我几乎不能算是一个革命者。我参加的唯一一次示威是由法律系学生组织的在州议会大厦前的游行，要求政府给予更多的停车位。但是在1951年，我首次以联邦公务员的身份接受调查时，来自美国联邦调查局的原始资料显示，几乎所有的法学院师生都把我描述成“一个激进的自由主义者……在某些方面还是不切实际的理想主义者，因为他最近在全美数家律师事务所的求职信上写道……除非律师事务所遵循‘美国人争取民主行动组织’的纲领，否则他不会在那里求职”。资料还显示：“调查者相信那名求职者将逐渐摆脱他不成熟的表现并发展成为一名优秀的律师。”另一名提供资料的人说：“索伦森的哲学，就是相信美国政府会给任何人提供机会。这是一种自由开放的政治哲学。他也是世界政权和民权问题上的理想主义者。”另一位提供资料者说，“流言称那个求职者和他的妻子具有种族歧视，其实各个种族的朋友都到他家拜访过他们。”我想说的是，身为《法律评论》的主编，我从来就不相信《法律评论》中任何一篇文章表达的观点，除非这篇文章围绕公民的自由。

在这些问询者的回答中，我最喜欢法学院一个保守派的同学的话，他说道：“特德是一个真正的自由主义者，但他也是一个忠诚的美国人。”这就足够了。我一直就是一个忠诚的美国人，我也一直是一个真正的自由主义者。

# 第二部分

## 华盛顿，1951～1964年

当历史的最高法庭对我们每个人进行审判时——判断我们是否对我们的国家尽了最大的责任的标准，是我们对这四个问题的回答：我们是真的勇士吗？是真的捍卫公正的人吗？是真的保持忠诚的人吗？是真的勇于奉献的人吗？

# 第7章 前往华盛顿

A LIFE AT THE EDGE OF HISTORY

法学院的学生毕业在即，班上的大多数同学都准备留在内布拉斯加州。只有少数敢于冒险的同学决定去芝加哥、堪萨斯或者加州，但几乎没人要去东部发展。我是不会留下来的，尽管我很喜欢这里。我爱林肯市，这里风和日丽，绿野葱葱，人们都很友好，但我总有一种感觉，我要追求更远大的目标。我知道，我所向往的东西不在林肯市。

在法学院的时候，我发现自己对公共法律很感兴趣，其中包括行政法、国际法和宪法。在法学院的最后一年，两个来自华盛顿的律师激起了我对首都的向往：一个正在为联邦通讯委员会旗下的公司招募新人，另一个名叫斯坦利·格威茨，他是华盛顿一家律师事务所的合伙人，也是“美国人争取民主行动组织”华盛顿分部的主席。他这次来林肯市是为了参观在芝加哥和林肯之间为数不多的几个美国民主行动的前哨站。简短的交谈后，他们便邀请我到他们的公司面试，我欣然答应了。同时，我分别向美国公民自由联盟、“圣约之子会”（1843年成立于纽约市，是世界上历史最悠久、规模最大的全球性犹太人服务组织。——译者注）下属的反诽谤联盟和美国公谊服务委员会投递了简历。

作为《法律评论》的主编和法律系的佼佼者，我也曾踌躇满志、雄心勃勃，但我的求职并不如意。一位教授曾经咨询了在美国最高法院的朋友，可那里连明年的人员都已经招满了。比特尔院长也帮我把简历送到华盛顿著名的阿诺德&波特事务所，结果被告知公司规模还小，没有空位，而且暂时没有再扩张的计划。连之前我受邀去应聘的那两家律师事务所，现在也音讯全无。我还是决定孤身一人，前往华盛顿寻找未来，尽管父母亲和妻子并不赞成我这样做。

我把这个想法告诉父亲，可他却根本不想谈这件事。我猜他一定是认为我一毕业就会到他手下听差吧。可我从未这样考虑过，因为那是他的事业，不是我的，我想要发展自己的事业。我认为，在华盛顿从事法律工作可以让我更多地参与公共事业，这在内布拉斯加是无法实现的。我需要改变。

1951 年 7 月 1 日，我作了一个冲动又固执的决定——离开了林肯市，启程前往华盛顿。我坐在开往芝加哥的火车上，还不知道明天在哪里换车呢。在华盛顿，我举目无亲，父亲在这里也没有适合的朋友可以为我引荐或安排工作。我只有一门拿得出手的技能，却没有在哥伦比亚特区可以通用的职业证件。除了小时候去达拉斯短途旅行之外，这是我第一次离开中西部。然而，我还是来了，坐在开往东部的火车上，背井离乡，离开我的妻子卡米拉，不过不久以后她也来到华盛顿与我相聚。

回顾过去，我常想，在中西部地区，我有优势。不仅是我，大多数人也都这么认为。我知道典型的美国人是什么样子的，因为我本人正是中西部的中产阶级。但那时在火车上，我盘算着自己将要或者正在经历一场巨大的风险。

我于 7 月 3 日抵达华盛顿联合火车站，那是我长那么大乘火车走得最远的一次。我想象自己下了火车，走出车站，完全是个乡巴佬：喝咖啡、泡酒吧、开支票或者买车，我全部没有做过。我身上穿着父亲的旧西装，生平第一次坐上出租车，直奔基督教青年会，听说那里经常有便宜的住宿。那时候，宾法大道的交通并不拥挤。当车子开过白宫前，前门廊的装饰灯正亮着，我激动又敬畏地注视着那里。那一夜我兴奋得失眠了。在陌生的市中心旅馆里，我躺在狭窄的小床上，对即将到来的明天充满着疑惑和想象，也忍不住想家了。

那一年，我 23 岁。对于一个来自中西部的满怀理想的年轻人来说，华盛顿并没有绝对的吸引力。由于参议员约瑟夫·麦卡锡不顾后果的控告，参议院、城市和整个国家都蒙受了耻辱。他投奔了共和党，我因此对民主党更青睐有加，尽管民主党内也有人参与了政治迫害活动，如来自内华达的保守派参议员帕特·麦卡伦。有一次路过白宫的时候，我看到人行道上满是纠察员，他们反对将窃取核机密的朱利叶斯·罗森伯格和埃塞尔·罗森伯格处以死刑。

当时，白宫的主人还是杜鲁门总统，他正接连不断地接受调查，面临着来自各方的舆论攻击，包括他领导的民主党内部。尽管我强烈反对他大范围地推行针对联邦政府雇员的“忠诚计划”，我还是非常赞赏他在中西部坚持的政治自由原则。（应我妹妹的一位朋友的要求，我向一位年轻的日裔美籍的公务员免费提供了一次关于“忠诚计划”的法律咨询。）直到多年后，我对杜鲁门总统稍微有了一些了解，才知道我们不仅同一天过生日，而且还用过同一位白宫秘书——托伊·巴切尔德，他于1933年随富兰克林·罗斯福一起进入白宫，30年后，又和我一起工作。

我抵达华盛顿的第二天正好是7月4日，原来我离开林肯市是那么匆忙，竟然没有注意到国庆日快到了。那天办公楼的大门都紧闭着，我的职业生涯也就拖延了一天才开始。那天晚上，基督教青年会的接待人员建议我去听国家交响乐团的演奏会，于是我和成千上万的观众在一起听了交响乐，还欣赏了华盛顿大道的满天烟花。然而，在比全部林肯市民还要多的人群中，我却感到无比孤独和落寞。

次日，我准备前往杰斐逊广场，去斯坦利·格威茨的律师事务所，却发现我所遇到的每个华盛顿人都认为自己知道杰斐逊广场在哪里，而事实却是，他们连杰斐逊街、杰斐逊大道和杰斐逊路在哪里都搞不清楚。

在那个闷热潮湿的夏日里，我既没有钱也不愿意再去坐出租车。在林肯市时，我总认为只有百万富翁和醉鬼才打车。我走遍了各条通往杰斐逊广场的路，终于到了事务所，却发现格威茨没有来。有人告诉我，他们并不需要新律师，也不准备扩大公司规模，但他还是很友好地表示，愿意帮我打电话联系别处。

在我为工作奔波的日子里，无论是政府机构还是私人事务所，几乎所有接待我的律师都给我一致的鼓励和期望，却没有给我工作。他们都答应要把我推荐到其他的事务所，然后将我送上另一段令人厌倦的求职路。

最后，在我向很多政府机构投出上千份简历之后，终于得到了一个回应——我被美国联邦社会保险局雇用。我非常开心地给我父亲写了信：

> 美国国务院的杰克·泰特（我在找工作的过程中认识的）曾经是联邦社会保险局的总顾问，他为我写了推荐信……联邦社会保险局的大楼崭新亮丽，有空调，还配有餐厅和食堂，作为政府机构，它是非常先进和引人注目的。这里的健身室、办公室、桌椅、电话、速记服务等等，都比其他地方好。和我同一个办公室工作的同事非常能干，而且很友好，我们第一次见面他便邀我共进晚餐。我对这里的一切都非常满意，等不及明天，现在就想上班了。

到华盛顿还不到两周，我就找到了工作。卡米拉也搬了过来，我们也找到了住处。

冷战初期，政府部门不是随时对你进行“忠诚调查”就是怀疑你是“左倾”

分子，我不得不向疑惑的亲朋好友们解释，我所在的机构不是负责国家安全的，而是负责社会安全的。它不久就成为健康、教育和福利部门，后来又成为卫生和社会服务部门。我的第一位主管是唐纳德 ·V. 贝内特，他是一位温文尔雅的专业的政府律师，带我做了很多政府机构的法律业务。由于父母亲要来看我，所以我想在感恩节的第二天请假，或者和其他节假日调休，但是贝内特先生则坚决地告诉我，政府机构不允许这样做。这是我职业生涯的第一节课。

最初，我一年的收入是3285美元，养活我、卡米拉还有我们的第一个孩子艾里克还是足够的。“对我来说这已经相当好了，”我在给父亲的信中写道，“千万别告诉别人我不值这个价，因为在这里，他们的工资也不太多。”有时候家人和朋友会来看望我们，其中就有我的哥哥汤姆和他的妻子玛丽，多年后她在一次家庭宴会上问我：“那时你招待我们的不是马肉吧？”我说确实不是，因为我们当时很穷。

在之后的几年中，由于学习和工作的需要，我的三个哥哥还有一些朋友也来到了华盛顿，他们都和我们挤在那个小房子里，由于两个可爱的儿子史蒂卡和菲尔的出生，那里更加拥挤了。卡米拉当上了全职太太，这是我人生中第一次凡事都得自己拿主意了。回林肯老家的机会变得很少，但我必须回去看看我的父母，毕竟他们的身体已经每况愈下了。

在联邦社会保险局的午休时间，我有时会去国会山参观正在开会的参议院，或者听一听委员会的听证会。我的所见所闻使我对两党代表的智商和品性有了一个清晰的认识。对政治活动的切身参与让我看到了政府的缺陷——伪君子多于英雄，无赖多于圣人——而这些是我在内布拉斯加州所认识不到的。腼腆内敛的性格和理想主义的价值观，使我不适合从事政治工作。我逐渐认识到，政坛就像一个名利场，在这里，年轻的野心勃勃的理想主义者可以完成他最强烈的欲望，自私贪婪、蛊惑民心的政客也可以将他最卑劣的品性发挥到极致。

我对联邦社会保险局的工作很满意，但我也感觉到，我留在那里的日子也屈指可数了。我告诉斯坦利 · 格威茨，哪怕国会削减一点点机构拨款，我的工作就不保了。他问我是否愿意到国会工作，尽管联邦社会保险局极力挽留我，但能够到国会工作让我无比激动，于是我立刻就答应了。

几个星期后，格威茨打来电话问我是否了解铁路职工退休制度，因为国会参众两院要联合成立一个临时委员会，研究铁路职工退休制度和相关的福利之间的问题。我试着从一个专业律师的角度去思考，却没能给他准确的答复，于是我回答他，两周之后我一定会成为这方面的专家。他承诺会将我推荐给人事主管罗伯特 · 华莱士，罗伯特同时兼任伊利诺伊州参议员保罗 ·H. 道格拉斯的法务助理，而道格拉斯正是新成立的临时委员会的主席。不久之后，我被录用了。

铁路职工退休制度参议院委员会因发布了一份题为《退休政策与铁路职工退休制度》的报告而被起诉。我对这份报告做了研究并撰写了第二部分，主要阐述美国社会应该如何安置日益增多的老年人。我几乎走访了所有政府部门的专家，在这期间，我尤其欣赏社会保障管理部的威尔伯·科恩，他拥护新政，擅长从经济学的角度考虑老龄化的问题及其重要性。

几周后，我给父亲写了一封信："目前看来，我的新工作真是太棒了，我花了大量的时间和精力去会见不同的政府机构人员并参加私人聚会，听取他们对我们的研究的建议，并弄清楚他们对我们的帮助……我尽量避开自己对这一领域的无知，另一方面又参考了大量的资料。"一周后，我收到父亲的回信："特德，恭喜你获得了一个非常棒的工作。在我看来，你似乎在从事华盛顿最令人瞩目的职业之一。"我并不敢肯定父亲的话，但临时委员会的工作经历最终使我直接参与到国家大事中来。

# 初遇肯尼迪 第8章

A LIFE
AT THE EDGE OF HISTORY

1952年底，我在临时委员会的聘用期即将结束，由我负责撰写的报告的第二部分被安排在1953年1月7日发表。我不得不再一次面临就业问题。德怀特·D.艾森豪威尔于1952年11月当选为美国总统，随后下令立即停止行政部门的招聘活动。我重返行政部门（联邦社会保险局，或者在华盛顿就职过的任何机构）的愿望落空了，于是我将目光转向了国会。

联合委员会的人事主管鲍勃·华莱士（罗伯特·华莱士）向我保证，他和主席道格拉斯会帮我联系其他的参议院机构，还有那些新上任的参议员，也许他们的办公室正缺人。罗伯特帮我写了推荐信给参议院的同僚们，其中包括两名共和党人——来自俄勒冈州的自由主义独立分子韦恩·穆尔斯，以及来自新泽西州的中立派H.亚里山大·史密斯。同时，他又将推荐信一式三份复制下来，发给曾经在参议院与道格拉斯共事过的另外三位新上任的民主党参议员，他们是：蒙大拿州的麦克·曼斯菲尔德、华盛顿的亨利·杰克逊，还有马萨诸塞州的约翰·F.肯尼迪。

鲍勃在推荐信中，对我进行褒扬：

> 善于运用简单明了的语言，表述各种法律问题……容易相处，自信且谦虚，秉持中庸之道……一位正直的自由主义者，绝不会盛气凌人……是我最看好的人选之一。

他还特别提到，我曾为前参议员拉·福利特创办的杂志《进步派》撰写过文章，还有 1952 年，我曾与他一起为民主国家委员会撰写演讲稿，但我却不记得这件事了。鲍勃相信，对于 24 岁的我来说，年纪正是我无法被委以重任的最大原因，于是他建议将我的简历和推荐信上的年龄改成“25 岁”。他说：“反正你已经过了 24 岁的生日，写成 25 岁也无所谓，这样你还会得到更多机会。”然而，这个小小的夸大最终还是没有发挥作用。

同时，我也在寻找其他机会。我向之前申请过职位的机构又寄出了求职信，终于他们邀请我与新成立的公民自由组织领导人会面，该组织旨在对抗参议员约瑟夫·麦卡锡及其同僚的阴谋。在那封求职信中，我向他们提出了一连串的问题，重点在于确定他们的观点是否和我相同。然而此时我还面临着一个更现实的问题：我和卡米拉在华盛顿签了两年的房屋租约，不可能轻易地因为工作而搬到新泽西州。

1952 年末，我去一家研究国家养老金体制的机构面试。该负责人表示我在铁路职工退休制度联合委员会及联邦社会保险局的工作经历对我申请的职位很有利。本来进行得很顺利，直到他问我在加入联邦社会保险局之前有何作为。

“我的专业是法律。”我说。

“那你什么时候毕业的？”他又问。

“1951 年 6 月。”我回答说。

“1951 年 6 月？ 1951 年 6 月！”他几乎跳了起来。结果，我丢掉了那份工作。

由于我的选择越来越少，我只能将希望寄托在鲍勃·华莱士身上。当我得知鲍勃与参议员韦恩·穆尔斯的行政助理联系时，我兴奋不已。我非常尊敬穆尔斯，他是一位特立独行的共和党人。但穆尔斯说他打算让一位来自俄勒冈的律师分担他的工作。我忘了麦克·曼斯菲尔德给了我什么回复，总之他不能给我提供工作机会，但不久后两位新上任的参议员，亨利·杰克逊和约翰·F. 肯尼迪表示对我有兴趣。

杰克逊和肯尼迪是参议院成员，都与鲍勃·华莱士共事过，而且都很崇拜参议员道格拉斯，因此鲍勃的推荐信发挥了很大的作用。多年来，我对道格拉斯一直心怀尊敬和钦佩，如果有人问起我是怎么认识肯尼迪的，我就会想起引荐我的人——道格拉斯。事实上，我在临时联合委员会的工作期间，道格拉斯正在四处演讲，参加竞选活动，所以我们只有几次简短的见面。而后，我与肯尼迪共事，道格拉斯还问华莱士是否真的推荐过我，华莱士回答他确有此事。事实上，为我写推荐信给参议员肯尼迪的正是道格拉斯本人。

我与杰克逊、肯尼迪的初次见面简短而愉快。那是在 1953 年 1 月的上旬，肯尼迪还没搬进新的参议院办公室，所以我们见面时，他在白宫的办公室还空空荡荡的。那里显然还处在混乱的过渡期，有两名工作人员在办公室忙东忙西地整理着，于是，这位新上任的参议员拿了两把椅子到办公室的前门外，我们坐下来谈了大概5分钟。在简短的交流中，我发现他并没有因为显赫的家世、哈佛的教育背景和风光的经历而高高在上，他的平易近人令我印象深刻。他说他需要一名能够起草法案的律师，也打算雇用一名他认识的众议院立法顾问。这次见面十分顺利，和杰克逊的见面也是一样，他们最终都录用了我。

我需要迅速作出决定。华莱士和格威茨一致认为杰克逊无疑是最佳人选。他们说，杰克逊在白宫的事业如日中天，前途不可限量，他是一个相当严谨的立法者，保持着西北部人脚踏实地的传统作风。相比之下，肯尼迪所关注的是公民自由，新政经费、政教分离和公民权利，这些问题才刚刚被摆上桌面，还有一段艰难的路程要走。同时，他与他那保守的父亲的关系也让人心存顾虑。他们表示，肯尼迪只是一个很少踏足议院的纨绔子弟（后来我才了解到，那是因为他的身体不好和经常出国旅行）。他们还提到，肯尼迪曾投票支持关于总统不得连任三届的宪法修正案，大多数自由主义者认为这一修正案是为了报复罗斯福在雅尔塔会议上表现出来的自由理想与现实阻碍。肯尼迪后来向我说明他支持的理由，他认为美国总统是世界上最困难、最苛刻的职位，连任两届无疑会耗尽连任者的所有精力、智力以及政治才能。我还记得斯坦利·格威茨说过，肯尼迪从不雇用他父亲肯尼迪大使不雇用的人，只有一个人是例外，肯尼迪大使只雇用爱尔兰天主教徒。

早些时候，我和华莱士特地画了一幅图，想看看这两位新上任的参议员较之其前任，谁更推崇自由主义精神。我们讨论了来自华盛顿的杰克逊，他毫无疑问是一位自由主义者；而马萨诸塞的肯尼迪较之其前任——中立的共和党人亨利·卡伯特·洛奇，只有很小的优势。然而，我与两位参议员的见面，肯尼迪给我的印象更加深刻。于是，我有些为难了。

年轻人总是轻狂、无礼，我提出要与两位参议员再见一面。我还特意问了他们两位对我有什么要求，我的主要工作是什么。同时，我向肯尼迪表明，我和我的兄弟姐妹都认为他对参议员乔·麦卡锡及其政治迫害手段的处理表现出他的软弱。我想，肯尼迪一定会认为我是个刚愎自用又傲慢无礼的家伙，向他讨一份工作的同时竟然质问他的政治立场。但他并没有表现出不满，只是很平静地告诉我，麦卡锡是他们肯尼迪家族的朋友，在马萨诸塞的爱尔兰天主教徒中享有很高的威望。尽管他并不赞同麦卡锡的政治手段，但也找不到任何有力的证据来指控他。但他肯定约翰霍普金斯大学汉学教授欧文·拉铁摩尔对中国共产主义者的赞成。

他的回答使我很安心，于是我又问他准备给我安排什么角色。他说，他目前正在关注新英格兰地区长期以来存在的经济衰退问题，由于南方经济的冲击，大多数纺织厂和制鞋厂都倒闭了；该地区的水产业还有撤除的可能，却没有新兴工业能够取而代之。他打算让我去波士顿拜访一些专家学者，其中包括：哈佛经济学院的教授西摩·哈里斯、联邦储备银行的艾尔弗雷德·尼尔、马萨诸塞州美国劳联—产联的比尔·贝朗格以及波士顿商业专栏作家约翰·哈里曼。他还说：“我想要你从法律角度准备一份新英格兰地区经济复苏计划。”对来自内布拉斯加州的对经济学一窍不通、对新英格兰州一无所知的年轻律师来说，这简直太“高估”我的能力了。然而，我无法拒绝这个挑战，他对那些问题研究得很透彻，连必须拜访咨询的专家都能脱口而出，他的从容和魄力令我深深地折服。

我又对参议员杰克逊提出了相同的问题。他回答道，参议员道格拉斯曾说我是迄今为止最聪明的律师（很可能是推荐信上的话），而他需要一位这样的人才来帮他增加媒体曝光率。他也很喜欢我的名字，因为我的名字来源于斯堪的纳维亚语，必然会受到西雅图选民们的欢迎。即使初出茅庐的新人也能很轻易地分辨出这两个工作机会哪一个更吸引人。第二天我给参议员肯尼迪打了电话，表示我接受这份工作。于是我成为他的第二位法务助理，试用期一年。

我从未告诉肯尼迪杰克逊也向我提供过工作机会。这两位参议员是多年的好友，并长期保持着民主党内同盟的关系。一开始，他们都被视为冷战自由主义者，但很快，他们的立场有了分歧。当肯尼迪越来越明确地表达他的反战立场时，杰克逊却成为了支持战争的强硬派。肯尼迪被刺杀后，正是杰克逊支持了越战，还说服最早的反战者作出让步。他从根本上反对美国和前苏联进行军备管制谈判，强烈要求政府增加财政支出，对那些原本就没有必要或未经检测的武器装备进行强化。在 1972 年的总统大选中，杰克逊竞选班子的成员包括威廉·克里斯托尔、艾伦·凯斯、理查德·珀尔、埃利奥特·艾布拉姆斯、道格拉斯·费斯，还有一些主战派的保守人士，其中的一些人便是伊拉克战争的主要煽动者。试想，如果 1953 年，我接受了杰克逊的聘任，我会受到他那个保守主义新班子的欢迎吗？我能协助杰克逊在总统竞选中取得成功吗？我深深怀疑。

为什么我会选择肯尼迪，而不选择对我的前途更有帮助、更有自由主义精神的参议员杰克逊呢？对此我曾引用过罗伯特·弗罗斯特的话来解释：在两条通向参议院大楼的路中，我选择人少的那一条，于是出现了所有的变化。真相其实很简单：我要一份好工作。我选择肯尼迪而非杰克逊，并非预料、希望或者考虑过他将来会当上总统，而是相比于杰克逊给我的任务，肯尼迪给我的工作更具有挑战性，更激动人心，更有意义。

我困惑的问题在于肯尼迪为什么会选择我。毕竟我们的外在差异太大了——新闻记者和传记作家总是不厌其烦地拿我们来作比较。历史学家罗伯特·达莱克这样写我："他是一个不可能的选择。""他们的背景和风格截然不同。"保守党的维克托·拉斯基如是说。我林肯市的朋友威廉·李·米勒在《通讯员》杂志中写道：

> 他的出身背景与他的上司大相径庭……对华盛顿来说，索伦森年纪轻、缺乏经验；再者，哈佛人、东部人、天主教徒、爱尔兰人、代代不变的民主党人、政治中立派、高雅的文化人、有钱人、贵族、都市人、有智慧的文艺工作者、环球旅行者、自由意识薄弱的公民、常青藤大学的校长、花花公子，等等，这些身份没一个和他相符的。他正好与这些身份相反。

威廉说得完全正确。然而肯尼迪还是选择了我，他选择我的原因更值得探讨。当大量的哈佛毕业生蜂拥出校园找工作时，哪个参议员会聘任我这个从二流大学毕业的学生呢？我毫无政治背景和人脉关系，我只是一个无名的自由主义者，只想混口饭吃。

肯尼迪为什么会用我，而且一用就是11年？我多么希望在往后的日子里，他能像富兰克林·罗斯福答复温德尔·威尔基那样回答这个问题。威尔基参观罗斯福的椭圆形总统办公室时，他问罗斯福为什么与哈里·霍普金斯关系如此密切。哈里在新政期间是个备受猜疑和厌恶的角色，在背景和个性上与罗斯福截然不同。1940年总统改选时，罗斯福跟对手说过这样的话，"有一天，你也可能像我现在这样，以美国总统的身份坐在这里，到那个时候，你再看着那边的那扇门，你就会知道几乎每个从那扇门里走进来的人都想从你身上得到些什么。你会发现，这是一个多么孤单的工作。你也会发现，你需要这样的一个人——除了为你效劳，他别无所求。"

# 第9章 还原真实的肯尼迪

A LIFE AT THE EDGE OF HISTORY

从1953年1月，我首次在旧的参议院办公楼362房间汇报工作，到1963年11月末，我在白宫南草坪上把一些报告交给即将首赴达拉斯的肯尼迪总统，他当时的反应还历历在目。我了解真实的他，但他真实的一面已经被崇拜者们掩埋了，他们像朝拜卡米洛特（传说中英国亚瑟王宫廷所在地。——译者注）一样崇拜着肯尼迪，将他塑造成一个神奇的英雄。另一方面，人们过分关注他的私生活，并且对他进行毫无根据的评论和猜测，修正主义的诽谤者们曲解他的风格和言论，这些都丝毫没有动摇他在美国人心目中的感召力。

我不能记住他的每件事，因为我没有了解他的每一件事。任何人都不曾全部了解过。不同人看他生活、工作以及思想，都有不同的关注点，却没有一个人能将其一览无遗。他有时并不会清楚地表明自己的动机，也总是将感情掩饰起来。记录他私下言行的资料很少，他亲手写的东西和他的谈话录音也太少。事后的怀念、盼望和伤感无疑在某种程度上使我们有选择地回忆他，即使像我这么熟悉他的人也不例外。但是我对他的记忆和别人不同，而且记得很清楚，不像历史学家那样写在书上，也不像旁观者那样仅限于关注，而是像朋友那样一直默默地怀念。

约翰·F. 肯尼迪天生就是一个领导者。只要他走进某扇门，便会成为焦点。他讲话时，人们都驻足聆听。如果他笑了，就算是在电视里，看的人都会随着他微笑。无论是私底下还是在公开场合，他的表现始终如一。他没有在公众面前演戏——他有魔幻般吸引力的秘诀正在于他没有法力，但确实具有非凡的魅力。人的魅力多数只有旁观者才能感觉到，肯尼迪本人就证明了这一点，而你必须和他亲自接触之后才有体会。他的魅力并不仅仅体现在他的表情和言语上，还体现在他待人接物的气质上——他的玩笑，他的全神贯注，他的从容自然。遭遇挫折时，他刚毅冷静，从不大动肝火；身处逆境时，他总是坚强隐忍；身处顺境时，他也会未雨绸缪。

肯尼迪树立了一个强硬冷静的形象，但他也有人性柔软的一面，也会流眼泪。那是1963年8月，他和杰姬的儿子帕特里克才出生两天就夭折了，他在公众面前回应这件事时哭了。他们曾满怀喜悦地期待这个孩子的出生。1965年，珍妮特·特拉维尔医生给我的来信中提到，肯尼迪总统那时非常关心妻子杰姬，请她照顾杰姬的生活起居，并尽可能地保守她怀孕的秘密。特拉维尔医生和另一个主治医生是仅有的知情人，她写道："这件事的处理过程就像詹姆斯·邦德的经历那样惊心动魄，直到搬到棕榈滩那年的复活节后，才平息下来。"

肯尼迪和我父亲一样镇静自若。他曾经告诉我一件非常有趣的事情。1950年初，一场飓风在他住的科德角登陆，在充满死亡恐惧的气氛中，他的司机和管家居然相互怀疑对方和自己的妻子有染，还一人持刀一人拿高尔夫球杆楼上楼下地打斗。而肯尼迪却坐在房间的露台上，盖着毯子静静地看书。

在海厄尼斯港度过的第一夜至今给我留下深深的印象。我先在肯尼迪家的地下家庭影院看了电影，之后又在他家的游泳池、他家附近的棕榈滩以及海厄尼斯港游泳。因此我更加深刻地认识到我们的背景相距甚远。

在我追随肯尼迪进入参议院工作的第一年，有一次他开车送我去赶回家的公共汽车，他说这辈子他还没坐过公共汽车。这真是有钱人的遗憾！8年之后，1961年，我第一次穿上燕尾服带上白色领带，去参加查尔斯·戴高乐在凡尔赛宫隆重举办的宴会，肯尼迪开玩笑地低声问我：什么时候把这套行头还给出租店。

他从不将自己标榜成中产阶级。1946年，他在波士顿的民主党竞选会议上初露锋芒。当时，当地很多竞选者都在他之前亮相，主席把他们一一描述为"历尽千辛万苦才走上仕途的年轻人"。最后，当主席介绍到肯尼迪时，肯尼迪的开场白是："看起来，我是在场唯一一个仕途坦荡的人吧。"

然而，这个从常青藤学校走出来的人并不是一个学究。他热爱运动，喜欢流行音乐和电影；他经历过痛苦和家庭不幸；他有强烈的幽默感和家庭责任感。在他还是参议员的时候，我们偶尔会步行去联合火车站吃午饭。他说，整座城市只有在那里才能吃到地道的新英格兰蛤蜊汤和牡蛎汤。他很有自知之明，他了解自己的优势，也了解自己的局限性和缺点。而且，他拥有政客们少有的品质——谦逊。当媒体得知他的两个弟弟即将去华盛顿时，便吹嘘道：肯尼迪家族有一天会违背美国的传统，成为第二个“卡米洛特王朝”。一个作家还断言肯尼迪三兄弟会一直连任到1984年，并在家族庇护下将权力传给他们的后辈。肯尼迪对此一一予以反驳。

肯尼迪是个知识分子。他读书写书，而且经常讨论美国历史、国家政策、总统职责、政府和公共政策等鲜为人知的一面。他喜欢和有智慧的男人聊天，也喜欢和有智慧的女人聊天，比如，女作家兼共和党外交官克莱尔·布思·卢斯。他告诉我：“克莱尔很痛苦，因为她所有的权利都是从另一个人手中争取来的。这个人就是她的丈夫亨利。”他是美国历史上知识最渊博的总统。对于肯尼迪的爱尔兰血统和哈佛学历，罗伯特·弗罗斯特给他的建议是：“不要让你身上的哈佛味太重。”他做到了,但他并不刻意掩饰。就我对政坛的长期观察，我注意到，华盛顿一些受过高等教育的政客为了做出显赫的政绩，用低俗的幽默、俚语和糟糕的语法来隐藏自己的学识。肯尼迪却不这样做，他可以将学识自如地运用到日常对话中。曾经有一个参议员将他的车停在位于华盛顿闹市区的一家旅行社前面，对警告牌上的“禁止停车”熟视无睹，连写在旁边的借用莎士比亚名言的“这就是哈姆雷特所指的‘官员的傲慢’”也视而不见。

我一直都了解他的健康状况。一方面，总统和很多中年男人一样，背部有问题。可以肯定的是，他在二战太平洋战场上所受的伤日渐恶化，而最初在军医院做的外科手术根本没有解决问题，反而加剧了他的疼痛。但现在看起来，他的背痛仿佛是先天的，与哈佛的橄榄球（1939年肯尼迪在哈佛大学打橄榄球时背部受伤。——译者注）和PT-109鱼雷快艇（二战中，肯尼迪作为海军军官指挥的PT－109鱼雷快艇，在所罗门群岛附近的一次夜战中被敌军的驱逐舰打成两截。——译者注）无关。

肯尼迪的肾上腺分泌不足，那是阿狄森氏病的临床症状之一。早在参议院工作的时候，他一高烧情况就十分糟糕，所以必须卧床休息。有时候，一些演讲或者活动不得不取消，而我总是为难地打电话去取消原来的计划。

患有背痛和肾上腺分泌不足其中一项就够严重的了，二者并发那就更糟了。1954年，医生打算为肯尼迪做手术以缓解他的背痛，手术本身的风险性很高，而肾上腺分泌不足会给手术带来更大的危险，如果用类固醇来刺激肾上腺分泌，则会导致免疫力下降，因此手术的时间被推迟了两次。但是他跟我说，他要动手术，不然他的后半生就要拄拐杖度过了。其实他的手术只是一个阶段性的胜利。

他和我说起住院美好的一面——朋友和陌生人的问候信件让他感动，美丽的护士悉心照顾他，他也有充足的空暇来阅读、思考或写点东西，这些都是他平常没时间做的，他还体会到卧病在床的美国人的痛苦，不论这些人的年龄、阶级如何，不论是卧病在家还是住院，他都对这些人表示同情。

如果我们一起去乡村旅行，我会要求旅馆为他准备一个硬床垫或床板。那是20世纪50年代末，设施还没那么充裕，有时我们只能把他的床垫搬到房间的地上。

在政界聚会上，他会选择在民主党的大型午宴和晚宴前先在宾馆房间里吃点东西，我原以为他是不想吃宴会上的食物，或是不想在用餐时被人打扰。后来我看了他的病历才知道，由于他的胃肠和消化系统都有问题，他的饮食必须精挑细选。

在白宫时，由珍妮特·特拉维尔医生照顾肯尼迪总统的健康，尽管肯尼迪对她的权威性尚存怀疑，但他还是相信她的专业医术和忠诚。特拉维尔医生建议肯尼迪坐摇椅，因为这对他的背部有好处，于是摇椅成了肯尼迪总统的标志。肯尼迪还把马克思·雅各布森——一个名声不太好的医生招入白宫。我并不赞成，他是那种“自我感觉良好”的医生，因经常随意开药方而出名，打听之后，我才知道他只负责照顾总统夫人杰姬。

回顾过去，我惊奇地发现，肯尼迪从未抱怨过他的病痛。在浴缸中泡澡后站起来，或者从地上捡起一个重物，或着抱起他的孩子时，他都会感觉背很硬很痛，他的表情会不由自主地扭曲。1961年，他以美国总统的身份在加拿大某仪式上植树，弄伤了后背，从此之后他变得更加小心翼翼了。在某届职业棒球大联盟赛开赛当日，他要投第一球，为此他特意去检查了右肩，还在白宫后院秘密练习。他还神采奕奕地参加了当年的维也纳峰会，他的出色表现说明他的背痛（在维也纳时突然发作）或者其他健康上的问题并没有影响到他应该做的事情。他唯一担心的是，服用刺激肾上腺分泌的类固醇和长期在白宫伏案工作会使他的脸和肚子长肉。

肯尼迪随时随地都保持着幽默感和预见力，也会拿他的身体问题开玩笑，但从来不会因为他生病而对我和其他同事发脾气。1963年6月的一天，他去了西柏林，那是他一生中最激动、最兴奋的日子之一，那天之后，他告诉我身体的“抵抗或逃跑”理论——由于巨大的危险或挑战而产生的压力，会使身体“或抵抗或逃跑”。他说，面对挑战时，人的身体会分泌出更多的肾上腺素，这对于肾上腺分泌不足的人来说无疑是有利的。而对肯尼迪来说，挑战间接使他比平时更有精神，更健康。

在我们开始相处之后，我和肯尼迪很快就发现，我们对待人性的幽默和政治的伪善有很多相同之处，而且我们都喜欢开对方的玩笑和自嘲。我们共事的日子里，他每一天不是和我们诙谐地打趣就是嘲笑他自己。幽默感使他不至于过分地以自我为中心，他也因此能够掌控政局变幻，能够透彻地看待得失。他表面幽默，其实内心严肃，与某些典型的美国政客截然相反——他们实际上毫无幽默感，看待问题的眼光很肤浅，却使劲装出正经样。

他在公开演讲中也充分运用了他的幽默。实际上，直到1958年的烧烤晚会，我和他才都意识到幽默感的价值。烧烤晚会是华盛顿各方记者和政客一年一度的聚会，与会者以滑稽的表演或者妙趣横生的对话来互相娱乐，其中每个主要政党都有一次演讲的机会，发言人必须最大限度地显示他的幽默感。1958年的烧烤晚会，肯尼迪成为民主党的发言人，他为此痛苦了几个星期。他说："我为什么要接受这个安排呢？如果这个演讲成功了，又能怎样，只能说明我很幽默，但对我的选举毫无益处；但如果我失败了，那所有美国人都会知道。"我们和克拉克·克利福德、弗莱彻·克内贝尔还有马奎斯·蔡尔兹——经验丰富的烧烤晚会与会者聚到一起，讨论和评判我所提出的一百多个建议。肯尼迪的父亲也是个幽默大师，他也加入我们的队伍，和我们一坐就是几个小时。随后，我和肯尼迪一次又一次地修改讲稿，等待着那个隆重的夜晚到来。

因为事先得知肯尼迪演讲之前是一个滑稽短剧，演员会把他描述成一个乱花钱的参议员，用《心属爸爸》的曲子改编了一曲《把账单寄给爸爸》，于是肯尼迪开场说道："我那慷慨大方的父亲刚刚还教训了我，'亲爱的杰克——不要为一张无用的选票多花一分钱，如果我破产了，我会暴怒的。'"全场顿时爆笑如雷。不到一周的时间，这句开场白就在华盛顿被反复引用，不到一个月就传遍全国，听众一片叫好。这句话使埃利诺·罗斯福和其他人停止抨击肯尼迪的父亲为肯尼迪出资竞选，也证明肯尼迪这名参议员勇于自嘲。克拉克·克利福德甚至在他的回忆录中将这句话的原创归功于我，事实上是我从威尔·罗杰斯那里盗用来的。

在那晚的演讲中，肯尼迪详细地提及每件事和每个人，还有他个人的政治观点、宗教问题（"我派往罗马教廷的私人特使将立即就开通穿越大西洋的隧道进行协商"），和他对党派的理解（"从正中间分成两派——这20年来，我们会更团结"），除非你亲临现场，否则你是无法体会其中最幽默的地方的。

我和肯尼迪欣喜地发现，他不仅能使人们兴致勃勃地聆听，还能使他们开怀大笑。他在五十个州进行巡回演讲时，每次都会拿时事和政治开玩笑。对他来说，赢得笑声与赢得支持同样重要，同样让他高兴。从政治影响的角度来看，如果听众对这个哈佛毕业的知识分子持怀疑态度，那他的幽默能使人们马上就喜欢上他并予以他更多的关注。

巡游于各州的肯尼迪不断说出惊人的妙语。随着他出席演讲的次数越来越多，我也必须为他多提供一些演讲的内容。于是，我研究了威尔·罗杰斯、马克·吐温、芬利·彼得·邓恩的小说以及其他一些年代久远的书籍。喜剧演员莫特·萨尔和肯尼迪的妹夫彼得·劳福德也时常对肯尼迪的演讲出点子。有一回肯尼迪外出旅行，我在给他的一封信中写道："我正在华盛顿更新那些以备你引用的笑话，但是我不想通过电话把它们传递给你，那样会抹杀它们的实际效果。"

1960年总统大选时，我准备了一个名为"幽默文件"的大号文件夹。它随着我的行李遍游全国。我们从不使用粗俗晦涩的笑话，我们的原则是，如果这段笑话会伤及某人，那我们肯定不用。我们之所以定下这个规定，是因为在肯尼迪参选的第一年，他在华盛顿宾馆的一次演讲中采用了我建议的笑话作为开场白，他一字不漏地说道："把我送到这里的计程车司机服务很棒，我正打算给他一大笔小费，并告诉他'投民主党一票'——但是我突然想起了参议员格林（一个吝啬的百万富翁）的建议，所以我只给了他一丁点儿小费，并说了句'投共和党一票'。"之后，原本支持肯尼迪的波士顿出租车司机们纷纷寄来投诉信件，无不表达着他们的愤怒。事实上，甚至连肯尼迪的妈妈也不觉得这个笑话有趣。

从以前到现在，很少有人知道，在家族和总统名号的璀璨光环下，在一个野心勃勃的政治家的冷峻外表下，肯尼迪是一个有良知的好人，他会告诉自己什么是错的，也告诉自己要善待周围的人。在参议院工作的日子里，有一次我患了严重的流感，卧病在床，令我吃惊的是，肯尼迪居然开车来我家，按响了门铃，给我的妻子亲切的问候，然后上楼来和我聊天。还有一次，我腰部的肌肉痉挛，他给我列了一长串的建议：不要拖、提或搬重物；用热水袋或毛垫热敷；避免坐软垫和长时间站立。然而我的情况并没有改善，他就问我是不是没有听取他的建议，我向他保证我会服从他的指导。如果哪位背部医学专家给我了建议，他就会说，"我告诉你，凭我14年的经验，这事儿是行不通的。"随后他很快就安排我去纽约拜访特拉维尔医生。

也许是因为肯尼迪和自己的家人关系亲密，所以他对我的家人也很友好。他邀请我和我的妻子卡米拉出席他和杰姬的婚礼，1953年9月12日，他们在罗德岛新港举行了仪式。遗憾的是，旅行费实在是太高了，我和卡米拉没有去成。第二年，他安排我们坐飞机去纽约，然后住在在帕克大道上他父亲的公寓里，还让我们去百老汇观看音乐剧《窈窕淑女》。1959 年，我父亲在内布拉斯加过世，肯尼迪便以我父亲的名义向内布拉斯加大学捐献了一笔教育基金。他知道我是多么疼爱我的三个儿子，便允许他们周六到白宫来玩。多年后，当时白宫西翼休息室的负责人仍然清楚地记得三个孩子在那里玩捉迷藏的情景。

有一回，我给总统带去了我的儿子埃里克写给他的纸条："亲爱的总统先生，我很喜欢白宫。这是个整洁的地方，这里的人很好。我希望有一天能住在这里。"总统在空白处回复道："我和你想的一样。不过，对不起埃里克，你要等轮到你的时候才能住进来。"1961 年 1 月 19 日，也就是肯尼迪总统宣布就职的前一天，他在他的朋友比尔·沃尔顿的家中休息并为次日的就职典礼做准备。这位准总统亲切庄重地接见了我的兄弟姐妹、我的儿子们和我的侄子和侄女们。按照官方的日程安排，稍早一点儿，他接见了参谋长联席会议主席，在我的家人后面他要接见的是联邦航空局局长。

我们偶尔会聊一聊我的个人生活。《华盛顿星报》报道了我和卡米拉分居的消息后，我向肯尼迪总统道歉，他却微笑着说，与他先前审阅白宫其他人的 FBI 档案时的发现相比，这实在算不上什么。由于年复一年的紧张工作，我不能常常回家，渐渐地忽略了对家人的关爱，导致我的婚姻彻底破裂。总统反而向我道歉，说我的婚姻破裂了他也有责任。他一定认为，这一切是他源源不断地派给我工作任务所造成的。但是我告诉他，这完全是我自己的过错。

我离婚之后，他建议我改戴隐形眼镜，可能是为了使我在社交活动中更有魅力吧，那样比我带老式的牛角框眼镜确实好看多了。他说得对，但是我却没有那样做。1961 年，他让我先飞到巴黎，在他会见戴高乐前先对法国的知识分子的观点进行抽样了解。他问我是否要带个女朋友同行，我极力反对，他点了点头，笑着说道："对，你说得对，都已经要去女儿国了又何必带个女人去呢。"

他也非常尊重我的隐私。在一个深夜，我从白宫的社交派对中偷溜出去，参加我的朋友格洛丽亚·斯泰纳姆举行的私人晚会。我意外地磕破了额头，只好大半夜里把白宫的助理医师请来了。毫无疑问，他会向总统报告当天晚上的紧急出诊。次日早晨我顶着包扎好的额头向总统汇报工作，但我没有作任何解释，总统也没有提任何问题。

肯尼迪是个毋庸置疑的好上司。我们从未争吵过，也从未彼此谩骂过。他不会斥责我，不会让我向别人说谎，不会误导我也不会对我说谎。我们结识之初，他就没把我当做新人来看，他从不会让我写有悖于我个人原则的东西，不会让我写任何我不赞成或者不确定的提案——这并不奇怪，因为我们有着共同的信念和价值观。

无论在参议院还是在白宫，下属们都爱戴他，我们之间有着深厚的感情：1963 年 5 月，在他 46 岁生日那天，我们为他举办了一个充满惊喜的晚宴。晚宴以吃蛋糕和吐司收尾，宴会上由幽默的假电报和礼物来调动气氛，其中包括一个日本驱逐舰中队指挥官（二战时击沉肯尼迪的 PT 鱼雷艇）寄来的救生圈，阿拉巴马州的州长乔治 ·C. 华莱士——肯尼迪的“眼中钉”送来的一副拳击手套。

无论他在竞选时出错还是在总统任期内出错，他都没有责备过我和我的同事们,也不会在政界和新闻工作者的压力下否定我或其他人的能力。相反的是，他一直维护着我们。一旦我起草的演讲稿进展顺利，或某个由我负责的政治任务获得成功，他都会在次日打电话给我，表达他的感激之情。

当然，如果肯尼迪发现我工作出现失误，他也会责备我。有一年，他从参议院出发去度假，我以他的名义给一个州民主党的聚会发了一封电报，代表美国参议院表扬了当地的民主党候选人。此举激怒了在参议院任职的共和党人，他在参议院向肯尼迪发难。肯尼迪因此向我抱怨，他从来不贬低他人，当然更不允许我以他的名义这样做。

我的另一个失误也使他非常不悦，那完全是我“罪有应得”。那一天，我要求飞行员把支持全国竞选的私人飞机开到纽约，接在那里执行任务的我，然后再飞去科德角接肯尼迪，结果他延误了原定的安排。

还有一次是在肯尼迪任职总统期间，我制造了一场相当引人注目的风波。当时我们携带各自的家人去科德角过周末。由于全国铁路罢工，我们缩短了行程提前返回白宫。当他在“空军一号”着陆的跑道上等我时，我迟迟没有出现，于是当地的新闻媒体便抓住了空当，抓拍了一系列他焦躁不安的图片。从照片上可以看出他在飞机外面反复地看表，来回走动，而我却姗姗来迟。

不管身处顺境还是逆境，肯尼迪都秉持忠诚的品质。1961 年是我进入白宫的第一个年头，我受委托代表总统去内布拉斯加州的麦库克参加乔治 · 诺里斯百年诞辰纪念仪式。麦库克位于内布拉斯加州西部。我借机列举了大批年轻人举家迁往别的州的事实，并和内布拉斯加的课税基础限制了公立学校的资金运转这一结果联系起来。我打算模仿诺里斯和我父亲，用直接、辛辣、挑衅的风格将这些话说出来。我告诫内布拉斯加州的同乡们，如果我们州的公立学校没有充足的资金，这个州最终将变成荒地，到头来只剩下供人们填写籍贯或者雕刻在墓碑上的地名。

信件随即如潮水般地涌入我在白宫的办公室，只有几个是支持我的。科尔尼的一对夫妇说我“坦率的评价足以把一些人从昏睡中惊醒”。另一封让人欣慰的信来自约翰·罗伯逊，他是诺里斯的亲属也是他长期的助手，他说：“你说出了大家本来应该知道的事……”但是一位州共和党国家委员会的女士要求我通过新闻媒体道歉，她表达了绝大多数信件中的态度，她说道：“现在我们州还没变得一片荒瘠，如果特德·索伦森想再次回乡，哪怕是死后落叶归根，恐怕时间还没到。”

当全国各大报纸疯狂转载这些指责，总统安慰我说：“我早就知道让一个演讲稿撰写人独自出场会发生这样的事。”我尴尬地向他道歉，说这一切都是我自己造成的，他笑着说：“我不在乎，就让他们去说吧。”

与他往后的继任者不同，肯尼迪可以得心应手地处理批评。有一回，加州理工学院的莱纳斯·C.波林博士（诺贝尔奖得主）和他的妻子加入白宫外面的罢工队伍，抗议肯尼迪总统重启核试验，总统反而邀请他们一家到白宫参加盛宴，席间总统和杰姬与波林博士夫妇开玩笑说，他们的表现让总统很难堪。

还有一次，来自全国的几千名学生在一个天寒地冻的日子在白宫外进行两天的游行，表达世界和平的愿望。总统派厨房的两名工作人员给学生们送去热咖啡。学生们纷纷从游行的队伍中走了出来喝咖啡休息。有些学生甚至被邀请进白宫，我和一些助理接待了他们。而另一支学生游行队伍试图在前苏联大使馆前游行，却被警察驱散了。

肯尼迪能坦然地接受批评是因为他能勇敢应对一切挑战。杰姬告诉我，她曾在一次家庭聚餐上跟肯尼迪的弟弟泰迪开玩笑说，肯尼迪退休后，泰迪应该把马萨诸塞州参议员的位置还给肯尼迪。肯尼迪立刻说道：“别这样戏弄泰迪，他会不舒服的，参议员的席位对他来讲很重要。不用担心我离开白宫后会做什么。未来自有安排。”他的自信也让我对未来充满了信心，而我也从没有担心过，也从没有设想过一个没有他的未来。

作为一个上司，他唯一的缺点就是他不愿解雇任何人，实际上是他做不到。相反，他会提拔下属。在古巴导弹危机的处理中，海军作战部长的意见与国防部长和总统的意见产生了分歧，他们就封锁的利弊争得面红耳赤。后来，海军作战部长被提为美驻葡萄牙大使。一位曾给肯尼迪提供竞选资金的人，向总统强烈推荐一名曾在行政部门担任过安保职务的工作人员，肯尼迪便将其任命为联邦法官，尽管后来事实证明此人完全不适合做这个工作。

当他还是参议员的时候，我就发现他有这个缺点。肯尼迪告诉我，伊夫琳·林肯——总统班子中最忠心、最细心、最努力、值得信赖的成员，没有足够的能力应付日益增多的重要来电和信函，他说他要解雇伊夫琳，但她还是每天出现在办公室里。我会像他那样一再给别人机会吗？我做不到。肯尼迪却把她留下来，还把她带到白宫，让她一直在这个位置上做下去。

在我们共事的那些年里，我们的关系存在着两面性。我接触了完全真实的他，但对他的私人社交和生活却毫不参与。除了一些正式的宴会之外，在白宫的那些年里我们从未一起用过餐。共事的11年间，我们一同出席社交场合的次数实在屈指可数。在波士顿，他两次带我参加波士顿的朋友的正式聚会。一次是由他在参议院的同事莱弗里特·索顿斯托尔举办的，另一次是由波士顿著名的作家埃德温·奥康纳举办的。在华盛顿，他曾带我参加马萨诸塞州商业理事会的会议。他说如果别人问我从哪里来的，我应该告诉他们“马萨诸塞州的西海厄尼斯港”，参加宴会的人没有一个是来自那里的。我不确定是否真的有这个地方。1961年的除夕夜，我和我的三个孩子到棕榈滩度假，他安排我参加了棕榈滩狂欢会。还好因为孩子们在旅馆等我，我很早就从那里逃了回来。我和狂欢会的喧闹格格不入。

我无法融入他的社交圈是有原因的，我们有着不同的家庭背景，而我又不擅长交际。我一直无法真正地和陌生人交流，他却乐于与陌生的面孔一起聚会、玩乐、喝酒或聊天。当中也有一些人毫不掩饰地对我冷淡，在他们看来，我是一位来自中西部、戴着牛角框眼镜、既害羞又古板的知识分子。他们不加掩饰的傲气最初让我很烦恼，但是我还是不曾想过要当肯尼迪的酒友，我只是想做他信赖的顾问。能担任这样的角色，我已十分幸运了。

11年来，我一直爱戴他，崇敬他，相信他，至今也依然如此。

# 第10章 肯尼迪的私生活

A LIFE AT THE EDGE OF HISTORY

约翰·F. 肯尼迪十分迷恋美女，也备受美女的青睐，这一点是公开的秘密。在总统大选中，我发现肯尼迪一直受到各种女性的尊敬和喜爱，特别是一些年纪稍大的妇女。他也不停地和年轻女士调情，尤其是那些貌美的单身女郎。他年纪轻轻又一表人才，他那迷人的微笑、英俊的面容、逼人的帅气、温文尔雅又略带挑逗的举止，外加他的财富、名望以及近在咫尺的政治权力，这一切都深深地吸引着女性。

肯尼迪和他的父亲一样，对唾手可得的诱惑从不抗拒。用E.B. 怀特的话来说："他每天早晨醒来都会受两种欲望的煎熬，一是想改造这个平庸的世界，一是又想享受世俗平庸的快乐。"或许可以说他是一个宿命论者，他对自己的健康状况从不抱希望，常说自己的寿命肯定不长，所以无论是为世界效力，还是追求个人享乐，他都不遗余力。亚伯拉罕·林肯曾经说过。"没有臭毛病的人也不会有什么美德。"肯尼迪身上有不少美德，如果没有任何缺点的话，恐怕是个无趣的人。

他在全国声名鹊起时，有很多人说他们曾经和他一起在小PT鱼雷艇上服过役，那些人几乎都能塞满一艘战舰了；他以微弱的优势赢得大选后，也有很多人在民意调查中称是他们的选票帮助肯尼迪获得了压倒性的胜利；他死后，更有不少女人声称跟他发生过关系，是那些风流韵事占据了他所有的时间和精力。

有关肯尼迪好色的报道据说最初来源于美国特情局特工的报料。一位特工竟然违背职业道德，泄密并出售内幕，但他所说的究竟有几分真实？对于那些向媒体泄密的联邦官员，白宫的回应是“知者不言，言者不知”。

有关肯尼迪的书籍中，某些作者有选择地回避他在任职期间的个人生活的许多重要面。一些作家和历史学家，无论有没有名气，总是反复写肯尼迪的滥交。

在肯尼迪的风流事迹中背负最多骂名的莫过于朱迪思·坎贝尔·埃克斯纳了，正如已故作家詹姆斯·A.韦克斯勒在《纽约邮报》专栏中写的那样：“她的语录不断更新，她经纪人的腰包也越来越鼓……无论是准备说的还是已经说的，都是捏造的‘实情’，她决意不让其他女性的故事盖过她。”越多的女性说到性关系，事情的新闻价值和可靠性就越小。死无对证时，桃色新闻更容易引起热议。

遗憾的是，在华盛顿和纽约，总统和少数政治家所谓的私生活、过失、爱情和情妇已经成为人们茶余饭后的笑料，猜测、谣言和戏谑早就不受约束地传播着。他们拿不出确凿的证据，却没有人站出来说句公道话。不断地重复就可以以假乱真，可以让人相信其中一些是确有其事。

肯尼迪的事情，有些的确是真的。

他的私生活向来不是我过去40多年的话题，我从来不把它们写在之前的书籍和有关他工作的文章里，也不会在访谈中提及。理由很简单，我没有第一手信息。其他的很多作者也没有，但他们宁愿用一种猜测的语调来描写他，仅仅依据传闻和谣言，就迫不及待地塑造肯尼迪的形象。而在我早期的书籍和访谈面世时，他的遗孀杰姬仍在世，我的原则是肯尼迪的私生活与其他人无关。

我并没有说谎。我没有说他是一个自我节制的人，过着和修道士一样的生活。我的第一本书——1965年出版的《肯尼迪传》，是一本很严肃庄重的书。在那本书里，我对他在任期间所发生的事情进行剪辑，并没有添加其他个人或媒体的任何描述。我可以不去窥探他的私事，单纯地谈论这个男人、他的信念、他的成就和他的领导才能。而公众没有必要在第一时间内知道他的私事，他们也没有权利知道。伟大的肯尼迪传记作者小阿瑟·施莱辛格说过：“他人无权过问的问题实则没有真正的答案。”

《肯尼迪传》出版后，美国发生了许多变化。我们的政治话题和新闻日趋低俗，那些身处公门和正在寻求公职的人们毫无隐私可言，稍有头脑的人都不愿在政府机关做事。作者和读者往往只抓住表面和肮脏的事情，不愿深入事情的本质。他们子虚乌有的杜撰为迂腐的评判者提供了话题炸弹，他们的结论是，肯尼迪不尊重妇女。而在那些自诩的“护花使者”中有许多人长期反对妇女享有平等的受教育和就业的权利（肯尼迪从未那样做过），坚持妇女必须担起生儿育女的任务。肯尼迪从没有向媒体、公众或国会成员宣扬道德和婚姻忠诚的重要性，而那些虚伪的宗教和政界名流，他们一面说教，一面公然地违背道德准则。

现在，我已经有足够多的证据，可以完全推翻那些捏造的谣言。对我来说，企图掩盖事情的真相并不能给肯尼迪增光。在我的一生中，忠诚是最重要的。但忠于事实忠于正义，而不是愚忠。如果将这一章和整本书综合起来看，我相信我所知道的事实就是我对他所有的记忆。有些作者基本上忽略了他做过的好事和政绩，仅仅抓住他的缺点就贬低或否定肯尼迪总统的伟大之处。我绝不会这么做。

虽然我愿意在书中公开一些我们之间发生的事情和谈话，但如果有人期待这本书会出现一些以前未上过报纸的名字、事情或内幕，那他一定会失望。

在我为他工作的第一年里，单身的参议员肯尼迪曾让我等一个他期待已久的电话，让我转达他对来电者的歉意并帮他解释，他自己却在参议院办公室楼忙乎。我很高兴为他做这件事。结果来电的是一位年轻的女演员——当时还不怎么出名的奥黛丽·赫本，她问我是不是与丹麦的建筑师索伦森有关系。我心想他和她之间是什么关系，可我还是没有问她。

1956 年后，我从竞选活动中知道一些肯尼迪的风流事。有一次，在内华达州的一个酒店的游泳池旁，一名女子找到我，她似乎知道我和肯尼迪的关系，我却不认识她。直到多年后她的面孔再次出现在电视上时，我才知道她是朱迪思·埃克斯纳。如果像新闻说的那样，埃克斯纳女士与黑社会有关联，那么肯尼迪作为当时的一个总统候选人，在私生活方面处理得的确不够谨慎。

在我们进行全国巡游期间，有一回因为天气的原因，我们在芝加哥耽误了一晚，我们在机场旅馆定了一间客房住下。远在西部的接待人员显然很不耐烦，我们只好让华盛顿办公室与他们沟通。接待人员私下传言，肯尼迪还没有抵达，“他与某个姓索伦森的人在芝加哥的汽车旅馆过夜”。我们一听，心中的懊恼可想而知。我笑了，但他却没笑，他说这是另一种在政治活动中滋生的虚假传闻。

多年来，我参加了各种有关总统家庭的紧急会议，但我可以肯定地说，都不是针对肯尼迪的风流事或者威胁他的婚姻的事情。我想任何性绯闻的曝光都没有对他的政治生涯和人生产生过真正的威胁。肯尼迪竞选总统期间，他的父亲警告他，任何不正当的性关系都能让他的政治生涯毁于一旦，还威胁他要任命我当他的道德监护人。肯尼迪跟我说了这件事，并做了个鬼脸说：“我还没有和我爸爸说，这无疑是把狐狸赶进了鸡笼。”我抗议道，本人可从未做过任何违背道德的事。

有一次我们正在筹备一个记者招待会，我告诉他，一家媒体说他可能在美国佛罗里达州有过一段短暂的婚姻。他笑着说道："我知道，做丈夫的往往都是最后一个知道的。当然，除了他是否已婚这件事！"

1963年，在我们访问德国和爱尔兰后，他得意洋洋地告诉我，他所到之处，总能听到爱慕他的年轻女性或大声或小声地说："上帝爱你！"他还说爱尔兰女孩应该只是说说而已，她们不会像德国女孩那样直截了当。

我从来没有见过玛丽莲·梦露，不知道她和肯尼迪总统是否真的有过浪漫关系。十多年后，侦查记者西摩·赫什给我看了一封据说是总统写给梦露的信，我告诉他，我了解肯尼迪，我绝对相信他不会愚蠢或鲁莽到写出这样的信，更别提签名了，肯定是伪造的。赫什坚持说签名已经被专家证实是真迹，我回答道："那么这是一个很棒的赝品。"它确实是一个伪造品，伪造者后来被送进了监狱。

美国前国务卿迪安·腊斯克曾被一位作家问到他怎样看待肯尼迪私生活，他断然答道："先生，我是他的政策顾问，不是他的保姆。"如果是我，我也会这么回答的。除了他父亲之外，还没有谁要求我去监视他的私生活，我也不曾为他安排任何约会。当然，如果肯尼迪的好朋友兼特别助理戴夫·鲍尔斯或者其他人安排过，那我也不感到吃惊。

我们入主白宫之后，我再也没有和他或者他的家人谈起他的私事。他从未让我向新闻媒体或者他的妻子说谎，他也知道我不会向别人讲他的私生活。他很谨慎地对待他所接触到的女性，同样他也很谨慎地隐瞒约会的时间和地点。

我大概知道几个我认为跟他发生过关系的女人。她们美丽、聪明、健谈、活泼、成熟、幽默。在一个朋友的家中，我见过其中的一个。那个人曾经在华盛顿住过院，后来她告诉一个记者说，她很惊讶我到医院去看望她。她还说："我觉得他对我很感兴趣，他可能担心我会说出一些有关我和肯尼迪的事情。"事实上，我一个月内会到那个特定的病房探访三位病人，而她恰巧是其中之一，她觉得我为肯尼迪做了一件好事。我去那里不是想要她封口，总统也不知道我去探病。这真是一件吃力不讨好的事。

1980年，华盛顿国立肖像馆举行肯尼迪纪念会，我在致辞中说道：

> 他所有的时间不全是在工作。他喜欢聚会……结交开朗的朋友，他寻求快乐和笑声。他从来没有为失误或缺陷找过借口，也从来没有因为追求个人欢愉而影响公共责任。

没有人回应我的话。但一个朋友发给我一份肯尼迪遗孀的讲话，她称赞道，这是一个她可以接受的准确的评价。她还说道：

> 我非常感动。我认为这是有史以来对他唯一正确的评价。对于令人费解又令人难忘的肯尼迪，从来没有人能够这么全面地理解并完整地表现他真实的一面……特德，在你的讲话中，你也树立了自己的形象，尽管你可能没有意识到这一点。我感觉得到你付出的感情……如果不是一直有你在左右，他也不可能拥有那么大的成就和威望。

整个讲话的稿件也发给了小约翰，他那时 19 岁，那位朋友跟我说他“对他父亲究竟是怎样一个人表现出日益增长的好奇心”。

在肯尼迪去世前，杰姬知道多少或怀疑多少，我并不知道。我也不知道她对丈夫沉溺于美色做何反应，是否会与伯德·约翰逊夫人同病相怜，同样作为女人而惺惺相惜。约翰逊夫人曾说：“在这个国家每个人都爱林登，而这个国家有一半是女人。”我坚信肯尼迪很爱他的妻子，一定会尽全力保护她不受那些报道和传言所带来的攻击、羞辱和伤害。肯尼迪所能表达的、想要表达的任何忏悔、歉意和请求原谅，都不是给美国公众的，而是给他的妻子的。我不知道在私底下他是否对他的妻子有所表示，即使我知道了，也没有权利去评论。一直以来，有关他风流韵事的点滴对我来说都是一件不愉快的事。他从没有让我评判他，我这样做也不会有任何好处，因为我的处境不允许我这样做——我与大学认识的爱人的婚姻一塌糊涂，我没有立场对他说三道四。

我从来都没有把肯尼迪看做一个完美的人。过去，我称赞他是个好人，现在也一样。有人认为我会为他无所顾忌的不当行为和糟糕的婚姻进行捍卫或辩解，也有些人认为我会批评他的缺陷，其实这些人并不了解他，更不了解我。他只是自我放纵，这并不能真实地反映出他对职责的态度和对信仰的坚持。他有错，他也知道这一点，所以他将他的错误最大程度地隐藏起来。这就是他的良知，我相信他的内心被拷问、折磨过许多次。在生活和工作上，他一直保持着诚实和真实的态度。他的错误并不能抹杀他令人钦佩的成就。

“错误已经发生了。”这句丧气话被很多总统的发言人反复使用，他们想推脱与各种错误和过失的关系，但这并不是一两句话就能撇清的。“人毕竟是人，人都会犯这样的错。”这句话也不是一个恰当的辩护。据调查，大多数美国成年人都曾在男女问题上犯错，但他们的影响程度不一样，他们所冒的风险和所下的赌注也不一样。肯尼迪也不是对所有诱惑都来者不拒，而其他的政府领导人却急着为自己的行径开脱。（我在华盛顿时，就有传闻说美国国务院和中央情报局为某些来访贵宾提供色情服务。）

我不会为他辩解，不会说他当时压力太大，精神紧张。他应该明白，他的错误行为最终必然会被曝光，他的政绩、公信力和道德都会受到影响，从而降低他设定标准的可信度，降低他言传身教的影响力。

我所知道的是，他的私生活并未影响他完成他的公共职能。一直有传言说他在白宫的游泳池里寻欢作乐，这话也许并不恰当，但也不是空穴来风。法律上或理论上并没有规定，公职人员在政治决策上保持明智、沉稳和谨慎的同时，也必须在私生活和个人决定上保持明智、沉稳和谨慎。理想丈夫的品质和理想总统的品质要求并不相同，全国民意调查也持续显示肯尼迪总统拥有着最高的威望。历史学家和美国公众只有用正确的视角和长远的目光来看待问题，才能够真正地评价肯尼迪。

肯尼迪是一位道德领袖。作为美国总统——世界最强大的军事力量的最高领导人，肯尼迪总统在任期内没有往国外派出一兵一卒，也没有投出一枚炸弹；他用总统的职权打通了宗教和种族的隔阂，促成了宗教的平等和种族的融合；他向贫困和受压迫的人们伸出援手；他鼓励美国人为社会服务，关爱他们的友邻，不论他们是何种肤色；他不对弱者宣战，而是与美国的贫穷、失学和精神疾病作斗争；他重新引起年轻人对政治的关注，派和平队的志愿者到其他国家服务。他在我的眼中就是一位道德高尚的总统，尽管他的私生活可能放纵无度。公众评价公职人员，不应该看他的私生活是否遵循清教主义，而应该首先看他们在公众面前的品行和公共服务的水平，看他们秉承的原则和制定的政策。

# 第11章 为肯尼迪参议员工作

A LIFE AT THE EDGE OF HISTORY

在旧参议院办公大楼362室，肯尼迪参议员办公室的一个无窗的小角落里，我开始了长达八年的参议院生活。名义上我被聘为助理研究员，试用期为一年，我从属于参议员的法务助理小兰登·P. 马文。他是肯尼迪在哈佛大学的室友之一，是纽约著名律师的儿子，而富兰克林·罗斯福是他的教父，也是他父亲的工作伙伴。不久后，兰登卷入了泛美航空公司的航空邮件津贴事件，这件事对于参议员来说是不幸的，而对于我是幸运的。肯尼迪从容地建议兰登在国会图书馆的一间小办公室里全力解决这件事。而我随后就升职为法务助理。

我升职后的新任务就是处理来自马萨诸塞州的选民的所有法务信件，这些信件有些是表达问候的，有些是表示感激的，有些是无关痛痒的，有些是威胁恐吓的，有些是诡异难懂的。大部分选民不过是要求肯尼迪对那些悬而未决的立法问题表明立场，或者针对肯尼迪对某些问题的观点，表达他们的支持、反对或抗议。参议员对于这些信件的反应也有不同，有些向他寻求支持，有些需要他发表声明，有些需要他谨慎地处理公共关系。我一一回复，大部分话都是事先准备好的套话。

1953年末，我在内布拉斯加州大学法学院的同学李·怀特正考虑加入我们的工作团队，我给他写信介绍了我们的工作：

> 你可以把一年的病假一次性都请了，问题是我们没有这种假。我们也没有加班和固定工作时间之分，没有独立办公室，你也不必期待这份新工作会带来什么刺激。事实上，我担心的是你会不会对我们的

工作感到失望，因为我们必须接受法律思维受限于政治立场的现实，而且我们还要处理很多非法律事务。尽管如此，我还是喜欢这个工作，甚至包括法律事务之外的杂事。目前，我有一些很重要的任务，例如撰写文章，起草声明，撰写讲稿等。

李还是加入了我们，我轻松地把处理选民信件的工作交给了他。

我们整个工作团队的人并不多，在肯尼迪办公室主任兼行政助理特德·里尔顿的带领下运作，他在肯尼迪担任国会议员的六年里一直担任这个职位。参议员的私人秘书伊夫琳·林肯带着几个秘书和几个来自马萨诸塞州不同地区的年轻女士一起组成秘书团——有趣的是，她们的肤色正好反映出该州多种族的人口特征。在华盛顿会谈时，我发现几乎每个人都有外国血统——爱尔兰、意大利、希腊。这样的种族标签对我来说很是新鲜，因为我从未意识到我父亲是美籍丹麦人，我母亲是美籍俄罗斯人，我父亲忠心的秘书梅布尔·安杰洛是美籍意大利人。

进入参议院工作，我最初的工资每年只有八千多美元。四个月后我的工资增加了大约百分之五，可能是整个参议院内所有工作人员工资都有微调，但是肯尼迪随后给我写信似乎想表达他特意为我涨工资，信中写道："你与我们共事以来，工作表现突出，我给你涨了工资……"

我与肯尼迪参议员第二次会面时，他就派给我一项重要的任务，那是一次决定性的会面。他让我草拟一份促进新英格兰地区经济复苏的立法程序的规划。经过与专家几个月的研究和磋商，我起草了这个规划，肯尼迪在参议院大会上一连讲了三次话，每一次几乎都讲了两小时，内容广泛，大约列举了40条对立法和行政的建议。

这三次讲话是肯尼迪参议员在参议院的第一次亮相，大会持续了三天的时间，当时是1953年5月，他上任仅仅四个月。他详细分析了马萨诸塞州和新英格兰地区的经济危机，以及经济危机给工人、家庭、工厂和社区带来的影响。在参议院大厅坚持听完他讲话的人并没有多少，只有几个自由民主党的朋友，像保罗·道格拉斯、休伯特·汉弗莱和休伯特·雷曼，一直坐在自己的位置上，仔细听着并偶尔提出中肯善意的疑问。

我和肯尼迪参议员都很担心这次讲话是否有作用，而新英格兰地区的持支持态度的报纸编辑和专栏作家对他的讲话表示了很大的兴趣。他说考虑到国家利益，其他有剩余劳动力的地区也都面临着同样的问题，他提议的解决方案将使整个国家都受益。当他还是国会议员和参议员候选人的时候，就曾经多次提及这个问题，这次他提供了更多的事例和数据。我们又在这三次讲话稿子上增补了一些内容，合编成一本书，定名为《新英格兰地区经济报告》，然后分发到参议院各处。

他的建议之一就是新英格兰的国会代表合并成一个统一的团体，就可以和南部和西部更有势力的立法委员会抗衡。这个提议立刻得到新英格兰同僚们的支持，12 个新英格兰地区的参议员组成了会议团，我被任命为执行秘书，也是唯一一个参加他们的定期会议、准备议事日程的非参议员。

我逐渐了解到两党中哪些参议员只会夸夸其谈，哪些有真正的内涵，谁的话值得思考，谁拥有一流的工作团队。在我认识的新英格兰参议员中，我很快和谦虚而严肃的康涅狄格州参议员普雷斯科特·布什建立了很好的关系，后来他的儿子和孙子都当了美国总统。阿拉巴马州（非英格兰地区）的参议员利斯特·希尔是我最钦佩的人。1951 年我在临时联合委员会工作时，他就是委员之一。他能信手拈来地引用激情澎湃的诗歌和华丽的词句。他曾说，他的参议员同事们都很关注肯尼迪的讲话，因为他们知道他是有备而来的。我同样钦佩密歇根州的菲尔·哈特，还有俄勒冈州的韦恩·穆尔斯和迪克·纽伯格。

肯尼迪刚进参议院的时候一直期待着发言的机会。他问过年长的脾气暴躁的参议员，这些年来参议院有什么变化，资深的参议员回答："新参议员过去都是不怎么说话的。"（我确定肯尼迪跟我说过这位参议员是亚利桑那州的卡尔·海登，杰姬也跟我说过这件事，她肯定那是乔治亚州的沃尔特·乔治。不论是谁，肯尼迪谈起此事时，并没有觉得受委屈，相反，他觉得非常有趣。）

我很高兴能和这些有才干的联邦政府官员们（我从不认为他们身上有官僚作风）和参议院的法务助理们（所有人都志趣相投、不辞辛苦）相识并一起共事，他们中的很多人都在国会工作了多年，经验十分丰富。后来，很多人留在华盛顿的大型游说公司工作，谋求高薪高职。

我发现大部分来拜访我的说客对我有很大的帮助，他们能提供有用的消息。我对他们等同对待，但都没有接受他们的"好意"：不管是民主党资金筹集者的宴会邀请函、体育赛事的门票，还是在总统三个月工作交接期间，我"偶遇"的一位说客强塞给我的一份昂贵的圣诞礼物（当天下午我又寄还给他）。我发现，这些受雇的、把目光瞄准了各种议题和组织的枪手们收获最小，那些承诺提供有用信息（比如圣劳伦斯河航路的工程推进）的说客比请我吃饭、送我礼物的更能打动我。

我跟随肯尼迪一年半之后，他就带我去了波士顿。他决定悄悄反对民主党的参议员候选人，转而支持共和党的莱弗里特·索顿斯托尔。肯尼迪让我待在他的公寓里，为索顿斯托尔的竞选团队整理有关新英格兰地区经济危机的竞选材料，指导和修改索顿斯托尔即将发起的声明，其主题是共和党参议员打算和该州呼声最高的民主党人士合作。这样的情况可以引用肯尼迪常说的一句话："尽管我是一名忠诚的民主党人，有时候民主党要求得实在太多。"在肯尼迪看来，索顿斯托尔的竞选对手——来自斯普林菲尔德的民主党提名人福斯特·弗科洛是一位华而不实、野心勃勃的政治家，是担任参议员的最差人选。肯尼迪还没有去医院动手术的时候，有一回他们一同接受电视采访，弗科洛对他说："最重要的是照顾好你的背。"事后肯尼迪对我说，他相信那句话里没有一个字是真诚的。1954 年索顿斯托尔当选为参议员，成为肯尼迪的同事。

1954 年的立法大会结束时，肯尼迪决定进行背部手术，只有这样他才能摆脱反复发作的剧烈疼痛。去医院前，他就希望我能锻炼自己对政策和政治问题的判断力。在他入院和康复期间，我被委托负责所有的法律事务，一做就是七个月。我以他的名义给选民回信，回答法务问题，处理邀请函，我所做的就是完成他的职责，使他获得好名声。从这一点上来说，我相当于路易斯·豪（罗斯福的高级助手。——译者注），在富兰克林·罗斯福总统因脊髓灰质炎而接受长期治疗的时候，豪帮他打理总统事务。对于一个在肯尼迪身边工作不到两年的 26 岁的年轻人来说，这个任务太重了。特德·里尔顿给了我很多帮助。

肯尼迪认可我的能力也信任我，他派给我各种各样的任务——说服一个西部共和党保守派的参议员支持他的法案；去哈佛出版社寻求合作，将他的《新英格兰经济报告》编辑成书并出版发行；拜访著名电视制作人，探讨是否能将《当仁不让》改编成百老汇音乐剧或者电视纪录片；去他最初所在的两个参议院委员会参加会议，讨论关于劳工社会福利和政府运作的问题。

1956 年春天，我在写给父亲的信中总结了这段生活：

> 这里的生活紧张忙碌，一如往昔。我每一周的工作任务都有百分之百的变化。这一周可能是毕业典礼的演说，下一周可能是一个立法规划，再下一周可能是一次政治活动……写这封信的时候我正在返回华盛顿的飞机上，此前我匆匆地去了马萨诸塞州和康涅狄格州，见了一些"政治商业"人物，在哈特福德拜访了州长阿贝·里比科夫和该州的民主党主席，下周我还得写一篇文章。这是世界上最有趣、最精彩、最令人振奋和最有挑战性的工作了。尽管有很多的阻碍和未来的不确定性，但是为这个才华横溢、亲切友好的人工作，这些困难都不算什么。我深深敬佩和崇拜他，他最伟大的前程近在咫尺，好日子才刚刚开始……

# 第12章 总统撰稿人

A LIFE AT THE EDGE OF HISTORY

在我追随肯尼迪的11年里，我对国家作出的最大贡献是在民权问题、登月计划，尤其是古巴导弹危机问题上对肯尼迪提供的建议和帮助，这些与帮肯尼迪撰写演讲稿并无关系。在肯尼迪遇刺后的四十多年里，无论是从事律师职业，还是处理国际事务，我都再也没有撰写过演讲稿。但毫无疑问，等我去世的时候，《纽约时报》将再次把我的姓拼错，上面的讣告会以"肯尼迪总统的撰稿人——西奥多·索伦逊……"（索伦森拼写为Sorensen，很容易误拼写成Sorenson）为开头。这个称谓是无法避免的，但我并不反感。毕竟，20世纪的最佳演讲稿就有很多篇是肯尼迪的。

无论是作为参议员、总统候选人，还是作为总统，肯尼迪每周甚至每天都需要演讲，但他从不会假装自己花了时间亲自撰写每一篇演讲稿。许多历史学家对此都有误解，事实上，并不是由肯尼迪口述初稿然后我再润色的。我们之间的合作不是秘密，在历史上也有过先例。文艺复兴时期，许多著名的艺术家都会雇用学徒。开始时他们只是做一些打扫店面或研磨颜料之类的简单工作，然后他们开始在艺术大师的指导下练习绘画。他们只是绘出艺术大师指定场景中要求比较低的部分，接着模仿艺术大师的风格逐渐增加作画的范围，再帮助艺术大师完成最终的作品。在这11年的时间里，我就是一个学徒，而约翰·F.肯尼迪是我的良师。当记者和历史学家争论是谁写了特殊的稿子时，总是错误地把焦点对准学生，而不是老师。

20世纪30年代，布朗洛报告首次建议白宫配备专业人员，并极力主张行政人员应具备"甘愿匿名的热情"，尤其是总统的撰稿人，以免他们因演讲中的优秀思想和主张而获得荣誉，从而抹灭了他们的委托人的精神光辉。一直以来，我都尽我所能地在演讲稿中突出主角，弱化我自己。我的沉默并不是因为得到总统的命令或要求，而是我对自己许下了一个无声的诺言，我发誓永远都不会打破。我发现，现在许多政治人物的撰稿人在演讲发布之后，就马上抓住机会轻率地泄露或公开自己的角色。

有一些观察家为撰稿人感到遗憾，因为这些撰稿人看着他们的委托人因为卓越的演讲而收获荣誉，而他们却一无所获；另一方面，这些观察家钦佩撰稿人不求荣誉的无私和忠诚。我的父母亲把我抚养成人，希望我改善社会状况，但是，在我没有其他能力的情况下，除了辅助与我有着相同价值观的肯尼迪总统，帮助充满激情的他扭转美国和世界的局面，其他任何事情都不能使我更有成就感。没有人对我的观点感兴趣，直到在肯尼迪参议员的演讲中，接着在肯尼迪总统的演讲中出现了我所提供的重要观点，我才感到万分的激动和知足，这是对我最好的报答。

作为肯尼迪的撰稿人，我所取得的成就源于我对肯尼迪的了解，源于多年的朋友和合作者的亲密关系，我们一起工作，一起旅行，一起交谈。我把帮助他竞选和树立声望当做自己的主要职业目标，我们总是相互交流。肯尼迪去世后，我的成就感一去不复返，因为我与其他人无法建立起相似的关系。

在 1960 年大选之前的紧张的 4 年里，我几乎撰写了肯尼迪所有演讲稿，并和观众们一起见证演讲的成功，记录下观众没有理解的单词和词组，在脑海中形成下一篇演讲稿。1960 年 9 月，我们开始了大选后的旅程。我和他一起起草了很多演讲稿，或长或短，或重要或常规；我们旅行了很久，交流了对很多问题的看法，以至于后来我都知道总统想说什么，想怎么说。那时已经无法确定的是，最终的演讲稿中哪些词是他最先想到的，哪些词又是我想到的；当然现在更无法确定。

肯尼迪 1960 年参加总统竞选时的对手理查德 · 尼克松，曾在 1962 年对记者这样说道：

> 你需要一颗和索伦森一样的脑袋，一直滴答滴答地运转着。你可以写出一篇辞藻华丽的演讲稿，但最多只有一句话是神来之笔。只有高智商的人才能写出整篇的深入人心的句子……索伦森刚强、冷静、理智，他拥有一种天赋，能够使他的风格在另一个人的身上得到升华。在他看来，这才是真正的合作。索伦森善于分析，不感情用事，肯尼迪也是这样。自雷蒙德 · 莫利和富兰克林 ·D. 罗斯福之后，撰稿人和

> 总统之间再没有出现这般亲密的合作关系……一位总统不应该只像傀儡一样，附和为他撰写演讲稿的人……总统的想法、观点和言论，都应该是他自己的。

事实上，肯尼迪的确对我帮他撰写的每一句话都深信不疑，因为我的写作源于对他的信念的理解。

在白宫，我有一个继任的总统的撰稿人所没有的优势，那就是参与重要政策的决定。我可以听取反映给总统的各种不同的言论，评论总统办公室或内阁会议室中发生的事情对他的影响，听取他的总结，然后回到我自己的办公室，把经历的事情付诸文字。

其他的总统的撰稿人写的是在白宫里发生的激烈的争夺战，那些撰稿人试图想把总统拉拢到白宫内部的一方或另一方。他们的手段不仅仅体现在演讲稿的措辞上，还贯穿在每篇演讲稿从初稿的形成到最后送至总统手中的一系列审核程序中。幸运的是，我的稿子不用经过审核，我也不用面对白宫内部的尔虞我诈。在其他总统执政期间，国家政策顾问会改写演讲稿；而肯尼迪总统执政时，我在参议院 8 年的工作经验使我顺利地成为国家政策顾问。在其他总统执政期间，撰稿人必须处理资深的工作人员之间的琐碎小事；而肯尼迪总统执政时，我就是资深的工作人员。如果撰稿人知道他的稿子会被上级逐字逐句地斟酌，并且经常被逐字逐句地引用，那他一定会特别小心和自豪地来完成稿中的每个细节，而这样的小心翼翼则意味着撰稿人要付出更多精力和时间。我用心地起草演讲稿，因为我知道全国甚至全世界都会听到这些演讲。我会意识到这一点，是因为肯尼迪在获得总统候选人资格后所做的第一次主要演讲被《纽约时报》全文转载——这是前所未有的。

原则上，我写的初稿只需由肯尼迪审阅。他经常会调整我的语言，但很少会修改稿中所要传达的本质信息。肯尼迪总统有时候会删掉演讲稿中的一整句、一整段甚至一整页。很多时候，如果我很喜欢那些语句，我会尝试在以后的演讲稿中再次使用。如果总统发现了，他会笑着再次删掉那些语句，但有时我也会得逞。

拉里·奥布赖恩一直就是肯尼迪总统的朋友兼竞选负责人，后来成为他的特别助理。我的初稿不需要经过奥布赖恩审查，让他判断我所写到的那些悬而未决的法规的准确性。曾经有一幅漫画让我哭笑不得，一个“奥布赖恩”和一个“我”在一起审阅演讲稿，并对“我”说：“这是一篇很好的演讲稿，只是有几点不能写得这么明显。”我想，每一位撰稿人都应该把这幅漫画挂在墙上。

我和肯尼迪合作写稿的过程并不总是一帆风顺的。我成为撰稿人的第一年，肯尼迪让我为他写一篇文章递交给哈佛大学的校友杂志，以说明哈佛大学里著名的韦德纳图书馆的作用。我写了“走进哈佛庭院，凝视韦德纳图书馆产生的几点想法”。后来我才得知肯尼迪没有时间审阅我的文章。然后每一位哈佛毕业生就都知道了，哈佛“校园”被称为“庭院”，接着下一期的校友杂志上就出现了讽刺我的文章。

还有一次是1960年，前总统杜鲁门宣称肯尼迪没有“准备好”当总统。为回应杜鲁门的攻击，肯尼迪在民主党全国大会前夕做了全国电视演讲。我们听取了著名的值得依赖的历史学家詹姆斯・麦格雷戈・伯恩斯的建议，引用了“林肯语录”作为演讲的结束语。这段话重点突出，振奋人心，完全符合演讲主题的要求。但是后来我们发现，其他历史学家都找不到任何迹象表明林肯曾说过我们引用的那段话。

肯尼迪总统还喜欢引用中国古谚语甚至一些现代谚语，但都无法从我的中国朋友的口中得到证实。但是他还是继续“引用”，例如：“胜者有干爹排成长队，败者如孤儿无人问津”。

并不是每个美国人都能帮总统写演讲稿的，但很多人都认为他们有这个本事。这么多年来，不请自来的稿件蜂拥而至，甚至还有陌生人在街上把稿件硬塞给我。总统演讲稿中的每个字都要经过反复斟酌，权衡其可能产生的多重意思和后果，尤其是对外交事件，总统用的每个字都可能被视作国家政策。另外，政府的每个机构以及国家的每个利益群体都认为，只要总统能出面为他们的特殊事件做一次演讲，那么这件事肯定能成功。于是我也一直在回绝这样的请求。

1954年初，在肯尼迪参议员的办公室顺利通过一年的试用后，我首次被委派起草肯尼迪演讲稿和其他文章的任务。在此后的10年里，无论我的行程和任务有多紧迫，撰稿是我始终无法推脱的职责。我不止一次想把撰稿的主要职责委派给其他人，但始终找不到一个能让肯尼迪满意的全职人员来替代我。总统竞选期间，肯尼迪对我说：“我知道你不想写这么多的演讲稿，正如我也不希望做这么多的演讲，但这就是我们目前的处境。”迪克・古德温也会来帮忙，我们有时分开各自起草演讲稿，有时就一起合作。有时其他人也会给予帮助，比如小阿瑟・施莱辛格和后来成为参议员的哈里斯・沃福德。在此期间，约翰・巴特罗・马丁和乔・克拉夫特出色地执行了“演讲稿助手”的独特职责。马丁曾经是斯蒂弗森竞选总统的团队先锋。他们跟随竞选专机或先于竞选专机到每一个肯尼迪即将会去的地方，收集当地的资料，选民的建议、态度和评论，然后设计演讲的主题，草拟引言、注意事项和结论。基本上我们都会很好地使用他们准备好的材料。

不幸的是，对于华盛顿竞选总部由天才作家们组成的高级写手队伍所提供的材料，我们却很少能加以利用。这个队伍的领导者阿奇博尔德·考克斯是哈佛大学的教授（后任副司法部长），性格谦和，才华卓越，有时却因为他们准备的材料没有出现在肯尼迪的竞选演讲中而冲我发火，成为竞选中一个小小的混乱，肯尼迪坚持让我适应阿奇博尔德。我也希望如此。但是，阿奇博尔德远在千里之外，对于随时变化的竞选形势实在鞭长莫及。

我经常告诉从事撰稿的职业人，不要让记者、历史学家或政界同事仅仅把他们当做一名撰稿人，仿佛他们的任务不过是串连新闻摘要。我和他们说，亚历山大·汉密尔顿和约翰·杰伊，还有托马斯·杰弗逊，都曾经为乔治·华盛顿起草过演讲稿。威廉·苏厄德帮林肯起草他的就职演说。马克·吐温曾为格兰特总统撰写回忆录。在美国历史上，最优秀的总统撰稿人应属亚伯拉罕·林肯，他的每篇演讲稿都是自己写的。功成名就的人物也曾为他们卓越的上司写文章，因为上司们都忙于其他的事务而无法挤出时间来写稿。

五十多年前，当我开始为肯尼迪参议员起草演讲稿和文章时，我并不知道早在40年以前，我父亲——一名内布拉斯加大学的学生和该校学报《内布拉斯加日报》的总编，为报社成员制作了一本编排手册，说明了许多规则和建议，例如："别长篇大论，要给篇幅'减肥'。"他的幽默感和责任感被发挥得恰到好处，他也并不欣赏那些古板又严肃的规定。我偶尔也会遵循其中的一些规定，例如："像避瘟疫一样避开陈词滥调……尽量别把固定用语分开……确认代词与它的先行词统一，这点我说过成千上万次了，一点也不夸张！"

我对英语语言的精准的喜爱使我有资格成为一名撰稿人。我在八年级时就学会打字，但我还是更喜欢写字。在一本厚厚的黄线装笔记本上，我一字一句地为肯尼迪起草了第一篇演讲稿。修改的时候，我加上了很多连速记员都无法理解的箭头、删除号、插入号、圆圈，还在页面空白处加注。通过手写，我可以逐字逐句地思考，有时候直到完成整篇演讲稿，我才确信自己在这件奇妙的事件中所起的作用。

我的写作速度并不快，但是我很努力。写作时我很用心，常常为得到最正确的词或正确的顺序停下笔来，细细琢磨。由于我总是没有时间认真地写字，因此我的字迹很难辨认。对我来说，写作的时候总是需要尽可能地不被打扰，尽可能地把自己的思想融入主题当中。从包围着我的笔记和研究稿中汲取资源，按提纲将不同主题的资料区分开来。

一般情况下，我和肯尼迪都认为一次经典的演讲不应超过25分钟，况且还要考虑演讲地点、行程安排、听众意愿和时机，还要考虑是否有观众提问时间。据说，伍德罗·威尔逊应邀为某商业联合大会做演讲时，曾问过主办方想让他做多长时间的演讲，他还说，10分钟的演讲要准备一个星期，5分钟的演讲要准备10天，但是1小时或更长的演讲，那么他“现在就能讲了”。

即使是重要的政治性演讲，党派色彩也不应过于强烈，不能用尖锐的语言来攻击对手。演讲的语调应该是积极、振奋、满怀希望并且具有前瞻性，而不是像记账一样列举出对过去错误的抱怨和对现状的不满。一次优秀的政治性演讲不应只是列出某件事情的细节，它必须包括一两项（除非是美国国情咨文演说，否则不要多于三项）具有建设性的实际建议，以解决国家当前最棘手的问题。没有哪位政治家能靠演讲来取悦每一位听众，只要能让自己高兴，对努力的成果感到满意，那就可以了。

演讲撰稿人必须记住的一条是，如果你拿着演讲稿的文本，那就不要离演讲人太远。有一次肯尼迪参议员应邀去诺克斯维尔讨论有关田纳西河流域管理局的问题。在机场，我和肯尼迪被安排坐进不同的车辆。我的司机载着我去肯尼迪做演讲的酒店，但是我们和其他人分开了。打开收音机时，我相当震惊和紧张，我听见肯尼迪正好到达田纳西河流域管理局所在的大坝的视察现场。主持人向听众介绍肯尼迪并邀请他做演讲，但是演讲的唯一文本还在我的大衣口袋里。天哪，那个大人物怎么可能知道田纳西河流域管理局是什么！

演讲的电视效果也很重要。肯尼迪任总统的第一年中，我试图提高一些重要演讲的电视制作质量，比如，将椭圆形总统办公室的空调温度调低，以免总统对着摄像头擦汗；将灯光调亮；让摄像头更靠近总统；雇用专业的电视顾问、制作人和导演。在演讲的过程中，还要一直调整改善，演讲的语速要放慢；在讲到结论时多停顿；我在讲稿上画线的词句要加以强调。肯尼迪总统认为，经常在媒体上曝光会引起公众的反感，我却不这样认为，但是他担心公众的情绪不会一直保持高涨的想法是有道理的。当肯尼迪从阿瑟·施莱辛格口中得知，罗斯福总统所做的“炉边谈话”（“炉边谈话”是罗斯福当选总统后一种联系群众的广播方式。他希望免去官场那一套排场，就像坐在自己的家里，双方随意交谈。——译者注）并不比他少时，他才放心了许多。

在过去的50年里，我形成了自己的演讲稿写作风格，可以归结为以下六点：

## 尽力精简，避免冗繁

像摩西十诫那样简单直接。有一位年轻人问J.P. 摩根股市的秘密是什么，摩根的回答一针见血："股市有波动。"一些政治家错误地以为，政治演说的艺术在于把渺小的思想用尽可能多的语言拉得越长越好，我和肯尼迪认为恰恰相反。我珍视小威廉·斯特伦克和E.B. 怀特合著的经典书《文风的要素》中凝聚的智慧，其中有一条是"删掉不必要的词"。这是我喜欢的一条规则，而它本身就是一个很好的例句。

我很喜欢两个例子：1940 年 6 月法国沦陷，温斯顿·丘吉尔的广播演讲开场白是："法国传来噩耗。"这句话没有任何含糊和多余的字眼；另一个例子是贴在一家鱼店窗户上的广告语："本店今天出售新鲜活鱼。"这个广告语中唯一必要的词就是"鱼"。

## 像精密仪器一样筛选词句

小心谨慎地选择正确的用词和用词顺序是很重要的。古巴导弹危机期间，我帮助总统起草给前苏联主席赫鲁晓夫的密函更是如此。在有关外交政策的演讲中，有人总喜欢给别人贴上如"共产主义者"、"敌人"或"恶魔"之类的标签，使双方的沟通陷于困境。肯尼迪则从来都不会设这样的术语陷阱，他经常使用隐喻，尤其是航海隐喻（在邓·约翰的诗集中屡见不鲜，倾向于将"大海行船"隐喻"统治国家"，以"航海术"隐喻统治国家的制度。——译者注），在这方面，他懂得比我多。但他不会用战争来做隐喻——从不会说出向癌症宣战或者向犯罪宣战之类的话。至于到底是肯尼迪，还是罗伯特，或是约翰逊把 1964 年推行的反贫困计划称为"向贫困宣战"，我现在已经想不起来了。

## 结构简单明了，重点突出

演讲稿应该按提纲的逻辑顺序逐渐展开，适当地给每个要点编上号。编上号的每个段落可以用并列的词作为开头。演讲还必须有一个组织严密、贯穿始终的主题，丘吉尔在批评一位对手的演讲时曾经强调了这一原则。他说："没有主题，就像一团绳子一样。"如果有多个作者共同撰写一篇演讲稿，主题则很难保持一致。所以，可以有多个人提供建议和修改意见，但只需一个人执笔写稿。

## 使用多变的句式和修辞手法，忌含糊或分散

使用押头韵和重复，能让听者更容易记住演讲的内容，两者并用就像一件"双面雨衣"，我和肯尼迪偶尔使用这种技巧，但也是拙劣地模仿。学术分析家称之为交错法，这对我来说是个新词，尽管它是一种古老的修辞手法。例如"我

们绝不因畏惧而谈判，我们也绝不畏惧谈判”，“把足以毁灭其他国家的绝对势力置于所有国家的绝对管制之下”。（引自肯尼迪就职演说。）

受早年我们全家旅行时看到的柏马剃须膏广告词的影响，我从小就喜欢使用的押韵，到现在都没有改变。我总是喜欢听读各类的诗歌，不管是童谣，还是五行诗或打油诗。作为演讲撰稿人，我觉得押韵的句子会让人更容易记住，表述起来也更清晰。比如，“让每个国家知道……我们将打败任何敌手”。（“知道 know”和“敌手 foe”在英语中押韵。）

无论哪篇演讲，重要的不是读起来怎么样，而是听起来怎么样。

个人体验是最可信的证据，也最容易让听众记住。引用合适的人所说的合适的话也有帮助。不要贪恋别人的整篇演讲稿，也别为引用了个别句子而感到羞愧。你可以改变古代政治家的好句子，或者把句子用在不同的背景中，或者引用时提及句子的来源和出自何人。正如世界上没有新颖的笑话，世界上也只有少数新奇的警句和格言，甚至思想也是这样。可以说，几乎每个伟大的句子都多多少少和前人在其他地方所写的句子有些相似或相关的地方。

1960 年初的竞选活动中，我的同事、朋友，同时也是我的良师鲍勃·华莱士，曾经这样评价我起草的一篇演讲稿，他说那只不过是收集了《巴莱特常用引语辞典》中的名言警句而已。对此我很生气，主要是因为他说得没错。但是肯尼迪对那篇演讲稿稍做了一些修改，它便获得了大学生的喜爱。

肯尼迪喜欢引用大量丰富的材料来打造他的演讲，比如海明威、肖恩、亚里士多德、苏格拉底、伯里克利、德摩斯梯尼、索伦和品达等人的作品。一位政治家曾问我肯尼迪经常借用希腊哲学家的名言和希腊文学，是否想要争取马萨诸塞州或全国范围内的希腊裔美国人的投票。显然，那位政治家并不了解肯尼迪对历史的热情。有人告诉我，约翰逊收到的一份演讲稿中引用了苏格拉底写的句子，于是他把这位哲学家的名字替换成“我的祖父”。

有趣的是，一些演讲人有时会将他们引用的话归于肯尼迪的名下，其实那都是肯尼迪引用他人的语句。在肯尼迪参议员处理新英格兰地区的经济问题时，我注意到地区商会新英格兰理事会的办公室墙上有一条发人深省的格言——“水涨船高”。肯尼迪经常引用这句格言。现在很多人也经常引用这句话并认为这句话出自肯尼迪。（乔治·W. 布什曾被批评使用了“水涨船高”的口号。）

另一个例子是“常人眼见于现有，问何以存在；我梦见于未有，问何以不存在。”很多人都认为这句话出自罗伯特·肯尼迪，其实是他从肯尼迪那里引用来的，而肯尼迪也是从别处借用的。

一些政治评论员说，肯尼迪 1960 年的竞选演说是“对牛弹琴，高估了美国人民的文学修养和智商”。或许这是对的，但是肯尼迪赢了，这就证明肯尼迪和美国人民要比某些政治评论家更聪明。

## 用振奋人心的语句，避免哗众取宠

布朗宁说过：“一个国家的影响应该超过它已有的影响，否则，要总统做什么。”因此，总统要鼓励人民高瞻远瞩，提醒他们不能把目光仅仅放在日常琐事上；总统要给全世界受压迫被剥夺的人们提供希望；总统的话要让年轻的梦想家知道有人在聆听他们的声音。总统如果做到这些，那他也注定会受到一些人的反对，让一些人失望，但他还是沿承了建国者的思想，执行了国家领导的核心角色，成为世界的灯塔。

我和肯尼迪总是尽力改善他的演讲，并不是为了取悦他的听众，而是为了做到语句精简，句子容易理解，结构有条有理，思路清晰明了。他会用直截了当的字眼,而不用“也许”、“可能”这样的词语。他会直接提出清晰明确的论点，再提出有说服力的论据，带领人民努力实现这个想法。他会用通俗的语言来做庄严的演讲，而从不用那些晦涩的语言，让听众一头雾水。

政治演说不像法律条文那样，需要用精准的法律术语精确地表述每一个细节；如果想让所有听众理解并喜爱，政治演说也不应该是那样的。白宫的一位同事说：“特德·索伦森的语言能让所有人都明白——无论是牛奶商、知识分子、外交官还是政治家。”这样的评论足以让我心满意足。

## 有实质意义的思想是演讲稿的闪光点

伟大的演讲之所以伟大是因为它传达了卓越的思想，包括原则、价值观和决定。即使语言平淡，如果思想伟大，那它也是伟大的演讲。相反，如果思想平淡无奇、陈腐寡味，那么即使语言华丽激扬，也不能算是伟大的演讲。

过去的40年里，很多政治家都想仿效肯尼迪在演讲台上的宏伟风采。但他们都忘了肯尼迪最伟大的演讲并不是得益于白宫任何一位舞文弄墨者都能做到的华丽的词藻，而是因为它有鼓舞人心的崇高思想。演讲稿都是由肯尼迪执笔的，所以他能亲手打造那些最崇高的思想。有一次，我和白宫的一位工作人员开玩笑说，“只要由我来创作国歌，我就不在乎由谁来立法”中的“国歌”应该替换成“演讲”。

每次动笔写稿前，我都会想象有朝一日它会以肯尼迪的名义收录在世界著名演讲集中。这样说或许很自负也很狂妄，却能激励我用标准的英语和优雅的语句来写稿。肯尼迪和我都很欣赏演讲的艺术。他任职参议员的时候，我送了他一份圣诞礼物《世界著名演讲集》。他手不释卷地读完了这本书，并画出精彩的段落，以便在日后的演讲或《当仁不让》一书中可以使用。后来，我又向他借这本书，并把它当做我写作的参考标准。多年以后，他选了一本精装本的《总统就职演讲集》打算作为我的圣诞礼物，但是他还没来得及送我，就遇害了。1963 年 12 月，肯尼迪的遗孀杰姬在书上的题词令我颇为感动："赠给特德——杰克本打算在圣诞节把它送给你，现在请允许我代他赠送，带着我所有的爱和忠诚，一如你对杰克的忠诚。"

然而，说了这么多，实际做到的却很少。一篇演讲稿，即便带着鼓动性，终究还是一篇演讲稿。说起来是一回事，做起来又是另一回事。一篇演讲稿可以激励人们的思想和心灵，但很难改变一个人的命运。它没有法律效力，它只是试图劝说人们改变自己的观点，但它只代表着演讲人或者没有任何权力的撰稿人的观点。演讲人无法让所有人都听他的演讲；即使做到了，也无法让他们都行动起来；即使能让他们行动起来，也无法让他们按照演讲人提倡的方法去行动。

无法否认的是，一位恰当的演讲人如果在恰当的时机用恰当的方法就一个恰当的主题做一次恰当的演讲，那他就能激发巨大的潜能，就像点燃熊熊烈火，改变人们的思想，开阔人们的视野，改变选民的喜恶，为他们的生活带来希望，最后通过所有的这些途径改变世界。

以我的亲历为证。

# 第13章 当仁不让

A LIFE
AT THE EDGE OF HISTORY

1953年1月，我开始为肯尼迪工作，包括在文稿和其他出版物的写作方面提供协助，像保罗·道格拉斯参议员的助手为他做的那样。我和肯尼迪一开始就达成共识，除了参议院的薪水之外，我还会得到稿酬，至少是那些出版物得到的报酬或版税的一半，这也是道格拉斯给予他助手的惯例。（事实上，1952年12月，道格拉斯就给过我一张25美元的支票，那是我协助他撰写发表在《新共和》上的一篇文章的一半稿费。）在开始几年里，我和肯尼迪在写作方面的协作都十分顺利。我给各类刊物写过文章，包括《时尚》《生活》《视野》《纽约时报星期天杂志》《基瓦尼杂志》《大众电力防卫季刊》和《原子科学家公报》。有一篇发表在《进步派》杂志上的文章，是我在法学院读书时写的探讨教师权利的论文。这些文章的主题多样，包括政治、教育、社会治安、最低工资、劳动纠纷、游说、艺术、裁军、学院忠诚宣誓、新英格兰经济危机等。通常，我会用第一人称，以天主教徒、新英格兰人、外交政策专家或大病初愈的年轻政治家的身份来写这些文章。

年轻的议员会先写许多文章，这是一种在政坛向上爬的新途径。道格拉斯、穆尔斯，以及其他从学术转向政治，其学术水平仍为肯尼迪所称羡的人，也都写过文章。但是，肯尼迪的情况是，关于重要事件的文章，例如对外和对内政策的文章，不光要表达他自己的观点，还要有深刻的进步思想，表达他个人的哲学观，以冲淡那些潮水般地渲染他英俊外表以及与杰姬的罗曼史的浅薄文章。

肯尼迪当上参议员快一年时，提出让我帮他写一篇关于参议员政治魄力的文章。肯尼迪先给我看了休伯特·阿加的《联盟的代价》，文章记述了马萨诸塞州参议员约翰·昆西·亚当斯支持杰斐逊总统对英国船只实施禁运，以报复英国攻击美国商船。此举得罪了新英格兰地区各大利益财团，因此他面临着政治惩罚。肯尼迪告诉我他对这篇文章的想法，对于那些勇于抵抗强势利益群体的压力、坚决对抗有政治目的的委托人的选任官员，他要探究他们的意愿，并支持他们，只要他们以国家的利益出发。

1954年，肯尼迪住院接受后背手术，面对有可能使他瘫痪甚至丧命的病魔，治疗期间他作了一些决定，他觉得自己不能再虚度此生了，要比过去作为国会议员时更加严肃地看待自己的事业，甚至考虑竞选更高的职位。

不久后，肯尼迪搬到棕榈滩疗养。由于有了较多的闲暇，他决定把记录参议员英勇事迹的文章合编成一本书。肯尼迪让他的姐夫迈克尔·坎菲尔德看了初稿，希望能由《哈泼斯》杂志社出版。迈克尔的父亲卡斯·坎菲尔德在哈珀与罗出版公司工作，他建议编著一本至少6万字的书。我和肯尼迪曾合作写过一篇1200字的关于其他主题的文章，发表在《纽约时报星期天杂志》上；当我告诉他写这本书还需要50篇那样的文章时，他怔了一下，但还是说他想写。

1954年12月，我开始将这方面的书籍、备忘录和研究材料寄给身处佛罗里达的肯尼迪。次年6月，肯尼迪终于返回他的参议院办公室工作，并把我寄去的三箱书都带了回来，我们开玩笑说这是把“国会图书馆棕榈滩分部”搬了回来。多年来，国会图书馆的工作人员都说我是借书最多的人。为了帮助肯尼迪写书，我和我的秘书先后两次飞往棕榈滩，三月去了一次，五月又去了，每次都要在那儿住上十天半个月。在华盛顿时，我几乎每天都接到来自佛罗里达州的电话或信件，对方会提各种指示和要求，例如要寄的书、要起草的备忘录、要查的资料、要收集的资料、需要录音的草稿或者需要修改的文章，等等。肯尼迪返回参议院后，我们就在他的办公室和家里继续我们的写作。

肯尼迪还接受了我的建议，将内布拉斯加州参议员诺里斯的故事写进书里。随后我还惊喜地发现我父亲保留着诺里斯与他在1924年到1930年间所通的信件，还有当时的新闻剪报。关于这本书我给父亲写了几封信，其中一封这样写道：

> 我们决定加入有关诺里斯的文章，将1928年他支持阿尔·史密斯竞选的事件写进书中。在我的回忆中，当年是您领导诺里斯的总统团队的（唯一一次请假是为了给您最疼爱的儿子过生日）。我想知道您手里是否有关于诺里斯和史密斯合作的材料……老样子，我们想要快点出这本书，急需这些材料。

我只能祈求父亲理解，并谅解我的鲁莽。

肯尼迪对这本书倾注了十二分的精力，尤其在开头几章和最后几章下了很大功夫，也花了很长时间，奠定了这本书的基调和哲学意义。大多数章节的初稿是我起草的，然后由他直接口述指导或执笔加以修改。他决定，考虑到参议员的名誉，不点明某位参议员的名字：

> 这位参议员曾经向他承认，在记名表决时，他是根据特殊的利益关系给每个议题投票的，并希望他支持的议题占所有议题的主要部分，那么，某些人就会记得他对他们的好处，而其他人对此一无所知，更不会知道他给他们的福利投上了反对票。

现在，我觉得没有必要隐瞒了——这位参议员正是肯尼迪的密友，已故的佛罗里达州参议员乔治·斯马瑟斯。斯马瑟斯这么说也许是在开玩笑，也许是认真的。

有些人指控肯尼迪写这本书是为他的总统竞选做铺垫。但是，从 1954 年开始构思初稿到正式写作期间，肯尼迪甚至还没想过要参选副总统。还有人认为这是肯尼迪对于他自己住院期间缺席了谴责麦卡锡的决议案所做的补偿。事实上，这本书的设想早在前几年就已经确定了，当时还没有出现参议院对谴责麦卡锡的政治迫害进行投票表决的事件。至于肯尼迪后来是否考虑过将这两件事联系起来，他没跟我提过，所以我也不清楚。

《当仁不让》于 1956 年 1 月 1 日正式出版了，并且一炮而红。不久之后，肯尼迪才着手竞选四年一届的民主党党内总统候选人。美国有两百多万名读者购买了这本书，还有大量的杂志出版商、书吧、再版书出版商、外国出版商、电视媒体和其他机构都购买了版权。很明显，所有这些直接的、间接的以及未来的版税收入比我和肯尼迪所预计的甚至幻想的要多得多，而之前我们俩已经达成版税五五分的协议。他没有再提出重新协商或再考虑一份长期的协议。我并不是为了赚钱而写这本书，他也不是。肯尼迪在书的致谢中说我做了大量的工作，公开肯定了我的贡献。1957 年 5 月，肯尼迪出乎意料地、慷慨地提出给我一笔稿酬（我当然非常开心地接受了），其实稿酬被分成了好几年来支付，但我一直觉得我实际得到的比我应该得到的要多一些。

我一直不知道肯尼迪为什么这样做。如果他父亲的顾问们认为有必要起草新协议，以防止我在下届总统竞选之前离开肯尼迪，或防止我明目张胆地索要这本书的直接或间接利润，那他们就大错特错了，我绝对不可能这么做。这个协议使我再没有兴趣在公开场合提及自己参与了此书的写作，正如我在给肯尼迪的信中写到的那样："由于我们的协议涉及我与这本书有关的工作和报酬（协议完全对我有益），所以在认可我的参与的同时，我并不希望提及这个协议。"

假如我们其中一人去世，这协议对我们各自的继承人一样有效。这一点，29岁的我从未想过，但40岁的肯尼迪想到了。直到现在，我仍然秘密地保存着这份协议，以免有人夸大地推测我对这本书的贡献。我了解肯尼迪，也十分清楚真相，他的慷慨并非来自内疚，而是来自他天生的正直。到1961年1月我们进入白宫之时，这本书的净利润并没有达到他之前向我保证的两倍之多，但他没有调整给我的报酬。这件事再一次证明我有多么幸运。

这本书获得普利策奖，并取得了全球性的成功，结合起肯尼迪的野心是当总统的传闻，无疑又激起了人们对这本书的作者的猜测。1957年12月7日，这个问题首次被美国广播公司爆出来。在麦克·华莱士的周六晚间谈话中，节目邀请了专门揭露政治丑闻的专栏作家德鲁·皮尔森作为嘉宾，部分原因是皮尔森两个月前在专栏里推测性地批判肯尼迪的父亲"在宣传媒介上花了一大笔钱，为建立公共关系做准备"。在这种情况下，皮尔森先生"脱口而出"他对肯尼迪的愤怒："肯尼迪参议员靠一本别人代写的书赢得了普利策奖。《当仁不让》就是别人替他写的，他还不承认。"华莱士先生问是谁代他写的，皮尔森先生说他记不得了。为了回答华莱士轰炸式的询问，皮尔森后来说我就是书的作者，并说我不只像肯尼迪在开篇中描述的那样，协助了他的写作，事实上就是我写了那本书。

12月8日星期天，也就是次日，肯尼迪叫我去他的住处，他异常生气地说道："我们必须解决这个可恶的状况。这是在质疑我写书的能力和出书的诚意，以及我对普利策奖的忠诚。"他的父亲更是心烦意乱，催促肯尼迪一定请华盛顿的律师克拉克·克利福德起诉皮尔森、麦克·华莱士和美国广播公司。克利福德回应说，一场官司可能会拖延好几年，而且这种起诉会更容易吸引公众的注意力，不如要求被起诉方撤销言论，这样反而比较稳妥。克利福德同时检阅了肯尼迪的手稿和文本，得出自己满意的结论：这本书确实是肯尼迪亲自写的。

肯尼迪做出最初的辩论之后，还邀请皮尔森审查他的手稿和电话录音。在纽约与美国广播公司官员举行的会议上，肯尼迪向他们展示了这本书的几页手稿，并宣读了我的书面陈述：

> 我发誓，那些指控全是无中生有。我不是《当仁不让》的作者，也没有替肯尼迪写书。我从没有在任何时间任何地点对任何人宣称我

> 是作者，也从没有写过任何形式的书。我只是遵照肯尼迪的指示，在他的指导下协助他做一些资料的收集和整理工作，这些资料确实构成了这本书的基础……确实如肯尼迪在序言里慷慨指出的那样。这本书的作者是肯尼迪参议员，是他确立了主题，选择了人物、内容，他编写并修改了每一个章节。他在序言中列出协助人员的名字和他们所提供的研究、建议和资料，但所有的资料连同他自己收集的资料，均由参议员本人筛选，修整，决定删简或保留。毫无异议的是，任何声称提供资料的人员代替肯尼迪"写书"的言论都是没有依据的，是片面之词。

我对自己的宣誓极其认真，所有措辞都是经过我反复推敲和核对的。美国广播公司的主管们最终肯定肯尼迪就是《当仁不让》的作者，但另一项指控又出现了，说我私下自夸并公开暗示这本书的大部分内容是我写的。（对于这种指控，我只能很抱歉地说，也许是真的，因为时间太久我已经记不清了，这些话应该不是空穴来风。）我当时正在另一个房间等候，美国广播公司的主管对肯尼迪说："也许，索伦森在喝醉的时候说过这些话。""他不喝酒。"肯尼迪说。"也许是他和你生气时说的。""他从来不和我生气。"肯尼迪回答道。

肯尼迪一家都很期待麦克·华莱士的下一期节目，他会收回自己之前所说的话并做出道歉，他确实做到了。12 月 14 日，美国广播公司的副总裁在电视里发表声明：

> 本公司彻查了皮尔森先生的论断，令人欣喜地发现这个论断根本是不成立的，对这位著名的人民公仆和作者，对著作本身和普利策奖的荣誉都十分不公平。这本备受争议的书的作者确实是肯尼迪参议员。我们对这个错误深表歉意，并在此真诚地向肯尼迪参议员、他的出版商和普利策奖委员会致歉。

1958 年 2 月 16 日，德鲁·皮尔森在专栏里引用了诺曼·托马斯（讽刺的是，他的儿子埃文·托马斯是《当仁不让》的编辑）的论调，他说："为死人树碑立传不难，难的是正确地评价当世英才，这正是我们要做的。"皮尔森接着说道，"《当仁不让》的作者是马萨诸塞州的参议员杰克·肯尼迪。"口头战争到此便结束了，肯尼迪写了个卡片给皮尔森："亲爱的德鲁，我欣赏你对此书的评价，你澄清了事实。我对此很感激，并希望能尽快与你见面。"

关于这本书的真正作者的流言蜚语仍未完全消失。有一次，来自印第安纳州的有智力障碍的共和党保守派参议员霍默·凯普哈特，在参议院议员会议上就一个议题与肯尼迪辩论，他试图哗众取宠，并打压他的民主党参议员同僚，突然间他插入一个问题："究竟那本书是谁写的？"肯尼迪巧妙地回答道："好吧，有一件事是肯定的，我相信你现在发表的这个讲话不是别人替你先写好的讲稿。"

我不是唯一一个被怀疑"捉刀"了此书的人。《纽约时报》的专栏编辑阿瑟·克罗克是肯尼迪家族的世交，也被说成是这本书的作者。为我们提供上百册研究资料的国会图书馆的工作人员也难逃怀疑。但他们都没参与写书。杰姬的教授朱尔斯·戴维提供了一些很有帮助的专题文章，肯尼迪办公室的詹姆斯·兰迪斯研究了韦伯斯特的报告，也被传成是此书的真正作者。他们确实提供了很多帮助，但并未参与这本书的写作。

这些一直存在的猜测根本就是无稽之谈。肯尼迪是哈佛大学的优秀毕业生，而且他在此之前就已经写过两本书了，其中一本是《英国为什么沉睡》，该书曾是"每月读书俱乐部"的畅销书。在任职参议员和总统期间，肯尼迪一次又一次地展现出他对历史的深刻理解。他下属的工作人员都觉得他骨子里是一位史学家，他不仅会在公共讲演时引经据典，还会在给工作人员提建议时追溯历史。

正如我写宣誓词中写的那样，《当仁不让》的主题是肯尼迪确定的，所有的情节也都是他筛选的。他完全沉浸在对该书材料的研究中，这些材料奠定了该书的哲学基调，他编写并修改了每一个章节，斟酌题目，并不断地对我们这些提供原材料的人给予引导和纠正。肯尼迪慷慨地在书中对我表达了感谢和认可："感谢我的助理研究员西奥多·C.索伦森先生，他在收集材料及整理方面给我宝贵的协助，它们构成了本书的基础。"

50年后再回首往事，也许我可以通过以下的问题，来回答人们关于原作者的疑问：一本书的作者是指帮助收集资料、做研究的人，还是决定实质主题、结构和内容，并阅读修改草稿、提高全书基调、赋予全书灵魂的人？《当仁不让》是多人共同合作的成果，这种合作没有异常之处，就像我们为他的演讲所做的合作一样。但如果要回答另一些人的猜测，那我只能说：我从没有，甚至一刻也没有想过把自己定位成这本书的合著者，更不用说分享普利策奖。事实上，正因为这本书是多人合作而成的，正因为我密切地参与到每一章节的写作中，所以我才深知名誉只能归于一个人，那就是肯尼迪。

在接下来的总统竞选中，无论是谁重提肯尼迪在麦卡锡问题上所持的立场，他总是幽默又讽刺地说："我应该'少道听途说，多表现定力'。"在肯尼迪的整个政治生涯中，没有任何事情比他在麦卡锡问题上的表现更能显示他个人的政治魄力了。人们的怀疑来自于肯尼迪的家人和他的天主教朋友对麦卡锡参议员的欣赏，也来自于多数马萨诸塞州选民对麦卡锡的支持。肯尼迪的弟弟罗伯特是麦卡锡参议员小组委员会的成员，他的妹妹尤妮斯和妹夫施赖弗中士都是麦卡锡的好友，麦卡锡好像在尤妮斯结婚前对她很有好感。其他的肯尼迪家庭成员，包括罗伯特的妻子埃塞尔在内，都与麦卡锡的妻子关系亲密。相反地，再看看反对麦卡锡的人，大多数都是肯尼迪的政治同僚，甚至一些中立派的、保守派的民主党参议员也不信任不尊重这位来自威斯康星州的政客，说他蛊惑民心。他们不赞成肯尼迪的态度，并将其视为令参议院蒙羞的民主国家的政治毒瘤。1953 年，在所有的谴责议案都没有经过讨论之前，有一天，阿拉巴马州的参议员利斯特 · 希尔对我说："总有一天，我们会面对一个选择的问题，届时我们所有人都必须投票表态。"

1954 年 7 月举行第一次投票时，肯尼迪知道，如果投票赞成那些反对麦卡锡的民主党同僚以及共和党人士的议案，那他就会被他的家乡和家族排斥；但如果他投反对票，就会受到民主党内带头成员、激进的自由主义者和学者、他的母校、参议院领导人和国内主流媒体的指责，甚至也无法向他的良心和那些年轻的法务助理作出交代。无论他如何投票，都会遇到麻烦。

1954 年 7 月，在肯尼迪与民主党的自由主义参议员交谈后，我按他的指示为他准备了支持谴责议案的演讲稿。这个议案于 7 月 31 日送达参议院时，肯尼迪决定投支持票。我建议他先从合法性及参议院的角度来支持谴责麦卡锡，他很赞同我的想法。他在我拟定的草稿上加了最后一笔，写道：

> 对于这一个受关注度极高的事件，我很难解释我内心深处为什么对它如此敏感。我并非没有意识到，无论是赞成还是反对，持两种不同态度的选民中，我的选民都占了绝大部分，他们比其他参议员的选民更积极地表达了态度。正如参议院以前决定的议案一样，这个谴责议案是出于对全体成员的尊严和荣誉的保护，并不带有任何参议员的个人情绪……因此，我投票支持谴责这位年轻的参议员的议案。

肯尼迪在演讲稿中还引用了一句合适的话，是内布拉斯加州的诺里斯参议员在先前的参议院谴责议案表决时说的："我们应该为了国家而采取此种行动，否则高尚的人民会在心中谴责我们。"

尽管这篇演讲稿的语气温和，态度谨慎，但它始终是一次谴责性的演讲。可是肯尼迪却没有机会将其公开发表，也没有机会如计划的那样进行投票。参议院当晚决定，在没有特别委员会的调查和听证的情况下，不能进行投票。当委员会发布了它的报告并进入讨论阶段时，肯尼迪住院了，事实上，当时他已经与外界失去了联系（至少与我失去了联系）。我与他没有任何接触，我也没有接到任何指示。根据参议院的规定，我可以与参议院秘书一起代表肯尼迪，登记一个支持谴责议案的“私人公告”或“联合声明”，这对于未能出席表决会的审查委员来说仍然是一个具有法律效力的投票，即使他没有看到报告也没有参与讨论。但作为一名谨慎的律师，我决定不给肯尼迪进行投票登记，甚至不曾试图通过他的任何家庭成员与卧病在床的他取得联系，询问他赞成或反对。数月来，我与肯尼迪没有任何联系，在这种情况下，我没有作出任何决定。26岁的我作为法务助理还是个新手，比起肯尼迪参议员的脾气来我更担心他的弟弟和父亲会大发雷霆，我应该根据自己的本意宣布他赞成谴责议案吗？我不知如何是好。我迟疑着，但我又始终相信着，我没理由因为一项他想回避的议案去联系他。

肯尼迪是参议院中唯一一个没表明立场的人。后来，肯尼迪不断地向外界澄清，如果他有机会发言或者投票，那么他原则上是支持谴责议案的。最后，这个事件就销声匿迹了。许多自由主义者和哈佛大学的学者们都逐渐地原谅了他的错误。但其他人，比如埃莉诺·罗斯福，直到多年后都没原谅他。作家帕特里克·安德森说：“索伦森的职业生涯很具讽刺意味，他支持公民自由，但在麦卡锡谴责案中所作的决定却极大地引起了自由主义者对肯尼迪的怀疑。”确实如此，但我正是出于支持公民自由的立场才谨慎地认定，不替“缺席的审查委员”投票是合情合理的。

如果我接到肯尼迪从医院发来的指示，为他发表公告或联合声明来表明支持的话，我想我会很乐意做的。对麦卡锡谴责议案的态度是一个有关良心的问题。重病在身的肯尼迪虽然不是故意缺席，但他也没有采取任何措施公开表明他的立场。我猜他这么做的主要原因是为了政治生涯上的稳定和家庭和睦。肯尼迪没有让我承担过失，也没有因为我没替他发表公告或联合声明决定而表现出任何的批评和不满。我想，如果他真的想在医院联系我，他会那么做的。无论是当时还是现在，我始终对他的不作为感到失望，即使我意识到了这背后的政治原因和个人因素。肯尼迪没有勇气投票，我也一样。

我们不能由于这次失败抹杀肯尼迪在许多行动中表现出来的政治魄力。在1962年7月23日的记者招待会上，当他被问及如何看待盖洛普民意调查显示总统支持率从79%下降到69%时，肯尼迪回答："……如果在一连串激烈的国会会议后我的支持率还是79%，那我会觉得我没有履行自己的职责……由于我更明确地表明了立场，很多人就不再继续支持我了。所以我的支持率掉到69%，甚至还会更低。"

多年前，约翰·F.肯尼迪基金会设立了"当仁不让"奖，旨在表彰那些至今"在公开场合中，在民意调查的冲击和专家们的叫嚣声中，仍然坚持自己的原则，为良心付出过代价的人"。我完全相信，即使有一个例外，肯尼迪还是一名当仁不让的参议员和总统。但是这个例外足以成为一个影响恶劣的污点。我不能说由于种种原因，肯尼迪才没能联系上我；也不能说因为种种原因，我没能帮他投出支持的一票。无论出于何种原因，我都不能昧着良心为自己辩护。

# 信仰天主教的总统候选人

第14章

A LIFE AT THE EDGE OF HISTORY

令当代人无法理解的是，1960年，肯尼迪被提名为美国总统候选人和竞选总统过程中造成阻碍的并不是他的年龄、他浅薄的经历、他备受争议的家庭背景、他在美国参议院的投票次数或者他的身体状况，而是因为他信仰罗马天主教。反对人士可以分成以下四种：

**第一，大部分（但不全是）居住在美国南部或郊区的顽固者。**他们不愿意听任何解释，也不愿意面对任何事实，对天主教会、教皇、牧师和教徒表现出极大的怀疑和憎恨。

**第二，来自南、北部各大学和民主党内部的有影响力的自由主义知识分子们。**他们对美国天主教将拥有最多的政治权力产生了恐惧和怀疑，在处理天主教会与州政府之间的关系时，他们总是反对教会的立场，尤其反对教会提出的为建教区学校而筹集公共基金的要求，以及想要通过国家对避孕法和离婚法的修正来控制家庭的企图。

**第三，厌倦了失败的、焦躁的民主党人士。**由于1928年阿尔·史密斯惨败而归，他们相信任何天主教候选人都会被彻底打败。那次失败使天主教的民主党人士和新教徒遭受了巨大的打击。当他们看着肯尼迪时，仿佛看到了当年的史密斯。

**第四，许多天主教徒，其中不乏一些民主党的领导人。**出于护己利己的考虑，他们担心在竞选中有些宗教问题会浮出水面。一些人认为由一名天主教徒来竞选总统未免有些为时过早，还有一些人认为肯尼迪不够坚定又带着教条主义。肯尼迪在许多国家政策上公开反对教会统治阶层的意见，与其他总统候选人不同的是，他反对1960年的为非公立学校筹集公共基金的法案，也反对美国政府通过向梵蒂冈（罗马教廷所在地）指派大使而承认其国家主权的做法。最敏感的是，他反对任何减少美国对外支援的计划，尤其反对减少对那些把公共基金用于计划生育的国家的支援。

在跟随肯尼迪的日子里，对我来说最具有讽刺意味的一个转变就是，他让我负责研究和解决天主教对他的反对，尽管我是一名坚定的唯一神教徒，我还是能够理解那些宗教和政治自由主义者害怕天主教徒担任美国总统的情绪，也能够恢复他们对肯尼迪的独立思想的信心。我之所以有这个能力，是因为我年少时就在教堂，甚至在家里就经常听到对天主教的政治权力感到恐惧的言论。我一直强烈支持政教分离。刚开始帮肯尼迪做事的时候，除了小时候听说的一些歪曲的故事以外，我对天主教知之甚少。圣灰节（当天人们会在头上和衣服上洒尘，以表明悔改或懊悔。——译者注）当天，我很困惑肯尼迪办公室的许多秘书为什么都把额头弄脏。肯尼迪让一个唯一神论者来处理这件事似乎有些蹊跷。但是我至少能让他理解那些比较理智地出于宗教原因而反对他的人，同时，我也能使许多理智的反对者懂得他不同于他们所惧怕的那些天主教徒。

我处理宗教方面的事务始于1955年末，那时我正埋头整理一则民主党的新闻报道——如果1956年阿德莱·史蒂文森再次获得总统候选人提名，将把肯尼迪列成竞选搭档。那则新闻公布之后，两名记者——来自《科利尔》杂志的西奥多·H. 怀特和《展望》杂志的弗莱彻·克内贝尔，分别到肯尼迪参议员的办公室采访他，并传达了同样的信息——那就是他被史蒂文森列为竞选副总统的候选人，但决策者们不清楚天主教的竞选搭档对竞选总统是否有利。（我怀疑史蒂文森故意散播这个消息，以帮助他拿下马萨诸塞州。）肯尼迪告诉克内贝尔他要调查这件事。克内贝尔满怀同情地打算写一篇文章，题为《一个天主教徒能否被选为副总统》。肯尼迪假定天主教的竞选搭档会吸引许多天主教徒的选票，从而冲淡他在宗教上的不利因素。他还问我这个假设是否成立。

于是我针对天主教的竞选搭档是否有利于民主党总统候选人的选举展开了调查和分析，集中研究了当时48个州每个州的天主教选民的数目和作用。就我记忆所及，这次特别的调查标志着我的工作真正开始了。

1956年的春天，我已经做了70页的备忘录，其中包括很多数据表格，还有一打分析资料，详尽地解释了14个关键州的天主教选民的数目和重要性。

在北部和西部14个州中，原本支持民主党的选民都在1952年脱离了史蒂文森，转而支持艾森豪威尔，于是就有了共和党24年来首次取得总统竞选的胜利。通过参考民意调查、选情报告和一系列政治科学分析，我得出四个结论，如果那14个州中没有传统的爱尔兰裔美国人、意大利裔美国人和支持民主党的天主教选民，民主党就不会取得1940年、1944年和1948年总统选举的成功；1952年，史蒂文森（一个离过婚的自由主义知识分子）落后于代表西、北部众参两院的民主党天主教候选人；1952年许多天主教徒从支持民主党转而支持共和党的艾森豪威尔（反对史蒂文森）；如果史蒂文森利用天主教的竞选搭档，就可以夺回那14个州的传统民主党选民的支持，再加上南部忠实的民主党人，他一定会获得大部分选票。我又重新分析了阿尔·史密斯1928年失败的原因，结论是，无论民主党选谁当总统候选人，那一年注定是共和党年；在史密斯输掉的那些州中，只有四个南部的州是民主党的票仓。

在“特别附录”中，我增加了有可能与肯尼迪竞争副总统提名的民主党同僚。我强调，对于1956年民主党来说，天主教徒选民的选票要比南部、边界地区和农村的选民选票要重要得多。我还列举了除西、北14州之外，天主教选民相对集中的几个州，我把它们排除在外，因为共和党在这几个州的势力实在太强了，因此不能位于关键州之列，天主教的副总统候选人还是很难将这几个州的选票收入囊中。

尽管肯尼迪还没有被公布为副总统候选人，但他觉得，这样一份来自他办公室、关于天主教选民分析的备忘录会让他人觉得他野心勃勃。考虑到他有一个合理的推诿，我们安排了康涅狄格州州长约翰·贝利来公布此事，他是肯尼迪阵营中唯一一个国家级的政治家。贝利就是个天主教徒。那时没有其他的国家级的天主教政治家支持肯尼迪竞选副总统，于是我们考虑将这个备忘录交给他。据我统计，这个备忘录涉及到50名甚至更多重要的民主党人士，在选择史蒂文森的竞选搭档以及其他实际或是可能的代表和党派领导人方面，他们也许都会参与其中。

这个备忘录交叉分析了选情报告、民意调查的宗教因素和天主教选民的特征。我的另一个结论是调查数据具有相当的说服力，可以使肯尼迪在1956年的民主党代表大会获得数百名代表的关注和支持，最终使他在副总统候选人的竞选中脱颖而出，从此开始了他漫长的总统竞选之路。

一天，我很惊喜地接到了史蒂文森的竞选经理吉姆·芬尼根的电话。他在电话中说得我们好像是老朋友一样，并且让我“寄给他一份那个调查的副本”。我故意表现出听不懂的样子：“什么调查啊？”他说：“你知道的，就是关于天主教选民的那个调查。”于是我就寄给他了。

讽刺的是，当四年后肯尼迪争取总统候选人的提名时，那个备忘录却起到完全相反的作用。那时，肯尼迪只能强调说没有“天主教选民”这样的事，人们不应该依据候选人的宗教信仰来投票支持或反对。

1960 年，尽管肯尼迪努力地平息宗教选民事件，但是媒体还是对此大肆报道，他们分析了威斯康星州第一轮初选的结果，并宣传这个州的选民仅仅根据宗教信仰来投支持票或者反对票。尽管阿瑟·施莱辛格称，如果肯尼迪仅仅是一个哈佛毕业的、富有的新教参议员，那么没有人会注意他，正因为他的天主教信仰，才使他受更多的争议，使他的参选之路极大地引起了人们的关注和兴趣，很明显，许多选民根据他的宗教信仰来决定投票让他很是受伤。阿瑟应该已经读了我们发给他的抗议信了，也更深地体会了他所说的受人关注是什么意思。在西弗吉尼亚州的初选中，面对顽固派的攻击，他说他正在处理宗教选民的问题，还说他喜欢和人辩论，于是有人怀疑肯尼迪是否真正具备正当的候选人资格。他被强烈要求尽快接受副总统候选人的提名，以避免更大的争议甚至动乱，对此他的回应是：“我明白了，天主教徒乘公交车都坐在后排。”

我去了西弗吉尼亚州几次，与政治和宗教自由主义者们谈论了一下这个问题，也回应了关于肯尼迪宗教信仰方面的怀疑和攻击。之前，肯尼迪派我去拜访他在匹兹堡的朋友约翰·赖特主教，我们讨论了如何使肯尼迪的政教立场与天主教教义保持一致的问题。

就这个问题我也受到过几次正面的攻击，第一次是发生在西弗吉尼亚初选过程中。当时肯尼迪参议员要我与参议院牧师哈里斯先生探讨一下，看他是否愿意发表公开声明，强烈谴责总统大选中出现的宗教偏执和偏见。牧师曾向肯尼迪作出保证，他很愿意在适当的时间就这件事发表声明。然而，他显然还记得自己还在为总统的热门人选副总统尼克松，以及多数派的领导人约翰逊办事，还有参议员汉弗莱和赛明顿，于是他拒绝了我的要求。我只能去找其他有影响力的新教领导人做类似的声明，结果取得了意外的成功。我对他们明确表示过，我并非要求他们在西弗吉尼亚州的初选中或者在参议院代表大会上或在选举过程中支持肯尼迪，更不是让他们去抨击反对肯尼迪的人是顽固派。我只是需要一个联合声明，说明候选人的宗教信仰不应该是个问题，选民应该根据候选人的能力进行投票。我明确地表示肯尼迪在政教分离上的立场是不会令他们失望的。

随后我开始向伍德罗·威尔逊的孙子华盛顿大教堂的弗朗西斯·B. 塞尔和我儿时伙伴的父亲阿瑟·L. 米勒牧师提出请求，后者是美国联合长老教会的领导人。另外，我还在纽约中央火车站的牡蛎酒吧与G. 布罗姆利·奥克斯纳姆主教秘密见面。他不但是华盛顿卫理公会的主教，还是政教分离联合会的领导人，也是反对天主教等级制度以及天主教参与国家政策的确立的重要人物之一。我成功邀请到这三个人之后，又去找尤金·卡森·布莱克博士，他是美国联合长老教会的会议执事，还有埃德温·P. 达尔伯格牧师，他是密苏里州的圣路易斯德玛浸信会的牧师，也是全美基督教会协会的会长。在他们的同意下，我得到他们的签名。

这封联名信在西弗吉尼亚州乃至全国广泛传开了，对象是他们的“基督教牧师同胞”。信中没有提及任何候选人的名字，但写着“有一名总统候选人受到了攻击，仅仅因为他是个罗马天主教徒。我们觉得这个观点很有争议，用这种方式来划分候选人对团结人民和建立宽容和仁慈的民主政府来说是一种威胁”。我没有参与写这封信，因为不可能达到这些教会人所具有的可信度。这封信在西弗吉尼亚州的选民还没开始投票之前（1960年5月3日）公开了。

我在与这些教会领导接洽的同时，我也和学识修养很高的詹姆斯·瓦恩建立了友谊，并且得到了他的帮助。他是处理各教派事务的专家，在国家教堂理事会工作。参议院代表大会结束之后，他被肯尼迪的竞选经理罗伯特·肯尼迪雇用，在肯尼迪竞选活动中处理宗教问题。我很高兴由他来带头接手这个问题。在瓦恩加入前，我偶尔会向我的朋友拉尔夫·邓根征求意见，他也是肯尼迪参议院办公室的工作人员，也是虔诚的天主教徒。他经常认为我应该说服肯尼迪不要反对传统教会对公共政策提出的观点。但是肯尼迪强烈地坚持要与罗马教廷划清界限，后者数世纪以来一直反对杰斐逊－麦迪逊的政教分离原则。

1960年4月21日，肯尼迪参议员被邀请到美国报刊编辑协会作演讲，我参与起草演讲稿。这是他首次正面地回应此事：

> 我不希望大家只是由于我的宗教信仰而支持我。任何一个选民，无论他是不是天主教徒，只要他认为这个候选人将会是一个出众的总统，那就应该支持他……对我而言，我觉得合理的一个问题是，作为美国总统，你的管理和行为会被任何教会施加的压力或是与教会有关的职责所影响吗？我的回答是“不会”。

这次演讲所受到的关注和称赞并不是最大的，九月份，他在休斯敦教堂协会接受民主党总统候选人提名时所作的演讲是最好的一次。他诚恳而有力地说：

我相信美国是一个政教绝对分离的国家，在这里，没有哪一位天主教主教会命令总统（假如他也是一名天主教徒）如何行事，也没有哪一位新教牧师会命令其教区居民去给谁投票；没有哪一所教会和教会学校应该得到任何公共基金和政策的特殊待遇；没有哪一位候选人会因其宗教信仰与选民们以及现任总统的不同而在竞选时遭到否决。

当我正在写那份稿子时，麦克·费尔德曼晚上给我打了电话，对是否有天主教徒死于阿拉莫之战的这个问题给出了答案。麦克告诉我，有些牺牲的战士的姓名带爱尔兰和西班牙姓，所以至今还不确定他们是不是天主教徒，因为没有宗教信仰记录。“就是它了，”我对他说，“这就是我想要的答案。”于是演讲中就出现了：“在阿拉莫之战中，鲍伊、克罗克特、富恩特斯、麦考弗迪、贝利、巴蒂罗和凯里都阵亡了，但是没有人知道他们是不是天主教徒，因为那里根本没有宗教信仰记录。”

在我看来，宗教事件已经被平息了两次，第一次是肯尼迪取得了西弗吉尼亚州竞选的胜利，第二次是他坦白地回答了休斯敦牧师提出的所有问题。但是我错了，这件事还没彻底结束。

带头反对肯尼迪的新教教士于1960年9月召开了一个名为“公民宗教自由”的会议。会议发言人诺曼·文森特·皮尔牧师在总结时公开表示：“天主教徒当选总统会改变美国。”肯尼迪说：“我更愿意认为他是在赞扬我，尽管我还不确定是不是。”在全国范围为肯尼迪组织竞选活动的阿德莱·史蒂文森给了最好的评论：“我总是从保罗那里获得激动人心的福音，从皮尔那里听到骇人听闻的消息。”

尽管有这么多曲折，但肯尼迪还是能使美国人民相信，他们的想法和想要的公平不会被顽固派所控制。他坚定了人民的信心，并许诺建立一个对天主教会或其他任何宗教都不存在任何偏见的政府。他建议不予宗教学校特殊照顾，也不为以宗教建设为基础的项目提供资金援助，不打破教会和国家之间的隔离，不向梵蒂冈派遣大使，不受来自天主教和其他教派教士的负面影响。国家的运转一如既往。

肯尼迪是一个虔诚的天主教徒。8年前，明尼苏达州的参议员尤金·麦卡锡考虑参选民主党总统候选人提名以对抗林登·约翰逊，他打趣地说他应该成为1960年的总统候选人，因为他“比肯尼迪更高尚、更老练、更自由主义，对天主教更虔诚”。也许吧。我个人认为，我没有理由怀疑肯尼迪对天主教的虔诚，因为每个周末他都去教堂做弥撒。我有时甚至好奇，他这么做除了对宗教的虔诚外是否还包括政治上的需要。至于如何平衡这二者之间的关系，除了肯尼迪没有人知道，他也从来不说。

他经常和我讨论他的个人想法，但是他从来不提及他对未来的真正希望和恐惧，或者他对人和上帝之间关系的内心想法。就像我的父亲，他们偶尔会在演讲中提到上帝。但是我相信他们这样做的出发点是政治而非宗教。仅仅在他的就职演讲中，他就三次提到上帝，一次是在开场白中，一次是提到人权的真正来源时，还有一次就是在结束语中。阿瑟·施莱辛格注意到宗教方面的问题，就问我的哥哥汤姆："如果你们索伦森一家是唯一神论者，那为什么在演讲稿中大量引用《圣经》里的话呢？"确实如此，我在肯尼迪的演讲稿中引述了许多《圣经》里的话。我和他以不同的方式对其进行理解，用我们自己的观点来阐释那些文章，使那些对《圣经》和神赐有不同理解的不同听众得到满足。

在肯尼迪任职期间，我在他的指示下不止一次与天主教主教菲利普·汉南在华盛顿大法庭见面。其中一次，我们就资助公立学校和教区学校的一项立法修正案进行了讨论。这件事还没有任何线索，但是总统在这个问题上不想掀起任何风暴。大主教和我都没有向彼此以及总统提出任何建议和说明。1962年4月12日，在给总统的一个机密备忘录中，我写道："由于这个问题很敏感，我们将不再表示出政府在法案修订或策略方面持有的任何立场或发挥的任何作用。"结尾，我还加了一个特别注释——我和主教相处得非常融洽，他的第一封来信讲到一个新教皇在推测牧师是否结婚时说的一句话："我这辈子是不可能了，但是如果是我的孩子呢？"

1962年的春天，应总统的要求，我拜访了威廉·O.道格拉斯大法官，请教他1960年的宗教事件是否又重新白热化起来。可以说，白宫对最高法院的任何一次拜访都是一个敏感话题，我的拜访更增加了这种敏感：第一，由于法官对种族歧视和刑事审判无畏且明智地提出判决，沃伦法院内部引起了争议；第二，在议阶段的公立学校祷告事件涉及宗教问题，非常棘手，偏偏还是在第一位天主教总统的任职期间，事情就更加难办了。但是肯尼迪想得到法院的支持，所以他一如既往地小心处理宗教事件，尽量不去触动那些强烈反对他当选的宗教保守派们。他想我的私访应该更加保密，以至于多年后应罗伯特的要求，我删除了《肯尼迪传》一书中原来有关访问的部分。

1962年6月27日，在总统新闻发布会上，肯尼迪总统被问及如何看待最高法院对公立学校的例行祷告所作出的判决所潜在的不利影响时，他的答案比许多其他政治家更简单。虽然这个回答恰好表达了我的观点，却不是我之前写好的演说词，也不是我给他的建议。他只是简单地说："在这件事上我们有一个非常好的解决办法……我们可以多在家里祷告。”

但无论是对肯尼迪还是对我而言，政教分离都不意味着对引起公共争议的道德问题排除在外，闭口不谈。这个国家的领导人并不都是足智多谋，他们的话也不总是鼓舞人心，他们对世界上的进程也并非信心十足，因此压制了一些有思想、有见解的观点和声音，其中就难免有对教士等神职人员的偏见。即使是在我创作此书的今天，尽管天主教会统领阶层反对流产，并极力想推动司法和立法部门对其作出规定，还反对研究干细胞，但政教分离的主要因素仍然不是天主教会，而是新教保守派和他们的总统。他们的前辈们，在演讲台上和宣传手册里满怀恶意地警告民众，选择肯尼迪意味着美国的前途将面临三大威胁：个人的宗教信仰不再自由，或被排斥或被强加；在公共政策的制定上，公职人员的宗教信仰会被当做参考标准，而非他们对宪法的义务；宗教领导人会向其教会成员下达具有政治性的指令，比如让其成员为教会的公职人员投票。今时今日的宗教和政治的保守派，如果他们在教会和政府中能获得长久安定的职业，就会无情地拆掉教会和国家的围墙，完全不顾这面墙曾经很好地隔离着宗教和政府。讽刺的是，正是他们自己实现了这三个“在劫难逃”的预言，而在多年以前，他们的先辈们却还拼命地谴责和咒骂肯尼迪。

# 漫漫竞选路 第15章

A LIFE AT THE EDGE OF HISTORY

从 1956 年末民主党全国代表大会的召开到 1960 年 11 月竞选成功的那一天，绝大部分的时间我都在为帮助肯尼迪成为合众国的总统而努力着。现在回想起来，他的成功依旧让人感到难以置信。在他竞选的初期，大部分专业人士都认为他成功的机会微乎其微。

在很大程度上，任何一个民主党候选人的前景都是黯淡无光的，但在所有民主党候选人中，肯尼迪的前途似乎尤其糟糕。因为还没有天主教徒当选过总统，也没有如此年轻的候选人赢得过竞选，甚至 1920 年之后都没有任期内的国会议员当上总统。在那一年的民意调查中，不论是参议员还是众议员，不论是州长还是社论撰稿人（大部分是前共和党人），都预言肯尼迪当选总统的可能性和实力最小。甚至连民主党领导人也没有支持肯尼迪。参议院领导人林登·约翰逊、自由主义民主党领导人休伯特·汉弗莱和民主党前总统候选人阿德莱·史蒂文森，可能把票投给了自己。鉴于他的宗教信仰、他的父亲和兄弟以及肯尼迪家族的财富，议院发言人萨姆·雷伯恩、前总统哈里·杜鲁门和民主党保守派领导人理查德·拉塞尔都反对他获得候选人资格。国家委员会主席支持史蒂文森；多数党领导人约翰·麦科马克则是肯尼迪在马萨诸塞州的潜在竞争对手。大部分民主党同盟都反对肯尼迪；农民、工人和生活在城市和少数民族地区的人们支持汉弗莱；南方则是约翰逊的主要根据地；犹太人选民、自由主义者和知识分子支持史蒂文森。参议院中的民主党人普遍地忽视了一个事实，那就是，肯尼迪是一个独立的新人而不是党派竞争的产物。他在政府所持的唯一的政治资本就是一项关于新英格兰地区经济复苏的微不足道的议案，而那里的天主教领导人担心会引起宗教问题也反对他竞选。甚至连他最好的朋友都说他“步伐太快了”。

埃莉诺·罗斯福的反对给肯尼迪造成了很大的困扰，他是政府和民众中最受尊敬也最有影响力的人物之一。罗斯福夫人对肯尼迪的父亲有偏见，她认为老约翰是保守的孤立主义者，另一方面，老约翰在20年前曾反对过富兰克林·罗斯福。她认为他打算为儿子买下白宫以扩大自己的影响力。罗斯福夫人既不认为肯尼迪是一个真正的自由主义者，也不觉得肯尼迪是她所喜欢的类似史蒂文森那样的知识分子；而且她还指出肯尼迪缺席麦卡锡谴责议案表决会，并广泛利用辛迪加财团的报纸专栏对肯尼迪的参选表示强烈反对。

多年来，肯尼迪总是尝试通过不同的渠道来接近罗斯福夫人，她好像一头骄傲而凶猛的母狮，只要她的利爪一挥就能毁掉她支持肯尼迪的可能性，并打破他一直以来的总统梦。尽管不能赢得她的支持，但他至少希望能够化解她强烈的反对。最后，罗斯福夫人在史蒂文森退出竞选之后心不甘情不愿地支持了肯尼迪。肯尼迪当选后邀请她参加他的就职典礼，她还是宁愿选择与其他政要坐在观众席，而不是站到讲台上。

在所有的反对者中，华盛顿那些自命不凡的政治家们不仅嘲笑着肯尼迪竞选无望，还要在资深的竞选顾问们面前说三道四，在党派领导人和竞选资助人面前搬弄是非。但肯尼迪和我都很清楚，总统大选不会只受华盛顿方面的影响，成功来源于多年来肯尼迪访问过的、演讲过的、工作得到过认可的、赢得支持的那些外地州。他的成败也不是由专业人士来决定，而是由全体选民来决定。

他为什么会竞选总统呢？他总是讽刺那些杂志上的预测文章是长而诡异的心理学分析，这些文章竟然暗指他的竞选是由于他哥哥的早逝或者他父亲的野心。事实并非如此，他竞选是因为他对自己有限的力量感到沮丧，作为一百个参议员的其中一员，他渴望实现真正的改变。他认为，总统这个职位能使他为国家做出最多的贡献。

我的私人秘书格洛丽亚·西特林曾回忆道：“我认为特德·索伦森对参议员先生寄予了厚望。他对我说，‘跟着我，我们会有所作为的。’”在1953年我初识肯尼迪时，他确实对总统一职毫无兴趣。大约在他当上参议员一年的时候，他才开始和我讨论竞选总统的可能性，但他比我更悲观更犹豫。后来，他更认真地考虑了此事，并坚信年轻和经验的缺乏是他自身最大的障碍。我预料宗教信仰将是更大的障碍，而他的年轻却反而能成为一种资本，事实也正是如此。我认为人们会对这样一位英姿飒爽的年轻领导人有所寄望。接下来的一年，无论是国内还是国外，他年轻的外表使对手都低估了他的毅力、经验和学识。

直到1959年春末，他说了一番让我惊喜不已的话。那是在印第安纳州的宾馆房间里，当时我们正准备去参加一个政治宴会，他对我说："我决定参加竞选，现在我认为我们能成功。""你说什么？"我问。"我一直认为我们能做到的，这是多年来我们奔波在外的原因，我觉得你早已下定决心了。"

肯尼迪竞选总统的想法应该始于1955年冬天，当时他意识到他有可能会被提名为副总统候选人，在1956年大选中成为总统候选人艾德莱·史蒂文森的竞选搭档。还是参议员的他告诉我他并不想成为副总统。在那个年代，那是一个空乏的职务，即不参与政策的制定也不参与政策的决定。他也不想成为一个拖后腿的竞选搭档，但是他又补充道："这是今年唯一的大事。"在我回忆中，如果忠诚和沉默是这个职位的最基本要求，那么肯尼迪不会是一个优秀的副总统。肯尼迪知道如何做到忠诚，但是他的雄心壮志、朝气蓬勃、精力充沛和真知灼见使他无法保持沉默。

一些评论家认为是我说服了参议员克服自己内心的矛盾，并劝说他父亲不要再强烈地反对他参加副总统竞选；他们猜中了一些。因为我告诉肯尼迪，我相信抛开副总统这个职位本身，这次提名将是他克服宗教阻力迈向总统竞选的第一步。一旦他认真地考虑接受副总统提名，我便组织和协调了所有的相关活动，包括撰写有关宗教信仰的新闻报道，对《贝利备忘录》进行宣传，尽管这样的活动相当少，而他也不愿为此投入精力。

1965年的春天，我写信给我的父亲说道："如果肯尼迪参议员在芝加哥接受提名，那么很有可能我们今年全家唯一的假期计划——九月初为期两周在弗吉尼亚州立公园湖边小屋的野营，将不得不有所变动……我既不期待副总统候选人的提名也不期待计划中的假期，我寄希望于未来。"

那段时间里，他的特定说客为了减少自由主义者反对他的提名而进行游说时，我则飞往科德角对度假中的施莱辛格进行了首次拜访，他是史蒂文森最亲密的助手。交谈结束后，他客气地驱车送我到机场，结果半路上车子没油了，这件事我们一直没忘。那天我们谈得非常愉快，正如此后的五十多年里我们的合作一样愉快，直到2007年90岁高龄的他辞世。

在1956年的代表大会上，马萨诸塞州民主党大会主席威廉·奥尼恩斯·伯克宣称，在1956年的大会上，马萨诸塞州将不支持史蒂文森。肯尼迪认为这个声明挑战了他在州民主党内的领导能力，并威胁他成为史蒂文森竞选搭档的机会。过分在意州委员会每个成员的看法使肯尼迪明显忽视了伯克的重要作用，他争取到我和马萨诸塞州政界所有亲密同盟的支持，一起抵制伯克。尽管我在马萨诸塞州的政治圈里既无地位也无经验，他还是委派我与委员会的自由主义者进行非官方的接触。

正如我希望的那样，1956 年，芝加哥民主党委员会为这位马萨诸塞州的年轻参议员提供了向所有人展示自己的舞台，一年前他在全国还默默无闻。肯尼迪被委派讲解民主党的宣传影片，因为最初被选中的缅因州新秀爱德华·马斯基拒绝了任务。史蒂文森阵营还邀请肯尼迪为赢得总统候选人提名的阿德莱助阵，为此他发表了一次激动人心的演讲。

尽管我从不喜欢喝咖啡，但在休息时我还是会喝咖啡来使自己保持兴奋；由于太忙而没时间吃饭，我发现自己越来越依赖会议厅的免费可乐。

随后，史蒂文森戏剧性的表态震惊了委员会，出于他个人考虑，他把总统竞选搭档的选择权交给民主党代表大会公开表决，也许是因为他迟迟不能在副总统候选人之间选择一个作为他的搭档，也许他认为这是一种赢得两院和人民支持的民主举措。肯尼迪参议员开玩笑地对我说："你来负责我们接下来该做点什么。""不，"我回答道，"如果你输了，我才负责。如果你赢了，你将成为委员会历史上最伟大的政治战略家。"

副总统候选人投票一开始，我就和肯尼迪在委员会后边的斯托克耶茨旅馆里通过电视观看这场角逐。随着汉弗莱、戈尔和其他候选人逐个出局，这场史无前例的竞选瞬间演变成肯尼迪和埃斯蒂斯·基福弗的较量。肯尼迪派我去寻求汉弗莱或者他的竞选经理以及明尼苏达州参议员尤金·麦卡锡的支持。对于如何与汉弗莱接触，我毫无头绪，却在楼梯处碰巧遇到了麦卡锡，于是我便向他转达肯尼迪的意思。他回答说，汉弗莱不会帮助肯尼迪的，"我们的选民都是新教徒和农场主"。之后他又不屑地向媒体透露肯尼迪曾派"一个乳臭未干的小子"来找过他。最后，肯尼迪慷慨地发表了声明表示退让，与此同时基福弗也赢得了副总统候选人的提名。最重要的是，代表大会对于肯尼迪来说是成功的。他在偶然的机会下检验了自己在国内是否有号召力，答案无疑是肯定的。

我们在弗吉尼亚州的家离得很近，当肯尼迪参议员大选过后从欧洲旅游归来时，我交给他一个公文包，里面装满了全国各地持续寄来的演讲邀请函。我从中挑选了一些比较有价值的，按照时间和地点对它们进行了分类，尽力安排接下来几个月大概的演讲日程，同时我也将这些邀请函按照重要性和类别进行了整理，其中包括政治性集会、大学演讲和公民组织。我花了一整晚拟定了一份演讲日程，他只脱口说了 9 个致命的字："你一定得和我一起去。"

不久我们便开始了全国巡回演讲，他开始追寻着专家们认为他不可企及的梦想。此后的 4 年里，我们一起访问了全国 50 个州，很多州去过不止一次，最初就只有我们两个人。1956年的圣诞节，我给肯尼迪的圣诞礼物是一幅白色的美国地图，在上面有我亲手做的彩色和阴影的标记，表示1956年政党代表大会上各州支持他竞选副总统的代表的比例。后来他经常凝视着这个小地图，在他追求总统梦的道路上，它已经成为我们早期战略和演讲安排的向导。在他获得1960年总统候选人的正式提名之前，他的听众们无疑更加活跃。当人们知道他是为拉选票而来，而非仅仅要表达他的政治观点时，人们便对他另眼相看。一旦他正式宣布参加竞选，媒体圈、竞选活动管理者以及竞争对手都对他另眼相看。1958年在他为参议员改选进行大范围的活动之后，很明显他的每一次行动都直指1960年的总统大选，这使他比别人获得更多的演讲邀请。那些比较小的州由于他的注意而欢喜振奋，那些比较大的州由于他在年度基金募捐晚宴上的讲话而感动连连。直到1960年1月才万事俱备，水到渠成，而在此之前他一直对"竞选总统"四个字三缄其口。

不间断的旅行与合作加深了我们的私人感情。在长途飞行中，我们喜欢坐在一起，讲笑话，谈论政治，策划他的未来。我们不仅是雇主和雇员、导师和学生的关系,而且也是朋友关系。我不再称呼他为"参议员先生",而是叫他"杰克"，直到两年之后我才开始称他为"总统先生"。我们逐渐相互了解对方的优势、缺点、希望和梦想。我能及时地读懂他的表情、想法以及情绪。几乎在他提问之前，我就知道他想问什么问题，我能接着他的话说完。我也知道他在参议院议案中的立场和选择，当然，也包括他对每个问题曾经做过的公开发言和私人评论。如果我无法回答总统对某一问题持什么立场，那通常意味着他还没有做好决定。

旅途中，我们似乎不是很配合的一对，因为飞机上我们大多时间都埋头于报纸、备忘录和书籍中，他偶尔喝点酒或在旅店抽根烟，我则烟酒不沾。由于杰姬怀孕了，所以很长时间不能陪他奔波于外地，但是当他出现的时候，他总会成为讲台上最受瞩目的焦点。他邀请他的妹妹尤妮丝加入我们的旅行，但有时要替我们两个背部都有伤的人搬行李，她觉得没受到女士应有的礼遇。我的妻子卡米拉曾与我们同行过一次，戴夫·鲍尔斯也在旅途中帮过忙。大约在1959年末，肯尼迪的妹夫史蒂夫·史密斯在竞选的组织和管理中起到了积极的作用，他也会和我们一起旅行。直到1960年夏天，肯尼迪正式成为党内总统候选人，就不需要再到处旅行了，无论事件大小都只有我和他两个人去处理，没有其他的随从人员。

每到一个地方下飞机之前，我都会向肯尼迪简单汇报来迎接我们的人。除了撰写演讲稿，我还要听取各方意见，我得去拜访当地的政治家们，得乘公车听车上广播的报道，得去和摇摆不定的选民们交谈，还得把肯尼迪的精神传达给他们，然后又也把他们的意见汇报给肯尼迪。在我们回程飞机上，我都会交给他一份发言评估和大家的反响汇报。“你今晚的演讲比昨晚有进步。”以这样的方法告诉他昨晚的发言很拙劣冗繁，他能更容易接受。每次我们向爱尔兰裔的美国市长、党领导人或者议员告别的时候，如果对方冷淡又拘束，肯尼迪就会转过身和我说：“看，这就是典型的爱尔兰人风格。”

有的小城镇并没有飞机场，为了到达这样的地区，私人飞机成为政治活动中不可或缺的交通工具。大多数政治家都会向人们讲述可怕的飞行经历。在我和肯尼迪开始竞选巡回演讲之前，至少有两名在职的参议员丧生于撞机事件。有一次租用旅行飞机时，我叮嘱飞行员，任何时候只要他认为天气不允许，就不要听我老板让他飞的命令，无论他怎么施压。“你听着，”他愤愤地回答道，“在这架飞机上，只有一个人的生命对我来说是最重要的！”于是我就放心了。我们坐着一架小型的单引擎飞机从爱达荷州飞到内华达州，接近里诺的降落带时，飞机向前倾斜，肯尼迪和我面面相觑，心中暗想，“这就是结局吗？”我们并没有指责这个飞行员，因为他是爱达荷州一个县的县长，他事后解释道，由于疲劳，他忘了逆风降落飞机，所以我们是顺风降落的。

一次从马萨诸塞州到缅因州的飞行中，飞行员嘱咐我要拉紧松动的后门，他承认他从没有开过这么特殊的飞机，并让坐在副驾驶位置上的肯尼迪留意窗外右翼的信号，飞行员则同时查看左边。在阿拉斯加州，我们降落在一个海湾（幸亏是水上飞机）；在爱荷华州，我们降落在麦田里。

这种情况一直持续到他父亲送了他一架私人飞机之后才结束。这架飞机以肯尼迪小女儿的名字卡罗林来命名。我有时候会做些旅行安排，包括订旅店，安排早餐。曾经发生过很紧急的情况，我从旅店开车到当地电视台，在一条小道上遇到一个很短的车队，我与他们的碰撞使过往行人很恐慌。我们两个人的足迹遍布全国各地，旅行成为我工作中的重要环节，但我并没有觉得自己贬低了身价。我们偶尔会住一个两室的套间，因为我们都不愿共睡一张床。但有人会热情地把我们安排在带两张单人床的客房，这种情况总是无法避免，肯尼迪为了表示感激只好接受了。我整夜的未眠证明他睡觉很不老实。

他一面在全国范围内逐步地表达自己的观点，展现自己的活力和领导力，我则一面为可能支持他的人制作信息卡片。这不仅仅是人名和地址的清单，我尝试着将各州最有影响力的人物归档，记录他们对于肯尼迪的态度以及他们重视的问题。我还要负责给他们寄个人信件，确保他们在圣诞节的时候收到卡片，甚至提醒肯尼迪给他们中的一些人打电话。这样就逐渐完善了一张“圣诞卡片名单”，上面约有三万名国内的民主党人，根据《纽约时报》的报道，这张名单是“任何一位民主党人士”应有的最全面的政治人物索引。从1959年10月到1960年民主党全国代表大会的召开期间，我和肯尼迪已经会见了一大半的代表。

我们依旧在各州中继续为参选总统努力着。我记住的关键人物有：东北部，缅因州议员弗兰克·科芬和新罕布什尔州的伯尼·布廷市长；西北部，俄勒冈州的安塞尔·佩恩和女议员伊迪思·格林；南部，卡罗来纳州州长弗里茨·霍林斯、乔治亚州的鲍勃·特劳特曼、密西西比州的议员弗兰克·史密斯、阿拉巴马州的埃德·里德。由于格雷厄姆·格林的畅销小说《哈瓦那特派员》，主角是一位叫做鲍勃·麦克多诺的商人，我们为弗吉尼亚州西部第一批主要的支持者取绰号“哈瓦那”。早期的支持者有：达库塔南部的乔治·麦戈文、亚利桑那州的议员斯图尔特·尤德尔、怀俄明州的特诺·龙卡利奥，他们所有人我都记得。那些为竞选活动提供过帮助的人们，他们是密歇根州的米莉·贾弗里、新墨西哥州的杰克·贝蒂、达库塔北部的约翰·洛德、得克萨斯州的伍迪·比恩、路易斯安那州的埃德蒙·雷吉——几十年后成为特德·肯尼迪的岳父。我的家乡内布拉斯加州的吉姆·格林、肯尼迪的鱼雷艇战友肯塔基州塞西尔·桑德斯、我妹妹的明尼苏达州朋友约翰·比斯特龙、阿肯色州的乔·史密斯和威斯康星州州长帕特·卢西。还有更多的人物不过是在这次全国竞选活动的开始阶段出现的。这些不知疲惫的人们大都不为名利，默默无闻，而当这一切结束时，大部分人也没索要报酬，但是他们的帮忙改变了美国。事实上，50年后，我仍能记住他们的名字，这表明他们对我们所取得的成功至关重要。

早先的旅行是为1960年总统选举准备的，结交盟友，增进交情，同时为年轻的、毫无经验的天主教参议员寻求成为总统候选人的机会。我们发现，美国竟没有一个真正的国家政党，现有的不过是48个州（后来增至50个）政党的联盟。肯尼迪开始从各州着手，先赢得小州的基层支持，然后再向大城市和大州靠拢，直到万事俱备再将这些州一举拿下。一位研究历史的朋友将我们的策略比喻成毛泽东的“农村包围城市”，或是像某位英国首相的“占有‘有名无实选区’政策”，即先赢得那些人口较少却在国会中长期拥有表决权的地区的支持。我们的许多尝试都是在西部和中西部偏远地区进行的，这些地方可以为他获得总统候选人资格打下坚实的基础，这样才不会惊动国家政党和新闻界大亨，否则他们肯定会出台“阻止肯尼迪”的运动。

肯尼迪的名气越来越大，但这是需要时间的。旅行中我总能听见他被冠以各种各样的称谓，如约翰·B. 肯尼迪参议员、约瑟夫·肯尼迪参议员、瓦格纳参议员、约翰·菲茨杰拉德参议员，有人甚至说他是威斯康星州的新晋参议员。每到一处，当地的居民都在我们的背包和行李箱里塞满了特产，比如两大箱路易斯安那州的山药，两盒亚利桑那州的印度瓷器，还有一顶大得足以用来当帐篷的宽边帽。有时我们的日程安排还不够专业，以致有一次我们在达拉斯参加了一个早餐会议，然后转到费城参加晚餐会议，之后又到华盛顿特区坐飞机去弗吉尼亚州的里士满，中途在新奥尔良转机。我们开玩笑说，经过佛蒙特州、新罕布什尔州、康涅狄格州和内华达州的长途跋涉，我们才到了新英格兰。

在纽约，接待者邀请我到理发店去理发和剃须，这样的顶级待遇对我来说还是第一次。我们曾经在图森待了一个礼拜，当地苦恼的民主党领导人发现自己夹在两股压力之中，因为镇上的两个大型天主教堂都想要肯尼迪参加他们的"礼拜弥撒"。肯尼迪把自己比喻成传说中的高级妓女，住进了英国皇室的宫殿，却发现自己遭到市民的唾弃，以为"她"是国王的可恶的私生女，于是"她"便大声疾呼："停下来，你们这些笨蛋，我不是什么天主教公主，我是基督教妓女。"

某州最有影响力的民主党人士是一位比我和肯尼迪都年长的女士。肯尼迪认为她看我时充满柔情。于是，他便想如果我能与这位女士有一段"浪漫史"，就能与这位女代表结下亲密的关系——我愿意为他的成功付出一切，但不包括这一点。

竞选者必须做到"万事俱备"。肯尼迪描述1956年他在波士顿旅行时一次新闻发布晚宴的情况："鸡肉饼、克里奥尔鸡肉、鸡肉秋葵汤、国王鸡肉和鸡肉沙锅。"曾在内布拉斯加州避难的我已经学会了尝试各种生鲜食物，比如在埃德·马斯基的"指导下"吃缅因州的龙虾。但参加夏威夷的宴会时，我确实吃不下海洋生物的眼睛。在密西西比州为年轻的民主党人士演讲后，我、肯尼迪与州长科尔曼共进早餐，爱搞恶作剧的朋友鲍勃·特劳特曼打电话来，建议我们不要在燕麦中加糖，否则有可能失去南部。

在早期的旅行中，我偶尔会主动给肯尼迪提一些策略上的个人建议。比如在参加完内布拉斯加州林肯市一次盛大的公众聚会后，我在车上推了推肯尼迪，并转告他当地一位记者的话，"总统候选人是不应该嚼口香糖的。"如果肯尼迪筋疲力尽了，我便会代替他发表我为他准备好的演讲，甚至讲他要讲的笑话，不过这样的情况极少。有一次，一位《华尔街日报》的记者发现我正看着白纸"读"肯尼迪的讲稿。

1957年，我给父亲写信，兴奋地讲述我和肯尼迪去加州，并到肯尼迪的妹妹帕特家做客的事情，他妹夫彼得·劳福德是一名演员。我们参加了电影明星加里·库珀的聚会，在那里我见到了很多光鲜亮丽的电影明星们。其中一位是范·约翰逊，我和他聊了很久，聊得很愉快，但我却没有认出他来，告别的时候，我甚至还问他叫什么名字。我在回去的车上谈及此事，他们告诉我说："演员最讨厌别人这样了。"我还写道，在一次好莱坞聚会上，我把我第二件礼服穿坏了，第一件是去年秋天在波士顿一次高雅的发布会上穿坏的。我并没有告诉我父亲，正是在加州，我在晚饭前被肯尼迪劝导尝试了台利克鸡尾酒，那是我28年来第一次"痛苦"的尝试。华盛顿的记者们之间流传着这样一个说法，无论政治家还是记者，去我的办公室谈话，或是去我家参加家庭招待会，都会失望地发现我没有拿酒来招待他们。

在那四年中，国家的地理风光、民情风俗以及政治和社会问题让我难以忘怀。我和肯尼迪都对美国有了更深刻、更为广泛的了解：俄亥俄州的大城市，匹兹堡和费城之间历史悠久、紧密相联的政治和宗教制度，得克萨斯州的广袤，南方口音的多样性，查理斯顿口音，路易斯安那的阿卡迪亚口音，加利福尼亚南、北部的政敌占地。我们早期的旅程结束后，我和肯尼迪把那些极为风趣的冒险经历写在一个未发表的集子里，里面还有杰姬绘声绘色的描述。

后来旅行的次数增加了，我和参议员都不得不尽最大努力去完成他在参议院的职责。由于他在1958年成功连任参议员，我必须在马萨诸塞州连续工作几个月。那时，联邦法律和国会规章禁止工作人员未经正式请假就擅离岗位去参加任何党派的政治活动。对于这一点，我只希望这一限制性的法规能保护到我，尽管当时我依旧坚持认为，继续为肯尼迪的全国活动提供政策性的建议并协助他撰写演讲稿才是我的本分。

肯尼迪参议员偶尔也会筹集选举资金，当时的规定是，筹集的资金不到一定数目是不会曝光的，于是他总是控制在那个数目之下。对于那些他认为可能支持他的、友善的候选人们，他会派我做联络员。他不知道我是否会遵循马萨诸塞州的惯例，即联络员会在筹集到的资金里留下一小部分提成——我从来没这样做过。我在一个晚上出了失误，那天我心不在焉地把一卷小面值的钞票忘在了电话亭里。事后他对我的失误很不高兴，但并没有怀疑我私吞了那笔钱。

他分配给我的一项任务是，争取潜在的支持者或竞争者的各州民主党领导人的支持，了解他们的意愿，如有需要还要对他们循循善诱，这些人包括：新泽西州州长迈纳、康涅狄格州的前州长鲍尔斯、艾奥瓦州州长洛夫莱斯、堪萨斯的多金以及俄克拉何马州的埃德蒙森。1959年5月，我还被派去参加丹佛的"西部民主党会议"，去说服全国民主党委员会的成员支持肯尼迪。我代表肯尼迪会见了一位共和党州长——俄勒冈州的自由主义者马克·哈特菲尔德，请求他对待定的俄勒冈州《总统初选法》做些修改。1960年我生日那天，肯尼迪派我去会见密歇根州州长威廉姆斯，并劝说密歇根代表支持肯尼迪竞选总统。

正当我们为他的1960年的总统竞选奠定基础而进行旅行时，肯尼迪授权让我自己开展竞选旅行，去与当地的民主党领导人和记者们讲述他对于一些地区的重要问题的立场，这些地区包括密歇根州、内华达州、爱达荷州和华盛顿。我基本上都是语重心长地建议民主党领导人们趁这辆车还有空位的时候赶紧加入进来。随之而来的是一系列的提问和回答，通常我会事先想一些可能遇到的棘手问题，比如说宗教问题、乔·麦卡锡和埃莉诺·罗斯福的问题，我要对这些问题的答案确定无疑。会后，总有人私下问我这样的问题："你能从中得到什么呢？换我的话，我会成为一个优秀的国家律师或竞选组织者。"我只是简单地回答道，如果肯尼迪当选，他会需要来自全国各地的、可以信赖的人去担任要职。一位参议员的妻子暗示他的丈夫会成为一名杰出的副总统。我便向她保证，我很看好她丈夫。

1959年春天，我们非正式化的旅行开始逐渐正式化。4月1日，肯尼迪在他父亲的棕榈海滩别墅召开了一次"峰会"。参加此次聚会的有他的父亲、他的弟弟罗伯特、他的妹夫史蒂文·史密斯、我们的新民意调查人卢·哈里斯、鲍勃·华莱士（上个月新吸收的成员），还有拉里·奥布赖恩和肯尼·奥唐奈（他们两人都曾是肯尼迪家族的政治顾问）。大家坐在沙滩上，面对大海，我和肯尼迪把我们曾经去过的地方、联络过的人物以及他对前景的展望都逐一作了总结。我也准备了两个可能的共和党总统候选人——理查德·尼克松和纳尔逊·洛克菲勒，我分析了他们各自的优势和弱势，提出了一些影响民主党总统候选人的因素：几匹来自南部和西部的"黑马"；1932年富兰克林·罗斯福和1948年杜鲁门使用过的备忘录方法；任命罗伯特·肯尼迪为竞选经理，这样能让肯尼迪集中精力做演讲，发表有深度的报告和执行更重要的竞选任务。谈到筹备资金的问题时，肯尼迪以家长式的口吻说道："我们已经走了这么远，无论如何也不能让资金问题成为我们的障碍，即使花光我身上的最后一分钱也不可惜。"罗伯特·肯尼迪抗议道："家里还有其他人呢！"

1959年10月28日，在海厄尼斯港我们又举行了一次性质类似的聚会，规模更大一些。我们的竞选双人组已经变成了一支高度组织化的团队，或者说是军队。在会议上，我准备了一个备忘录，列举了肯尼迪在每个州的第一次以及后续选举会议中所占的优势和潜在优势，还有一个比较简单的"资料手册"

供竞选的组织者和肯尼迪的拥护者使用，上面记录着肯尼迪对民权、公民自由、劳动力和农业的看法，关于他的年龄和宗教信仰的讨论资料，以及全国范围内的潜在支持者想要知道的政策和其他一切信息。我发现，大部分的竞选战略会议收效甚微，与会者只不过是交流了一些政治流言和笑话，对他人的吹嘘或诋毁。但 1959 年 10 月的这次会议却围绕肯尼迪的竞选计划作出了一系列的关键决策。

1960 年 1 月 2 日，肯尼迪正式宣布成为民主党总统候选人，我和他都发觉我缺少精力、技巧和时间来延续在那段探索岁月中曾竭尽全力去做的事。“该死，特德，”肯尼迪说，“当那些大事一件件压过来的时候，我多希望你就在我身边。”在他的要求下，我准备了一个备忘录，把我的工作分成 5 个独立板块，提出我要亲自承担的工作——发言、提建议和列要点，还有必须分给他人的工作。那时，罗伯特·肯尼迪已经是竞选经理，史蒂夫·史密斯作为竞选总部的协调者和资金联络员。罗伯特和史蒂夫主要负责政治性的策划和执行，也就是继续我在前三年的全国旅行中所做的工作。我主要负责起草肯尼迪的演讲和主要发言。一开始，我很不愿意放弃我原来的工作，但听了一位研究历史的朋友劝告后，感觉好多了。他跟我说，1932 年，路易斯·豪放弃了富兰克林·罗斯福竞选团队中的政治管理工作，作为罗斯福的演讲稿撰写人和知己，他感到心满意足。

在 1956 年的民主党全国代表大会之后的 4 年里，有很多人进出于这个非正式的、临时性的竞选团队中，得到或者失去肯尼迪的信任和关爱，但 1960 年的肯尼迪竞选团队并没有太大的动摇或党派相争。团队的核心成员经过变动和考验之后始终保持着亲密的关系：我一直都是其中一员；后来聘用了一个年轻的写作助理迪克·古德温；麦克·费尔德曼是我在 1957 年雇用的会晤助理，仍旧在华盛顿协调研究工作；皮埃尔·塞林杰仍负责与媒体打交道；肯尼·奥唐奈管理后勤和预算；拉里·奥布赖恩监督着政治性的联络、策略和组织；罗伯特·肯尼迪负责整个竞选活动。

我们这群人年轻得令人难以相信。以 1960 年为准，肯尼迪参议员 42 岁；他弟弟，这位竞选经理还不到 33 岁；我是 32 岁——对于肯尼迪要求我胜任的很多角色来说，我过于年轻，缺乏经验；迪克·古德温 29 岁；肯尼·奥唐奈 36 岁；塞林杰 35 岁。难怪一位对手的竞选经理讽刺我们为“童子军”。我们的年龄也引起了布朗克斯区的民主党领导人、果断老练的查理·巴克利的质疑，他提醒肯尼迪的父亲：“杰克为什么不聘用一些经验丰富的竞选顾问，反而用一些和索伦森一样年轻的人呢？”“天哪，”约瑟夫回答道，“他们有的不过是失败的经验！”我们这群年轻人虽然没有什么竞选经验，但我们是一群信徒，完全忠于我们的候选人。

在 1960 年民主党代表大会的前几个月，我在罗伯特·肯尼迪的指示下，走访那些总统候选人不能再次亲自到达的地区。明尼苏达州是其中之一，在那里，我参加了该州民主党农民—劳工大会，希望在明尼苏达州的休伯特·汉弗莱退出之后为肯尼迪结交一些朋友和代表。明尼苏达州州长弗里曼叫我会后去他家做客。我坐在他家台阶上被冻得浑身颤抖，一直等到他和优雅的夫人回来。她为我准备了热巧克力，我和弗里曼谈到深夜，他可能会成为肯尼迪的竞选搭档，竞选副总统，这无疑使他热情健谈。他本完全可以胜任，结果却成为农业部的一位秘书，这是白宫充分考虑之后作出的决定，但他们都忽略了事实本身。

几天后我抵达洛杉矶，帮助鲍勃·特劳特曼为 7 月份的民主党代表大会的开幕式做准备，这时肯尼迪召我回到他科德角的住所去处理一个突发的“袭击”。前总统杜鲁门，这位仍有声望的国家政党人物，突然在电视上公开抨击肯尼迪，断言肯尼迪由于太年轻“还没有准备好”管理整个国家，而国家也没准备好接受他。杜鲁门的反对正是由于他鄙视和厌恶肯尼迪的父亲、宗教信仰和资金来源。这似乎是一次沉重的打击，但是，这也为肯尼迪提供了一次隆重的出场。他要求电视媒体给予他同样的机会针对年龄问题发表演说，这是代表大会召开前一次绝好的机会，他谈到了他的经验和在国会中取得的成就，并从我的备忘录中引用了那些与肯尼迪年龄相仿并取得杰出成就的历史人物，比如托马斯·杰斐逊、克里斯托弗·哥伦布和亚历山大大帝（肯尼迪明智地把基督耶稣从我的备忘录中删去了）。当我到达肯尼迪科德角的海边别墅时，他正在招待二战时期的鱼雷艇战友比尔·巴特（后来成为弗吉尼亚州州长），以及比尔的夫人。竞选团队其他的成员都不在场，他们中有的在华盛顿，有的在洛杉矶。这种情况下，巴特夫人也应邀提供帮助。她坐在门廊上，看着我和肯尼迪潦草难辨的手写笔记，将其打成稿件，以便肯尼迪在电视演说中使用。

肯尼迪在电视上发表了反击杜鲁门的言论，当时我离他只有几步之遥。这时一位电视台的职员接到消息，说杰姬怀孕了。当肯尼迪结束演讲走到幕后时，我站在那儿欢迎他。“祝贺你！”我对他夫人的怀孕表示祝贺。“这多亏你的功劳啊，特德。”他答道，他以为我指的是他在电视上的表现。当我解释完这个误会之后，我们都捧腹大笑。演说过后，我们又飞回加州。试想一下，我们的祖辈们从丹麦下船后还需要几个月的时间才能走完内布拉斯加州的一半，1960

年，在5天内我就往返了3次。

肯尼迪在洛杉矶委员会总部举行了一次志愿者招待会，一位好奇的（似乎不知情的）志愿者问了我一个问题：我是何时加入1960年的竞选团队的。“1953年。”我答道。一般情况下，这种招待会不是真的进行招待，而是安排工作。

我的主要职责除了起草演讲稿之外，还负责与波多黎各保持联系。我们希望该地区的元老级人物路易斯·穆尼奥斯·马林能在秋天到纽约为肯尼迪的竞选提供支持和帮助。在两位支持约翰逊的“权威人士”——为联邦提供法律服务的民主党人阿贝·福塔斯和保罗·波特的说服下，马林领导的代表团支持了更有权势的民主党候选人林登·约翰逊，他们也早就预言了约翰逊能获得候选人提名。但我和肯尼迪早已在多年前广泛地打下了群众基础，与平民主义者乔斯·贝尼特斯结盟，他是“波多黎各州”的民主党委员会主席。约翰逊的代表团在为争取资格审查委员会的正式批准而到处奔走着，而肯尼迪的代表团已经控制了全局。我找到了一个万全的方法，使双方代表团的成员都能出席资格审查会，那肯定能通过审查的代表中就有一半是支持肯尼迪的——这是一个完美的方法。

1960年，联络和策划一直持续着，一直到最后一票投出。结果，由于没有得到波多黎各的投票，我们打了很艰难的一战。唱名表决按各州名的首字母顺序开始，最后被点到名的怀俄明州在第一轮投票中给了肯尼迪非常重要的多数票。在此之前，两次获得党内总统候选人提名的阿德莱·史蒂文森惊讶地发现他没获得任何代表团的投票，甚至连当初强烈支持他的伊利诺伊州都没投他的票。后来他的助理告诉我，当时史蒂文森对他说：“我要怎么告诉罗斯福呢？”这是美国历史上实力差距最小的总统候选人提名竞争了，因为当时的预选活动太少，所以各方都无法提前形成多数的选票。今天，每个州的提名初选活动与审查团核心成员的会议都是在民主监督下进行的，但是，与会的人员却在会议中肆意地打闹和开玩笑。我不能确定在现代的初选机制下能否产生最好的候选人。1960年，“老板们”帮忙选出了候选人，他们选得不错。

1983年，我以55岁的年龄参加了纽约市马拉松赛，跨越纽约市五大区，全长26.2公里，跑了将近四个小时。这是我生命中唯一一次可以媲美参加总统大选的活动，二者均无捷径可走，没有休息时间，只有一步一步地朝目的地前行。尽管终点设在遥不可及的地方，但我一方面被群众的欢呼声所激励着，另一方面我也期待比赛结束后一个月的休假。总统大选也是一场马拉松，一天二十四小时，一周七天，日复一日，年复一年。

一连几天的忙碌之后，疲惫不堪的候选提名人和其他工作人员都去休息了，但我还得继续为次日和下周的讲演做准备，通常古德温加入到我的工作中，我还经常在半夜叫一两个秘书起来做笔录。睡眠不足是家常便饭，偶尔我会趁演讲正在进行的时候，在车队里找一个空车，蜷在后座上小睡一会儿。记得有一天早晨我困得几乎睁不开眼睛，我以为已经打包好的行李都送到竞选专机上了，后来却像疯了一样地叫工作人员去车上取回我的行李。还有一次，我的箱子早就上竞选专机了，我才突然想起来要去开一个非常重要的战略会议，但我却没系领带。肯尼迪的朋友兼私人助理戴夫·鲍尔斯从参议员的一堆行李中拿出一条领带给我，并向我保证参议员从来没系过。可当我 30 分钟后走进会议室的时候，肯尼迪的第一句话就是："你系的是我的领带吗？"

我经历了前所未有的体力考验。精神上的愉悦并不总能补偿体力上的疲惫。太多的夜间工作，太多的深夜航班，太多的早间会议，意味着我很难有时间与他人轻松地交流和交往。竞选过后，有个评论家说我"总是忙于整理一些意见和笔记，却从没想过和当地的领导人去最近的酒吧放松一下"。他说得很对。

1956 年至 1961 年期间，我的家庭生活、朋友交往还有健康状况都很糟糕。我在华盛顿工作的时候，养成了一个习惯：每天晚上一到家，便让三个孩子上床睡觉，陪在他们身边，给他们讲故事，偶尔还会编故事，就像我小时候在内布拉斯加州给一些露营者讲故事一样。通常还没等他们入睡我自己便先睡着了。有时讲着讲着，就无意识地重复着某一部分，直到他们把我摇醒。我尽可能地保证和孩子共度周末，一起在后院打棒球，偶尔去野营，玩"华盛顿议员"或"华盛顿红皮人队"等游戏。对我来说，参加社交活动的机会非常有限，但只要一有时间，我就会和卡米拉去参加邻居举办的派对。

在近几年的"战争迷雾"中，总会出现一些不可避免的混乱、迷茫和误会。总统竞选也一样。有一件事我至今仍记忆犹新。我父亲在 1959 年底去世，我回到内布拉斯加州去参加葬礼。当时我们一家人都处在哀痛之中，一名国家党派委员愤怒地打来电话，因为我没在华盛顿回答在他那一州如何调配竞选活动资源的问题。我心平气和地向他作解释，他却突然挂断了电话，但还是在次日派人送来了花。

幸运的是，在代表大会后的几次竞选活动中，我们没有像尼克松一样犯错，在每个州都进行宣誓演讲。令人惊喜的是，在竞选活动白热化的关键时刻，尼克松因脚伤而停留在只有几张选票的阿拉斯加州，而我们则集中火力在重要的大州中造势。即使是优势稍微凸显的情况下，奔波于竞选的日子还是很累人的。一个终于可以休息的周末，我被安排到科德角的一间汽车旅馆内，所以可以整天睡觉，迷迷糊糊地被肯尼迪的父亲和民主党律师克拉克·克利福德叫去肯尼迪的家里听从他们的各种指挥和训话。他们都没有加入竞选活动，对候选人所掌握的选民也只了解了十分之一。我坐在那儿，尽量使自己保持清醒，聆听着各种建议和陈词滥调。我暗暗发誓，如果我像他们那样老得过气了，被边缘化了，我绝不会倚老卖老，给站在第一线、比我更了解竞选实情的人提任何建议。我一直努力遵守这个誓言，虽然也有耐不住寂寞的时候，但总体上是做到了。

与撰稿人和其他工作人员相比，总统竞选活动对于候选人来说要累得多。候选人本身不可能记住所有与他握过手的人的名字，也不可能记住他在何时何地做过演讲以及以前就某个观点他所持有的立场，更别说记住那些他反对的立场了。但他说过的话一旦前后不一，媒体就会抓住不放；如果他说的话含糊不清，对手就会说他是一个懦夫。自始至终，他都必须表现出真诚和自信，笑看风雨和伤害；保护好双手以免被抓伤，保护好衣服防止被撕破；不能坐在敞篷车里受冻，不能在不透气的宴会大厅里流汗；笑对咒骂过他的人，耐心地听取别人重复了好多遍的建议；他也要不断重复自己的立场和观点，直到他厌倦自己所说的话；克制自己，把握好幽默的尺度，并对他所遭遇的严酷考验以及每个遇到的人都表现出最大的热情。有时候，记者们堵在门外一整天，肯尼迪的房间里充斥着汗味和烟味。肯尼迪的手被擦伤、抓伤，布满了伤疤。你所遇到的每个人都想从你身上得到些什么，你的时间、捐赠、对某个地方项目或措施的推进，这还不算，躺上床睡觉之前你还得再去三个州应付那些想从你身上得到些什么的人，直到你入睡。这种锻炼最适合那些狂热的极有能量的运动员了。

在代表大会后的竞选活动中，肯尼迪一直在提自己的主要思想，这可没什么麻烦的，因为每次讲演的主要思想基本上都是一句话："我不满足于现状，我们可以做得更好。"这句主要思想实际上适合于任何问题。准历史学家们错误地写出肯尼迪挫败了右翼阵营的尼克松的论调，其实他们忽视了一个事实：肯尼迪始终坚持民主党自由主义的立场，承诺提高劳工的最低收入、加强公共安全管理、扩大贫困人口的住房面积、提高教师工资、建立健全医疗设施、增加政府对教育事业的资助、增加大城市的交通建设拨款，这些都是共和党反对和抨击的内容。肯尼迪并没有攻击尼克松的右派作风，他在任何行动上都实践着自己的主要思想"我们会做得更好"，包括对于当时美国面临的首要问题——冷战期间的国力较量，他也将他的思想实践到底，正是解决这个问题的希望给予他竞选总统的动力。

肯尼迪相信最首要的也是最重要的一点就是每个选民都是真正的美国人，

具有以国家利益为重、为国家服务的精神，他们并不是那些具有宗教偏见的、自私自利的、有地区狭隘主义的人。在大会之后，除了保持最初的竞选主题，肯尼迪的演讲还提升了一个层次，“一个伟大的时代就要到来了”，是在我之前建议的“呼唤伟大的时代”的口号（史蒂夫·史密斯和麦克·费尔德曼在一次会议上提出的口号）进行修改的。在整个竞选过程中，我们也使一些新的想法得到了检验：派和平队志愿者去帮助那些经济不发达国家；成立进步联盟以帮助拉丁美洲建立自由强大的经济、政治体系；建立裁军与军备控制机构；提高国内过剩食品的利用率，为世界和平和经济发展努力；尽最大努力帮助世界上最贫困的国家。总之，一切都是为了增强“自由世界”的力量。这都不是空谈，肯尼迪上任后的一年内确实实施了一些有效的政治手段，形成了和平队以及“粮食促进和平”计划，先后通过法令，管制国务院下属的新建立的国际开发署、进步联盟、裁军与军备控制机构。

肯尼迪对和平与安全问题表示出的忧心的确有他的道理：由美国新闻总署进行的一系列国际公众民意调查显示，自艾森豪威尔上任以来美国的国际声望持续下降，这个结果被《纽约时报》报道了。有人怀疑消息是我的哥哥汤姆泄露的，因为他是美国新闻总署的雇员，但是在竞选期间，他已经被上级派到遥远的外国去了。另一些人坚称肯尼迪无视那些文件的机密程度，将其透露给《纽约时报》。事实上，肯尼迪参议员根本不知道那个消息是怎么登上《纽约时报》的。但是，我知道。美国新闻总署将民意的结果都交给参议院外交委员会主席威廉·富布赖特，他又转交给麦克·费尔德曼。而后者根本没有责任和义务保守这个秘密，于是消息就传到《纽约时报》那里了。

令肯尼迪对和平前景忧心忡忡的另一个原因，就是由联邦直接任命的高级委员会（包括 1957 年的盖瑟委员会和 1958 年的洛克菲勒委员会）通过重点分析前苏联的意图，得出一个可怕的结论：前苏联已经或者在不久的将来将超越美国在洲际核导弹方面的领先地位。专栏作家乔·艾尔索普和一些专家称其为“导弹差距”。这恰恰切合肯尼迪竞选的基本思想，他说这是一个使美国的发展速度滞后的警惕性的例子，肯尼迪的竞选优势就是要改变这一状况。整个 1960 年肯尼迪都在处理这个问题，参议员斯图尔特·赛明顿、林登·约翰逊、许多评论员和国会的研究人员也都参与其中。有人说肯尼迪会对他没有实际把握的事视而不见、冷嘲热讽，而恰恰相反的是，我们根本就不认为也没有立场认为委员会的那些专家们描绘的“导弹差距”是错误的。

1960 年 8 月，也就是在大选的前三个月，美国成功发射了一颗侦察卫星，结果显示，前苏联生产的导弹没有委员会所预计的那么多，更别提部署的导弹了。遗憾的是，在任总统艾森豪威尔给肯尼迪这位民主党总统候选人提供国家安全简报时，卫星发回的结果还没有派上用场，而艾森豪威尔也没有什么有力的证据可以向肯尼迪证明，“导弹差距”不存在。在秋季的竞选活动中，肯尼迪再次提到“差距”问题，尽管很多其他的问题在总统竞选中更加重要，特别是经济衰退，报道称艾森豪威尔暴跳如雷。

有一天，肯尼迪在办公室看了新探测到的卫星图片，上面显示前苏联的导弹库的实际规模远远小于先前报道所说的，对美国来说，只要存在“导弹差距”就非常有利。肯尼迪觉得这种情况不该隐瞒，于是选择了一个最合适的方式，让国防部副秘书长在一次讲话中低调地说明此事。但他从未觉得自己没有立场或者理由以“我们可以做得更好”作为竞选口号。

委员会组织了美国总统大选历史上的首次电视辩论。肯尼迪意识到电视辩论可能造成的影响，于是做了充分的准备。那天早上，他在芝加哥的宾馆里认真听着我和麦克·费尔德曼的建议，根据麦克对两名候选人和两党的不同立场以及利益冲突所制作的分析卡片，我们列举了肯尼迪能向对手提出的反驳点和问题。肯尼迪对自己确知的事实对答如流，对不明白的问题做了更多的了解。没有排练，没有辩论教练，也没有讨论如果受到攻击或吹捧时的应对策略。

他在午餐后稍作休息，我则奉命到时间了就把他叫醒。我悄悄地走进他的卧室，发现他既不着急也不泄气，在研究卡片资料的时候睡着了。洗漱完毕穿戴整齐之后，他亲自开车带我们到演播室，对一名顾问就怎样在电视上讲话所提的过时建议置之不理。据报道，9月16日这一天有七千万名观众同时收看两位候选人第一场的辩论会，创造了在美国历史上观看总统竞选活动观众最多的一个纪录。辩论结束之后，肯尼迪从芝加哥电视台的演播室走出来，发现墙上有一台投币电话。这个身边很少带现金的百万富翁向我要了几枚硬币，给他父亲打了电话，第一句话就说：“爸爸，我表现得怎么样？”我退后几步，电话那端说了很长的一段话。最后，肯尼迪说：“谢谢你，爸爸，我已经去过俄亥俄州了。”然后就把电话挂了，转过身对我说：“我真是不明白！如果我滑倒在地板上还没爬起来，我爸爸会说，‘你自己爬起来就太棒了！’”

肯尼迪并没有一败涂地。所有专家都推测尼克松副总统会战胜这个来自马萨诸塞州的年轻参议员，因为前者是老练的专业政治家，曾经在1959年的莫斯科与赫鲁晓夫进行辩论。但肯尼迪看上去更镇定、更自信、更神采奕奕、更游刃有余。尼克松努力表现出高雅政治家的风度，对肯尼迪的观点一直表示赞同。但他的语气却没有力度，不是政治家应该有的语气。肯尼迪比他准备得更充分，在电视上表现得更自然，辩论中更有力，始终将国内社会、经济上的衰退与美国在美苏冷战中所处的弱势联系起来。我并不赞同尼克松的支持者们认为尼克松在广播里赢得了双方的首轮辩论，因为相较于电视影像，广播并不能对结果形成影响。（依我看，如果肯尼迪的形象与尼克松一样，辩论和选举结果会是一样的。）“肯尼迪狠狠地打击了他。”这是载我回旅馆的芝加哥出租车司机说的。

尼克松阵营声称，在首轮辩论中，当两位候选人单独讲话时，摄像机给肯尼迪的镜头要比尼克松的多，他们要求对接下来的辩论中修改规则，并坚持要求每位候选人都应该有相同的出镜时间。在第二场和第三场辩论中，尼克松的助理犯了个错误，再一次强调给尼克松更多的镜头特写，那么依据他们之前提出的要求，肯尼迪也获得了更多的镜头。好一个规则啊！

肯尼迪处理起问题来更有条理，更有自信。这场辩论并没有使肯尼迪获得多少共和党人选票，但他赢得了多数民主党人士的投票，并向国人证明了这个年轻的参议员拥有充分的才干和必要的经验与尼克松甚至赫鲁晓夫进行巅峰对决。这场辩论意义重大。正是在那一刻，民主党的所有派系都站在他身后全力支持他，之前反对他的民主党人士也在那天早上加入了我们的俄亥俄车队。肯尼迪的支持者阵营形成空前的热烈的气氛，其中不乏欢呼雀跃的人们，他们大多数是年轻的女性，当车队经过的时候，她们兴奋地跳起来为他加油。

我并不是很认同理查德·尼克松的政治策略和政治立场，但我并不厌恶他。在尼克松刚被任命为副总统而肯尼迪刚进入参议院的第一年的一个鸡尾酒会上，我与他有过一次很友好的交谈。他经常走出他的办公室，穿过大厅到 362 房间露个脸，打声招呼。

媒体向来认为尼克松缺乏幽默感。那些他没说过的笑话，就不应硬归到他头上；而那些他讲过的，理应记在他的名下。1961 年加州举行了年度青年会晚宴，为“十大杰出青年”颁奖，尼克松是晚会的发言人。我们和他在宴会大厅外面正聊着，这时一名年老的、沧桑的服务员端着满满一托盘的碟子蹒跚而来，很亲切地同尼克松问好，又慢慢地走开了，看上去和尼克松很熟。我们注视着他们，这时尼克松转过身来，面无表情地对我们说：“那个人是去年十大杰出青年之一。”

这是一个相当不错的笑话，由此想到的另一则笑话虽然不是他原创的，但也很好笑。就在讲完那个笑话之后一周的华盛顿非正式午宴上，前副总统尼克松对我说：“特德，肯尼迪在他的就职讲演中说了一件我曾经说过的事。”我问：“您是说关于‘不要问你的国家能为你做什么……’那部分吗？”“不，”他说，

“我说的是关于‘在此我庄严地宣誓，我将坚持……’这部分。”尽管这顿午宴没有媒体在场，但这则完全由我打造出来的笑话竟作为一个真实的故事出现在下一期的《时代周刊》上。为了说明尼克松很有幽默感，这个笑话出现了好多次，还出现在最近出版的《总统幽默集》中，其作者正是前总统候选人鲍勃·多尔，他是一个有真才实学的搞笑能人。

1972 年，尼克松笨拙的部下被控告在水门大楼窃听民主党总部的竞选情报，他激动地强调每人都做过这样的事，肯尼迪在 1960 年竞选时也做过。结果，我被迫在 1973 年 8 月向参议院选举委员会提交一份关于不正当的总统竞选活动的书面陈述。我证明了 1960 年我从未听说过任何关于窃听或电子监控共和党人士、尼克松的竞选班子或者他个人的行动的事情，我也从未读过或者收过任何只能通过监控手段才能得到的机密情报，我也从未见过有关对手为电视辩论所做的准备的任何情报。十多年以后，前尼克松政府国务卿，直接地说也就是肯尼迪政府的国家安全顾问——亨利·基辛格告诉我，尼克松之所以在民主党的总部水门大楼安装窃听器，是因为他毫无根据地怀疑肯尼迪在 1960 年竞选中在他的竞选专机和总部里安装了窃听器。

难道是肯尼迪团队一直忙于竞选活动，特别是 1960 年，才忽视了肯尼迪真实的健康状况吗？有些评论家称其为“隐瞒的阴谋”。从某种意义上来说，他们说得没错，我也曾是竞选班子的成员。我经常使用这个例子来类推地说明问题：如果一个男人追求一个女人，或是一个女人追求一个男人，就像肯尼迪竞选国家总统这个职位一样，如果要说明自己所患的疾病，那么他是应该说自己“在服用类固醇以控制阿狄森氏症”，还是如特拉维尔医生和内分泌专家尤金·J. 科恩医生所说的患有轻微的肾上腺分泌不足呢？哪一个描述更加合适呢？我们会选择后者，因为没有必要作过多的透露。

的确如此，他的医生、新闻办公室发言人、他弟弟以及我对这件事的说法不一，可能模糊了事实的真相。就在 1960 年民主党代表大会召开前不久，一名记者问我肯尼迪有没有用“可的松”（临床主要用于肾上腺皮质功能减退症的替代治疗。——译者注）或是其他药物。我回答说：“我觉得他用的药都没有你和我用的多。”从字面上来看，我可能不知道他那年真正服用的是哪些药，但对于他前些年的病历我或许有一个更完整的答案。

在一次新闻发布上，林登·约翰逊的两个高级助理断言肯尼迪患有阿狄森氏症，因此对他到底能活多久提出了质疑。肯尼迪通过罗伯特·肯尼迪向总统新闻办公室发出了回应声明：肯尼迪候选人过去没有、现在也没有出现典型的阿狄森氏症的病症，即肾上腺皮质组织破坏……这种言辞谨慎的声明是千真万确，但通常又形成了误导。

离开白宫几年后，我从艾森豪威尔的一位政治顾问那儿得知，艾克身边的朋友力劝他不用在意自己的心脏病，继续参加1956年的竞选，这位年迈的曾经的总统候选人坦率地回答道："好吧，我去竞选。但是，我警告你们，你们和所有媒体都会看到我爬着上竞选的专机，然后突然停下来，坐在台阶上。这就是你们要的该死的竞选。"事实上，无论是1956年艾森豪威尔（那年他66岁）的竞选，还是1960年肯尼迪（那年他43岁）的竞选都没有受到疾病的阻碍。在我看来，即使透露更多病情他们也会赢得胜利。

政治竞选的资金赞助——一些别有用心的赞助长期在美国政界泛滥，造成很多负面的影响，在一些州尤为严重。如果我对外宣称在肯尼迪1960年的竞选总统中没有出现这样的事情，那是很愚蠢的。在初选时，我就听到一些谣言说西弗吉尼亚州需要资金赞助。我曾经还收到那个州一名新闻行政人员的信，他希望能通过肯尼迪与银行业的关系来帮他获得抵押借款。我把这个要求提交给了肯尼迪位于纽约的办公室，但不知道是否有下一步行动。一直以来，我都会听到有关其他竞选阵营中不正当行为的报道。1960年民主党全国代表大会召开的前两周，我交给罗伯特·肯尼迪一份政治情报备忘录，上面记录着亚利桑那州的一位友好的市长曾打来电话，说该州的代表团副主席"接到约翰逊的人打来的电话，对方承诺会答应他的任何要求，包括提供大会需要的全部费用，以换取一半选民支持约翰逊"。而我们没有与之竞争，许下更诱人的承诺。

1956年民主党代表大会之后的几年里，记者和专栏作家们，包括罗斯福夫人，开始广泛地对外宣称肯尼迪的父亲一直在为耗资巨大的竞选活动提供资金，为他儿子买下总统的职位。罗斯福夫人说肯尼迪的父亲为他庞大的竞选组织"砸重金"。我可以理解她对肯尼迪的误解。肯尼迪似乎是无处不在：报刊杂志上有他写的和写他的文章，每个选区里都有他发表的演讲，畅销书榜单中有他的《当仁不让》。这些都说明了这是一项耗资巨大的竞选活动。

事实上，前期的竞选活动并没有花费太多的资金，因为除了我之外没有其他的工作人员，没有助选人员，没有总部，也没有广告和顾问。我们使用了所有能用到的免费电视和广播宣传报道。参议员的父亲确实帮了忙，但即使在获得党内提名后，肯尼迪的竞选经费都没有达到历届总统实际花费的数额。当然，对于那些找各种理由，把矛头对准肯尼迪的财富的反对者而言，这些根本不能打击到肯尼迪。

有一天，一个自诩为肯尼迪办事的人——来自费城的辩护律师麦克·费尔德曼就牛奶价格下降的问题制作了一幅图表，以备在威斯康星州一个非正式的初选电视广告中使用。肯尼迪在办公室打趣地说道："尼克松拥有整个农业部和联邦政府为他提供资源，而我们只有一个费城的农民。"

大选后，共和党人士对肯尼迪1960年选举的经费问题的指责最恶毒，持续了最久，他们称民主党选民在芝加哥和伊利诺伊州的库克做了手脚。副总统尼克松没有要求重新计算选票，更没有要求大陪审团调查，因为他十分清楚：

1. 共和党在伊利诺伊州南部的欺诈行为与在芝加哥的程度不相上下，甚至更恶劣；

2. 即使伊利诺伊州的投票情况出现大逆转，肯尼迪仍然是赢家；

3. 大多数公众选民不看好尼克松。（南部少数几个州的种族隔离主义"独立选举人"支持弗吉尼亚州参议员哈里·伯德，不知道尼克松是如何看待他们的选择的。）

在艾森豪威尔政府中，尼克松和共和党司法部长威廉·罗杰斯是最好的朋友，他所掌管的司法部称未找到任何证据证明肯尼迪在竞选中违反《联邦选举法》，也未提出任何指控。尼克松很爱国地（或虔诚地）宣称他对"承认国家有团结和稳定的要求"的结论没有任何异议，尽管后来他说他曾经通过法律的手段来调查选举的形势，发现自己很难立即取得胜利。一些共和党人称得克萨斯州也有不法行为，但是肯尼迪在那里领先得太多了，就算重新统计选票，结果也不可逆转。

不，肯尼迪并没有比尼克松筹集和花费更多的资金来"买总统"，他也没有通过舞弊来"偷总统"。他赢了选举，靠的是比他的共和党对手更出色的工作、更周密的行动安排、更有力的辩论，还有更深刻的思考。

总统大选对国家来说是一个转折点，对我也一样，它深化了我与肯尼迪的职业关系和个人友谊。肯尼迪曾慷慨地表示过他很信任我，我并没有因此而沾沾自喜（不是出于谦虚才这么说）。在很多场合中，他都说我特别聪明，是他不可缺少的智囊和关键人物，帮他解决了很多问题。无论去哪里竞选他都坚持要带着我，并说他需要一个可以完全信赖的人。他特别说道，随着自己责任的不断增加，我的责任也越来越大。

尼克松在1962年出版的《六个危机》一书中提到选举过后，他与肯尼迪看了各自的竞选历程的记录，看到了双方在运用众多学者和华盛顿幕僚们所提供的构想、调查还有演讲稿方面有多大的不同，当然，这些人都没有在竞选前线面对每日的挑战。他引用了肯尼迪的话："最后，我发现我自己越来越依赖索伦森了，对于我们基本路线中所有的最新战略变化他都能迅速反应过来。"尼克松还告诉一名采访者说，肯尼迪说他在选举的最后几周中几乎只依靠了索伦森。难怪他们的差距那么小！

对于驻守在海厄尼斯港别墅的肯尼迪竞选团队来说，选举之夜格外漫长和紧张。肯尼迪和罗伯特一直与海厄尼斯兵工厂附近的临时总部和关键州的主要支持者们保持着通话。一个来自艾森豪威尔总统的意外贺电立刻给我们带来了混乱和喜悦，但我们知道如此断定选举的结果还为时过早。我们失去了俄亥俄州的支持，这对我们是一个沉重的打击，因为肯尼迪在这里一直保留着众多的支持者。尼克松西海岸老家——加州的报道还在后面，结果也不确定。随着深夜降临，约翰逊负责的得克萨斯州也和密苏里州、明尼苏达州、加州、伊利诺伊州进入不确定名单。很明显，几个小时之内不会有结果。肯尼迪看到这种情况后就回房间睡觉了。很快，宽阔的房子里就剩我一个人看电视了。

根据阿瑟·施莱辛格的"美国历史的轮回"理论，1960 年应该是富兰克林·罗斯福的子辈们再次掀起进步主义潮流的年代。但是，那天夜里我独自一人坐在黑暗中，不清楚肯尼迪是否会取得胜利，当我们真正需要阿瑟的轮回理论时，它在哪里？如果肯尼迪的胜利是必然的，那为什么我们还要经历这么长时间，付出这么多，只为赢一场得票率仅仅高出 0.5% 的选举呢？

我的等待终于有了回报。第二天一大早，似乎所有不确定的州都站到我们这边，包括加州。我第一次在肯尼迪家里看到那么多特工人员——这是一个好迹象。肯尼迪的管家说听说他胜选了，建议我上楼去找他。肯尼迪还躺在床上，但是醒着。我恭喜他成为下一任总统。他向我询问了加州的选票情况。我告诉他早间新闻已经公布我们赢得了加州，但是统计完缺席者的票数之后，结果发现是搞错了。正在这时，他身旁的电话响了，他岳母打电话来恭喜他获得胜利。我的内心充满了无比的喜悦和成就感，也无比轻松。这么多年一直在旅途上奔波，现在终于到了终点。从另一种意义上来讲，这才刚刚是一个开始。

# 第16章 1960～1961年的总统过渡期

A LIFE AT THE EDGE OF HISTORY

肯尼迪信心十足，并一直期待着11月份的胜利。他让克拉克·克利福德和理查德·诺伊施塔特这两位专家兼白宫同盟各为他准备一份备忘录，前者是华盛顿著名的律师，而后者是哥伦比亚大学的政治学者。总统要求这两人必须记录下他从胜选到一月份的就职演讲的过渡期间需要做的事情，而且不得与他人或肯尼迪的竞选团队成员协商。现在，总统过渡期的流程有明文的法律规定，有一项特殊的联邦资金赞助，还受到一些政治观察家、前辈和媒体强加于身的非正式的规则和期望。艾森豪威尔与肯尼迪的换届并未受到以上因素的控制。重头戏只是两份专业的换届报告，其余的都由我们即兴而作。

克利福德和诺伊施塔特提出了明智又宝贵的建议。大选过后的一两天之内，当选的肯尼迪总统就要召开高级职工会议，他要求我在会议前检查这两份备忘录。这两份备忘录除了观点上有细微的不同，都建议要立即补充两个重要的职位，除了新闻助理之外，还要一位负责对内政策和规划的首席顾问，他必须是总统的智囊，演讲稿和信件的起草人，总统的立法和政策的规划师，以便将他竞选时的承诺转变成可施行的行动。克利福德提出，担任这一要职的，最好是一名律师。

我从来没有为得到任何特殊职位而进行游说，只是希望如果肯尼迪胜选，他能在8年之后还与我保持着密切的往来，尽管当时我也告诉妹妹这种想法没有任何保障。在初秋的一次非正式午宴上，与麦克·费尔德曼的对话使我怀疑自己是否能在国家航空航天局谋得一职，凭一技之长将科学和技术术语解释成常人能理解的语言。庆幸的是，任何人，包括我自己，都没有将这个愚蠢的想法付诸行动。

读了克利福德和诺伊施塔特的报告后，我却强烈地希望我能够被任命到政策规划的职位上；在海厄尼斯港召集的第一次职工会议上，当总统宣布由我担任该职位时，我真是欣喜若狂。那天下午，面对满满一屋子的新闻媒体，他宣布了对我的任命："过去的 8 年里，他帮我处理了很多政策事务；现在，他将立即着手协助我重组新一届的政府内阁。"除了他的竞选搭档——约翰逊副总统之外，这个简短的介绍让我成为肯尼迪总统内阁的第一位成员。而现在我也几乎是最后一位。

"总统幕僚"这个称呼有一段简短却光荣的来历。萨姆·罗森曼告诉我，他是第一个拥有这个称呼的人。富兰克林·D. 罗斯福任纽约市市长时，曾任命他为"市长顾问"。罗斯福当选为总统后，罗森曼成为一名法官。二战期间，来自战争和国内经济大萧条的压力考验着罗斯福的领导能力，他需要更多的帮手，于是致电罗森曼，要求他离开法官席到华盛顿加入他的总统班子。罗森曼坚持用以前的"顾问"头衔来代表他的职位，罗斯福同意了。但一周之后司法部长比德尔打电话来提出异议，坚持认为他才是"总统顾问"；罗森曼也坚持己见。一周后，罗斯福打电话和罗森曼说："问题解决了，双方各让一步。你将会成为'总统幕僚'，下周比德尔去墨西哥城出席美洲国家的法律大会时，我会宣布此事。"

罗斯福去世后，克拉克·克利福德成为杜鲁门的幕僚。由于了解到我在白宫所担任的职务和在参议院时一样，履行他和罗森曼一样的职责，克利福德觉得我是最有可能被委以该职位的律师，于是他建议肯尼迪保留这个具有历史意义的头衔。

总统人员编制过程中一位实习生这样评价道："毫无疑问，特德的工作前景是最光明的，从 1953 年以来就是这样，这将持续到 1968 年。"美联社也发表评论："索伦森很有可能成为担任此职务的政府职员中最年轻的一位……"与我不同的是，费尔德曼真正当过私人律师，我拿这个头衔跟他开玩笑说："好吧，我决定现在该做回老本行去当律师了。"这个头衔的选择完全出自克利福德，而不是我的想法。作为一名拿参议院工资的"职员"，我只关心同肯尼迪的关系，而不是我的头衔。相较于罗森曼和克利福德，"总统幕僚"这一头衔最适合描述我的职位，而不是我的职能。

7 月份肯尼迪获得总统候选人提名，直到次年 12 月份我才和他有了第一次的一对一会议。当我提及我收到的演讲邀请函时，他建议我全部拒绝。他"命令”我要“保持低调”。“但凡在你这个位子上的人，比如舍曼·亚当斯、哈里·霍普金斯、豪斯上校，还有其他所有的人，他们或让国会失望，或让总统受伤，或激怒了其他人，最后都没好下场。对于你来说，远离麻烦的最好方法就是远离公众和媒体的视线。”我坚定地遵循着这个明智的建议，除了参加少数由他主持的场合之外，很少抛头露面。

同时，我向他评价了我所选择的副手和助理，菲尔得曼、怀特和古德温从14位备选人中脱颖而出。我还和他讨论了我即将代表他启动的换届工作小组，并向他推荐了加入该组的专家成员们，他们中的许多人后来都加入了肯尼迪总统的政府内阁。

从肯尼迪当选到就职典礼的那几个星期的过渡期内，我大部分时间不是在写他的就职演讲，而是在安排总统换届工作和处理一些政策问题。我给每一位内阁成员提名人发了一封信。现在我才意识到，一个素未谋面的年轻人在信中传达总统对调查、决策或是早期行动的要求，是多么的异想天开和胆大妄为。我向候任国务卿迪安·腊斯克发出21条要求；向候任国防部长罗伯特·麦克纳马拉发出8项，其中一些又细分为许多具体的附加要求；向候任农业部长奥维尔·弗里曼发出8项要求；向候任内政部长斯图亚特·尤德尔发出7项要求；向候任卫生教育及福利部长阿贝·里比科夫发出9项要求（后来我听说激怒他的并非总统，而是我）；向候任劳工部长阿瑟·戈德堡发出12项带附加要求的要求。但我并没有给候任司法部长罗伯特·肯尼迪发送这样的信件，因为他与肯尼迪有自己的沟通渠道，我也没发给候任财政部长道格拉斯·狄龙，因为我和他早已就预算问题举行了定期会议。在某些情况下，我会在一对一的会议时向他反映这些要求。

大选过后，我注意到了自身地位的变化：我的电话会立即得到回复；我的午餐也不再只局限于参议员办公室大楼的地下自助餐，有时法国大使会邀请我赴宴，他和我说法国是美国最长久、最重要的联盟。我还从《纽约时报》华盛顿办事处的主要负责人、最著名的记者詹姆士·“斯科蒂”·赖斯顿口中得知，世界各地的政府都依靠《纽约时报》传达政府对所有重要问题的态度，因此我应该及时地将我们所有的部署和计划告诉他，不管是否是机密。

在麦克·费尔德曼的陪同下，我首次拜访白宫，会见当时接替舍曼·亚当斯成为艾森豪威尔总统幕僚兼总参谋长的维尔顿·珀森斯。珀森斯告知我们，没有任何人（除了国务卿和新闻秘书）甚至任何一片纸能够进入艾森豪威尔的办公室，除非是他本人——如他的前任舍曼·亚当斯一样——由他来通知总统对其他人的召见，而其他白宫职员和内阁成员都要把会见总统的理由告诉他。

对于我来说，肯尼迪不会赋予我或其他成员类似的权力，这也更说明了他独一无二的智慧。

我还接到过艾森豪威尔的预算局长莫里斯·斯坦斯的电话。他说他已经让克拉克·克利福德从肯尼迪团队中挑选一人，和他一起检查艾森豪威尔的预算咨文，然后再上交国会。克利福德选了我。那天早上，我了解到联邦预算所包含的范围，它几乎直接或间接地涵盖了国家的全部事项，从税收政策到教育再到新型武器系统。虽然我郑重其事地听着斯坦斯先生讲话，并尽量提醒自己，这是国家大事，是很严肃的事情，但我还是越来越强烈地感觉到：这真有趣!

# 总统幕僚 第17章

A LIFE AT THE EDGE OF HISTORY

肯尼迪总统很快就适应了身份的变化，我们也都进入各自的角色。我们承担的责任越多，对次日头版头条的担心就越少，对下一代的未来发展的关注就越多。我们也意识到，面对层出不穷的国家问题，不是某位参议员或候选人的演讲就可以解决的，敲响警钟，提出问题所在，或是批判对手的对策，都不是解决之道。我们应该拿出真正解决问题的根本办法。（老实说，我很难适应薪水上调到 21 000 美元，大概比我去年在参议院时的薪水高出 5 000 美元。）

新《国会名录》的编辑在白宫那页将我的名字列在总统之下。但是 1964 年初当我离开白宫时,《时代周刊》的休 · 赛迪给我的头衔却不是“总统副手”。肯尼迪总统没有总统副手或参谋长。比起全体职员大会的繁杂，他更喜欢私人会议的直接和保密性，包括和我的两名副手直接会面，同时他希望职员间彼此合作。几年之后，我意识到我的角色和总统参谋长有些异曲同工之处。同时，加州大学圣地亚哥分校邀请我加入白宫参谋长小组。小组成立之前，约翰大法官曾经将包括唐纳德 · 拉姆斯菲尔德和迪克 · 切尼在内的所有小组成员秘密召集起来，他看着林登 · 约翰逊的高级助理哈里 · 麦克弗森和我，说道：“如果你们俩谁说自己不是参谋长，我就把他踢下台。”

肯尼迪总统入主白宫后，最初我的办公室连同拉里 · 奥布赖恩的办公室及国会联络部都设在西翼二楼。我没有提出任何异议。然而总统想让我离他的椭圆形办公室近一些，那样更方便我们互通信息。在我意料之外的是，我立刻被请到一楼的大办公室，那里曾是珀森斯将军的办公室，之后又有蒙代尔和格尔两位副总统使用过。办公室天花板很高，宽敞明亮，又很安静，有一张硕大的办公桌、一张会议桌、一套沙发和一台电视机，还有私人卫生间，除了总统的椭圆办公室，整栋大楼就只有这间办公室有私人卫生间；另外，我的三个秘书被安排在办公室外间。这与我之前在参议院旧楼的那个电话整天响、黑暗狭小的362办公室形成了鲜明的反差。曾经有一位记者这样描述我的办公室："室如其人——干净、简洁、有条不紊又不招摇，没有类似加厚地毯或木板那种明显的炫耀标志。"

每天清晨走进明亮的西翼大厅，看到国旗在门前飘扬，我都会萌发一些感慨，确切地说，是有些战栗。我似乎从未这么百感交集过，自豪、恐惧和深深的责任感集于一身。然而，印象最深的还是疲惫感，因为我总是非常忙碌，以致连白宫的玫瑰都没时间欣赏。

通常，我工作的时间从早晨八点开始，这比我在家吃早餐的时间还要早。我必须会见立法长官，或者为晚些时候的新闻发布会做准备。有时，我还会来得更早些，开始工作之前与麦克·费尔德曼在白宫球场打场网球。大部分的时间我都会在白宫繁杂的工作堆中吃午餐，晚餐时经常同时开晚餐会议，而晚上七点半之前，我很少会离开办公室。肯尼迪总统偶尔会在晚餐之后回到他的椭圆办公室，有时是晚上十点半才回来。如果那时我仍在工作，那么我们就会一起工作一整夜。即使是在那些一天工作十四小时的日子里，我们还是没有足够的时间来完成应该做完的事情，该考虑的事情、该阅读的信息、该回复的每一通电话，都不能完美完成。

白宫有一个优点，也可以说缺点。四周有铁围栏，大门有门卫看守。这些围栏阻挡的不仅是安全隐患，也阻拦了观光客和政客的拜访，和他们一谈话就没完没了。白宫提供餐饮、理发甚至医疗保健服务，因此我的生活都很方便。可是这个围栏也让在白宫工作的人无法像正常人一样生活，也不能完全了解到普通百姓关注和抱怨的事情。

对我来说，不能融入外面的世界简直太不正常了。我逐渐失去和朋友们的联络，对此我感到很惭愧。不久，随着政界和新闻界的狂轰乱炸，几乎所有的白宫人员都陷于崩溃的边缘。肯尼迪政府曾经在1962年的钢铁价格争端之后经历过这种几近疯狂的对待，但那只持续了一小段时间。

1961年4月，我们在猪湾事件中遭遇惨败后，罗伯特·肯尼迪沮丧地说道："我们曾经以为我们正在一步步走向成功，因为我们每个人都不断地努力着。"总统工作的队伍要求年轻的主力军如果没有丰富的经验，至少要身心健康，精力充沛，因为这样才能应对那些无休止的深夜会议、早会简报、周六例会和危机。白宫人员的流动也是不可避免的。一些人累倒了，退出了，或者为了更清闲的工作、更高的收入或更大的名气退出了。令人欣慰的是，在肯尼迪的团队里，还没人倒下。肯尼迪顺利地继承了当时最年老的总统，成为美国历史上最年轻的总统，朝气蓬勃，理想远大。在白宫，考验的是每个任职者的判断力，而不是已有的经验或是能服务的年限。在压力下保持果断的决策力才是白宫人的成功之道和生存法则，这比适应总统或者亲近总统更为重要。

工作有不可避免的压力，但我都可以很好地应对；事实上，重压之下我才能达到最好的状态，甚至可以说达到巅峰，即使伴随而来的是无尽的精力消耗。不间断的压力使我最终患上了胃溃疡，于是总统便安排我暂时在贝赛斯达海军医院养病，他还饶有兴趣地引用一篇幽默专栏来“嘲笑”我的病痛，专栏中写道：“远离总统便远离了溃疡——看看这是谁在心忧白宫。”当白宫的社交秘书利蒂希娅·鲍德里奇怪我夜以继日地工作时，我说，你不知道，除了工作，我没有更喜欢做的事情了。

趣事可以有效地排遣长期的压力。一天早晨，肯尼迪总统的椭圆形办公室里烟雾缭绕，我不得不像多丽·麦迪逊一样不顾一切地去抢救华盛顿总统的画像（第四任总统詹姆斯·麦迪逊的夫人，英军1814年攻入白宫之前她将美国第一任总统华盛顿夫妇的全身等高画像转移到了安全的地方，白宫重建后又转移了回来。——译者注）。原来总统并不知道办公室的壁炉是假的，他在壁炉里生火。

经济顾问委员会主席沃尔特·海勒通过电话向我口述了一项政策建议，但这份建议存在明显的漏洞。几个小时之后，他意识到自己的错误，便立刻打电话来纠正，我告诉他，太迟了，我已经把他的建议转达给总统了。顿时，他惊恐万分，想要立刻前往白宫，亲自向总统道歉。但当我坦白告诉他，我其实并没有把他的建议转达给总统时，他没有被我逗笑，只是大大地松了一口气。

一天早晨，我在华盛顿机场巧遇阿特·布奇沃德，他是一位风格独特的幽默作家，我们在一起想了一个诡计，打算吓一吓我们的朋友——《华盛顿邮报》和《新闻周刊》的主编本·布拉德利。布奇沃德和我说道，前几天在华盛顿饭店吃午餐时，针对布拉德利在电报中提及国内税收委员会委员莫蒂默·卡普兰的名字是否会很滑稽，他们产生了分歧，因为很多人甚至还不知道卡普兰是谁。于是他们便挨桌询问，看看就餐的人是否知道这位国内税收委员的名字。

那天晚些时候，我打电话给布拉德利，告诉他我刚刚在税法会议上和莫蒂默·卡普兰碰面了。后者问我为什么布拉德利会对他如此生气，他只是听说布拉德利在华盛顿饭店引起了骚乱。“哦，我的天啊！”布拉德利立刻担心自己的纳税申报单会被审查，他说道：“这都是布奇沃德的错。”于是布拉德利给卡普兰委员写了一封谦逊自贬、充满歉意的信。他还事先影印了副本寄给我以及更加开心的布奇沃德，并请我们做些补充。但我还没来得及去修改，我和布奇沃德就又收到了布拉德利的信："我和卡普兰委员识破了你们的把戏，我们正在谋划报复……"

一名同事对媒体爆料说："特德的放松方式是我们大多数人都想象不到的，他用新方法解决老问题。"他说得很好，但不全对。我舒缓压力的方法就是经常与儿子们见面、交流。周末的时候我有时会陪总统待在海厄尼斯港，我和孩子们则一起住在了奥蒂斯空军基地。那样我就可以一边和总统工作，一边和儿子们玩耍，基地的游泳池和球场总是让我们的周末过得很开心。

最愉快的应该算是周六的垒球比赛,但也避免不了突如其来的公务的干扰。1962 年的一个周末，我们在华盛顿为了寻找打球的场地，我把儿子们带到了白宫后面的联邦购物中心。但在我们开始比赛之前，我看见总统的直升飞机在白宫后院的草坪上停了许久，感觉可能发生了一些紧急情况，而总统需要我在场，于是我便带着孩子们拿着垒球工具回到了办公室。我知道总统一直都在找我，想和我讨论昨天晚上在伯明翰发生的爆炸事件。

在白宫的三年里，我的工作范围不断扩大。1963 年末，麦克·邦迪在提交给新总统约翰逊的暗杀摘要备忘录中，把我的职责描述为"包含所有的立法程序（不同于立法关系），一切主要的演说和咨文，许多政治规划问题和主要的境外危机"。这是相当公正的描述，虽然它忽略了许多非常规事件，那就是几乎每晚，我都要到肯尼迪总统的椭圆形办公室做总结谈话。

在肯尼迪执政的最初几个月里，我的任务就是将总统的咨文明确地转达给国会，这些咨文主要涵盖了总统在政权交接时期与我探讨的问题，包括政府从住房到教育等方面的所有重要问题上作出的承诺、制定的目标和计划。最初的 100 天里，肯尼迪总统向国会提出了 277 项单独的新要求，那段时间我还得挂心他的国情报告演讲，因为我必须确保他的新财政预算与他的提议保持一致。

1 月份发布了国情咨文后,在接下来的 5 个月里,总统便又发布了 24 个"国会特别咨文",有些仅仅是隔几天就发一份。它们贯穿着这位新总统的议事日程，比如美国和平队、进步联盟、政府内部的利益冲突和道德规范、新政府的重组计划，等等。5 月，总统发表（实际上是第二份国情咨文）国情咨文演讲，题为《国家的紧急需求》。

在最初的几个月里，我有时必须夜以继日地工作，甚至连续两三天不睡觉。

有一次和麦克·费尔德曼一起通宵赶写一份咨文草稿，我竟然不知不觉地趴在桌子上睡着了。麦克在我睡着的时间写完了剩余的部分。当终稿被送到国会并印刷成册后，我仔细阅读并说道，结尾是整篇咨文最好的部分，他很高兴，事实上，我并没有意识到那是他写的。

接下来的一年里，我们继续发布单独的立法咨文，但比以往少了许多，主题包括各市要点、联合国事务、工人薪资上调、卫生、环保、消费者权益。1963 年是肯尼迪总统执政的最后一年，我们添加了关于公民权利、心理健康、青年和老年问题的“特别咨文”，所有的这些都是美国人（包括肯尼迪）最关注的问题。比起那些受关注度更高的总统电视讲话，那三年的“特别咨文”在国家和民主党的长期发展过程中发挥着更显著的作用。

最初，总统吩咐我，我的职责是管理税收和支出。在财政方面，我和他以及他的父亲一样保守，这也许会让他感到惊讶不已。坦白说，我“四舍五入”了一些部门领导人提出的预算费用，避开那些 15 亿美元预算以下的议案，因为这个数目的预算根本达不到任何预期效果。对于那些由州长顾问承诺赞助的议案，我则更加怀疑他们是不是会真的买单。依我看，只有增加美国国税局人员的提议才能通过审核，但这也遭到国会的反对。受此启发，我将那些由州长顾问承诺赞助的议案整合成一个完整的版本，或者说一个恶作剧版本，这样我就可以告诉总统，总统便可以告诉国会，他的整个立法程序完全不用国家一分钱。

我在白宫的职责与竞选时的职责相比，少了很多政治色彩。我不必再特别关注那些较大的州、民主党派的领导人或是选举集团。在肯尼迪的总统任期内，我们并没有计划“再一次竞选”，一直到 1963 年我们都没有对 1964 年的大选制订过计划或战略。无论何时何地，肯尼迪总统的首要原则都是以国家利益为重，而非他的党派利益。当沃尔特·赫勒告诉我，由于考虑到政治因素，他淘汰了他的经济顾问对某一特殊问题的建议。我不得不斥责了他，并告诉他总统会做出谨慎的政治考量，他和他的同事们所要做的就是尽最大努力提供最客观最实际的建议。

然而，所有白宫的职员都意识到，对于更大意义上的“政治”，无论我们位列何职，在某种程度上我们都是总统的政治顾问，白宫从本质上来说也是一个政治机构。这就是为什么在接下来的几年中，当有人抨击某个总统在外交政策或其他一些重要问题上玩弄政治时，我并没有随声附和。肯尼迪总统当然玩弄过政治——要使这个国家的人民满足于总统的管理，总统就需要在每件事情上都“民主地”玩弄政治。

在所有的工作中，我的两位副手麦克·费尔德曼和李·怀特给了我很多的帮助，古德温在我们进入白宫一年后就不再与我共事。费尔德曼和怀特对于我和总统都是不可或缺的。在参议院工作的时候，我们就已经是亲密的朋友了，我对他们尤为喜爱和欣赏。他们都是优秀的律师，但我想我还是无须向总统申请要更多的助理。罗斯福执政期间，他的顾问罗森曼的法务助理据说都在十个以上，杜鲁门的顾问克利福德的助理也有八个，而我的助理却从未超过三个人。我们怀着一种近乎固执的自豪感坚持着精兵简政、高效工作、排除杂难，以极少的人员完成了极多的差事。当时我们三个人做的工作，后来是由约翰逊总统手下的七名律师来完成的，下一任总统甚至用了五十多名人员。

虽然我不是经济学家，也不是财政或者货币政策专家，但是“政治三巨头”（道格拉斯·狄龙、大卫·贝尔和沃尔特·海勒）定期提交的建议都会转交到我手里。

进入白宫的第一周，我便与国家安全顾问麦克乔治·邦迪，预算部长大卫·贝尔达成共识：每周我们至少要会面一次，以便了解彼此的工作，交流政治观点。邦迪在外交政策上的意见总和我不谋而合，那时他手下的国家安全委员会专业人员不多于十二个（从那之后便多了几十个），为总统监督和协调国务院、国防部、中央情报局以及其他涉及国家安全的部门的活动。

我与国会联络部的拉里·奥布赖恩对总统的立法项目展开合作，我负责计划，拉里和他的团队则负责保障执行。同样地，我也与沃尔特·海勒以及他领导的经济顾问委员会合作解决经济问题，与杰尔姆·威斯纳以及他领导的科技委员会合作涉及太空、武器和医疗设备的项目。我觉得这两个专业小组中的任何一名成员都要比其他一个部门更有影响力。我和新闻秘书皮埃尔·塞林杰一起讨论媒体见面会或新闻发布会的相关事宜，与肯尼·奥唐奈一同安排总统的政治活动、演讲和出行计划。奥唐奈是总统委任的秘书，负责总统的日程安排，负责白宫后勤，并担负着与民主党沟通的重任。我们所有人都扮演着各自的角色，就像组成一个世界级的管弦乐队。

同时，我也会向常驻白宫的史学家阿瑟·施莱辛格请教撰写讲演稿方面的问题。尽管从本质上来说，他不是政策顾问，但是两度获得普利策奖的他在白宫中的职责还是引起了一些人的诟病，说他只不过是装饰门面的知识分子。这些人或者不了解肯尼迪总统以史为鉴，对历史的重视程度，或者不了解阿瑟有着多么敏锐的政治头脑。他为阿德莱·史蒂文森 1960 年之前的两次总统竞选发挥了重要的作用，从安德鲁·杰克逊到富兰克林·罗斯福几位总统的传记中，人们也读到了阿瑟的才华。而且，后来阿瑟撰写的关于约翰·肯尼迪和罗伯特·肯尼迪的传记中也充分证明了白宫的选择是明智的。

我的职责还有准备和参加总统所有的正式会议，包括总统与内阁成员、白宫官员及参议院民主党领导人以及其他行政长官进行的例会。一些部门和机构的负责人在遇到无法解决的问题时，通常会交给我处理，而不是交给总统。我便履行了一个诚实的中间人的职责，判断哪些问题我可以处理，哪些必须由总统亲自解决。我通常会向总统口述我的建议，但一定会考虑到相关部门负责人的提议。在总统没有出席的会议中，我通常不会特别指出这些建议到底是我的还是他的。“这是很难区分的，”一个内阁成员向记者透露，“特德什么时候发表的是自己的建议，什么时候说的又是总统的想法——也许答案就是这根本就没什么区别。”

总统要求内阁成员和准内阁成员有时需要先和我谈一下他们的宣言和政治立场。一些人对此感到愤怒。有一次商务部长卢瑟·霍奇斯想要提交一个内阁议程，他说：“内阁成员的问题应该直接与总统沟通。”我猜想他针对的就是我。于是我主动提出要回避一下，但是总统认为他的话很荒谬，就忽略了我的建议。

他派到我办公室商讨事宜的人，有富有潜力的联邦储备金监察小组候选领导人，处理铁路和劳工罢工事件的负责人，还有国家公民权利高级负责人；由于小富兰克林·D. 罗斯福被任命为商务部副部长，他来找我一起为参议院对他举行的听证会做准备；乔治·凯南大使，由于国会的指责愤然递交了辞呈，在1963年辞去了南斯拉夫大使一职，我也处理了此事；众议院筹款委员会主席威尔伯·米尔斯希望他的折中法案得到批准，也来向我请教。肯尼迪总统偶尔也会派遣我到国会大厦去拜访参议院重量级人物，比如公用事业管理委员会主席鲍勃·克尔和少数派共和党领导人埃弗雷特·德克森，以争取他们对有争议的法案的支持。

有时，总统也会要求我解决内阁内部人员在政策和政治上的争端。副国务卿乔治·鲍尔和财政秘书道格拉斯·狄龙之间的争锋相对使总统感到很困扰。“这种事从未发生过。”他对我说。然后他又让我去平息他们的怒火，因为我对国际货币政策一无所知，所以能做到完全公正。狄龙让他的助手罗伯特·鲁萨到我的办公室与鲍尔会面，我们很快就总统应该采取怎样的政策取得了共识。

1962年8月制定的国际经济政策再一次要求我与各部门各机构的负责人进行大范围的接触，我与白宫、国务院、国防部、预算局及其他部门的官员频繁见面，以便寻求解决国家长期国际贸易逆差和黄金外流的方法。大家激烈地探讨了各种意见，总统让我起草一份囊括所有建议摘要的备忘录，之后又让我陪同他去会见联邦储备金监察小组主席威廉·马丁，一起讨论国际货币政策可能发生的变化。马丁对此很感兴趣，但他不确定其他大银行家们是否会表示赞同。几十年之后，在一次有关此问题的学术研讨会上，里根经济顾问委员会的一个成员坐在观众席上问我："肯尼迪总统怎么可以在会议上单独会见美联储主席呢？""总统学得很快，"我回答道，"而且他并不是一个人，因为我不是一盆盆栽。"

我还解决了内政部长尤德尔和阻挠内政项目实施的联邦电力委员会主席斯威德勒之间的争执。我给尤德尔打电话，告诉他我桌子上堆放着一大摞等待审批的预算申请，这其中就包括他的申请。但是只有这些令我分神的争吵停止，诸如他与内政部的争执，这些申请才有可能在截止日期前审阅通过。于是那场争执在那通电话后就平息了。

在我们进入白宫之前，对于媒体对我的溢美之词我总是很尴尬。《华尔街日报》的华盛顿记者阿尔·欧登在第一批国家档案中记录了我的工作，他称我为"肯尼迪总统理性智慧的化身"，真是言过其实了。我在白宫工作的第一年，一向言辞谨慎的西奥多·怀德也在《总统大选 1960》一书中称赞我"给总统提供了许多奇思妙想和绝妙的表述"，并说我"几乎已经成为肯尼迪总统的大脑"。这是另一个可笑的夸大之辞。

在一次电视采访中，当总统听到对方对国家安全顾问邦迪的职权和重要性的广泛描述之后，他冷冷地评论道："哦，我将继续发挥一些其余的职责。"他的回答无疑也向新闻界夸大了我的作用。为了"贬低"我，我妹妹和我说曾经有一个与我们共进晚餐的人，问她是哪里人，在她说出自己的家乡后，对方回答说："除了白宫里那个笨蛋之外，你是我在此听到过的唯一一个来自内布拉斯加州的人。"

名气这个东西是由公众成就的，也是由他们毁灭的。曾于 1962 年竞选过美国参议员的前怀俄明州州长米尔沃德·辛普森说我是"费边社会主义者"。保守派专栏作家亨利·J. 泰勒指责肯尼迪总统在我和"那些在美国提倡和宣扬社会主义的专家政客"的影响下信奉了社会主义。那时我从未充当过什么专家或是候选人，他竟然也把我列入其中。但我十分确定总统对我的信任，那么这些便微不足道了。

在我与肯尼迪一起共事的日子里，我清楚地看到他的职责日益广泛，视野日渐开阔。当我起草演讲稿的时候，他总要求我再做两件事：**首先，我要总结**

**所有事实，所有他的意见，还有所有支持和反对的意见；其次，他让我提出我所能想到的所有尖锐的问题。**他以史为鉴，并意识到如果整日待在椭圆形办公室里，那么他将与世隔绝，而他的周围都是些阿谀奉承的人，那是极其危险的，于是肯尼迪总统要求他的班子还有内阁成员都要意志坚强、坚持真相、不畏惧权贵，对不同的人生观、思想及背景保持尊重。无论何时何地，只要他问到“你觉得呢，特德？”我都会知无不言，言无不尽，总统需要的不是阿谀奉承的马屁精。我所接受的法律教育和唯一神教教义都使我成为一个天生的怀疑者和持异议者。在总统大选期间，政治记者斯图尔特·艾尔索普说我是一个“总是提出异议的人”。记者休·赛迪也称我为总统身边“常驻的质疑者”。“等一下，这是为什么？结果会怎样？”提出这样的问题才是我的职责。我的确想要挑战那些固执的空想家，无论是左派还是右派，因为那些人只会提出简单无力的答案，却以为他们有绝对的权威。

在罗伯特·肯尼迪为约翰·F. 肯尼迪总统图书馆负责人口述历史时，他的采访者问道：“你是唯一一个敢于说‘不’的人吧？”罗伯特答道：“不，还有一个人，特德·索伦森，他的确做到了……”“这是他应该扮演的角色吗？”采访者问道。“是的，”罗伯特说，“而且他做得很好……”坦白地说，我深受感动，由于我们早年的不和谐关系，我也着实有些惊讶。当被问到总统通常向谁询问意见时，我的朋友博比——曾经也是勇于向总统提出建议的人，说道：“索伦森是很重要的人……无论什么棘手的事件，不管是国内大事还是外交政策……只要它很难办，特德·索伦森都在其中。”

# 第18章 总统的演讲

A LIFE AT THE EDGE OF HISTORY

肯尼迪总统的演讲之所以独树一帜，是因为在艾森豪威尔 8 年的苍白无味的讲说和麦卡锡没完没了的抨击言论之后，那些沉睡了许久的理想主义、雄韬伟略和进步思想再度被肯尼迪所激活。肯尼迪总统谈论着国家的高贵本性，希望世界人民和这个基本上还算完整的国家的人民能够因此树立起正确的理想。根据实际影响和成果来看，我认为肯尼迪总统最重要的三次讲演是：**1963 年有关民权问题的电视演讲、1962 年 10 月古巴导弹危机讲演和 1960 年有关宗教问题在休斯敦针对新教牧师进行的竞选演讲；他的三次最具说服力讲演是：1963 年美国大学毕业典礼演讲、就职演讲和他在柏林市政厅的演讲。**其他一些演讲：1961 年华盛顿大学讲演、1963 年爱尔兰议会演讲（2007 年曾被爱尔兰总统在威斯敏斯特英国议会的讲演中引用）、1963 年有关《全面禁止核试验条约》的全国电视演讲以及就职典礼前的演讲《再见，马萨诸塞州》——这些演讲相对不是很著名，但依旧具有很强的说服力，显示了他缜密的思维。

他最糟糕的一次讲演是 1962 年夏天有关经济问题的电视讲演。那年夏天，他决定不鼓励减税政策后，还是不能树立一个明确的目标。他说，兴奋是肯定有的，但是有关经济的演讲一般都让人无兴奋可言。另一个不甚理想的演说是 1961 年 4 月在美国报刊出版商协会所做的演讲，他呼吁新闻工作者们在国家安全问题上要多多自省，不久他便对这个错误追悔莫及。同样存在遗憾的还有 1961 年在柏林的演讲，他号召建立更健全的民防系统，除了对核放射性微尘做出有实际意义的防护之外，还能对恐慌、混乱、怀疑和非友善情绪作出更迅速的反应。

值得一提的是，这三次糟糕的演讲都是在肯尼迪总统上任后的一年半内发生的。他最好的四次演讲则是在1963年夏天的演说，那时我们在演讲上的合作已近十年。在某种程度上，这说明了重大的事件会激发重要的演讲，而1963年夏天各种的重大事件层出不穷。但是，这也说明，虽然我们各尽其责，但当我们一起合作时，我们学会了彼此取长补短，改进了我们合作的方式。1963年的夏天是我们的“大连胜”。

尽管被定义为来自内布拉斯加州的唯一神论者，我却原本并不知道还有圣帕特里克节这样的节日，而我早年帮肯尼迪撰写的第一篇完整的演讲稿——并不是针对新英格兰地区经济的复苏计划——而是肯尼迪于1954年3月7日在纽约的讲演《致圣帕特里克之子》。这篇演讲以圣帕特里克节的一句爱尔兰古语开篇，接着是一个古老的爱尔兰传奇，并提及圣帕特里克向上帝的一位天使发出的死亡请求。接着，我提及对那些用自己的方式反抗英国专政的独立而勇于奉献的爱尔兰英雄们，我毫无保留地表达了歌颂。也许我需要提及更多的爱尔兰英雄，讲稿中我只提到了几个英雄的名字和他们的故事：威廉·奥尔、彼得·芬纳蒂、奥利弗·邦德和其他的一些英雄，这似乎远远不够。我大胆地引用了其中一名英雄写给英国当权者的信，我称其“可以同时深深刺激陪审团和爱尔兰的自由斗士”。在引文的最后部分，我总结到：“主席先生，这就是我们的宗旨，这里有我们的信仰和使命，让我们放手一搏吧。”这段引文并不是我往后为肯尼迪撰写的演讲稿的基础，但对于我们在合作的演讲稿而言，它是一个有趣、良好的开端。

肯尼迪最困惑的时候是在1956年芝加哥的民主党全国代表大会上，最后一刻，阿德莱·史蒂文森要求肯尼迪将他的名字列入总统候选人提名单中。肯尼迪离开休息室前往会议室后，阿德莱的撰稿人给了我一份我认为只够得上二等的演讲稿。随后，我艰难地来到会议厅想要与肯尼迪商量此事，艰难地在讲台上找到他，艰难地与他一起下了讲台。我们找了一个空房间来商讨此事，几个小时之后，也就是次日早晨，它变成了会议的首要议题。肯尼迪同意重新书写一份演讲稿，我说：“我想还是应该由我来写吧！”他回答道：“那就好，明天早上八点前放到我办公桌上。”于是我安排一个司机和一个秘书留下来过夜，次日清晨六点半的时候，我叫醒了他们，吩咐他们帮我把稿件打印出来，再把这份新稿件交给肯尼迪参议员过目。他迅速地浏览了一遍，然后修改了一部分，又加上了几个段落。于是我们需要重新打印一份，可当我把一份演讲稿放入讲词提示机时，却发现少了一页，于是我只好调动了所有的打字员再打一份，其中就有一个记者朋友——《波士顿环球报》的汤姆·温希普，最终我们才将完整的演讲稿送到参议员那里。讲演取得了成功，尤其是那一句：“我们的候选人将遇到史上技术最高超的两个竞选者——一个将采取最积极的行动方针，另一个将以最消极的方式处事。”很显然，同样的话也曾出现在1948年的总统竞选中，但是在1956年肯尼迪的这次讲演后，“最消极的方式”也被列入了政治词汇中了。

肯尼迪任职参议员期间曾经做过的最重要且简短的演讲也许是在芝加哥民主党全国代表大会上。那时正是副总统候选人竞选激烈的时候，他发表了一段简短且庄严的讲话，对基福弗表达了郑重的认可，这次演讲几乎使肯尼迪一夜成名,成为全国知晓的正派政治家。坦白地说,这篇演讲稿完全是由他自己写的。

四年后，即1960年7月，他在在洛杉矶的民主党全国代表大会上接受总统提名时，他发表的演讲有三个目标：在神圣激烈的总统竞选后将民主党重新凝聚起来；让新教徒的宗教信仰不会成为他们投票的障碍；争取得到那些不了解他的、对他的能力和宗教信仰有误解的独立者和共和党人的支持。大概在大会召开的两周前，我将这封信发给民主党自由主义者一些更有创造力的朋友：

> 看来肯尼迪参议员被提名为总统候选人的可能性很大，因此我们现在就要开始起草他接受提名的演讲……我不知道你们是否愿意帮助我？……如果你没有足够的时间来起草十页两倍行距的文章，能否请你写一两段主题明确或是有闪光点的文章……

这封信寄出之后，收件人纷纷发来了建议，我们当然不可能全部用得上，但它们真的给我提供了很多帮助和灵感。这次演讲是肯尼迪唯一一次采纳了除我之外的人的建议。

他要求一些生动形象的句子以反映美国人面临的任务和挑战，在激发勇气和唤醒以往的成就感的同时，结合实际需要调整行动以完成国家尚未完成的大事。最终我们发现“新边疆”这个名词最切合主题（后来成为肯尼迪总统的施政方针）。我和肯尼迪都从未在任何地方看过或听过这个词，而我们获得的那些建议中也未曾提及。在艾伦·内文斯教授寄给我的材料中，我确实读过关于旧边疆的记录，但是肯尼迪的“新边疆”方针与旧边疆的关系却没有在这些材料中提及，其他任何地方也没有。《纽约先驱论坛报》的一篇文章说这个词源于马克思·弗里德曼和沃尔特·罗斯托，我给这两个人都寄了信，却没有收到他们的任何关于这个词的资料。不久之后，比尔·萨菲尔告诉我，以前的候选人阿尔夫·兰登和亨利·华莱士曾经用过一个相似的词语。但当他多年后再问起这件事时，我告诉他，在我记忆中，这个词语第一次出现是在我的一篇草稿中。事实上，我的祖父母曾是内布拉斯加州的边界开拓者并非一种巧合。

肯尼迪当选为总统之后于1月9日，即就职典礼的前11天，发表了《再见，马萨诸塞州》的演讲，历史上与这篇演讲旗鼓相当的是亚伯拉罕·林肯总统的《再见，伊利诺伊州》。但我们面临的问题是林肯总统不会遇到的，即要伪善地表达出对州议会的由衷赞美——肯尼迪演讲的场所，由于政府拨款政策和不间断的腐败丑闻而“闻名遐迩”。如果一些听众在窃窃私语，那么补救的方法只能是通过问题的形式委婉地表达我们的崇高理想，因为这些听众的经历和性格使他们无法理解我们的理想。通过向自己及其他官员提问题的形式，肯尼迪明确地表达了他对自己的高标准要求。用约翰·温思罗普的话来说，肯尼迪管理下的美国将成为众人关注的“山上之城”，同时，这次被人们称为“山上之城”的演讲也成为一次著名的演讲。1961年以后，很多人认为“山上之城”的说法源于肯尼迪而不是温思罗普，尽管现在很多人知道里根总统也曾经引用过。

这篇讲演从一开始就以总统换届活动的标准来计划、构思和起草，内容包含派特遣部队、预算和就职选派等，我不仅引用了“山上之城”的比喻，还借用了罗斯福总统惯用的问题模式——罗斯福在1932年的总统竞选中高度钟情于这种用法，《当仁不让》用这样的问句记叙内布拉斯加州共和党参议员乔治·诺利斯：“历史问到，‘人类诚实过吗？人类无私过吗？人类有勇气吗？人类忠诚吗？’”30年后，肯尼迪回忆起罗斯福总统，说道：

> 当历史的最高法庭对我们每个人进行审判时——判断我们是否对我们的国家尽了最大的责任的标准是我们对这四个问题的回答：我们是真的勇士吗？……是真的捍卫公正的人吗？……是真的保持忠诚的人吗？……是真的勇于奉献的人吗？

我收到肯尼迪母亲的秘书寄来的一封信，信中称，肯尼迪的父母亲被这次演讲深深打动，他们想问我“会不会将这份稿子留到就职演讲时再用”。肯尼迪问了我同样的问题。我回答说，《再见，马萨诸塞州》的结尾稍作修改便是就职演讲的结尾，并向他保证，我们仍有充足的材料来撰写一个精彩的就职演讲。

肯尼迪深知，无论是在国内还是在国外，无论是作为战士还是和平主义者，无论是令人厌倦还是鼓舞人心，无论是经典还是平庸，就职演讲就如同新总统身上的烙印，并且会持续很多年。杰斐逊总统经过惨烈的竞选后发表了他生平的第一次就职演讲，目的在于修补党派之间的裂痕；罗斯福总统的就职演讲向美国人保证他要带他们走出经济大萧条；肯尼迪的就职演讲帮他改变了美国。肯尼迪庄严地宣告，现在是我们新的一代人处理新问题和肩负新责任的新时期了。通过他的讲演和行为，肯尼迪为世界树立了一个好榜样——每个人都可以超越自己，人不应该在一个令人无法忍受的困境中强迫自己忍受现实。

肯尼迪的就职演讲通篇贯穿着他的宗旨和期望，使他从一位以微弱优势胜选的年轻总统转变成受全民主党前辈和世界的政治家称道的自信总统。他凭着自己的信念一步步使这一幕成为现实，尽管有报道称，他对妻子说他觉得自己的演讲并不如杰斐逊的第一次就职演讲精彩。当然，这确实比不上林肯的第二次就职演讲或者罗斯福的第一次就职演说精彩。虽然我在这些比较的评论上不可能做到完全的客观，但我敢说肯尼迪的就职演讲确实是 20 世纪最好的演讲之一。《伦敦时报》的评论员说出肯尼迪与林肯在演讲上的相似性，那是对的。林肯的葛底斯堡演讲和第二次就职演讲一直都是我和肯尼迪推崇和学习的典范。卡尔・桑德伯格说，继林肯总统之后，最好的演讲可能不是罗斯福的第一次就职演讲,而应该是肯尼迪的演讲。自由主义的《记者杂志》编辑马克斯・阿斯科利说道：“肯尼迪的演讲既没有‘打动’也没有‘扰乱’他的心绪。”但他的话却打动也扰乱了肯尼迪总统，于是他被特意邀请到总统的椭圆形办公室。

肯尼迪的就职演讲是历史上第四个最简短的美国总统就职演讲，而在第二次世界大战的压力下，罗斯福的第四次就职演说必须尽可能地简短，除此之外，这应该是 20 世纪最简短凝练的了。肯尼迪的其他演讲大多数也使用了简单的短语和语句，或者更倾向于使用词语。他严格限制第一人称的使用。他的演讲广泛地探索了他自己的经历和他生活的年代，他“经受过战火的锤炼”（我并没有亲身经历过），环球旅行使他更全面地认识世界。他的演讲也体现了他对美国历史的热爱，在这一点上，我的研究远远不及他深刻。

他希望就职演讲可以将关注点放到外交政策上，某种程度上讲，是因为对内政策太过于党派化，容易引起分歧，其复杂性也使这篇演讲难以做到简洁。他不想将就职演讲变成民主党无聊的独角戏。两位为我们在民权问题方面提供帮助的竞选顾问——哈里斯・沃福德和路易斯・马丁建议我在演讲中深化对内政策的部分，于是直到最后一天，我才在“为了美国人曾经奋力争取的人权，也为了我们现在正在奋力争取的人权”的基础上添加了“无论在美国还是全世界”。我建议肯尼迪，如果他想要更详细一些，那就可以用这样的问题：“你是否真的想要通过生活、通过对其他种族和大洋彼岸的人的态度，表明你对真理的信仰保留着自己的坚持？”这句话最终还是没有加上去。

肯尼迪明白，他只是以微弱的优势赢得了大选，以微弱的优势使民主党在国会中占据上风，这就要求肯尼迪的就职演讲不能有半点的空想主义。一些评论员说，他的演讲是对武装斗争尖锐又冷静的呼唤，因为它允诺了“不惜一切代价，承担一切重负”。其实他们应该听完整个演讲。我们是在号召更多的美苏合作，包括反抗战争和暴行的合作：

> 让我们永不畏惧谈判。让双方探讨使我们紧紧团结的问题，而不要虚耗心力于使我们破裂的问题。让双方首次为监查和管制武器制订严肃又周密的提案，并且把足以毁灭其他国家的绝对力量置于所有国家的绝对控制之下……让双方联合起来……建立一个新的法治世界……（开展）斗争，一致对抗人类公敌——暴政、贫困、疾病以及战争。

他是最后一个在其就职演讲中直接提到联合国的总统。他对全球冷战给予郑重的警告。他说道：“人类手中掌握了巨大的力量……足以毁灭整个人类社会。”后来我对此感到些许质疑，但我的研究员向我保证，这些在理论上是完全正确的，热核爆炸所包含的毁灭性力量远远超过历史上所有战争中所有武器释放的威力总和。简而言之，这篇演讲不仅反映了肯尼迪的个人观点，同时也诠释了我们所有人的反战精神。

明媚的阳光洒在厚厚的积雪上（前一天下了整整一天的雪），将会场映照得耀眼夺目，也将肯尼迪的演讲气势和言辞衬托得更加强硬有力。我安排了警卫队去清除积雪。由于经济顾问委员会的工作已经超量了，当电话铃声响起时，詹姆士·托宾告诉他的手下：“不要接，很可能是索伦森让我们去除雪。”

很多志愿者和哥伦比亚特区的居民都来帮忙除雪，开辟了一条使我们顺利通往国会大厦的路。我和妹妹坐在讲台后面，紧张、兴奋又激动。他开始演讲后台下却反应平平，鸦雀无声，我忍不住担心起来：演讲彻底失败了吗？直到讲了几乎三分之一的时候，台下才响起了掌声，之后掌声越来越多，这时我才松一口气。在过去的三年半或者比三年半还长的时间里，我和肯尼迪跨越了 50 个州，就是为了迎接这一刻的到来。一些高官名人在典礼结束后抱怨道，他们的位置只能看到肯尼迪的后背。而我已经习惯于注视着肯尼迪的背影，接下来的日子里我仍然会站在他身后，一如既往。

演讲稿经过反复的斟酌和修改。在先前的草稿中，“火炬”其实一开始是

“自由主义的火炬”，但最后“自由主义的”被删掉了；但是在“以确保自主的存在与实现”中，我们又将其改成“以确保自由的存在与实现”。肯·加尔布雷思觉得“促进合作”听起来像是指公司，于是我们把它改成了“促进团结”；“我们将与他们联合阻止……对美洲的侵略和颠覆”也被改成更具实际意义的“我们将与他们联合抵御……对美洲的侵略和颠覆”。关于联合国，在草稿中“为了使它不只成为仅供谩骂攻击的论坛”被改成更为积极的保证“为了防止它沦为仅供谩骂攻击的论坛。”没有一个国家或首脑被视作我们的敌人，所以在演讲的前几天，专栏作家沃尔特·李普曼建议将“对于我们国家的敌人”改为“对于那些主动站到我们敌对面的国家”。

演讲中的一些话题可以追溯到我父亲早年的一些说法，我不止一次地听他说过，因此印象深刻。1934 年，父亲悲叹道“贫穷、伤痛、疾病正折磨着世间的大多数人”。1961 年，肯尼迪说过“人类共同的敌人：专制、贫穷、疾病和战争”。我父亲曾写道：“岁月教会我忍耐。如果事情进展缓慢，我也不会再抱怨。上帝并不能一天造出一棵树，‘他’花费了数十年……所以完成一项改革需要一个世纪也就不足为奇。如果我们走对了路，那么即使这条路漫无尽头又怎样……”这段话是 C.A. 索伦森在我出生的前一年写下的。肯尼迪也从中得到启示：“所有事业将不能在一百天、一千天内就完成，也不能在我本人的任期内完成，甚至不能在我们有生之年完成，但是，让我们现在就开始工作吧。”

演讲中的所有语句并非都会获得掌声。“如果建立合作阵营能够遏制重重猜疑……”便是一句值得玩味的话。“引爆人类终极战争的恐怖不受控制”这句话讲出来比读出来更意味深长。但是，有一个相对平淡的句子却要比得到掌声和喝彩的句子更重要地表达出肯尼迪政府的施政原则。那一句便是：“只有当我们的军事储备达到毋庸置疑的充足时，我们才能毋庸置疑地肯定它们将永远不会被投入使用。”这也是肯尼迪对于战争与和平的理解。如果我们的装备足够精良，我们就不需要去侵犯其他国家，当然他们也绝不可能来攻击我们。

肯尼迪演讲中最著名的一句话就是：“不要问国家能为你做些什么，而要问你能为国家做些什么。”由此可见他对公共事业的长期追求。他的母亲曾教育他，每一个公民都应该懂得回报，而他在竞选中一直贯彻的一个宗旨就是，美国公民的义务就是在国难当头之际，为其他公民提供帮助和服务。这样的言论，使在公共事业上支持肯尼迪观点的自由派产生了共鸣，也使厌倦政府宣称语的保守派愤愤不平。

许多研究者声称这句话取自奥利弗·温德尔·霍姆斯和沃伦·G. 哈丁的作品。有些人则说它似曾相识：二战期间，乔治六世通过广播号召英军抵抗欧洲的入侵时说的话；卡尔文·柯立芝的自传；20世纪50年代得克萨斯州大学新生会的宣言；罗伯特·布朗宁的诗作；20世纪初哈佛大学一名学生的论文；1951年帕萨迪纳中学的毕业生致辞。最无理的质疑来自黎巴嫩哲学家和诗人哈利勒·纪伯伦的追随者们。他们坚持认为，纪伯伦在1925年写的一篇文章中有类似的语句，而那篇文章标题正是"新边疆"。纪伯伦诗社曾给我打过电话和写信，问我和肯尼迪是不是读过这篇文章，尽管到1961年1月20日该文章才被翻译成英语。他们还问我，我们中的任何一人是不是懂阿拉伯语或其他中东语言。不，我们都不懂。

这其中最可信的说法应该是，1953年进入乔特中学学习的肯尼迪可能汲取了校长乔治·约翰讲话的经验。校长曾经在一个教堂说过"并不是乔特可以为你做什么，而是你可以为乔特做些什么"，以此提醒他的学生最重要的品质是无私奉献。遗憾的是，即使是乔特中学的档案保管员也找不到校长说过此番话的任何记录，而且校长的儿子西摩也说，尽管他父亲确实多次表达了这样的想法，但是他从未记得父亲在什么场合正式说过这样的话，也没有校友记得他什么时间什么场合说过这些话。

我并不否认，所有这些被列为证据的话或者文章确实在某种程度上与肯尼迪的演讲词很相似（如果不用"雷同"这个词的话）。但是我没有理由承认，我和肯尼迪在起草演讲稿之前拜读过这些前辈们的著作，然后再把它们穿插在就职演说中。实际上，我只是记不得这句话到底从何而来，我对最经常讨论的话题才会印象深刻，对于此话的来历没有记忆，也许是因为在这个话题上我多年来一直都保持沉默。一名前国会议员在给我的信中写道："有时候，神秘可以比清晰创造出更好的历史。" 一直以来，总有人问我关于某个语句的出处，如果没有确定的答案，我会微笑地告诉他："不要问。"这个著名的段落反映出肯尼迪毕生的政治哲学，号召我们为国家的利益做出奉献，而他为国家服务的生涯也使之得到升华，于是便产生了这个段落。

总统很喜欢学生们对演讲的反响。不止一个学生问过他，他们能为国家做些什么。一位白宫助理对一个11岁的孩子说："努力学习，不管在学校还是家里都要守规矩。" 这些年来，在众多改编肯尼迪的经典名言的语句中，最令我感动的是由一位朋友8岁大的儿子演绎的版本。在肯尼迪演讲多年之后，有人问这个小男孩怎么定义"友谊"，他回答道："你不应该问朋友可以为你做些什么，而应该问问你可以为朋友做些什么。"肯尼迪知道的话将会感到很自豪。

肯尼迪总统甚至还想对他的演讲进行自嘲。但罗伯特·肯尼迪劝阻了他，他说在美国文化中，就职讲演一向是"神圣不可侵犯的"，可是他在民主党全国委员会筹集资金晚宴上的演讲却是对就职演讲进行了模仿，正好是在总统就职演讲一年之后：

我们今天的相聚并不是为了庆祝获得自由，而是庆祝党派的胜利……我们发誓要偿还我们的前辈截止到一年零三个月前所欠下的政党债务。但我们要让每一名共和党人都知道，无论他盼着我们好还是盼着我们坏，我们将付出一切代价，忍受一切重负，克服一切艰难，支持一切朋友，反对一切敌人，以确保民主党的稳定和发展……我们的债务不能在接下来的一百天、一千天内就还清，不能在我的任期内就还清，甚或也不能在我们有生之年还清，但让我们就开始吧！请记住，慷慨不是懦弱的征象，而大使永远需要得到参议院的批准。如果民主党不能得到多数贫穷的人的帮助，也就不能被少数富裕的人挽救。我的民主党同胞们，我们事业的最终成败主要不是掌握在我手里，而是在你们自己手中。从民主党建立的那一天起，每一代民主党人都在召唤下为国库捐钱。现在民主党主席又在召唤我们了：不是召唤我们去投票，虽然投票是我们必须做的，也不是号召我们去进行民意调查，虽然我们正担负着民意调查的任务——而是召唤我们承担起长期的党派争斗造成的经济负担，年复一年，从未停止；召唤我们对抗民主党的公敌——米勒、戈德华特、洛克菲勒和尼克松。为了对抗这些敌人，能否让我们成就一个影响全国、团结又正派的政党？能否让我们分担起政党债务？我们在这场斗争中所投入的钞票、金币将变成一束火焰，凝聚我们的政党以及所有为之效劳的人，从这束火焰所冒出的浓烟必将使共和党人窒息。

所以，我的民主党同胞们，不要问民主党能为你做些什么，而要问你能为民主党做些什么。让我们永远不要退让，让我们永远不要停止奉献。

对于我们这几个对肯尼迪的就职演讲倒背如流的人来说，这简直太有趣了。

2005年的两部优秀著作，瑟斯通·克拉克的《不要问》和迪克·托费尔的《吹响号角》，最大限度地探讨了是谁撰写了肯尼迪总统的就职演讲稿，并探讨了一些经典词句的来源。这两位作者做了透彻的研究，找到了许多史实和文件，这些资料或者被我忽略了，或者是我不曾接触到的，他们也多次对我进行采访。我告诉他们，这是一次特别的演讲，我和肯尼迪都非常小心翼翼，此次创作和合作的方式与我们此前七年间所用的方式几乎没什么不同，在接下来的三年里我们也一如既往。

通过各自的研究，克拉克和托费尔总结出这篇就职演讲是肯尼迪和我共同合作完成的。同时他们也向阿德莱·史蒂文森、肯·加尔布雷思和其他人请教，反复研究总统竞选期间常用的主题和语句，还有《再见，马萨诸塞州》的内容。但他们明显将功劳归于不同的“主角”，克拉克强调了肯尼迪的作用，而托费尔则说是我作了更多的贡献。我们的功劳比例的却很难确定，肯尼迪口述的许多最初版本都是以我早期起草的文稿为基础的，而我起草的许多初稿又是以肯尼迪先前的竞选演讲为基础的，这些作品通常都源于我们俩的通力合作，也有一些想法和词语源于历史上的政治家和作家。

功劳最终该归属于谁也就难以分辨了，它本该如此，因为我知道，没有人找得到原始手稿。我和杰姬探讨过，在历史上，肯尼迪在其就职演讲稿作者问题上的正确定位与历史对文献记录精确性的要求之间存在什么冲突，包括那些在曲解或误解下形成的文献。随后我撕毁了《肯尼迪传》的第一份手稿。我亲手毁掉的那份手稿和他修改过数次的终稿之间到底有多少相似之处？如果我当时核对过那些差别，现在也真的不记得了。2005年出版的《不要问》一书中，作者在广泛的调查基础上写道：“很明显，索伦森的原始手稿已经遗失了。”事实确实如此。比起演讲中传达的那些精神和宗旨，作者到底为何人，已经不那么重要了。

# 第19章 肯尼迪总统的天才内阁

A LIFE AT THE EDGE OF HISTORY

就职典礼后不久，总统召开了肯尼迪政府的所有总统顾问和政府官员的集体宣誓会。环视四周，我惊讶地发现，礼堂里有许多学者、市政领导、前政府官员和受过高等教育的政治积极分子。过去的四年里，我和这些人常有联系。正如肯尼迪总统在就职仪式上宣誓的那样，他也是一位“天才的内阁成员”。

我并没有正式参与内阁成员的选择和指派工作，萨金特·施赖弗和拉里·奥布赖恩带领的小组负责了整个流程。我给拉里发了两个备忘录：一个主要是我自己建议的人员名单，另一个是选人的原则和“需要注意的问题、利益冲突、对肯尼迪施政方针的认可度、是否经参议院批准、是否有党派主义、地域平衡以及多方认可”。此外，我还提醒他“不要忽视政府已吸收的服务人员中的有才之士……以及在第一年通过赞助而从总统的施政方针中获得支持的人”。我相信即使没有我的提醒，拉里也会清楚这些要点。

肯尼迪并没有把政治恩怨带到内阁成员的选择上来。在党内与他竞争总统候选人的提名人中，肯尼迪首先选择了林登·约翰逊，其次是阿德莱·史蒂文森（另外还有史蒂文森的支持者，比如迪安·腊斯克）、斯图尔特·赛明顿的儿子，还有休伯特·汉弗莱主要的助手和支持者们。肯尼迪把这个班子定义为“党派大联盟”，这是一个将永远被历史铭记的名词。那些原本支持约翰逊、汉弗莱和史蒂文森的人，都纷纷向肯尼迪表示了他们的忠诚，并接受了肯尼迪的指派。据我所知，这些人再也没有作任何努力去改变肯尼迪班子的政策。

后来，这些人在离开公职之后所成就的事业再一次证明了肯尼迪的选择是多么明智。由于篇幅所限，我无法对他们表达更全面的赞美，但我还是要提一些曾经和我一起效劳于肯尼迪政府的杰出人才，他们在离开公职之后又在各自的岗位上进一步推动了国家的发展：麦克·邦迪成为了福特基金会的主席，他在国家安全委员会时的副手卡尔·凯森，成为高等研究院的主管；戴夫·贝尔成为了哈佛公共卫生学院的院长；杰尔姆·威斯纳成为了麻省理工学院的校长。弗里曼、狄龙和尤德尔建立了各自的组织。原本热衷于公共事业的阿瑟·施莱辛格离职后还是投身到公共事业中，同时，他一直是美国最有名的历史学家。皮埃尔·塞林杰开始了漫长的电视和新闻媒体职业生涯。副总统的高级助理比尔·莫耶斯，时至今日仍然是美国最有见地的民生事件评论员。

除了他的弟弟外，肯尼迪所任命的人没有一个是他在波士顿、哈佛、海军队时的故交或者他父亲的生意伙伴。2000年，乔治·布什政府对最高法院人员的选派收到民主党人士的刻薄评论，理查德·尼克松的高级助理赫布·克莱因，让我回想肯尼迪1960年险胜之后是如何处理与共和党的关系并达成两党的团结的。我告诉他，肯尼迪总统会见了尼克松，两人冰释前嫌，此外，肯尼迪还让一些有能力的共和党人士担任要职，包括任命道格拉斯·狄龙为财政部长，任命罗伯特·麦克纳马拉为国防部长，任命麦克乔治·邦迪为国家安全顾问。

至于美国新闻总署的主管，肯尼迪选择了哥伦比亚广播公司的广播员爱德华·R.默罗，他是全美最出色的广播员，当然也不是所有人都这么认为。默罗选择我的哥哥汤姆做他的副手，在政策和规划上为他提供帮助。那时汤姆还不到36岁，他向默罗道出了他的担心，总署内外的人员可能会说这是裙带关系，说他由于与总统御用顾问的关系，级别上已经跃过了那些资深人士。“我正准备告诉他们，”默罗说，“我选择汤姆·索伦森是因为他的才能和在新闻总署多年的工作经验。即便他是我自己的哥哥，我还是会让他来担任这个职务。”肯尼迪总统对默罗的选择很是高兴。他与汤姆第一次的见面是在20世纪50年代中期，那时他还是参议员，他让我哥哥做一份中东政策的摘要。见面后，汤姆对我说：“看起来，你已经将未来总统的信任握在手中了。”汤姆和肯尼迪都未曾忘记过那次见面。我在白宫时，汤姆在身边给了我很大的帮助，他会对一些演讲给我提供灵感和建议，包括在华盛顿大学里那次难忘的演讲，他发现了美国力量的局限性——在我们还没控制、无法控制并且不应该控制的世界上，美国并非无所不能；而这一点所有的总统都未必意识得到。

我的妹妹露丝也会时不时的出谋献策。在肯尼迪总统入主白宫的第一年里，《时代周刊》对他的评价比上任总统更加尖刻，他让我做一份比较分析报告。我将这个任务委托给了露丝，那时她正住在华盛顿。她发现，肯尼迪上任第一年的负面新闻确实要比艾克的多。总统拿着她的报告在椭圆形办公室会见了周刊的出版商亨利·卢斯，他也是肯尼迪家族的世交。几个月后，我邀请露丝参加白宫为最高法院举行的接待会，我在接待处向总统介绍了她，总统立即以其独特的魅力说道："哦，露丝！那该死的周刊，你都不知道你为我作了份多好的报告！"于是，露丝立刻再一次对总统倾心。

索伦森兄妹并不是内布拉斯加州仅有的三个为政府效力的人。除了我们之外，还有我的副手李·怀特，杰姬的秘书蒂什·鲍德里奇，还有肯尼迪多年的秘书伊夫琳·林肯，她的父亲是内布拉斯加州民主党进步派的议员约翰·诺顿，诺顿和我父亲还有些交情。1961年的一个晚上，由于会议开得太晚，就快错过内布拉斯加州商会的晚宴，我便问总统是否可以先离席，"去吧，"他说，"去那里我们就不会有更糟的表现了。"他总是这样拿内布拉斯加州取笑我；1960年竞选时，他就曾经嘲弄我那只是一个农业小州，不是一个可以带来更多选票的大州，而那时我对农业一无所知。

但是为肯尼迪效劳的小职员却是例外，包括他的正式顾问团和非正式顾问团，参议院在审查的过程中给了他们较少的阻碍。就职讲演之前的那个周日，在劳工部长阿瑟·戈德堡为整个内阁召开的早餐宴上，我用索伦森家族特有的打油诗称赞他们：

为新边疆的成员欢呼雀跃——
精明强干的肯尼迪先锋们。
著名的贫农乔治亚·腊斯克，
优雅的霍奇斯从来不粗鲁，
奥维尔·弗里曼是农民的朋友，
斯图尔特·尤德尔喜欢睡大觉，
将有趣的书寄给爱德华·戴，
将不合作的罪犯交给鲍勃·K，
生病得找亚伯·里比科夫，
支票冻结就责怪狄龙，
福特是麦克纳马拉以前的坐骑，
虽然最后才提到，
金伯格并非不重要。

肯尼迪的政府成员毫无例外地拥有远大的理想、无私奉献的精神和诚信正直的品质，这种以国家和人民为重的管理思维现在似乎已经离我们远去了。当然，并不是他们所作的任何决定都是明智的；并不是他们所采取的任何行动都令人折服。但是没有一个高级官员会被指责藐视法律、接受贿赂或者对国会和大陪审团司法说谎；没有人会出于法律原因或丑闻而离职。为什么肯尼迪内阁会如此与众不同呢？因为我们的总统与众不同，因为他的原则与众不同。

总统内阁成员的素质通常反映出他本人的品性。肯尼迪很坦诚，而且他始终相信这些成员也都一样坦诚。当他发现三个既有能力又受尊敬的官员逃避缴纳个人所得税时，他并未表现狭隘的愤怒，也没有将他们的开支公布于众。他只是冷静地撤销其中一个人的高级职务，并接受其他两个人因“个人背景”原因而提交的辞呈。

最遗憾的事情发生在詹姆斯·M. 兰迪斯身上，这真是十分讽刺。他是政府部门中最有能力、最受人尊敬的人之一，他是哈佛法学院的前院长、罗斯福政府的顶尖人才，也是肯尼迪父亲的亲密朋友和生意伙伴。肯尼迪委派兰迪斯监督独立的管理机构的改组，这些机构具有强硬的势力。由于长期酗酒和面对年龄的压力，他同意只当六个月的管理主任；但是肯尼迪却拒绝了他在1961年7月提交的辞呈。接下来的一个月里，兰迪斯给他的秘书写了几首情诗，使她婚姻破裂，肯尼迪这才接受了他的辞职请求。两年后，兰迪斯承认逃税，1956～1960年间他都没有报送纳税申请表。肯尼迪家族早就看出了端倪，便催促他尽快还清那些税款，后经美国国税局计算，那税款仍然不够。肯尼迪总统和司法部长都没有试图干预对他的控告和审判，结果，他被判监禁30天，缓期一年执行。9个月以后，他的审判被撤销了，但他不久之后便死于自家的游泳池中。官方称那是一个意外，说他游泳过程中心脏病突发。但报道称在他血液中发现了大量酒精，我和罗伯特·肯尼迪都怀疑这则报道的真实性。无论如何，这位出色的人才结局很悲惨。

肯尼迪让国防部长罗伯特·麦克纳马拉带头，除了对国家安全问题提出建议之外，还要对商业和经济等方面的问题提出建议，他很欣赏麦克纳马拉以及他那种爽快、权威和雷厉风行的办事风格。1961年柏林危机的时候，我和肯尼迪就都发现了这一点，肯尼迪总统召开了一个小型的私人会议，想听听几个重要官员对宣布国家进入紧急状态有什么看法。我、沃尔特·赫勒、道格拉斯·狄龙、罗伯特·麦克纳马拉和麦克乔治·邦迪参加了这个会议。总统认识到这个声明对焦虑的盟国和前苏联来说必然是一个刺耳的信号，自由市场也会由于紧急通告而受到影响；在毫无准备的情况下，麦克纳马拉当即发表一番明智、富有逻辑、论点鲜明、条理清晰的讲话，表示赞成宣布紧急状态。随后，总统决定不发表声明，随即我们便转移到内阁办公室与国家安全委员会召开正式会议，总统要求麦克纳马拉在会议上首先发言。于是，这位国防部长像刚才一样，发表了一番明智、富有逻辑、论点鲜明、条理清晰的讲话，表示反对宣布国家进入紧急状态。我至今记忆犹新。

肯尼迪总统对国务卿迪安·腊斯克就不那么满意了。他是严肃谨慎的乔治亚州人，坚持自己一板一眼的处事风格，即使与不拘礼节的年轻总统相处也一本正经。有一点他应该感到很荣幸，因为他是唯一一个总统没有直呼其名的内阁成员。他忠诚周到地为总统效力，但事实上他却不是主要的外交政策制定者。比起罗斯福之后的任何一位总统，肯尼迪更像把自己当做国务卿，他年轻时到过多个国家旅行，二战时期在南太平洋战场上当过海军，同时又在参议院外交关系委员会工作，潜心研究外交史和外交事务，并撰写了很多相关资料。在外交政策及国家安全事务的处理上，肯尼迪更显得游刃有余，在这一点上可能只有老布什能比得上他。

腊斯克没有因为外交政策的决策权落在总统身上而感到愤愤不平，但有时参加白宫的顾问会议时也难免尴尬。在一次会议上，对于总统提出来的一个敏感问题，腊斯克国务卿分别看了看我、邦迪和卡尔·凯森（邦迪的副手），然后回答总统："这里人太多了，我无法回答您的问题。"肯尼迪请我和凯森离开，可腊斯克还是重复了他的答案。肯尼迪只能让邦迪也离开，这样他就可以和腊斯克单独谈了，肯尼迪总统再一次重复了他的问题。据小道消息说，腊斯克还是给出了同样的回答。

尽管肯尼迪政府从很大程度上消除了国务院与国家安全委员会之间历史遗留的互不信任，腊斯克还是在一片指责声中自我辩护，而正是邦迪的工作班子把对他的误解散播出去的。腊斯克说道，国务院一直以来就比任何一位总统都更加谨慎，因为它有义务将来自各国政府、国际组织、美国国会和公众的多方意见和想法都纳入考虑。他知道，由此产生的平淡的成果并不能使白宫满意。腊斯克说，只要他们不满意结果，他们会连报告消息的人都毙掉。

然而，说出国务院就像"一碗果冻"和"从来没有提出任何新观点"这些话的，恰恰不是白宫，而是肯尼迪总统本人。此刻，在接触过施莱辛格的书、罗伯特·肯尼迪口述历史的笔录和总统椭圆形办公室的录音之后，我便不能再像早期写《肯尼迪传》时那样，确信总统希望在连任后仍由腊斯克担任国务卿一职。白宫录音不止一次显示总统对腊斯克的烦躁和无奈，哪怕是在他赞扬国务院其他官员的时候。肯尼迪兄弟都认为，腊斯克在应对紧急会议和危机处理上并没有做好充分的准备，有失他的职责。在总统看来，与国家安全委员会相比，国务院的建议大多都缺乏建设性，既不实用也不明确，也不是他期待的那种创新的、清晰的、具体的提议或结论。如果连任，他很可能会让乔治·鲍尔或者麦克乔治·邦迪接替腊斯克的工作。

肯尼迪入主白宫后第一个夏天，国务院花了几周时间，似乎马不停蹄地准备回应一份关于前苏联和柏林签订协议的重要备忘录，他们起草了一份华而不实的文件，不过是一些法国和德国仍然没有同意签订的陈词滥调，这使总统对腊斯克的班子极其失望。早在1961年，肯尼迪便决定调动副国务卿切斯特·鲍尔斯的职务，以此作为一个整顿国务院的开始。但是，正当总统打算采取行动时，切斯特向新闻界泄露出风声，引发了一些反对言论，总统只好暂时作罢。于是，切斯特的调职备受关注，肯尼迪只将决定告知了我、腊斯克和罗伯特·肯尼迪。国务卿腊斯克发现了总统的用意，他报告总统说切斯特以辞职做威胁。那时，我刚刚陪总统过了感恩节从海厄尼斯港返回来，他又派“空军一号”送我回华盛顿，再将赫鲁晓夫的女婿阿列克谢·阿朱别伙送到机场。在途中，我对阿列克谢开玩笑说他的性命现在正在美国空军的手中。“我知道，肯尼迪的心腹坐在上面时他们是不会故意撞机的。”他答道。

我的任务是说服切斯特不要兴风作浪。切斯特是我自由理想主义的灵魂伴侣，我在他的办公室听他发了几个小时的牢骚，并跟他讨论新的职位和津贴。关键时刻到了，他哀求似的提出：“能给我派一辆白宫专车吗？如果我出现在出租车里那就死定了。”我给了他肯定回答。当我向总统报告说这次行动取得成功时，他回答道：“特德，这是自你赢得密歇根代表团的选票之后做得最好的一次。”——无论何时何地，只要我做得好，他就会重复这句只有我们俩才知道的笑话。

然而，调走切斯特并没有解决国务院的问题。在接下来的两年里，总统仍旧多次地考虑了人事变动，他考虑将国务院的次级内阁官员调到新的职位上去，从白宫中派人，或者是从罗伯特·肯尼迪的司法部派人，甚至考虑派罗伯特暂时去整顿国务院，但罗伯特并不愿意丢掉司法部长的位子去蹚这趟浑水。

由于我曾经在肯尼迪总统的命令下参与过古巴导弹危机的解决方案，就国务院人员的调配问题上他也向我咨询了一些建议。1963年2月12日，我写了题目为《通宵讨论》的备忘录，记录了总统近几天所询问我的问题，同时注明我并不是国务院问题的专家。我写道，政府必须首先具备三种新的特质：“对政府与政府机构来说，必须具有能够自我协调的果断的判断力、富有想象力的观点以及创新思维……过硬的行之有效的能力。”并附上注释：如果“削弱其中两种特质而提高另一种特质”是绝对错误的。

由于总统询问过我，如果保留腊斯克的职位，并且往国务院高层官员引入新人员是否可行，我料想他会着重考虑我提出的第二点，于是我还在备忘录中提供了一些可能适合国务院职位的人选。我还列出了这几个人的优缺点，包括罗伯特·肯尼迪、邦迪以及最近刚从预算局调到国际开发总署的戴夫·贝尔。我推荐的第四名人选是克拉克·克利福德（林登·约翰逊上任后任命他为国防部部长）；在他之后，我提出埃夫里尔·哈里曼，此人其实已经有了我所提到的第三个特征。我同时还向总统建议，要是这名人选不能确保取得“一定进展,那最好保持目前的领导班子……（开始）为1965年1月大变动打下基础”。

当时我没有向总统推荐自己，几年前我终于得知，就在我准备这份备忘录的不久前，我的名字就已经出现在候选名单中了。2001年，一名总统史学家给我看了1962年11月5日椭圆形办公室的一次谈话记录。那正是古巴导弹危机后不久，总统谈到他考虑将国家安全顾问邦迪调到国务院，然后让我接替他的职位。肯尼迪说道：“让索伦森接替邦迪的位置，再让费尔德曼担任索伦森的职务……索伦森和邦迪都相当优秀。”时隔近四十年后再读这份记录，在那位史学家的面前，我仍被总统对我的信任感动得几乎流下了眼泪。

在写这本书期间，围绕我可能被调到国家安全委员会的事情变得越来越清晰。1970年与作家拉尔夫·马丁的访谈中，肯尼·奥唐奈解释了当时所发生的事情：

> 他（肯尼迪总统）想让索伦森来接手邦迪的工作。有一天，总统叫我去办公室，考虑再三，然后问我：“你认为邦迪怎么样？鲍勃（罗伯特·肯尼迪）认为把邦迪调过去当副国务卿是再好不过了。他管理能力很强，也知道怎么做事最好。腊斯克能处理的事情他一样能处理得很好，然后我打算让索伦森接手邦迪的工作。”我说：“总统先生，我认为索伦森接手邦迪的工作是个灾难，我有两个原因，其一，索伦森没有这个资格；其二，他是一个苛刻的反对派人士。假如我反对您，我会说他是一个拒服兵役的人；假如我赞同您，我会说他是一个苛刻的反对派人士。不过，如果我是贝利·戈德华特，得知一个小孩被杀死了，那我第二天早晨可能就会进攻古巴。我们可能会先在柏林打一场仗，然后转战于越南。如果我是您的敌人，我会认为那些为您出谋划策的人是最不愿意付诸行动的。”接着我又说，“从政治的角度来看，这是一场莫大的灾难。我会坚决反对的，那些主张‘进攻古巴’的人本身就不会这样做。我了解贝利·戈德华特，他会让您骑虎难下的。”

听完后，肯尼迪总统说道："我没有考虑到这些，你的想法是对的。"于是，工作调换便作罢了。

假如当时我在现场，我会抗议。关于解决柏林、越南特别是古巴导弹危机的问题，我已经为总统提供一些外交政策方面的判断了，在那几年的紧张冷战中，指派一人当国家安全顾问有很大的好处，尤其是在16年前这个人就表现出强烈的道德规范的情况下。尽管肯尼的评价使我感到失望，不过，我知道他有自己的道理。

写作这本书时，我研究了几篇记录肯尼对我类似评价的文章，我的副手兼好友麦克·费尔德曼也帮我查阅过几次。早在白宫的时候，我就察觉到肯尼对我的敌意。麦克说，整个白宫都知道肯尼对我的敌意，所有人都知道，除了我自己。在肯尼迪的参议院办公室中担任我的助理的拉尔夫·邓根说过："肯尼迪入主白宫后，从政治局势来看，奥唐奈有能力将索伦森三振出局，确实如此……"我对此深表怀疑。

最近我才得知，在1961年末的时候，肯尼向总统透露说迪克·古德温不愿意在我下面工作。总统觉察到事有蹊跷，便会见了迪克，迪克对总统说他在我手下难以"出色地工作"，他想要直接效劳于总统，而且还会为国务院及和平队服务。（讽刺的是，肯尼曾极力反对建立和平队，形容它是令他作呕的"扭曲的自由主义思想"。）在迪克看来，肯尼在总统面前夸大迪克的不满是想"挫挫我的锐气"。所有的一切让我不禁怀疑肯尼反对总统任命我为国家安全顾问的原因是不是只在国内政策上对我不满。总统过后将会面谈话告诉了我。

肯尼的敌意让我很受伤，让我尤其吃惊的是，几乎在同一时间，我从他的偶像罗伯特·肯尼迪的谈话录音中听到了他对我的好评。曾几何时我把肯尼当成朋友，即使到现在，我也不知道我如何得罪他了。难道因为我沉默寡言和不善交际吗？因为我不是从马萨诸塞州出来的爱尔兰裔天主教政治家，所以在肯尼迪的参选和任期内我的功劳必须排在他们之后吗？因为肯尼在武装部队服过兵役，就强烈反对我的非战斗服役吗？难道就像迪克·古德温所写的那样，和肯尼相比，我的忠诚度不够吗？我永远都无法知道答案。回想起在参议院的日子里，肯尼迪总统曾经教过我，阻止所谓的朋友在私下里对你进行人身攻击的最好方法，就是"让他知道你知道他的诡计"。然而，现在为时已晚了。

白宫天生就是一个会滋生帮派、纷争的地方。主楼的东翼成员嫉妒西翼成员能和总统一起工作；对面行政大楼里的成员也嫉妒西翼成员，就像住在地下室里的人嫉妒和艳羡住在高层的人一样。有的人能享受额外福利，有的人却不能，这种特权成了白宫混乱的首要原因。使用白宫专车，军队司机准时接送，和总统出行时与他一起乘坐“空军一号”，出席内阁、国家安全委员会和其他政府机构的会议，中央情报局清晨简报自动送上门，拥有私人助理和副手，拥有自己的速记员和秘书，还有一个大办公室——我能享受这些福利已经是足够幸运了，没有任何理由去抱怨。我也确实没抱怨过，也从来没有听到别人的抱怨，尤其是别人对我的抱怨。

我和白宫同事的相处看起来总是很友好、很和谐。但是没有一个政府内部不存在职位上的嫉妒、能力差距和竞争。并非白宫的每个职员都喜欢与其他人交往，但是我肯定地说，那时候，肯尼迪的白宫里不存在个人恩怨；除了迪克对我的抱怨，肯尼迪对我没有提到任何不满，这个事实使我相信他也不知道任何别的事情。

我在白宫工作期间，我能指出的唯一冲突就是由媒体炒作出来的专家们（我、海勒、威斯纳、邦迪、施莱辛格）和政治家们（奥唐奈、奥布赖恩、塞林杰、邓根）之间的分歧。工作之余，为数不多的社交和娱乐活动经常局限于各个小组织内部。就职典礼那天，《时代周刊》报道：“目前华盛顿出现了一种新的室内游戏，就是猜测团结一致的肯尼迪班子何时会因特德·索伦森的下属们和以奥唐奈为首的职业政客们的冲突，而分崩离析。”那时，我觉得这种所谓的分歧是荒谬的。其实我错了。就连我的老朋友拉尔夫·邓根对我也有怨言，1964 年，他为肯尼迪图书馆提供史料，在回忆我们一起在参议院工作的日子时他说道：

> 为特德工作可不是那么愉快的……想要和肯尼迪直接接触相当困难……随着时间的消磨，特德压制他人的个性日渐显露……他说话尖刻，行为粗鲁又无礼，不是一个多么好的人……无论有什么事情影响到他和上头的关系，索伦森总是算到别人头上……索伦森最大的弱点就是愿意为肯尼迪付出一切……连自己的生活都弄得一团糟……参议院中的润滑剂就是人与人之间含糊不清的交谈……索伦森很讨厌这种空谈，肯尼迪参议员也是如此。

自从听到那些说我傲慢之类的言辞，我不得不承认无风不起浪的道理。我对他们的抱怨没有太吃惊。从我进参议院至今，迪克·古德温和我的一些部下都觉得，我既不告诉他们我和肯尼迪的事情，也不透露一些重要的任务，我经常不采纳他们的建议，无视他们写的发言稿。毫无疑问，如果我那样做，那就可以使上下一心，士气高涨。但那些基本上都是肯尼迪的指令，他要我做好每一项他委派给我的任务。

幸好我已经吸取了教训。现在我喜欢和朋友们闲谈。我很后悔我年轻时没有发现这种方式，那时我的唐突无礼是多么不合群，冒犯一些人也树立了敌人，这是最遗憾的事情了。

# 第20章 我与副总统的矛盾

A LIFE AT THE EDGE OF HISTORY

在参议院，肯尼迪就清楚地认识到，林登·约翰逊是一个虚伪的大野心家，有着华盛顿政客的手腕，在这一点上肯尼迪望尘莫及。1960年，肯尼迪察觉到约翰逊有一股顽强的意志，正是白宫所需要而其他人所不具备的，他甚至告诉牛顿·米诺，在他所有的竞选对手中，约翰逊是总统位置最有力的竞争者，他说道："这个蠢蛋还真是个人才。"

1952年11月，肯尼迪第一次当选参议员时就收到过约翰逊的祝贺信。他在信中表示，来自亚利桑那州的欧内斯特·麦克法兰（1952年当选为民主党多数派领导人）在竞选参议院民主党主席时惨遭淘汰，而他则很有希望当选民主党主席，希望能得到肯尼迪的支持。在漫长而紧张的竞选后，肯尼迪还有很多其他的事情要做，比如休息、犒劳他的竞选团队、准备政党纲领以及选择班子成员等，他早就忘了那封信。直到1956年的秋天，肯尼迪与约翰逊一同前往得克萨斯州参加国会改选时，约翰逊质问肯尼迪当初为什么没有给他回信。尽管肯尼迪觉得这件事很可笑，但他也承认，正是这个细节体现了约翰逊的优势与个性，而当时的我并没有想到这件小事竟如此意味深长。

我和肯尼迪对多数派领导人多少存在着一些看法。1955年9月12日，我在写给肯尼迪的信中提到："林登·约翰逊指派你承担起外交关系委员会和财政委员会的任务，是他的失误，现在他终于挽救成功了。他将你推荐到波士顿国家古迹保护委员会！"我们的疑虑也得到了证实。据说约翰逊认为肯尼迪只是一个傲慢的乳臭未干的小子，还不足以被视为参议院里的新星，肯尼迪的这点小名气只是靠舞文弄墨得来的罢了。

1956到1959年间，我陪肯尼迪考察了50个州，此时离约翰逊发表竞争总统候选人提名的演讲的日期也日益临近。约翰逊反复声明，他的竞选得到许多参议员的大力支持。我们对此不屑一顾，因为我们很清楚，这些所谓的参议员不能代表他们各自的州而参加全国民主党代表大会。此后，我们更有理由不相信他的话。约翰逊及他的同僚们在1960年的大会上卑鄙地抨击肯尼迪的健康问题。即便在他成为肯尼迪的竞选搭档后，我们也听说，他私下还在讨论关于肯尼迪得阿狄森氏病的谣言。果真如此吗？

肯尼迪选择约翰逊作为他的竞选搭档并没有让我感到意外。相对而言，来自东北部的年轻的肯尼迪只是毫无经验的自由主义天主教徒，他需要约翰逊来帮他赢得民主党内的一些选票。倾向左翼思想的肯尼迪认为，林登·约翰逊在很多问题上表现出来的右翼思想恰好会与南部的民主党人、保守派和中立派达成一致。肯尼迪需要竭力争取这些人的支持，否则他的大选将困难重重。

1960年6月，民主党全国代表大会的前几周，在乔·艾尔索普的晚宴上，约翰逊最亲密的工作伙伴博比·贝克（林登·约翰逊接任总统后，他为总统副手）把我叫到一旁，我知道约翰逊肯定要叫他说什么。果然，他和我说，即使约翰逊不能获得总统候选人的提名，他也愿意接受副总统候选人的提名。然而在1968年白宫的和解会议上，约翰逊告诉我和罗伯特·肯尼迪，他当时并不愿意接受副总统的职位，而更愿意继续担任多数派的领导人，“那是我最喜欢的工作了”。但萨姆·雷伯恩（众议院发言人）和菲尔·格雷厄姆（《华盛顿邮报》和《新闻周刊》出版商）坚持说服他接受提名，否则肯尼迪将得不到南部选民的支持，这样一来尼克松就会获胜。

1960年，民主党全国代表大会的前一周，我在给肯尼迪兄弟的机密备忘录中列出了副总统候选人提名的可能竞争者。约翰逊排在第一位，备注中写着“他能够帮我们赢得农场主、南部选民和得克萨斯州选民的选票，如果他当多数派领导人，那情况就没那么简单了”。肯尼迪提到约翰逊时，说“大概不可能了……，林登会一直跟我唱反调的”。名单上还有阿德莱·史蒂文森，“如果当上副总统，他会成为第一秘书”；休伯特·汉弗莱，“他帮我们获得黑人和农场主的选票”；与林登·约翰逊一样同为得克萨斯州参议员的拉尔夫·亚伯勒，“受自由主义者欢迎的南部人，他的民权思想和在农业发展上的成就会帮我们赢得得克萨斯州的选票”；加州参议员克莱尔·恩格尔，“他会帮我拿下加州选民的支持”；密苏里州参议员斯图尔特·赛明顿（和约翰逊、史蒂文森、休伯特一样，之前也参加过总统候选人的提名角逐，但并非热门人选），“他是一个关键人物，会帮我们赢得农场主的选票”。

我又列出“和约翰·肯尼迪一样，因年轻而遭通力反对却不能忽略的对手（我们不想选民把他们支持的对象说成“神童”)”：在民权运动和农业发展上成绩不俗的明尼苏达州州长奥维尔·弗里曼，还有前途无量的“铁铲”·杰克逊，我曾经为他工作过，“他对国家安防提出的质疑使他获得很高的威望”。堪萨斯州州长和艾奥瓦州州长也在名单上，我们曾考虑过在竞选旅行的时候去拜访他们，希望得到这两个州代表团的支持。然而，在我的印象里，他们“保守，不善言辞，脾气暴躁”。这两位当选的希望实在不大。很显然，约翰逊成为最合适的人选。

据一些历学家推测，肯尼迪投给林登·约翰逊的那一票根本毫无诚意，因为他明明知道约翰逊会更愿意当多数派的领导人，而拒绝他的好意。对此我不能苟同。我觉得肯尼迪是由衷地希望约翰逊能当选副总统的。他认为约翰逊对拉票，尤其对获得南部地区的选票有极大的帮助（我在备忘录里提到过这一点)。媒体铺天盖地地报道，罗伯特拜访约翰逊时说肯尼迪并未打算给他提供任何职位。当时我正忙于其他竞选事宜，对此事并不了解。我一直就觉得肯尼迪不会告知罗伯特取消约翰逊的职位，更像是罗伯特告诉他的哥哥，工人，自由主义者和其他派别的人都会反对约翰逊，而肯尼迪可能会说：“好吧，看看林登，他还没上任呢，也许他会改变主意的。”这是肯尼迪不愿表态时的习惯说法。他这么说我并不奇怪，虽然罗伯特不见得能明白他哥哥的意思，但我知道，他这样做是因为他坚信自己的选择。

不管怎样，约翰逊的当选是顺理成章的。没有他，肯尼迪很难争取到得克萨斯州和南部各州的选票，也不会竞选成功。更重要的是，约翰逊虽然有他的局限性，但他确实接任了肯尼迪的总统位置，并且在肯尼迪悬而未决的立法提案的接替和实施上，表现出一位卓越的总统应有的才干。

无论在竞选期间还是执政期间，约翰·肯尼迪和林登·约翰逊都很少同时露面。一旦他们一起出现，总给人很怪异的感觉。一个是身材修长、身着笔挺西装、略带孩子气的波士顿人，一个是身材肥胖、穿着西部牛仔靴、不修边幅的得州人；一个是沉默内敛、庄重博学的肯尼迪，一个是热情张扬、才疏学浅的约翰逊。

肯尼迪逊明白，20 世纪 60 年代的副总统，既没有名誉，更没有实权。因此，当他知道他可以不费吹灰之力地拿下副总统候选人的提名时，他还是希望能有机会参加总统竞选。约翰逊作为副总统，他既没有迪克·切尼（美国历史上最有实权的副总统）的权利，也没有沃尔特·蒙代尔（第 42 任美国副总统）或阿尔·戈尔(美国第 45 届副总统)的影响力和亲和力。肯尼迪去世一个月后，约翰逊当选为新一届总统。一天傍晚，他对我说："你老板待我很好，如果我们位置交换，我未必能像他待我一样地待他。"他对待他的副总统休伯特·汉弗莱的方式就是对这句话最好的证明。然而，1968 年约翰逊在支持休伯特成为继任他的民主党总统候选人时，他对他的内阁成员说："休伯特是获得三个 A 的副总统，我才得了一个 B+。"如果肯尼迪还在的话，他一定知道约翰逊在吹牛。

肯尼迪会特别邀请副总统参加所有的定期会议，包括内阁和国家安全委员会的会议。总统每周要和国会领导人一起吃一次早饭，每两周要和新闻小组的人吃一次早饭。在肯尼迪的白宫，小型的非正式会议甚至比正式会议更重要，即便如此，约翰逊也不经常出席。总统还带着副总统一起处理华盛顿和其他地方的重大民主党事件，在许多处理方案上始终以肯尼迪—约翰逊的名义记录。但是林登很少提出意见，而在作最终决定时，肯尼迪总统也不会过多考虑他的想法。

我不知道肯尼迪会让约翰逊知晓多少事情，但我相信，国家安全顾问邦迪会定期向约翰逊报告，而我几乎没有过。约翰逊有时不愿意针对政治会议上讨论的问题提出建议甚至评价，这让肯尼迪很是懊恼。肯尼迪会问："副总统，你认为怎么样呢？"约翰逊总是回答："我知道的不多，无法加以评论。"他并不是谦虚，约翰逊本身就不是谦虚的人。他只是在抗议，抗议之前他没有得到各方面的充足信息，甚至在立法事务上也是如此，可是肯尼迪却很厌恶和他交流。肯尼迪希望约翰逊作为副总统，能加强对立法过程的监督，保证更多民主法案的实施。他去世后，约翰逊确实做到了。由于我负责肯尼迪的立法草案和其他政策提案的准备和宣传工作，当国会反对或拖延这些提案时，我会和肯尼迪一样失落。1968 年，我和罗伯特·肯尼迪拜访约翰逊时，他告诉我们："肯尼迪有时和我生气，但外人不知道。"在约翰逊当选总统后，他的言行举止证明了他的精神和实力，也证明了肯尼迪当年选择他作为竞选搭档，并把他视为最出色的副总统候选人是正确的。

肯尼迪对 1963 年民权法案的策划使我和约翰逊的关系异常紧张。当我还是学生的时候，约翰逊就反对杜鲁门总统成立公平就业委员会，我当然希望内布拉斯加州立法部门的努力可以使这个提案通过。我也明白，我们需要约翰逊的支持来赢得南部地区的选票，在立法问题上，我欢迎他提出更有建设性的想法，尽管我有时还是会怀疑他的出发点。当他支持一些有争议的条款时，他是否希望保留这些有争议的条款而使提案失败，或是希望让其他人反对肯尼迪总统？（约翰逊上任后，在民权问题方面展现出他的领导风范，并接受肯尼迪的全部提案，他和他的政府付出了很大的代价，这无疑更加证明了来自南部的约翰逊总统不是一位简单的人物。）

1963年6月3日，也就是肯尼迪发表那个里程碑式的关于民权问题的全国演讲的9天之前，林登·约翰逊和我通了很久的电话。我不禁怀疑，约翰逊就民权所发表的漫无边际的言论是否因为他想多录一些他在这个问题上的录音，以显示他对此问题的重视，而不是想为我的工作提供更多建议？他似乎说了几个小时，我只是偶尔能插上一句，比如“我同意……这想法听起来不错……好主意……这观点很好……我同意您的建议……这建议很好”之类的话。约翰逊还说了许多对民权法案的策略、手法和修正建议。他认为总统应该行使他的权利，个别立法委员也应该作出让步。

下面一段是他对民权法案的战略建议：

> 我想让新墨西哥州的国会议员向大家介绍身着白色西装的约翰·肯尼迪……把他当做一个偏执的人，放在总统的对立面……总统还是要参加的，而且不能对任何人发火……我们要冒险组织一个三到四个月的辩论，使总统的提案遭受反对，使全国激起民愤……一些特殊提议需要更加谨慎地考虑……我们也许要牺牲南部地区，而且南部各州的选票可能根本就得不到……但如果他到南部亲眼看一看各州，与民众面对面地讨论道德、宗教的问题，那南部的选民也会佩服他的勇气……我不赞同通过立法来满足黑人的要求……我们让南部继续内战，他们就是想在拉拢肯尼迪后再切断他与南部地区的联系，过河拆桥。我告诉司法部长……我想说明的是，我和你们是一条船上的人，但我不会再表态什么……现在我只想告诉你，我和你一样强烈赞成这个提案。但我不想与一个十五人团展开辩论，然后让他们出去再七嘴八舌地讨论副总统如何如何。我不会出席任何一次他们与参议员们一起召开的会议。我想我这么做是最好不过了。我不在乎后果。但如果在最后一刻，有人要求我表态的话，那么只要我人在这附近，我就会坦诚以待，决不食言……我想肯尼迪可能会因为这个提案而成为牺牲品，他的提案即使不被扼杀，也会遭受打击……我认为该草案还没得到一致认可……我几乎在南部各个火车站都或多或少地提到这个法案，我直视着他们……看到他们对我们的尊重。上帝保佑，他们还是投了我们一票。如果我可以做点玉米面包或者类似的东西，总统肯定也会这么做……我认为你现阶段是不会赞同这个法案……你对于公众的情绪

还没处理好……我不知道是谁起草了法案，我从来都没有看过这个法案。见鬼了！如果连副总统都不知道里面写的是什么，你还指望谁会知道？……我告诉你吧，一旦肯尼迪公布这个法案，那些人就会马上一拥而上，他们会在拨款委员会安静地坐着，他们会拦下肯尼迪的“行头”，再也不提“民权”二字。我会让我的孩子们排队躲到防飓风的地窖，锁好门拿好钥匙，然后我再奋起反抗。或许我错了，但这是你想听到的话……这群人最会干这种勾当了，让我们防不胜防。总统就是门大炮，让他凭良知在所有的媒体前尽情发挥吧……他们会议论纷纷，说林登·约翰逊是个叛徒，但是他们又是怎么做的……我不同意你的观点，这一切还没结束呢……

很长，但是很精彩——这是典型的林登·约翰逊风格。

一天下午，我正在白宫向总统做简报。肯尼迪换上衣服，服侍他很久了的男仆乔治·托马斯正帮他收拾去俄亥俄州的行李。总统本来就不喜欢这种政治性的出行，这次偏偏还遇上暴风雨天气。乔治收拾好行李后，肯尼迪说：“如果飞机失事，谎话王（英语为 Lyin’Down，是对林登 Lyndon 的戏称）会在 24 小时内把白宫清理干净，到时候你和乔治会在第一时间被赶出去！”

在肯尼迪任职期间，我和约翰逊都谨慎地处理彼此的关系，尽量地表现出友好和尊重。我想他对我的信任正是因为我不是常青藤盟校的毕业生。他曾经谨慎地对记者说：“他很有天赋，我毫不犹豫地相信他的智慧和判断。”而我却从未对他有过如此高、如此慷慨的评价。

肯尼迪任总统期间，杰姬对林登·约翰逊颇为反感。她有时将约翰逊称为“玉米面包上校”，她的想法或多或少也反映出了她丈夫的想法。肯尼迪去世后，《当仁不让》准备出版纪念版。杰姬写信来说她不想让林登·约翰逊为该书作序。她阅读了我写的《肯尼迪传》的手稿，此时她和她的丈夫肯尼迪对约翰逊的真实想法便展露无疑。她要求我删掉，或者至少修改赞扬约翰逊的那些话，她在手稿上留下这样一段评论：

这些对林登·约翰逊的热烈称赞并不是肯尼迪真实的想法。比起他在参议院和民主党代表大会上的表现，肯尼迪对他的副总统工作的评价要低得多。后来肯尼迪对他的一些看法，你一定比我还清楚。在肯尼迪任期期间，他总在想，如果约翰逊当选了总统会是什么样子。肯尼迪很害怕这个想法会成为现实。

我在手稿中写道，肯尼迪从约翰逊身上学到很多东西。杰姬坚持强调说："在总统竞选上，我认为肯尼迪并未从约翰逊那得到任何启示，因为约翰逊的表现总是让我丈夫觉得很尴尬，尤其当他向全世界宣布'这是我的副总统'的时候。"我还提到肯尼迪和约翰逊非常尊重彼此。杰姬写道："就肯尼迪本人来说，这句话有些言过其实了。但这也没关系。"然后，她画掉了最后一句话，她这么做是有些意思的。

# 第21章 我与肯尼迪一家

A LIFE AT THE EDGE OF HISTORY

约翰·肯尼迪和我一样，在一个充满爱的大家庭里长大，这个大家庭在他辉煌的一生中给予他教导、鼓励和帮助。我既不了解在二战中阵亡的小约瑟夫·肯尼迪（肯尼迪的哥哥），也不了解他的妹妹凯瑟琳和罗斯玛丽。我钦佩的是他的另外3个妹妹——尤妮斯、帕特还有琼，对她们的几个哥哥而言，她们都是有政治头脑和丰富竞选经历的女强人。我很了解约翰的两个弟弟，鲍勃和爱德华。我所了解的肯尼迪三兄弟性格迥异，但他们似乎天生都就有继续深造的能力。他们不像华盛顿的大多数政客那样认为自己身居要职便无所不知，这三兄弟总是在不断地学习，不断地成长，不断地开阔视野，扩张涉猎范围。

约翰和鲍勃是完全不同的两兄弟，鲍勃的性格很刚烈，他特别钦佩一个人精神层面上所具有的勇气，而约翰则更钦佩一个人道德和学识层面上所具有的勇气。与鲍勃相比，约翰更会隐藏自己的情绪，他很容易接受不同的人，而鲍勃却爱恨分明。他们都能迅速地抓住问题所在，但鲍勃却容易作出仓促的判断，当然他后来慢慢改正了这个缺点。他们两人都喜欢用同一句口头禅："原谅，但不忘记。"刚烈的鲍勃可能不会原谅，而温雅的约翰则容易忘记。二者的差异在电视上显而易见，约翰内敛，鲍勃则风光无限。

我和鲍勃不算是亲密的朋友，我们的关系经历了三个阶段。1967年，美国广播公司的新闻组采访了我，我的回应道出了我对罗伯特·肯尼迪看法的改变，那时罗伯特·肯尼迪还不确定会不会竞选总统：

> 我第一次见到他是在1953年，那时，我已经开始为他哥哥工作了。

我从未将票投给鲍勃，他的信念里有潜在的激进、好强、狭隘、固执的意识，我想有些人会说他更像他的父亲，而不像他的哥哥！但多年来他改变了许多，1964年，他凭自己的能力成为一名纽约州参议员候选人，他尽力争取人民的选票，获得人民的信任，成就了新的鲍勃·肯尼迪,这是他第一次请求人民的帮助,并发现他可以做到。他和约翰·肯尼迪一样非常腼腆，给自己建造了一个保护区，但有时他反而会因为这个保护区而受禁锢，自从他进入参议院后，我们的接触日渐频繁，而且我一直看着他成长和改变。

不久后，我就收到了罗伯特·肯尼迪亲笔写在美国参议院信纸上的便条：

特德，好家伙，如果你用描述1955年的我的形容词来描述1967年的我，那样岂不是更好？

鲍勃

我们第一次见面时,我是肯尼迪参议员办公室的新助理,而他是约瑟夫·R.麦卡锡小组委员会的成员，参与调查政府的运行，并未涉及麦卡锡的政治迫害活动。那时候，他还是一个比较保守的人，无论是思想还是行为举止都非常像他的父亲，也和他父亲一样摒弃自由主义。毫无疑问，他看我时的眼神充满疑虑（如果不是不屑的话），就像我看待所有为麦卡锡工作的人一样。20世纪50年代初，我的家人提到罗伯特·肯尼迪与麦卡锡的关系，说他们持保留意见，我则很直接地表示我不想讨论这个话题。

一同为杂志拍照也没有增进我们的友谊。我和肯尼迪兄弟穿过街道来到国会大厦的草坪上踢足球，约翰给我传球，鲍勃守门。我刚接到球，鲍勃就给了我一记毫无运动员风度的蛮撞,我跌倒在泥泞的草地上,身上的一套体面的“参议院制服”也弄脏了。我想罗伯特·肯尼迪这样的行为是出于他对我的敌意，当然他也会感觉到我对他的不友好。

在1956年民主党全国代表大会之前，我们几乎很少碰面。等到1958年约翰·肯尼迪重新竞选参议员时，罗伯特已经很了解我了。波士顿的秋天逐渐转凉，他借走了我唯一的大衣，直到几周后的选举日才还给我，我对肯尼迪家族权势的看法更冷淡了。1959年棕榈滩聚会之后，他在参议院劳工委员会的调查工作也完成了，他便开始忙于约翰·肯尼迪的总统竞选，也就是从那个时候起，我们才有了频繁的接触。

即便这样，他还是对我的作用表现出怀疑，甚至有些嫉妒我和他哥哥之间的关系。有一次，他说要和约翰谈谈关于威斯康星州初选的机密问题，让我离开房间——我曾经花了几个月的时间和那边接触，联系各位代表而赢得支持。一瞬间，我气得满脸通红，这让我很尴尬，我明白了他的意思，便立刻转身回到了我的办公室。

鲍勃加入我们的竞选团队并接管了我很多的竞选任务，使我的工作仅局限于撰写演讲稿，这让我颇感失落。但很快我就对他佩服得五体投地，因为他取得的成效正是约翰·肯尼迪想要的，也恰恰是竞选最让人激动的地方。1960年的民主党代表大会之后，我们增加了公事上的合作，但在个人关系上却没有多大的改善。他没有干涉我的写作，我也没有威胁到他的竞选经理职位。却有报道说，候选人员来找我寻求建议和指导时，他就很生气。

我们进入白宫工作之后，气氛开始有所改善，我们的关系发展有了转折点。我们开始在各自的位置上赞赏和尊重对方。然而，他和他的妻子埃塞尔在戴维营举办周末聚会，在希考里山庄举行的公开聚会和研讨会，我并不在他们的邀请名单中。我也并没有时间期待被邀请，也没有时间去考虑我是不是被排挤。

我和鲍勃偶尔会争着向总统提出一些政策问题上的意见，但在立法问题上却很少这样。我们俩会定期联系，但我们谁也不会给予对方或者听从对方的指示。我们觉得没有必要在白宫顾问和司法部长办公室之间设置和其他部门之间一样的官方规矩。自然，司法部也不用像其他部门那样，在将立法建议呈交给国会之前交由我来过目一遍。

鲍勃逐渐认识到我们之间的协作能直接帮助总统实现一系列法案的通过和实施，我们的个人关系也在不断的接触中有所改善。他开始询问我有关司法部运转和发展的一些事情。在民权问题方面，我们密切合作，没有什么分歧。在弗吉尼亚州的爱德华王子县有人公然反抗法庭发出的去种族隔离化的指令，我陪他一同前往处理。由于我们的合作，他成功地抑制了1962年因通货膨胀造成的钢铁价格上涨，并且在最高法院确立国会费用分配标准前，提高了司法部地位。

回首过往，对肯尼迪总统而言，任命他的弟弟为司法部长本身就是一个错误的决定，尽管他也是一个杰出的人物。根据美国的法律，司法部长的首要职责是监督总统完成与法律有关的任何事情。他不像历史上其他的司法部长一样，很少卑躬屈膝，如果出现问题了，要他处理得美满还真是不易。实际上，在很多政府政策和总统决策问题上他都不参与其中，而媒体却过分夸大了鲍勃在白宫的作用和他对约翰·肯尼迪的影响，由于他对司法部有重要的责任，他也不能干涉总统的决策，但是不可否认的是，他在古巴导弹危机事件中承担了重要的职责。

我们关系发展的第二次转折是在肯尼迪总统遇刺之后。11 月 22 号之后的几个星期里，我和鲍勃都意识到总统遇刺对彼此的影响之深，于是我们空前地团结起来。暗杀事件之后，麦克 · 邦迪在白宫员工的备忘录里这样写我："他和约翰 · 肯尼迪的感情如此深厚，就好像是他失去自己的哥哥一样。"黑色星期五之后的星期六，鲍勃戴着墨镜走进我的办公室，墨镜后是一双红肿的眼睛。那是一次短暂的充满悲情的见面，我们都没多说什么，更没法多说什么。

我搬到海厄尼斯港写作《肯尼迪传》后，我们的友谊深厚了许多。总统的死改变了鲍勃，他变得谦逊、温和。他的公众责任越来越重，也使他的性情温和了许多。与约翰相比，鲍勃更像他的父亲，而且变得比他的父亲和哥哥更倾向于自由主义。20 世纪 60 年代中期，一份报纸说我的处事风格比罗伯特 · 肯尼迪更加游刃有余。鲍勃写信给杰姬："你能想象得到吗，如果他——你知道我指的是谁，听到我被描述成比特德 · 索伦森更崇尚自由主义，他会有什么反应？"

1964 年，我接受了鲍勃的邀请，到纽约帮助他竞选参议员，在他担任参议员的几年里，我时常见到他。他经常给我打电话，就越南问题征求我的意见，后来甚至问我该不该竞选总统。

作为一名参议员和最高法院的成员，他将我正式介绍到最高法院工作。《时代周刊》报道说："罗伯特 · 肯尼迪议员相当清楚自己在说什么，他说道，'我很高兴看到特德 · 索伦森拥有这个能力。'最高法院首席大法官厄尔 · 沃伦都笑得从法官席上掉下来了。"1966 年 1 月，我们在一个大雪天在最高法院门前的台阶上拍了张照，罗伯特 · 肯尼迪在相片上写道："最高法院的两位未来大法官在赢得他们的首个案件之后，将展开讨论一些法律决策和战略。特德——我欣赏的朋友。"

媒体曾多次夸大报道鲍勃和林登 · 约翰逊之间相互敌对、排斥的关系，但是我看得很清楚。20 世纪 60 年代末，约翰逊总统和联邦调查局局长 J. 埃德加 · 胡佛相互勾搭，恶意中伤两位最值得尊敬的人物——罗伯特 · 肯尼迪和小马丁 · 路德 · 金博士，他们通过德鲁 · 皮尔森和其他人之口向媒体透露，罗伯特 · 肯尼迪作为司法部长，毫无顾忌地使用联邦调查局窃听器，还特别提到他利用微型收音器窃听小马丁 · 路德 · 金与共产党人顾问之间的谈话。约翰逊与胡佛的一个帮手是来自密苏里州的民主党参议员爱德华 · 朗，他与吉米 · 霍法失踪案有不可脱卸的关系。约翰逊总统反复真诚地强调，自他上任以来，他已经停止了所有窃听行为。

1966 年 12 月的一天，罗伯特·肯尼迪要求我查看所有文档，他决定制止这一系列卑鄙的中伤。我观察了局势，建议他以牙还牙。我向朗参议员送出了一封肯尼迪亲笔签名的信，要求他的小组委员会就此事听取全面的意见并停止中伤行为,并告知他罗伯特·肯尼迪已经亲自介入此事。为了保证公开和公平，我建议罗伯特·肯尼迪和 J. 埃德加·胡佛以及约翰逊的助手同时出席听证会并宣誓据实以报。这次听证会完全按照我的要求来安排，对约翰逊和胡佛来讲无疑是一个爆炸性的消息。我到华盛顿之后，我把上诉文件的草稿交给了约翰逊总统的私人顾问克拉克·克利福德，告诉他现在局势已经不在他们的控制范围之内了，如果这种卑鄙的中伤或者偏袒一方的言论继续下去，罗伯特·肯尼迪别无他选，只能提出上诉了。

我是罗伯特·肯尼迪回忆录《十三天》的法律顾问，这是我最后一次为他提供服务。在这本书中，他详尽地描写了古巴导弹危机的那段日子。我不止一次担当过肯尼迪家族回忆录的顾问。女强人罗丝决定着手写传记时，我也同意做她的律师和图书代理商，后来她打电话告诉我，我可以从她的出版商那里获得 150 万美元的报酬，她用很浓的波士顿口音说："特德，万分感谢！" 此外，我还曾担当过罗伯特·肯尼迪的另外一本书《寻找新世界》的顾问。

1953 年秋天，我第一次见到约翰·肯尼迪的弟弟爱德华，那时他还是哈佛大学的学生。那个周末，我们恰巧同时去了约翰家。之后的几年我们很少见面。1960 年的总统竞选中，我对他有了更多的了解。他在我们争取西部各州的选票时提供了不可缺少的帮助：1962 年，他成功当上了马萨诸塞州参议员，我对他的认识便更进一步。

爱德华争取民主党参议员的提名时所遇到的最大对手是民主党发言人约翰·麦科马克最疼爱的侄子爱德华·麦科马克。约翰·麦科马克在立法委员会中的权力和影响力颇大，他在两院中的人脉甚至比肯尼迪总统还好。总统的父亲迫切地希望爱德华能够当上参议员，因为他与总统儿子在多个政策上的想法都不同。然而肯尼迪总统由于举荐自己的弟弟罗伯特为司法部长，受到多方抨击，尤其是《纽约时报》，于是，白宫和约翰·肯尼迪本人就马萨诸塞州参议员的初选保持中立态度。约翰·肯尼迪秘密派我和罗伯特到科德角去指导爱德华的竞选，他将与麦科马克进行的电视辩论尤为重要。

我依旧按照准备总统新闻发布会的形式，列出一系列有可能遇到的问题和话题，帮助爱德华做好各种提问的准备。电视辩论的那天晚上，我坐在大厅后方，看着麦科马克叫嚣道：“如果他叫爱德华·穆尔……那他的候选人身份真是个笑话。”听得爱德华目瞪口呆的。

约翰·肯尼迪的去世，加上不到五年后罗伯特的去世，彻底地改变了爱德华。他逐渐成熟了。他知道自己肩上扛着整个肯尼迪家族的名誉。他要继承三位哥哥的衣钵，养育和教导孩子，安慰他们的遗孀，支撑整个家庭。

1968年，爱德华继续罗伯特未完成的事业，准备总统竞选。但他的无奈放弃使我们大为失望，也把我们在他的竞选中施展抱负的希望打碎了。1969年，他卷入了发生在查帕奎迪克岛上的一起恶性交通事故，该事被媒体大肆渲染，也因此几乎葬送了他的总统梦。关于事故责任的认定就经过了几个星期的时间，他的姐夫史蒂夫·史密斯邀请我加入他们的律师团为他辩护。作为律师或者他的朋友，我都是义不容辞的。这件事后来甚至变成我的政治生涯的绊脚石，我也没有觉得惊异。爱德华很长时间才从精神创伤和身体创伤中恢复过来，才向我说明当时的情况。我与他的撰稿人——才华横溢的米尔顿·格维兹曼还有其他人一起，参与了他公开致歉的准备工作。我随后接受了电视采访，记者提出百般刁难的问题，我想我还是不能透露太多。很显然，当时是我和爱德华的低谷期。

后来，我偶尔还是会见到爱德华议员，他有时会给我委派任务。20世纪70年代，他是参议院司法委员会的成员，曾推荐我担任该委员会的法律顾问，并安排我采访主要的参议员候选人。由于我的工作很忙，便与那位年轻的法学教授约好，在拉瓜地亚机场见面。这样我们就可以在去曼哈顿的出租车上交谈。他给我留下很深刻的印象。后来，我将他推荐给爱德华。爱德华很明智，重用了他。他就是后来的最高法院大法官，斯蒂芬·布雷耶。

爱德华独自承受着痛苦和沉重的打击——两位挚爱的哥哥被暗杀，1964年的坠机事件几乎让他丢掉性命，我到医院去看过他，他的表现还是那么勇敢、坚强、乐观，还有命中注定无法逃脱的交通事故，所有这一切都让他的总统梦破灭。而他依然勇往直前，笑对人生，同时也给别人带来希望，这正是爱德华惊人的恢复力和生命力。

如今，爱德华甚至比一些总统更受人拥戴。他已经不需要用总统的身份来证明自己完成肯尼迪的遗志了。现在，他的时间更多的是用来为国家作贡献而不是享受悠然自得的退休生活。我想他会在参议院度过余生。爱德华一直比他的两个哥哥更活跃更乐观，在竞选中，他一直都是最能应付自如的人。他处事公正，与两党都能很好地合作，完善立法程序。他像一头自由的雄狮。事实也证明，他在处理国内外各种事务时，的确是一位勇者。爱德华比很多民主党人更勇敢，他坚守着哥哥们的自由主义思想。保守派资本家威廉·萨菲尔称其为“保守派的大患，自由主义者的英雄……尽毕生之力让自由主义之火永生”。约翰和罗伯特都会以他为荣的。

1980年民主党全国代表大会上，爱德华和当时在任的总统吉米·卡特争夺民主党的总统候选人提名。爱德华在会议上发表了极具感染力的演讲《理想永不破灭》，他对国家的贡献和劣势也因此一览无遗。我写信向他表示祝贺：“这是一次伟大的胜利，你狠狠地回击了那些怀疑者和反对者，他们低估了你的实力。坚持你的选择，优雅地面对失败……你就是胜利者……保持民主党人的良心就是国家的希望。”几乎三十年过去了，爱德华依然如此。

前驻英大使约瑟夫·P. 肯尼迪是这些自由之子的父亲。他在肯尼迪总统的一生中扮演着至关重要的角色：提供竞选资金，给予肯尼迪鼓励和支持，耐心地沟通，实际地指导，他总是说出一些有趣，甚至非常搞笑的话来。我第一次遇见这位大使是在1953年的科德角，那时我刚为约翰·肯尼迪工作，约瑟夫对我说：“我不会让你给我写演讲稿，你是一个绝对的自由主义者，但你给杰克写正合适。”我很同意他这句话。

几年后，总统竞选广告经理告诉我，1952年，约翰参加参议员竞选，有一天晚上约瑟夫坐在客厅的角落里看书，约翰和母亲还有妹妹边说笑边看着即将用于竞选的家庭录像带：年幼的约翰采蓝莓，掉到灌木丛里，爬出来时衣服脏兮兮的，手脚上还带着伤。他们说，如果马萨诸塞州的选民们看到这有趣的一幕，一定会笑得前仰后合的。约瑟夫当时什么也没说。可是第二天早上，当年轻活跃的广告经理走进门时，他迫不及待地说了四个字：“蓝莓吃完了。”

约瑟夫有时会打电话到参议院办公室给约翰提建议，他会在电话的那端说：“问问看特德的意见如何。”早年间，我与这位大使并无过多接触。直到1954~1955年间，我参与《当仁不让》的写作时，时常与他通信。1955年夏末，我收到他的来信。在信中，他指出书中有一段文字模棱两可，希望我能改正，他在信中写道：

> （这几段文字可以）更加简洁有力……我认为应该请哈珀出版社的资深编辑对整本书重新校对，尤其要修改一下这两章的标点符号，简化结构。这可不是简单的工作……这本书写得相当不错了。我记得林德伯格曾告诉过我他的书成功秘诀，他说，出版社的编辑修改过后，他几乎还是不信任那些修改，尽管比原来更加简洁和突出重点了。哈

珀出版社应该有这方面的顶尖高手可以做这件事，如果他做得好，那我敢保证，这本书会颇具文学价值和参考作用，适当的包装还会带来相当好的经济效益。

《当仁不让》一出版就引起了热烈的反响，我非常低调，从不炫耀自己的成果，并且装做毫不知情。几年之后，罗伯特·肯尼迪第一本书《内敌》的出版总监约翰·席根塔勒在与我的谈话中，提到约瑟夫·肯尼迪对我的看法，“约瑟夫没有吹捧他的儿子，对你有点敌意……对《当仁不让》的评价很高。”我想这点敌意应该保持了很久，只是我一直没有意识到。

1958年，反对肯尼迪再次当选参议员的共和党候选人是一个无名小卒，而那时肯尼迪是国家的英雄，还有可能成为未来的总统。各种言论都支持肯尼迪，成千上万加印的海报、告示栏、宣传册和徽章上都写着“以你的投票为荣”。共和党候选人文森特·西莉斯特快被支持肯尼迪的选票给淹没了。但约瑟夫·肯尼迪却头脑清醒，冷静观望，他发现那个标语可能变成诽谤肯尼迪具有种族主义的依据，会冒犯整个州甚至是全国的意大利裔美国人。于是，海报、告示栏、宣传册和徽章都被撤下来了。

1958年的参议员竞选，肯尼迪建议我发表一篇关于通货膨胀的演讲。肯尼迪大使给我打电话提出了几点建议，最后，他说道：“至少这些是我想听到的。”我巧妙地回应了这位富豪大使：“肯尼迪先生，你觉得你说的这些哪些选民希望听到呢？”“我就是其中一个啊！”他回答。1960年的总统竞选期间，我与肯尼迪大使偶尔有往来。1960年的新年除夕夜，他在家给我打电话，说出他要当钢铁工人联合会主席的想法。二月份的时候，我收到他的来信，信中他写着：“亲爱的特德，我总能听到别人谈论尼克松……尼克松的人生已经成为一个巨大的错误的代表。”

媒体总会报道，多亏了我在演讲和竞选中的帮助，约翰·肯尼迪才能成功，他的父亲也许很不愿意听到这样的说法。媒体称肯尼迪大使在民主党内部很有影响力，说他有众多的拥护者，并且操控着竞选的全过程，他全权作决定和指示，而我和约翰·肯尼迪知道的东西不一定是真的，但绝对出于肯尼迪大使之口。我和约翰对此一笑置之，因为事实上，他的父亲在1960年的民主党内部并没有多大权力和影响力。我和约翰·肯尼迪不得不作出最大的努力争取各州代表和选民的支持，而肯尼迪大使认识的极少数几个参议员并不能给我们带来多少选票。有谣言称肯尼迪大使为他儿子争取到芝加哥小混混们的选票，这些谣言都毫无根据。我和肯尼迪参议员奋斗了多年，才得到民主党代表和芝加哥以及库克地区的领导者的选票。他们的支持比那些乌合之众要重要得多。

约翰·肯尼迪与他的父亲感情深厚，他对他的父亲永远充满感激和尊敬。他不止一次地和我说过，他本想挑选他父亲的一些朋友共事，但又发现似乎没有这个必要，因为他和他们的价值观确实存在分歧。我偶尔会参加在海厄尼斯港举办的肯尼迪家庭聚会，约瑟夫保持着一贯的高傲的样子，他有时说话盛气凌人，但约翰不会反驳，更多的时候他会沉默。说到小马丁·路德·金的父亲出于宗教原因不支持自己的儿子，肯尼迪也曾说道："是啊，每个人都有父亲。"无论肯尼迪大使被批评家们冠以何等恶名——偏执狂、右翼分子、孤立主义者、冷血的资本家，事实证明，约瑟夫·肯尼迪教导了二战之后最具理想主义、思想最开阔、最有国际精神的美国总统，也正是他铸造了这个家族最辉煌的成就。罗丝·肯尼迪（肯尼迪总统的母亲——译者注）也一样，她源源不断地为约翰·肯尼迪奉献关爱、力量、鼓励和颇具见解的政治观点，也是高雅英语和优雅举止的典范。

20世纪的美国，除了亚当斯家族外，没有哪位父亲能像约瑟夫·肯尼迪一样，享受着三个儿子同时在联邦政府位列高职的自豪，这确实是件值得骄傲的事。三兄弟见面时表现得很平淡，但那时三人确实都在华盛顿闪耀着各自的光芒。我想这也未必是好事。肯尼迪总统上任不到一年，约瑟夫·肯尼迪就中风了。不久总统乘专机去棕榈滩探望他的父亲，为了能和他在飞机上讨论1962年的立法计划，我也一同随行。在那之后，我只在1968年罗伯特·肯尼迪竞选时见过肯尼迪大使。那天中午，我和罗伯特在海厄尼斯港吃午饭，约瑟夫·肯尼迪看起来已经很憔悴了。

如果说约瑟夫·肯尼迪大使是这个家族的家长，那么从某种角度上讲，杰奎琳·鲍威尔·肯尼迪就是家族中最有权力的女人。她坚强但不自负，温和但不软弱，和我以前见过的有权力的女人完全不同。早年间，我很少见到她，只是在她偶尔来参议院办公室或是我到肯尼迪参议员家里时才见到她。1960年肯尼迪竞选时，杰姬怀有身孕，行动不便，却依然挂念着丈夫在繁忙的日程中是否有规律地饮食，担心冷的时候他有没有大衣穿。我和她的关系友好但不亲密，我们很少见面，但每次见面都充满热情。作为"第一夫人"，她的首要任务就是要保护家庭隐私、安全，担起教育孩子们的重任，为丈夫营造轻松和谐的家庭氛围。她从不参与政治决策，但也有特例。埃及的阿斯旺大坝威胁到尼罗河沿岸成千上万的历史古迹，其中包括阿布辛贝神庙，杰姬坚决地说服了肯尼迪由国会出资支持联合国教科文组织的援救计划。另外，约翰·肯尼迪夫妇都想提高美国人的文化生活质量，在杰姬的启发下，肯尼迪建立了艺术咨询委员会，这是第一个可以让艺术家们自由畅谈的政府直属机构。国家艺术与人文科学基金会相继成立，交响乐团、戏剧团、歌舞团也越来越多，宾州大道比以往更壮观，更引人注目了，这一切都要归功于杰姬。

杰姬一生扮演了诸多角色：参议员的未婚妻，妻子，第一夫人，文化、艺术的挽救者，悲伤的寡妇，体贴的母亲，珍贵的朋友。我对这个特别的女人一直充满敬畏、崇拜和喜爱。直到 1994 年杰姬去世的时候，她依旧美丽而且充满活力。杰姬去世 5 年后，小约翰·肯尼迪也去世了，这个辉煌的家族再一次受到美国和世界的关注。

在科德角居住的一年多时间里，我和杰姬成为了好朋友。我时常拜访她，并一起讨论我写的《肯尼迪传》。第二年夏天，她邀请我这个朋友兼邻居作为唯一的客人参加她的生日宴会。我保存的肯尼迪在应对古巴导弹危机时写的随笔手稿是送给她的最好礼物，她真的很珍惜。第二年的圣诞节，她把这些手稿用相框镶好，上面写着："赠予特德，是你将这些宝贵的文字保存下来，去年在海厄尼斯港把它送给我当生日礼物。现在我要把它归还给你，带着我对杰克全部的爱，正如你一样。"在科德角时，她向我讲述了她的生活，我们边笑边谈论着国际上的种种事件以及我们退出参与的美国政治。随后的几年，她也偶尔会用我所欣赏的独特风格给我写信，下面这封信就是她于 1977 年 11 月 8 日写给我的：

亲爱的特德：

你肯定厌倦了别人夸你才华横溢，但这是事实，你还得继续忍受——每次看见你平静地面对一切，我都对你充满惊讶和崇拜，就像一个人第一次见到大峡谷时一样，我想他一定会驻足致敬的。我很幸运能通过你的文章时常与杰克见面。另外……你心胸宽广，对这个家族中的所有成员给予了极大的帮助和鼓励。我清楚你对我的照顾和理解……生活节奏越来越快，每个人都要抛弃烦恼和痛苦，创造新的生活。紧张的生活节奏有时让我们来不及告诉至爱的亲人和朋友，说出他们对我们的重要以及我们对他们的爱。我可不想在我还没对你说出这些话前就被出租车给撞了。我永远无法像你帮助我那样帮助你。你就像安德鲁克里斯，而我就像那头狮子。你不知道狮子需要在什么时候跳出来，狮子也只是坐在那里待命。但我不希望你会明说，因为你是那么的骄傲，我希望你能提醒我，那样是最好不过的了。

信中她希望我以“战争”的名义恫吓一个我们共同的朋友、她的律师，让他代表她起诉媒体近期对她那些“无可奉告”的生活隐私的窥视。

她与亚里士多德·奥纳西斯结婚后，我写信告诉她，肯尼迪的一些老朋友都指责她的再婚，她给我回了一封感人至深的信。信中称此事与他们无关。我明白，她需要保护好自己的隐私和孩子们的安全，避免公众给他们的生活带来混乱和危险。她写道：

> 亲爱的特德，感谢你的来信，我真的感动得落泪了，你的话说到我心里去了。也许别人不理解，但我知道，杰克也一定希望看到我再婚，因为他知道，自从他离开后，我度日如年。谢谢你的理解。我知道其他人无法像你那样理解我，但我相信这场婚姻是两颗心的结合。
>
> 不要忘记你我曾经说过的话。亲爱的特德，我永远是你的朋友。我很感激你愿意成为我新生活中的一员，愿意一如既往地帮助我。希望我们回国时你能到我们的家里来做客。

她和奥纳西斯在一起的时候我并未见过她，也未问过她生活得怎么样。此后，她的好朋友，温雅睿智的莫里斯·坦佩斯曼成为了我最亲密的战友和伙伴。他们频繁的接触使我有了更多看望杰姬的机会。我的律师事务所不止一次为她处理各种事务，她很喜欢我的合伙人——资深的西蒙·金德法官，但我并未直接参与过这些事。

杰姬·肯尼迪一生中最伟大的成就不是她在白宫当第一夫人，也不是改建了宾州大道，更不是那些年她在纽约从事的出版之类的琐碎的工作。她最伟大的成功是在动荡不安的20世纪六七十年代，培养出两个健康聪明的孩子。六七十年代的很多青少年都染上了吸毒、酗酒等不良嗜好，少年犯罪屡见不鲜，而她的两个孩子都是孩子们的榜样。

约翰·肯尼迪也深爱着他的两个孩子。肯尼迪任总统时，两个孩子还很小。他们是白宫里一道活力风景线。肯尼迪允许孩子们随时出入他的办公室。他还将艾森豪威尔在白宫后面设置的草坪变成了小小的操场，给卡罗琳和小约翰提供一个可以玩耍的舒适的场所。有时他自己也会走出办公室看看在操场上尽情嬉戏的孩子们。

英年早逝的小约翰也是一位政治前途光明的年轻人。他和约翰·肯尼迪一样英俊潇洒，聪慧过人。从纽约飞往科德角的途中，他的飞机遇上了大雾，于是一切都改变了。像许多媒体推测他父亲为何竞选总统一样，小约翰生前死后，都有很多报道毫无根据地猜测他的职业倾向。

卡罗琳是这个家族的代表，她是约翰·肯尼迪最有说服力的发言人。1974年的一天，我接到杰姬的电话，她说卡罗琳要来我的办公室拜访我，听我说说她父亲的政治立场、功绩以及对世界的影响。那时她还小，还不能明白她的父亲作为一位领导人有什么特别之处。卡罗琳突然对这些问题感兴趣是因为她的社会学课论文作业。25页的论文完成后，她大胆地附上标题《论肯尼迪总统的外交政策》。她的社会学老师称赞道："这是对你父亲最周全、最理智的评价，你对他的抱负、信仰以及对世界的影响做出了客观的表述，我和你一样，不会忽略它对你有多重要。"在论文的说明中，卡罗琳承认她无法客观地看待这个话题，然而她的老师在评语中写道："你已经真实地评价了肯尼迪的政治信仰和行为。你越来越像历史专业的学生，你的论文条理清晰，事实准确。我希望你的家人也可以读到你这篇论文，他们一定会为你骄傲。"

多年后再读这篇论文时，我并不惊讶，她在论文中体现出对父亲在冷战期间、在美国外交政策中所扮演的角色的深刻、成熟的理解，也准确无误地阐述了她父亲的观点："牵制很重要，因为我们有足够强大的力量，所以我们耗得起。"尽管她是肯尼迪的女儿，但在论文中她都把她父亲称作"肯尼迪"或"肯尼迪总统"，她还客观地引用了英国首相哈罗德·麦克米伦对肯尼迪的批评："肯尼迪在某些特殊问题上处理得很好，却在更广泛的原则面前'迷失'了。"我会告诉她，事实与麦克米伦说的截然相反。

与此同时，我又收到杰姬的一封来信，这封信是她在飞往欧洲的途中写的。

> 感谢你在百忙之中抽出时间来帮助卡罗琳。她有一位非常负责任的历史老师，关注着肯尼迪也关注着她。他建议卡罗琳把这篇论文做成学期论文，这对卡罗琳的帮助会很大。刚开始她还很高兴，但后来写论文变成了对卡罗琳的伤害，她读的书越多，就越思念她的父亲。她读过所有关于肯尼迪的书，但你的书对她帮助最大。你还告诉她很多书上找不到的东西。她那位严厉的教授也对我说，卡罗琳的论文很深刻也很感人，她的论文是不是优秀论文已经不重要了，重要的是在这个过程中，她与她的父亲再次相遇。
>
> 亲爱的特德，我们的生活步入不同的轨道，这是不幸中的万幸。我希望我们能有更多的机会见面。如果这架飞机不能飞到大西洋的彼岸，也会有人救起这个邮包，告诉你，我永远不会忘记过去你对肯尼迪和我的帮助，也永远不会忘记现在你对卡罗琳的帮助。

三十多年后，当我读到在奥纳西斯的飞机上写的“你为卡罗琳这个小女孩的学期论文花费这么多宝贵的时间”时仍然很感动。近来，我又享受着同样的感动，因为卡罗琳请求我给她的孩子们讲讲他们外公的故事。

最后我发现，写这封感人至深、言辞优美的信的杰姬有时也无法冷静，她也会拿一些严厉的语句和强烈的感情来应对那些犯了错的好朋友们。杰姬认为比尔·曼彻斯特在《展望》杂志上为营销自己的书《总统之死》而利用肯尼迪被暗杀的事件开展商业活动，她简直怒不可遏。不久之后，听说哈佛大学的肯尼迪政府学院面临着被其他传统院系合并的危机时，杰姬也很气愤。她写了一封斥责信，但显然她没有把信寄出，在这封原本打算斥责新院长的信中，她写道：

> 我们的想法和目的迥然不同……肯尼迪政府学院的存在是对已经离世的肯尼迪总统的永恒纪念……我们不能让罗伯特·肯尼迪也有和肯尼迪总统一样的纪念会，否则我们就会把它变成一种惯例……我认为不应该由肯尼迪家族筹集资金来为肯尼迪总统办纪念会，这些繁文缛节与肯尼迪精神相比，简直微不足道……我想这个不安分的年轻人不应该被任命为院长。

我真诚地认为肯尼迪政府学院能完整地代表肯尼迪的精神和政治取向。我想，写信的人最终还是抑制住了心中的怒火。我也能想象得到，这封信如果真的到了院长手里会有什么爆炸性的后果。1987年，我收到一封更具火药味的信，在信中杰姬严厉地斥责我未经她同意，出版了以《将声音传播出去》为名的肯尼迪著名演讲集、声明和书信。事实上，她误解了我编写这本书的目的和性质。她错误地认为，我想声明书中所有内容均出自我的笔下。三十多年来我一直很谨慎地处理这种说法，不仅避免这样的误解，也证实这种说法的不准确。杰姬认为我想借肯尼迪之名获得经济收益，并引起对谁才是这些书稿的真正作者的质疑。在这之前，杰姬从未对我发过火，她的责备比我母亲对我的责备更令我伤心。我试着打电话跟她解释，或找人替我说情，她都不予理睬，因为她之前听说的误传已经让她对整件事产生误解了。

我试着找爱德华·肯尼迪、莫里斯·坦佩斯曼和史蒂夫·史密斯替我解释。在这本书中，肯尼迪的演讲和声明都是向外界公开过的，不涉及到版权问题；真正需要算版权的只是那篇我写的简介，在每一章中我都再次声明该书的作者是约翰·肯尼迪。我将书的一半收入捐给肯尼迪总统图书馆，另一半留给我的三个儿子。我在写给杰姬的道歉信中提到："我没有把它当做是我为约翰工作这么多年的报酬。"这本书里收集了肯尼迪所有重要的演讲，我做这一切并不是为了赞扬自己，只是为了让后人明白，肯尼迪应该像丘吉尔和林肯一样，他的演讲稿应该编辑成册，供全球的读者和研究者欣赏。在信中，我向她保证：

> 哪怕你有一丝不愿意，我在任何情况下都不会做这件事。我非常珍惜我们的友情，不愿让你怀疑我的动机和忠诚……我愿意放弃这本书……但我内心的难过无以言表，我对你怀着深深的敬意和爱戴，我们交往这么多年，哪怕你怀疑我做了或想做任何一点有损杰克声望的事，以谋取利益，我都无地自容。你一定要相信我，杰姬，我向你保证我从未有其他的想法……我希望我们能冰释前嫌，继续我们的友谊。

幸好有史蒂夫帮忙解释，杰姬对出版这本书的意义才有了更好的理解。但是我永远不会忘记她简短有力的责问和那些话对我造成的伤害。

# 肯尼迪政府的民权法案 第22章

A LIFE AT THE EDGE OF HISTORY

20 世纪 50 年代末 60 年代初，大多数的南部白人，甚至是一些激进派与中立派人士，普遍存在着这样的恐惧（因为南部黑人持续遭受着隔离、剥削和虐待）：北部势力引发的暴力事件和动乱将破坏他们的生活状态。近一个世纪以来，来自最南地区的政府高官都支持种族隔离。并非所有的人都是蛊惑人心的种族主义者。但是，绝大多数人都相信，既然南部地区广泛地支持种族隔离，那么种族主义就是合乎道德原则的。事实并非如此。一个戏剧性的转变——道德上的革命，并不是由约翰·肯尼迪或者他的弟弟罗伯特发起的。相反，他们都认为这种道德上的革命并不是当务之急。

肯尼迪任参议员的那几年，民权问题不是肯尼迪最重要的任务，所以它并没有占据我太多的工作时间，尽管我长期负责这一问题。1957 年，哈佛大学的法学专家建议修改未决的选举权草案，此举既可以防止陪审团藐视诉讼案件，也不会破坏立法的程序，肯尼迪赞成修正草案以确保法案的通过。面对他人的议论，他的回应是：一个不完善的法案也比根本没有这个法案要好得多。我赞同他的说法。但肯尼迪的“赞成票”惹恼了许多原本支持他的民权法案的人，这些人有来自马萨诸塞州的，也有来自其他地区的。我的一些崇尚自由主义的朋友对肯尼迪的政治实用主义表示失望，同时批评我不该从策略的角度去看待参议员们对民权法案进行的激烈辩论。

1960 年竞选期间，我并未过多地参与民权法案的制定。从某种程度上讲，我并不为民权法案感到骄傲，因为它并不是总统竞选的核心。我和肯尼迪都认为，为了维持最重要的一个长期战略目标而做出妥协，无论在道德上还是政策上，都是可以接受的。这样的话，我们就可以打败尼克松，进而改变美国对内和对外的政策。

1959 年 12 月，罗伯特·肯尼迪即将加入竞选班子，并成为最重要的一员。他准备代表竞选班子到南部各州考察访问。我为他写了一份题为“南部地区与民权”的备忘录。我写道，从本质上看，肯尼迪的民权法草案和他要在代表大会上赢得南部的支持没有直接的关系，尽管这个草案还不被赞成。1957 年的民权法案记名投票中，约翰逊和肯尼迪的投票一致，而赛明顿和汉弗莱这两位则与他们相反。南部各州显然会支持约翰逊。但如果约翰逊不参加竞选，或者不在民主党代表大会上提出此法案，那么南部可能会支持赛明顿或史蒂文森。赛明顿已经和那些“反南部歧视”的北方佬投了相同的票，而史蒂文森在具体的立法提案中很少表达立场。即使在一般情况下，他的观点和肯尼迪的基本相同。我还写道：

> 过去几年，肯尼迪走访了南部各州，有些地区他还去了多次，目的就是要听听南部群众的呼声，了解他们的困难……史蒂文森没有开展过类似的竞选旅行，也没有相同的经历和背景……南部需要一位赢家、一位民主党的总统来帮助他们发展农业、小商品行业以及工业……从 1946 年至今，肯尼迪连续五次当选参议员，他理所当然应该是民主党总统，而不是两次参选总统均失败的史蒂文森。史蒂文森失去了南部某些州的支持，已经与总统一职无缘了。

竞选开始后不久，佐治亚州的一位法官判处马丁·路德·金博士监禁四个月，并为交通技术部劳动，此举反映了司法审判中存在丑恶的种族歧视。肯尼迪通过金博士怀孕的妻子科雷塔向他转达他的问候和安慰。我很惭愧，也很后悔当时反对肯尼迪的提案，我的过分谨慎使事情到了不可扭转的地步。这次事件标志着肯尼迪在南部失去了很多白人的选票，这些选票甚至比他获得的黑人选票还多。我的理由是，黑人选民已经反对了尼克松，如果在艾森豪威尔政权下黑人的经济困境会进一步恶化，那他们会更加反对共和党执政，另一方面，尼克松也表明了他的“竞选策略”是重点争取南部白人的选票。事实上，无论从道德方面还是从政治方面，我都错了。肯尼迪的民权法案像一束强烈的光，带给美国黑人希望。法案传到黑人教会后，肯尼迪立刻在几个关键州得到了黑人选民的巨大支持，正是他们的支持成就了肯尼迪日后的当选。

初进白宫时，民权法案并不是我工作的重点。直到 1961 年，属于肯尼迪政府的民权法案仍旧没有出炉。民主党立法委员们说服肯尼迪将民权法案提交到国会。先前国会不顾大批自由主义民主党人的支持，致使中立派的民权法案胎死腹中。国会不但否决了所有的民权法案，也否决了民主党在其他问题上的立法。肯尼迪决定通过颁布总统行政命令尽他所能地推动民权法案的建立。肯尼迪在民权运动中提出的批评自然是勇者的表现，也召唤着民权法案的诞生，但实际上，法案获得通过的希望极其渺茫。肯尼迪深刻地认识到，他的法案，尤其是提高最低工资水平的条款、为贫困地区提供帮助、建造更多公共住房，等等，将给黑人提供非常实际的帮助。然而这种对建立民权法案的召唤只不过是一种空洞的姿态，既不能使国会做出让步，而且还会使那些提出的法案被否决的人大受打击。

基于我的生活背景和信仰，我并不支持肯尼迪将推动民权运动作为总统工作的核心。我明白黑人对于他的立法和连任竞选的重要性，我并不希望由于一次不成熟的象征意义上的运动使立法和连任竞选都遭受挫败。当然，我相信肯尼迪最终会作出正确的选择。

肯尼迪上任之后，不久便颁布建立和平队的行政命令，一周后，他又颁布了10925号行政命令，要求建立平等就业机会委员会，“无论种族差异，确保合格的求职者在联邦政府或者政府机构有平等的就业机会”。该命令明确表示，所有政府及政府机构的招聘人有责任有义务“采取切实行动，保障求职者在聘请、待遇、任职和升职上不受歧视”。这可能是全国范围内，为促进和确保平等就业机会与雇用，官方首次使用“切实行动”一词。命令中没有涉及招聘的形式或“平等”的具体表现，唯一强调的就是“平等”。

黑人民权的领导人们，包括我的朋友、来自奥马哈的城市联盟主席惠特尼·扬，意识到总统希望通过行政命令而不是立法来解决民权问题，便力劝总统颁发“一项重磅行政命令,像第二版《黑奴解放宣言》一样涵盖各个方面，包括教育、住房、旅游、公共膳宿和就业等问题，无论总统的权力是否能真正从本质上对抗来自国会和其他州的压力”。“为什么不打电话给索伦森呢？”肯尼迪对他们说，“给他留个言，我们会再看看该怎么办。”他们果真准备了很长的备忘录，2月在白宫见过总统之后，又和我见了面。全国有色人种协进会主席罗伊·威尔金斯在回忆录中写道，我接受了他们写的备忘录，表示“会考虑一下”，同时也表示担忧，由于缺少来自公众的压力，如果在住房问题上进展得过快,可能会影响著名的黑人罗伯特·韦弗被提名为住房金融局的负责人。

在黑人民权领导人的力劝下，肯尼迪总统表示，他后悔在1960年竞选时轻率地承诺解决住房问题只需“大笔一挥”。有一天，他问我：“那篇稿子是你写的吗？”我说不是，他说道：“哦，我猜你也不会那么写。”

行政命令还包括法律的执行和生效。总统有责任在宪法的范围内保证法院的传令生效，包括合格的黑人学生到南方的州读大学，他不可避免地将自己推到和某些南部州的州长对立的位置上。当密西西比州州长罗斯·巴尼特无视詹姆士·梅雷迪斯（美国密西西比大学第一位黑人大学毕业生。——译者注）提交到密西西比大学的入学申请，违抗联邦法院的传令时，司法部长罗伯特·肯尼迪鼓励总统，继续坚持这一政策。

1962年9月21日至9月30日期间，由于我得了胃溃疡在贝蒂斯海军医院住院，因此我每天只能通过报纸了解时事。出院日期本来定在10月1日星期一这天的，但为了参加9月25日艾文·伯林的音乐剧《总统先生》的首映式，我已经私自跑出医院一次了。9月29日晚上，总统打电话到我的病房，说他可能要为詹姆士·梅雷迪斯申请密西西比大学一事发表电视讲话，让我把建议写下来。星期日晚上，我给我的私人秘书格洛丽亚打电话，叫她到医院来，我便口述我的想法。格洛丽亚和她的丈夫担心这样做会违反犹太新年的禁忌，但后来她说：“还是国家重要。”于是格洛丽亚记下了以下内容：

> 我最大的遗憾是国家危机没有解决的时候，我躺在这里动弹不得。不过，您和司法部长已经很出色地解决了密西西比危机，我不知道自己的意见是否会给您带来一些不同的想法。由于我没有亲自参与，也许这些想法没什么价值，针对您的处境，我有几个建议：
>
> 就你个人而言，应该暂时放下这件事情，要知道，他们触犯的是美国的尊严而非约翰·肯尼迪的尊严。
>
> 您也不要在整件事结束后召开记者招待会，因为那样您还要面对很多无法回避也无法直接给出答案的问题。
>
> 继续努力，但是要放慢速度。每天都要采取一些行动，但最好是通过法院——在所有诉讼没有结束之前，不要轻举妄动。您要循序渐进，把握好进展。
>
> 寻求改变现状的其他方法……如果放慢脚步，也许密西西比人，包括浸礼会教友和新教牧师，会更容易接受一些命令。如果发生大的冲突，支持州长的商人们也会有更多的顾忌，害怕他们资助的项目会受到影响。如果密西西比大学在足球赛中输掉荣誉，或者没有资格参加季后赛，那么大学生们的热情肯定会降到谷底。
>
> 最后，如果迫不得已到了非要动用武力去解决的地步，我建议您

在国家电视台，用15到30分钟的时间，先向密西西比民众做出必要的解释。

这些建议也许没什么价值……我会一直等您的电话，希望周一我能回到工作中去。

星期日晚上，总统打来电话说："我现在需要你的帮忙。"于是我就马上回去了，随后便是一整晚的辛苦工作。如果说1962年10月27日那个星期六的下午，是我在白宫度过的最紧张的一个下午，那么1962年9月30日星期日的晚上，则是我在白宫度过的最紧张的一个夜晚。

晚上10点整，肯尼迪总统发表了一次全国演讲。演讲稿正是根据我口述的那份给总统的建议而准备的，有两个主题：

1. 法律的效力。"尽管每一位遵纪守法的公民心里都有自己不喜欢的法律条款，但法律必须获得一致的尊重和遵守。每一位美国民众都可以对法律条款自由地发表意见，但永远不能违背它们。在一个法治而非人治的国家中，没有人有权利藐视法庭，不管他是功绩卓越的领袖还是有权有势的官员或者只是个暴徒。"

2. 密西西比州的荣誉。"南部地区的一些人民反对种族歧视，支持黑人学生到白人州立大学就读，你们对民主的发展作出了巨大的贡献。密西西比州和密西西比大学由于你们的勇气和坚持而光荣，由于你们为这个州的事务贡献的智慧而向前发展……维护法律最有效的手段不是动用武力……是你们，是你们接受你们反对的法律条款……整个国家和世界的人民都注视着你们……密西西比州和密西西比大学的荣誉共进退。"

我起草的演讲稿强调了法律的崇高地位，但收效甚微。总统演讲完之后，在密西西比大学听演讲的群众发生了暴乱。

那是一个漫长的夜晚，司法部长罗伯特·肯尼迪设法调动了大量联邦警察以保证有足够的催泪弹来控制暴动。在等待消息期间，总统和我讨论了很多事情。关于对密西西比暴乱的总结，我说了一句"美国悲伤的一天"。

肯尼迪总统坐在内阁会议室的办公桌旁，我和司法部长也在，还有肯尼·奥唐奈、拉里·奥布赖恩以及协助民权法案制定的司法部长助理伯克·马歇尔，我们南部地区的政治同盟——约翰逊副总统却不在。这次非正式的讨论不断地被报告暴动现场状况的电话打断。讽刺挖苦联邦政府的话四处蔓延。肯尼迪感慨道："自猪湾事件后，还没有遇到过这样的事情。"随后，我建议司法部长为联邦警察提供空中掩护。

同时，联邦警察也保护着还在学校的詹姆斯·梅雷迪斯。整整一夜，他们都在害怕万一参加暴动的学生发现梅雷迪斯还在学校，会对他进行袭击。这也正是奥唐奈所担心的。那天晚上，有两人在暴动中死亡。为了稳定局面，总统派遣 2.3 万人的联邦军队进驻密西西比州。军队早上才到达，这次暴动和宪法危机总算是平息了。联邦军队到达的速度慢得让人难以接受。43 年后，飓风卡特里娜袭击了新奥尔良，我情不自禁地回想起这件事。卡特里娜不仅给新奥尔良地区带来了天灾，还给它带来了人祸——发生了多起抢劫和枪击事件，由于联邦政府对社会动乱的处理也非常不及时，新奥尔良遭受了灾难性的损失。

种族冲突在国内持续升温。南部地区到处都有民众游行，示威抗议。警察用催泪弹、消防水带、警犬和警棍等对暴乱群众进行镇压。1963 年 5 月初，针对暴乱愈演愈烈的地区，我给总统递交了题为"伯明翰备选方案"的备忘录。我提出五点建议。

> 1. 为卷入该事件的各政党人员，还有当地报纸出版商开通总统私人电话。
>
> 2. 通过扬声电话机向商业机构发表总统声明，力劝白人代表和黑人代表能够坐下来与伯克·马歇尔和商务部长霍奇斯（一位北方的天主教徒）进行谈话。
>
> 3. 邀请伯明翰的黑人代表、新市长和商务代表一同到白宫参加会议。
>
> 4. 由总统指派专门的调查委员及调停者。
>
> 5. 采取法律行动：司法部遵照旧的（1957 年）民权法案提出刑事诉讼。针对阿拉巴马州，司法部反对州警察局和他们提倡的选举权，反对州国民警卫队联邦化，呼吁伯明翰的主要雇主，包括该市的政府部门和机构，优化他们的雇用程序。

我建议总统召开全国性的"平等的公共膳宿制度及新立法"的主题会议，邀请商人、劳动者和黑人领导人参加。

1963 年 6 月 11 日，密西西比暴动发生的八个半月之后，伯明翰大学又发生了相同的事件。发起南部种族隔离运动的政治家，声名狼藉却因此大受当地居民欢迎的阿拉巴马州州长乔治·C. 华莱士，发誓堵住学校的每扇门，阻止任何持有法院传令、欲入学的黑人学生。

在一次关键的战略会议前，罗伯特·肯尼迪安排电影制作人罗伯特·德鲁和他的工作人员来到总统办公室，拍摄以这次会议为题材的纪录片。我一走进办公室，便看到密集的灯光机和摄像机，我停住了脚步。“这是事先安排好的。”罗伯特·肯尼迪说。恰巧那个星期我睡得太少了，许多年后我看到自己在那么重要的时刻还打哈欠，尴尬不已。

密西西比州的暴动是前车之鉴，所以我们对阿拉巴马州的危机准备得很充分。总统和司法部长已经提前做好了行动的准备，他派出的武装部队足以维持校园内的秩序，也提前与州长达成协议，在聚光灯和全国电视观众前面，他将在校门口站一小会儿然后让出校门通道，同时，司法部副部长尼古拉斯·卡真巴赫将宣布，阿拉巴马州国民警卫队在总统的指示下联邦化，两位黑人学生将拿着法院的传令进入大学注册学习。危机最终按照计划成功地解决了。

我们在电视上看到华莱士打开校门，总统转过身对我说：“我想今晚我最好作个演讲。”关于哪个主题的演讲？几周来，我们一直在制订民权战略和法案，并且多次讨论了总统是否应该和在什么时候就民权法案发表全国声明演讲。但我们迟迟没有作出决定，也没有起草演讲稿。奥唐奈和奥布赖恩都反对肯尼迪总统作这样的演讲，因为这样会给他的政治前途和立法程序带来难以预知的影响。我与他们的立场相同，原因也相同，因此持保留意见，尽管长时间以来，我也希望肯尼迪总统能在这件事上发挥他的领导能力。

从密西西比州暴动到阿拉巴马州危机的这几个月内，南部地区不断发生暴力事件，全国呼吁制止行动的呼声越来越高，与我们持相同立场的意见也越来越多。为了一部全面的综合的民权法案，我们一直在做准备，但是事情还没有定数，我们不断收到来自行政机构内外的各地区对修订民权法案的反对或建议。我觉得关于民权法案的演讲还不应该提上日程，应该等到法案完成后再做准备，并且应该涵盖法案的各个条款。另外，阿拉巴马大学的动乱不是一次宪法危机，也没有直接影响到民权法案最受争议的部分，因此不能成为肯尼迪演讲的基础。

尽管如此，肯尼迪还是决定晚上8点发表这个重要的总统演讲，新闻秘书塞林格已经向所有的电视台和广播台定下了这一时段的直播。当时已经是下午4点30分了，对于如此紧迫的时间，我只能抱怨几句。和伯克·马歇尔一同到来的罗伯特·肯尼迪告诉我：“别担心，司法部已经准备了很多材料，全都可以提供给你。”虽然他这么说，但我还是无法安心。

在华盛顿的官员们觉得总统演讲的可能性不大。麦克乔治·邦迪出席了乔·艾尔索普举办的晚宴，他听到大家都在说：“让我们听听总统要讲些什么。”

邦迪回应道："总统不会演讲的，我30分钟前离开白宫的时候，索伦森还没写演讲稿呢。"这是事实，我确实还没有写。我无法根据肯尼迪的民权法案资料写下草稿，因为压根就没有什么资料。所有我能参考的就是记忆里肯尼迪在竞选期间说过的话，还有我们讨论过的希望民权法案能涵盖的问题，以及我二十多年前就萌发的对民权问题的执著，高中时期到内布拉斯加卫理公会大学进行的民权演讲。遗憾的是，那次演讲内容我几乎忘记了，也没有保存演讲稿，只记得其中的一部分是：

> 我们说过黑人可以上学，可以祷告，但不能在我们的校园和教堂里。我们说过黑人可以参加工作，但不能在我们的团队里。我们也说过黑人有选举权，但我们也警告他们不许参加民意调查。我们还说过黑人可以活着，但不能和我们在一个水平上。我们更说过黑人可以获得自由，但我们报以歧视，把他们推向贫困……当他们以美国军人的身份奔赴二战前线时……当他们带着荣誉和伤痕归来时……他们依然没有获得所谓的自由……为什么？因为他们不是白人。

6月11日晚上，我为总统起草演讲稿时，高涨的情绪从我的脑海中涌了出来：

> 我们可以这么说吗？美国是一个自由的国度，如果没有黑人的话；美国没有二等公民，如果没有黑人的话；美国没有等级制度，没有贫民窟，更没有统治阶级，如果没有黑人的话……被派往越南和西柏林的美国军队里，可不仅仅有白人。

进入白宫的3年来，这个晚上是总统唯一一次来我的办公室询问演讲稿的写作情况。"别担心，"我说，"正在打字呢。"我的秘书正在打印我的手稿。肯尼迪开玩笑说："我还以为要在全国观众前来一次即兴演讲呢。"

罗伯特·肯尼迪后来回忆说，下午7点左右他赶到白宫，他们对我的第一稿不太满意，认为需要再修改。于是在内阁会议室里，肯尼迪总统与伯克·马歇尔、罗伯特一起修改了草稿，基本都是语气上的变动。"种族隔离和种族歧视在各州内泛滥"被改成了"每个城市都存在着由于种族隔离和种族歧视而引发的问题……"，"黑人无法享受自由美好的生活，因此他们认为美国并不是一个适合他们生活、值得他们奉献的国家"被改成了"黑人无法享受我们所有人都想要的自由美好的生活”，“社会革命即将到来，我们的任务就是采取和平的有建设性的方式将革命进行到底”在终稿中被改成了“伟大的改变即将到来，我们要做的……就是保证这场变革和改变的和平性和建设性”，“革命的步伐太过缓慢”被改成了“革命的步伐缓慢”，“正式执行最高法院对于学校制度的裁定，不能由于胆小怕事者的任意妄为而受影响”被改成了“不能由于没有经济实力采取法律行动的人或者常遭报复的人而受影响”。总之，演讲稿的主题没变，只是语气上缓和了许多。

肯尼迪想通过演讲对阿拉巴马大学的那些“以建设性的方式履行自己的责任”的大学生们致敬，间接地将他们与八个月前参加暴乱的密西西比大学的学生做比较。我们表明校园里的国民警卫队均来自阿拉巴马州，而且允许两个黑人学生入学的法官也是阿拉巴马人，同时两个学生也是“确实合法的阿拉巴马年轻居民，只不过碰巧是黑人而已”。

1963 年是林肯总统颁布《解放黑奴宣言》100 周年，这一年的意义重大。反民权法案的游行不只在南部泛滥，愈演愈烈的民怨使事件不得不由法官锤来解决。我们强调更广泛的全民共识可以“给美国人和他们子孙后代创造自由，全民共识不仅可以提高经济效益，而且可以营造良好的外交环境和国内的安全和稳定，最重要的是，全民共识有其必要性”。正如副总统约翰逊所说，肯尼迪将民权法案推崇到道德角度，“就像《圣经》一样古老，就像宪法一样精准”。《马丁·路德·金传》的作者泰勒·布兰奇评价肯尼迪的演讲时说道，他的一只脚绑着爱国主义，而另一只脚绑着《圣经》，这也是马丁·路德·金的风格。1963 年 8 月，肯尼迪表示了他对马丁·路德·金的演讲《我有一个梦想》的崇拜。

6 月 11 日起草的演讲稿的结尾原本是：“在社会生活以及个人生活中，在我们一言一行中，在未来的每一个日子里，我们都必须为所有人的自由而努力。上帝保佑我们会成功的。”但是这个句子最终删掉了，换上肯尼迪在等我时随便写下的几句话，那时他担心我写不出稿子来，于是他就自己写了几句。眼看差 4 分钟就 8 点了，我还在写着，总统只有很少的时间来看演讲内容。如果仔细研究一下最后一段会发现，节奏和风格都有变化，但这些由肯尼迪随手写下的结束语却非常雄辩有力。由于疏忽，肯尼迪的结束语中重复了我前面提到的话，还有一句我不曾想到的“我们希望黑人拥护法律并对法律负责。”

尽管演讲稿没有时间反复修改和增删，但演讲还算成功。多年后，马丁·路德·金的一位亲密伙伴沃尔特·方特罗伊告诉我，他和马丁·路德·金一起看肯尼迪的电视演讲。演讲结束后，马丁·路德·金激动得跳了起来，说：“你相信吗？这个白人不但揭露了社会的丑陋，还将它们摔个粉碎！”

肯尼迪的演讲强调平等的基本原则，最终帮助了黑人、拉丁美洲人民、妇女、犹太人、同性恋者，以及其他美国历史上一直受歧视和排斥的群体。

几天后，肯尼迪最大限度地使用了总统的教育职权。他一周接着一周地召开白宫会议，邀请美国社会各个阶层的代表者参加，包括商人、工会领导人、教会人士、律师、教育者和其他行业的代表们。司法部长和副总统也出席了会议。肯尼迪呼吁与会者们在他们各自的行业中做出自己的贡献。

演讲过后，约翰·肯尼迪将这一史无前例的民权立法置于他工作的首位。据罗伯特·肯尼迪说，约翰逊反对演讲刚结束就将立法呈递到国会，他明智地建议我们应该先在国会做足工作。总统也花了大量时间和主要的两院议员进行商讨，将提交法案的时间延后了一个星期。6 月 19 日，肯尼迪将美国历史上最全面的民权法案递交到国会，并附带上一个便条：“要让所有人都清楚，美国的生活和法律没有种族的区别。”在继任的约翰逊总统的推动下，1964 年该民权法案正式成为《民权法》。1965 年，《选举权法》出台，该法案授权司法部加快解决学校的种族隔离，联邦资助项目上的种族歧视将被视为违法，并增加了民权委员会的权力。

那些贵族气的开国先父们主张扩张民主，播下了他们的党派丧权下台的种子。同样地，肯尼迪和约翰逊推广民权法，使民主党与南部地区以及边远州的选民疏离了 50 年，从而为民主党在国家政治舞台上一连串的失败埋下了祸因。从本质上讲，从开国时代的民主党开始，美国历史上黑人地位的最重大的问题将南北方割裂开来。在这个问题上的立场使共和党赢得了 1960 年之前十场总统竞选的七场。自肯尼迪总统在 1960 年获胜之后，就再也没有哪个北方民主党的总统候选人竞选成功了。然而，我还是深信民权立法是正确的，而且深信肯尼迪也这么想。

肯尼迪明白支持民权的政治风险。他和约翰逊都被警示过：南方的政治家们，包括民主党人士，是不会接受增加选举权条例和促进公立学校为黑人打开大门的；南北方的劳工会反对和黑人在生产线上或建筑工地上一起工作；南北方的男女老少会反对黑人出现在餐馆、游泳池、招待所等公共设施中。民意调查显示，即使是自由主义的白人也反对在他们的社区和学校里消除种族隔离，而在 1960 年的选举中支持肯尼迪的人，也不会再投票给他了。南方许多中立派人士告诉肯尼迪，在种族歧视和隔离广泛存在的情况下民权立法不可能成功，应该耐心等待当地的公众及全国人民的情绪有所改变，如果试图用强硬的手段加快取得成效，既达不到目的也违背了和平的初衷。

后来，罗伯特·肯尼迪说，总统曾说过“他有一种感觉，(6月11日的)演讲可能是他政治生涯的‘绝唱’了”。“有必要探讨一下我们的决定是否正确，”罗伯特开玩笑地说道，“它居然让肯尼迪陷入了如此的困境。”总统私下里和一位黑人领导人说：“支持民权法案也许会让我失去连任竞选的机会，但我依然不会放弃。”1963年8月到9月间，在有关肯尼迪政府“推行消除种族隔离的推行制度是否过快”的民意调查中，有一半的民众选择了“推行过快”。在一次会议上肯尼迪被问到如何看待此次调查结果，他回答道：“历史人物，千秋功过，留待后世评说，哪能由几周一次的民意调查来评判。我相信，经过时间的考验，我们仍然会坚定不变。”时间弥久，他依旧不变。

# 第23章 古巴导弹危机

A LIFE AT THE EDGE OF HISTORY

说前苏联可能在古巴采取新的军事行动的谣言在美国流传了好几个月。1962年10月16日，星期二，上午总统叫我到椭圆形办公室，说情况紧急。他刚刚得知，经照片审查员分析，上周末U-2侦察机在古巴上空拍摄到的照片确切证明，前苏联已经开始在古巴装备中程弹道导弹，其力度足以向美国及大部分西方国家发射核导弹。

上午，总统与顾问们召开了第一次紧急会议。他们建议总统冷静处理，因为那些导弹还没有全部到位，赫鲁晓夫的行动并不能构成威胁。尽管如此，前苏联突然秘密建立这些导弹基地本身就是一个可怕的警报。对此，肯尼迪当即决定紧急严肃处理，并制定了相应计划。

导弹危机的数个月之后，佛罗里达海峡上的两个开着渔船的渔民听着古巴的米格战机在他们上方嗡嗡作响，和美国当时面临的形势如出一辙。记者问总统这些飞机是“袭击”还是仅仅“吓唬”渔民时，他回答道：“如果你在船上，你就会认为是袭击。”1962年10月，美国就在那只船上，而且我们完全有理由相信那些导弹的目标就是美国。

总统郑重地告诉过我，赫鲁晓夫在给他的私人信函中保证，前苏联政府没有在古巴进行任何“秘密、迅速、不同寻常的”军事行动——这是假的；之前我与前苏联驻美大使阿纳托利·多勃雷宁的秘密对话得到一样的保证——也是假的。肯尼迪强烈认为美国应该立刻作出回应，以肯尼迪总统为首的执委会临时成立了。他请我参加当天上午11点45分召开的紧急会议，并让我把他在几个月前的新闻发布会上发表的两个关于前苏联在古巴安置攻击性武器的警告声明的副本也一同带去。

肯尼迪总统之所以没有以国家安全委员会的名义召开，是因为那样的话有谁出席必然受明文规定，人多嘴杂不易保守秘密，果断地作出决定也会难上加难。总统只需要他相信能作出正确判断的人。我成为临时执委会的一员，对于我来说，这是一个和少数精英一起工作的特殊经历。这次危机后的任何争论都不能改变大家的交情，特别是我与麦克纳马拉、邦迪的友情，以及我对前驻前苏联大使卢埃林·汤普森的敬仰，多年后仍丝毫不减。一般情况下，成员们在公开或私人场合都会赞扬其他人，即便鹰派与鸽派的对立者也是如此。（我用这两个代名词来简化称呼，但我们在执委会时没有这么使用，这些词是古巴导弹危机后才有的。在那难忘的13天里，那些围坐在内阁会议桌旁的一腔热血的官员们，不能简单地被视为单一方面的能手。）

相互敬仰的执委会成员中有两个例外——前苏联问题专家奇普·波伦和国务卿迪安·腊斯克。紧急会议才开两天，奇普就决定乘船去欧洲（而不是稍后飞往欧洲），并且马上带着驻法大使的新身份消失了，这让罗伯特·肯尼迪大为震惊；罗伯特·肯尼迪后来还表示迪安让他感到惊讶和失望，因为迪安不愿意主持会议，而他的行程其实并不满。事后回想，奇普在会议上说过的最值得纪念的贡献就是援引列宁的话："用刺刀试探，遇到硬物则停下，软的，刺进去！"至于约翰逊在会议上的所作所为，则没有给罗伯特留下什么印象，也不奇怪。

这次危机对全球人类的生存构成了威胁，但是在那些日子里我并没有思考为什么它会发生。我先前的推测是，在1961年的越南首脑会议上，赫鲁晓夫认为肯尼迪很软弱，于是前苏联想要用导弹作为赌注，事实却恰恰相反，赫鲁晓夫的儿子回忆说，他的父亲在会议期间说肯尼迪是"一个值得信赖的伙伴、强硬的政治家和机智的政客"。我个人的观点是，赫鲁晓夫决意使前苏联成为一个能与美国抗衡的大国，他认为只有前苏联在古巴安置导弹，才能够消除对北大西洋公约组织在土耳其安置导弹的担忧。一旦武器到位了，赫鲁晓夫绝不会撤回，并无视国内的谴责。同样地，肯尼迪明白，美国不能采取回避、轻视的态度来面对这一威胁，才能取得西方同盟的相信。在紧急会议上，他提到我们的同盟国认为美国沉迷于古巴危机一触即发的战争，如果我们入侵，他们一定会认为我们疯了。美苏都仅凭表面的假象就以全世界人类的生存为赌注吗？如果是，那事后诸葛是毫无用处的。

为了不让外界和前苏联知道我们正在白宫召开紧急会议，总统下令官员们的轿车不能停在白宫后面，按照各自的正常时间表工作，甚至包括竞选演讲和社交活动。那 13 天里，我的日程表上几乎每个定好的计划都被取消了，包括去百慕大群岛——我受邀到国际青年商会进行演讲，这是我在白宫期间难得的清闲。10 月 27 日是星期六，我的儿子们通常会来跟我见面，然而在危机发生的倒数第二天，我却不得不改变计划了。

我发现在那 13 天内我的全部时间几乎都花在这场危机上了。麦克・费尔德曼接替我处理国内事物，当头便是几项严峻的任务：确定白宫地下所有能找到的防空洞及其入口；准备之前的美国战争宣言的复印件；考虑由谁来管理政府，如果总统、副总统和内阁成员们在袭击中不幸身亡的话；撤离华盛顿的计划，如果有，是什么样的计划。（一旦遭到袭击，我将和总统一起留在白宫，然而肯尼迪总统总能够在逆境中保持微笑，他跟我开玩笑说："你知道吧，那个地下防空洞还没大到能容下我们两个人。"）整整一个星期，情绪和疲劳影响着执委会的决定，执委会的多名成员，甚至包括罗伯特・肯尼迪和麦克纳马拉在内，一次次地在被动回击与主动出击之间徘徊。会议接近尾声时，总统和我说他担心迪安・腊斯克已经工作过度，无论精神上还是身体上都已经达到了极限。如果这次危机不是 13 天而是 30 天，谁都不知道将会发生什么。

我们都绷紧神经来处理这次危机。我们真的是太紧张了，连害怕的时间都没有。我仍然记得危机到来的那个晚上，我抬头看着星星，忽然想起了多年前曾在天文馆看到的那片天空，想象着某些星星曾经在过去某个未知的时刻绚丽，模糊，毁灭。我们也会走一样的路吗？

总统一开始就确定，他所有的选择，包括按兵不动的选择，都要经过反复地思考和商议。10 月 16 日的第一次会议上，任何针对前苏联核导弹基地的决定都使每个人高度紧张。美国的轰炸机可以突袭古巴，扫平那个基地，然后飞走，迅速神奇地解决问题。但是下一步的问题呢？肯尼迪总统总要面对下一步的问题——事实证明这个做法不切实际。首先，当时没有巡航导弹或智能炸弹能够保证准确成功地袭击。空军方面坦言只能销毁六成的导弹，其余的仍然可以摧毁我们。

另外，空军不愿派遣飞机和飞行员到古巴上空，除非在此之前他们已经轰炸了前苏联的所有地对空导弹基地和古巴的所有防空基地，并且控制了前苏联和古巴的领空，这样，即使我们的空军被缠住，敌人的导弹和轰炸机也无法直捣佛罗里达。美国军方说，一旦轰炸了大部分古巴，我们将需要重建新秩序，并通过后续的入侵袭击以确保形势在美国的控制之下。我清楚地记得一位"鹰派"友人说："总统先生，这是你的机会，你的借口，占领那里，从卡斯特罗那里把古巴夺过来。"后来我才知道长官们当时正商量让第 82 空降师对古巴进行空投，“粗略估计以美国空军10 000人生命的代价来换取72小时内对古巴的扫荡”。我从告诉我这个消息的人口中得知，他用那天午饭的时间去为家人的撤离购买了背包和必需品。

会议中，同意空袭计划的财政部长道格拉斯·狄龙从桌上给我传来一张便条：

> 特德，如果我们等到古巴的导弹基地全面建成并做好战斗的准备，那么下届的众议院竞选将由共和党获得多数的席位，你是否已经考虑到这个现实而冷峻的可能性呢？你的这个想法会使我们完全失去对抗前苏联下一步行动的能力。

狄龙，这位曾为艾森豪威尔政府工作过，并于1960年向尼克松慷慨献策的共和党的中坚分子，指出了总统决策中的政治暗示。

会议进行的第二天（10月17日），获得成员们认同的另一个决定是对古巴实行封锁，阻止前苏联运输更多的核武器和装备进入古巴，连我们的侦察机都无法定位的核弹头也可能因此无法运进古巴。那些倾向于武力解决的人说，空袭可以迅速摧毁导弹，而封锁却不能；空袭正是对前苏联明目张胆的威胁和蒙骗的正当回击，而封锁却不是。封锁的底线开始退让：允许食物、药品、汽油和一些生活必需品的进入，对于被检查的船只禁止运行；避免舆论将这次封锁的性质说成和前苏联封锁西柏林的性质一样。我们不想使用“封锁”这一充满战争意味的词语，而将其称为“对古巴外来的攻击性武器的隔离”。10月17日星期三的晚上，肯尼迪从康涅狄格州参加竞选活动回来，我和罗伯特去机场接他。一上车他就问：“消息没走漏吧？”我回答道：“就你和乔·艾尔索普的会谈嘛！”他立刻紧张了起来，我想这个故意炮制的小幽默可不是什么小事，他随后意识到这是玩笑，这才放下心来，笑了。我们告诉总统，那天我们注意到，没有他参加的执委会会议，中层的官员们更加坦率，与上级意见不同时，他们也不担心。他明白这其中的意思，接下来的一周他便不再出席我们的会议；每天会议结束后，我要给他写会议总结。

也就在星期三的早晨，前国务卿迪安·艾奇逊以对外顾问的身份加入了我们的会议。问及他有何建议时，艾奇逊回答，鉴于他个人对前苏联先前的行动和动机的了解，他认为美国应该轰炸前苏联在古巴的导弹基地；问及前苏联会作何反应时，他推测他们会轰炸北约在土耳其的导弹基地。美国的下一步行动是什么，他说美国在北约的许可下有义务轰炸前苏联境内的导弹基地。前苏联会有什么反应呢，他停了一下，然后说："到那时，我们希望依然保持冷静的头脑。"会议室里格外安静。很久之后，艾奇逊在接受《君子》杂志采访时说肯尼迪在处理古巴导弹危机的问题上没有什么见解，只是"幸运"而已。新闻界让我作出评论，我回答说："我们是很幸运，很幸运没有采纳艾奇逊的建议。"

然而，10 月 22 日上午，艾奇逊以肯尼迪特派大使的身份，向固执的戴高乐总统做关于导弹危机和美国计划的简报，表现得还算干练。简单介绍之后，艾奇逊告诉法国总统，在外面等待的空军上校随时准备向他展示美国中情局在古巴上空拍到的照片，戴高乐婉拒道："不用了，美国总统的话足够可信。"

10 月 18 日的会议上，罗伯特・肯尼迪提出对古巴导弹基地的突然空袭会使无辜的居民丧失生命和家园，无异于 1941 年日军对珍珠港的突袭，会玷污美国在历史上的形象，于是我们开始争论是不是应该发表某种声明。军方觉得在空袭前对导弹基地发出警告的主意不妥，担心他们会把导弹转移到隐蔽的地方或者掩盖起来。最终，由我为肯尼迪总统起草一份警告声明给赫鲁晓夫。事实上，每个与会者都对我起草的声明提出了种种要求：必须通过美国人民和外交家们的审查；不能用最后通牒的语气，因为一个超级大国不会向最后通牒屈服；不能太复杂，因为赫鲁晓夫会把我们拖进几周的谈判中去，期间同时把导弹基地建好；语气不能软弱，否则他认为可以置之不理，也不能太强硬，否则世界舆论会谴责美国挑起了核战争；更不能让赫鲁晓夫知道我们已经发现他的导弹基地和用意，从而挑起第三次世界大战。我写道：

> 这份声明是我委托我完全信任的特使给您送去的……这份声明旨在通知您，在您和我的特使会谈后，我只能别无选择地对古巴采取相应的军事行动。您能否明确地向我的特使保证这次突然的核导弹集结会即刻停止……所有的攻击性武器会即刻撤离？即使如此，我方仍不放弃用武力来解决后续冲突，监视也仍会继续。这种情况下，我期待与您见面的机会，我的特使将向您详细说明我方的立场，如果没有满意的答复，我想我会立即采取必要的军事行动……其他任何回应都不能阻止美国。我给卡斯特罗总理也发去了类似的声明。
>
> 我们的本意不是和苏联开战，而是把威胁转化为和平。美国有信心、有能力采取任何必要的措施……请不要低估我们对和平关系的决心和渴望，我期待特使报告您的回复。

幸运的是，这封声明没有包含所有执委会成员（包括我在内）的要求，没有完成，也没交给肯尼迪总统，更没有发给赫鲁晓夫，我想如果他收到了，一定会暴跳如雷。当我向执委会报告说这份声明不可能满足互相矛盾的所有条件时，支持“空袭并入侵”的人立刻减少了。持续不断的讨论使我们越来越看不到事件的转折点。我没能拟出一份合理的声明，却成为一个转折点——在封锁隔离方案上达成共识，而这一方案是我和肯尼迪一直支持的。当晚，执委会的成员们在乔治·鲍尔的会议室碰面，前苏联外交部长安德烈·葛罗米柯在楼上的国务院餐厅接受贵宾招待，然后我们回白宫向总统汇报总结和建议。不料麦克·邦迪（也许是总统的命令）在陈述中坚持认为“按兵不动”方案有待商榷。对于站在该立场（也许是总统的立场）的原因，邦迪说我们的欧洲盟国已经明白他们是前苏联导弹的目标，或许我们真的应该按兵不动。

应主要官员的要求，星期五上午总统秘密会见了他们。柯蒂斯·勒梅将军强烈抨击“封锁”方案——“和慕尼黑绥靖政策一样糟糕”，他坚持，“直接进行军事干涉，立即行动。”海军总司令戴维·舒普表示同意：“您不得不进行空袭……我们必须为战争做足够准备……越快越好。”总统冷静地阻止了他们。紧张的会面之后，他启程赶往下一个竞选活动。在办公室外的大厅遇到我时，他还很激动：“你和鲍勃一定要把事态控制住，你们的意见四分五裂。”他说他相信也知道我会选择封锁，而不是空袭。当然，从柏林危机及其他外交危机的合作中他也看出，我倾向于任何可能的外交解决方案，而不是武力对抗。

当天下午，罗伯特·肯尼迪主持了执委会会议，立刻对空袭方案展开新一轮讨论。我强烈反对重新讨论前一晚已被否决的方案，停滞不前没有好处。但是在总统缺席的状况下，我们仍旧不能达成统一的方案，意见仍旧四分五裂。

最终，“封锁/隔离派”建议，无论总统最终选择哪个方案，都要向全国人民发表电视演讲，并让我起草一份演讲稿，根据执委会及总统的立场，向公众阐述方案的各项事宜。当我在思考该怎么展开时，我忽然发现许多问题还不明了，于是我又回到了会场，请教“隔离派”的专家们封锁/隔离的好处是什么，它如何让前苏联撤离导弹，如何在基地建成并投入使用之前阻止前苏联的脚步，封锁应该如何避免无限扩展。答案正是他们的看法也是我自己的看法，演讲稿得以顺利地完成。凌晨三点，我完成了写作，第二天总统和执委会的成员检查了一遍。尽管第一稿在接下来的48小时里经过很多改动，但最终还是通过了，这些改动比我一生中写过的任何一个稿子改动得都多，但它形成了一个基本的政策框架，执委会的共识以及总统的决定都围绕着这一基本框架来达成。

多年之后，鲍勃·麦克纳马拉和我应邀参加电影《十三天》的选拔莫斯科演员的试镜，他告诉在场的记者和电影制片人，电影存在着一个根本性的错误："把我们凝聚到一起的不是肯尼·奥唐奈——而是特德·索伦森。"这只是一个大致的描述，而事实上那篇演讲稿暗示了最终方案里的各个部分，融合了正在讨论中的军事、外交、多边政策以及其他策略。

有一件神秘的事情至今仍未得到证实，有人起草了另一份演讲稿，以宣称和证明空袭导弹基地的正确性。确实有，我最近才发现的，它以令人战栗的语气开篇："我命令美国空军执行军事行动，使用常规武器迫使古巴境内的核武器转移。"

2002年11月，解决古巴导弹危机的参与者重聚哈瓦那（古巴首都）开会，"第二份演讲稿"的复印件就夹杂在文件中。我问大会的组织者这是如何得到的，他告诉我："我们以为是您写的呢。"我确实没写过。我不可能在笔下记录一个我强烈反对的策略，如果曾经有人要求我写，我也不可能忘记如此令我为难的经历。稿件不是出自我曾经的白宫秘书的打印机，上面有分类标记，而我从未在我的演讲稿上打过任何标记。它还附带另一份说明——如果必要美国就使用核武器。这是一份我绝不会写的声明，我也知道肯尼迪绝不会赞成。我相信肯尼迪总统从来没有看过第二份演讲稿。

可能由于我最先写作的那封从未发出去的绝密声明信函，他们才会怀疑是我写作了第二份演讲稿，并认为这是电视演讲的备选稿。但可能是"空袭派"的某个成员，可能是麦克·邦迪，他们觉得需要给肯尼迪一个和我起草的演讲稿类似的备选稿。有些用词还引自我最先起草的声明，有些则引自我起草的"封锁演讲"。我料想邦迪后来会说，空袭方案之所以存在不足，是因为它不像封锁方案那样，有人能将它用总统的话写下来。

10月20日星期日上午，总统从芝加哥返回白宫，除了由我起草的演讲稿之外，我还给了他一页的概述备忘录，从我的角度分析了执委会的内部分歧以及他面临的选择。

空袭存在两种根本的不可协调的对立：

1. 既然没有人能写出一份令人满意的信函给赫鲁晓夫……空袭意味着美国将对弱小民族发起类似于袭击"珍珠港"的事件，历史将不能理解也不会忘记美国的行为。

2. 既然快速突然的空袭从军事上来说不切实际，那么规模扩大化的空袭将不可避免地引发入侵。

封锁的两个根本优势是：

1. 其保守性决定其灵活性，可以在任何必要的时候转变成空袭。
2. 这一步最不易引起大规模战争而同时能让前苏联撤除导弹。

总统立刻召集执委会到他的官邸召开紧急会议，他当即决定采取封锁方案（第二天早上才说出他的理由）。从10月16日星期二上午的第一次会议到10月20日总统从芝加哥回来的星期六上午，我们用了4天的时间就如何对付古巴的核导弹达成了共识。总统之所以选择封锁是因为他认为这样更容易产生和平的结果。他知道这么做可能无法达到他的本意，也可能导致长期的周旋；他知道这可能会引起国内政界的谴责风波，也可能导致民主党在下个月的国会议员竞选中失利；他也知道还有更激进的行动，比如空袭或者入侵，无论成败与否，都会比这更受欢迎。

以武力对抗敌对国并不难获得公众的支持。1962年，以武力进攻古巴的举措便轻易地赢得了公众的支持。如选民们期望的那样，美军完全可以入侵古巴，甚至不引起前苏联的注意，如果我们不去招惹前苏联的军队的话。但是入侵并不能销毁前苏联所有的导弹，更不能阻止他们对美军开火。肯尼迪总统知道对美国及西方国家的自由构成威胁的不是古巴，而是前苏联。他排除了简单的空袭方案，而选择更困难、也可能更危险的封锁，这个选择意味着我们可能会和敌国处于长期的对峙，因为短期内我们看不到胜利，这个选择要求他有外交技巧还要冒着被指责的风险，别人会说他姑息卡斯特罗，惧怕战争。如今回想起肯尼迪总统在那次危急中表现出来的领导力，我相信，相比于选择受欢迎的政治决策、选择武力行动来说，一位制止战争的总统实际上更具勇气。

如果肯尼迪总统在1962年10月决定空袭或入侵，我们知道驻扎在古巴的前苏联军队将马上用核武器回击我们，从而挑起人类的首次核战争，最初可能仅在于战术武器层面，但很快就会不可控制地升级到全面的战略交战，直到两国除了废墟和武器而别无他物的时候才停止。不久后一位科学家告诉我说，那将会是一个“核冬天”，几乎会使地球在千万年之后仍然不适合人类生存，如果有其他生物出现则另当别论。我想，如果在那关键的13天里，做主白宫的是易怒而神经质的理查德·尼克松，那将会发生什么？

10月22日星期一晚上，肯尼迪即将发表全国电视演讲，几个小时前他会见了国会的领导，封锁方案遭受了挑战。参议院军事事务委员会主席理查德·拉塞尔强烈呼吁入侵：“你应该在最短的时间内集合充足的兵力，快速解决！”

参议院外交关系委员会主席——鸽派的威廉·富布赖特也倾向于入侵，“倾巢而出,越快越好”,这是他的原话。总统还是坚持他的观点。“太愚蠢了,”他说,“苏联人肯定会把入侵看成比封锁更直接更挑衅的行动……冷酷又危险……美国人将遭遇不测……非常非常困难，非常血腥。”

早些时候，我将两位副手麦克·费尔德曼和李·怀特叫到我的办公室，给他们每人一份总统演讲稿的复印件，我还没来得及告诉他们这几天发生的一切，他们都默默地看着。怀特终于抑制不住了，说道：“可耻！真可耻！这是坐以待毙，这样的建议简直是狗屁！”我的一名秘书在整个过程中都保持沉默，因为她的室友为保守的共和党参议员肯尼思·基廷工作。

那天不断有人打断我们的工作,我只接了其中三个电话。其中有威尔伯·米尔斯，他是极权威的众议院筹款委员会主席，他询问形势是否十分严峻；另一个是正在竞选参议员的贝赫；最后一个是爱德华·肯尼迪，他问道：“我还能继续在古巴演讲吗？”“不能，”我回答说，“等今晚总统演讲之后再说吧。”

上周五晚上在我着手写演讲稿之前,我迅速地查阅了1941年富兰克林·罗斯福针对珍珠港事件的演讲以及1917年伍德罗·威尔逊对德宣战的演讲。我以威尔逊的话作为结束：“我们不是为取得强权的胜利，而是为取得正义的胜利。”肯尼迪的演说却不是战争宣言；另外，国会也参与了进来，两院的两党精英经过协商，得出一个统一的国会决议，演讲中也提到这一点。

1962年10月22日晚上的全国电视演讲不能算是肯尼迪任期内最好的一个，却绝对是最重要的一个。它告知美国人民及全世界，我们的国家面临着有史以来的最大威胁，我们的人民既没有惶恐和不安，也没有表示屈服或者呼吁战争。我们必须获得各国政府的最大支持，因此演讲稿必须打造成一份表述美国所处境地的政府文件。它也是美国向前苏联驻美大使馆的官方声明，通知前苏联他们部署的核导弹已不再是秘密的声明。

此次演讲面向不同的观众：

> 第一，面向媒体、公众以及国会中潜在的批评者们，以免他们指责政府在前所未有的危机面前失职，向他们保证“政府承诺的密切的监视”仍在继续，并且政府有义务“详细”地报告危机的最新进展。
>
> 第二，面向美国所有的州，以免各州政府认为美国的封锁行动未经授权,提醒他们前苏联的行径是对1947年《里约热内卢条约》和《联合国宪章》的“公然、有意的挑衅”，美国的行动是经《联合国宪章》授权的合理的地区防御。

第三，面向世界，向世界保证“我们没有统治或征服任何民族的欲望，也没有把我们的体制强加于别人”，相反，美国寻求“加入到历史的力量中去，结束危险的军事竞赛游戏，改变人类的历史”。这点十分重要，一旦几内亚和塞内加尔的小国取消对前苏联前往古巴的船只飞机的停泊权和加油权，那就说明赫鲁晓夫输了。

第四，面向美洲国家组织（OAS，美洲国家组织的前身是“美洲大陆共和国联盟”，所有美洲国家都是成员国，共35个。——译者注）的成员国，警告其成员国，前苏联的导弹不仅是对美国的威胁，也是对“墨西哥，其他任何城市……加勒比海地区的威胁”。29段的演讲中有18次提到了西半球，呼吁美洲国家组织的咨询机构召开紧急会议。

第五，面向美国的鹰派，以免他们担心将导弹留在原地的隔离政策太被动，再次向他们保证“这个行动只是开始……下一步的行动将证明其正确性……”实行封锁的数天后，赫鲁晓夫仍不把封锁当回事，国会发言人林肯·怀特在媒体面前把人们的注意力提升到极点，他说对美国的任何袭击都将“得到全面的报复”，这是整场发言中最失策的一句。总统生气地打电话给林肯·怀特并严厉地斥责了他。之后我们得知赫鲁晓夫已经分批撤走了导弹，因为他开始担心危机会发展到失控的地步，总统懊悔地和我说过：“可能是怀特的话吧！”我想他应该感谢过林肯。

第六，面向古巴人民，以免他们觉得美国把他们当成靶子，伤害他们“对一切自由平等的渴望”，警告他们“你们的领导人是一个国际阴谋的傀儡和代理人……已不再是古巴的理想领导人”。这个段落的起草和翻译是在西班牙裔国务卿助理阿图罗·莫拉莱斯·卡里翁的帮助下完成的，由联邦通信委员会（FCC，一个独立的美国政府机构，它直接向国会负责，根据“通信法案”成立于1934年，职责是规范美国各州以及美国与国际间的无线电广播、电视、有线通信、卫星和线缆通讯。——译者注）主席牛顿·米诺安排，通过与美国电台联播在整个古巴播放。

第七，最重要的，面向前苏联部长会议主席赫鲁晓夫，以免他认为美国会屈服于他的威胁之下或者最多只能举行首脑会议，警告他，我们正在寻求避免核战危机的方法，“危机面前我们决不退缩”。

最后，面向我们的欧洲盟国，保证“美国有耐心和控制力，美国是一个追求和平的民族……促成世界范围内的联盟……美国反对战争”。为了兑现我们对柏林许下的承诺，总统进一步告知我们的欧洲盟国，前苏联的导弹就是一个“蓄意的挑衅，当前所发生的变化让人难以接受……我们的勇气和理想需要得到朋友们和敌人们的再一次信任”。

历史学家迈克尔·贝彻洛斯曾把肯尼迪总统10月22日的演讲称为“可能是美国总统发表的最令人震惊的演讲”。我对此评价感到遗憾。这既不是肯尼迪的意愿也不是我的意愿。事实上，肯尼迪决定不在电视上展示我们知道的正在制造的导弹的型号，也不展示拍摄到的导弹基地的图片，因为他认为那会加剧公众的恐慌。他不是要唤起恐惧，而是要再次向美国人民和世界告知他知道发生了什么事，那些导弹是不允许放在那里的，他已经制定并实施了谨慎而有限度的应对措施。

10月23日星期二上午，阿德莱·史蒂文森大使在国家安全委员会办公室向前苏联大使瓦勒瑞恩·佐林起立，这一幕给总统留下深刻的印象，之前阿德莱模棱两可的建议却惹恼了总统：“如果他们不撤走导弹……我们就亲自动手……”“你必须清楚，在应对任何地方的核导弹基地之前，我们的行动都是可以商量的。”

10月26日星期五晚上，我们收到赫鲁晓夫的信，篇幅很长，部分表达了至少要在某些互惠问题上达成共识的愿望。星期六早上，我们又收到了语气明显冷峻的第二封来信，更像是出自政治局的笔下。星期六下午的执委会会议中，我和罗伯特·肯尼迪以及汤普森大使极力建议肯尼迪总统对星期五晚上的那封信中所表达的积极方面作出回应，对于表达以“北约撤出土耳其境内的导弹”作为条件的第二封信，要在24小时或48小时之后再回复，“总有机会让他接受我们的立场”，“我们不能无故解散北约”。肯尼迪担心无视赫鲁晓夫第二封信会引起风险，这也不是全无道理的。他认为应该回复，以免刺激赫鲁晓夫或者给他袭击我们的借口。

星期六下午为总统写回信，我觉得压力和担忧越来越强烈，这一天变成黑暗且令人不安的一天。前苏联的地对空导弹击落了一架我方的高空U-2侦察机，当时它正在古巴上空作业，飞行员梅杰·鲁道夫·安德森成为古巴危机中唯一丧生的人员；古巴人将在其上空的低空侦察机击落。鉴于美国侦察行为的不可或缺性，参谋长们为总统提出了执委会的非正式决定，针对前苏联的地对空导弹击落U-2侦察机的任何行为，美国可以马上报复。总统回答说：“让我们等等看通信的结果吧！”他还命令停止第二天的任何挑衅行为和低空侦察飞行。

仿佛所有这些压力都不足以毁灭人的神经，疲惫的执委会得到一个震惊的消息，紧张时刻，美国驻阿拉斯加基地的一个U-2飞行员，在执行空气采样任务，侦察前苏联是否以及如何大范围地研制核武器（我们也一样），意外进入前苏联楚科奇半岛的领空，引得前苏联人开动了喷气式战斗机，他们完全有合理的假设，单方面认为第三次世界大战开始了。肯尼迪无可奈何地摇摇头说道："哪个该死的家伙没有听我的指令！"

几年之后，我们得知，在我起草给赫鲁晓夫的回信时，古巴的菲德尔·卡斯特罗也通过前苏联驻哈瓦那大使带信给赫鲁晓夫。卡斯特罗预计美国将在22小时内入侵，催促前苏联领导人"永远地消灭这个针对全球共产主义的危胁……可能很严酷很可怕，但是别无选择"。这封信让赫鲁晓夫非常震惊，以至于成为他决定撤出导弹的另一个因素。2002年在哈瓦那大会上，我在午宴祝酒词中表达了对卡斯特罗的感谢，感谢他对震慑赫鲁晓夫所做的帮助，也责备他催促赫鲁晓夫消灭我们；他回答说他的请求只限于针对美国入侵的情况。

我和罗伯特·肯尼迪一起完成了给赫鲁晓夫的回信，这封信经过总统、执委会和联合国大使阿德莱·史蒂文森的仔细审查。执委会散会后，总统又在椭圆形办公室召开了一个秘密会议，参加的有罗伯特·肯尼迪、麦克纳马拉、腊斯克、邦迪、汤普森大使和我，可能还有个别其他的人。总统限制了与会者，暗示着下一步将是其他人没有必要知道的行动。会议决定让罗伯特·肯尼迪在会见前苏联大使阿纳托利·多勃雷宁时，把美国总统的回信交给他。我们详细讨论了赫鲁晓夫提出的交换条件：只要我们撤离北约部署在土耳其境内的导弹，他就撤离古巴境内的导弹，我们的回信有意地回避这一交易。腊斯克提出一个明智的做法：既然不可能存在正式的交易，为什么不向他暗示肯尼迪总统已经决定撤除土耳其境内的导弹；对我们而言，危机一旦解决我们就这么做。肯尼迪总统同意了。艾森豪威尔政府时期，无论地中海下的装载着核武器的北极星潜艇是否构成地区威胁，北约强加于土耳其的那些过时的不可靠的木星导弹都必须拆除，在给足了赫鲁晓夫面子的同时又不伤害美国人的生命安全。

信件同时由两个途径发送出去，通过美驻前苏联大使交给前苏联部长会议主席，以及通过罗伯特·肯尼迪当晚在司法部会见多勃雷宁大使时，交给苏驻美大使。根据总统办公室的指示，罗伯特·肯尼迪强硬地督促多勃雷宁大使要保证让赫鲁晓夫接受我们的提议，警告大使执委会中的鹰派的势力正在上升，他们已经威胁要在几天之内发动一场空袭或是入侵。罗伯特说，前苏联应该明白如果他们不撤走导弹，我们就会亲自动手，前苏联也应该明白"这不是最后通牒，而只是声明事实"。他要求赫鲁晓夫政府在第二天撤走导弹，"否则将会有严重的后果"。（尽管总统发出了警告，尽管总统在不断施压，我还是相信总统不会进行轰炸——并且现在我仍然相信。）

后来我才知道，罗伯特·肯尼迪——或者基于他个人的立场——表达的态度和信中写的不一样，他表示，卡斯特罗停止对中美洲和拉丁美洲国家的毁灭行为是美国不入侵古巴的条件，而且仅仅是“不从美国本土”发出入侵的条件。他还提醒前苏联大使，如果前苏联保证不会对外宣称美国的不入侵是讨价还价以及苏方施压的结果，美国将做出一些让赫鲁晓夫满意的事情，那就是，在几个月之内撤走北约部署在土耳其的导弹，否则，双方的互相理解将破裂，北约的导弹也将继续留在土耳其。许多年后，我们得知罗伯特·肯尼迪的第二个口信——关于美国撤走在土耳其的导弹的最后一个条件——在赫鲁晓夫决定接受我们回信中的条件并撤出导弹之后，才传达到赫鲁晓夫那里。其实，美国并没有正式发出撤除导弹的文件，北约也没有正式表示接到撤除导弹的文件，因此，这不算是一个交易。

考虑到我们的秘密会议可能会被看成拒绝了前苏联提出的交易，我们决定将这次会议保密，以免同盟国或是国内的鹰派指责我们为了美国的安全而牺牲西方国家的安全，或是指责肯尼迪向前苏联的威胁低头。在罗伯特·肯尼迪死后出版的回忆录《十三天》里，关于这次会议的内容被删除了。我在给爱德华·肯尼迪的密函中写道，如果前苏联人和少数了解实情的美国人知道有些未特别说明的讨论内容被省略了，他们可能会觉得这么做很不妥——我想有人会当众批判这个做法吧，或许某天会有的……

10 年之后，约翰·肯尼迪和罗伯特·肯尼迪都已经过世，当年椭圆形办公室秘密会议的健在与会者们意识到，公开土耳其问题不会影响国家安全，于是我们通过《时代周刊》发表了一篇共同签署的文章，将关于土耳其的导弹达成共识的细节公之于世。

1962 年 10 月 27 日那个黑暗的星期六晚上，全体执委会成员在内阁办公室召开会议，肯尼迪总统并没有参加，讨论很热烈。鹰派坚持事实已经证明他们是对的，封锁并没有让赫鲁晓夫停止他的威胁性的军事行动。突然，从会议开始就保持长时间沉默的约翰逊副总统说话了：“我只知道，当你走在得州的路上，一条响尾蛇爬过来准备攻击，你只能做一件事——拿一根长棍朝它的脑袋打下去。”他明显的指代让人恶心得战栗。

在肯尼迪总统的命令下，我正准备次日上午飞往波士顿，在参议员候选人爱德华·肯尼迪上《与媒体见面》的电视节目前，向他做简短的报告。总统觉得，无论我们的回信结果如何，全世界都会认为他弟弟在全国电视观众前面所讲的话就是总统想说的话。离开前，我给总统留了我的紧急联系方式。对于总统在我离开期间可能需要作的三个决定，我留下了以下三点建议：

1. 没有必要拦截驶向封锁线的苏联船只，“我们可以避免事件的严重化……”

2. 关于与赫鲁晓夫的对话……表明他的两个建议条件……是有协商余地的，但我方的底线是停止古巴导弹基地的部署……

3. 我估计本周内美国不会采取极端的军事行动……我们可能低估了针对苏联的封锁方案的作用及效果……

星期六晚上，直到我睡觉时，危机还没有解决。如果赫鲁晓夫不撤军，恐怕执委会内部支持军事行动的力量会越来越强大。那是13天危机中最黑暗的一天——赫鲁晓夫两封口径不一致的信让人觉得有达成协议的可能，苏方对我方的高空侦察机和低空监视机的开火又让人看到一场不可避免的战争。

后来我才知道，那天我们离战争有多近。当时，装着核弹头鱼雷的前苏联潜艇和坦克正从水陆两线无限靠近封锁线。一个美国驱逐舰兵用水底音波探测器探测到前苏联的潜艇，驱逐舰自动发射手榴弹大小的深水炸弹，迫使前苏联潜艇浮出水面，潜艇里的前苏联士兵说：“我们好像坐在一个空桶里，马上就有人拿棍子来打我们了。”

前苏联潜艇指挥官有自主决定权，只要遭遇袭击就可以发射核弹头。吓得发抖的船员请求他开火，他并没有那样做，因为他没能和莫斯科取得联系，获得批准。这位处事谨慎的前苏联官员成为历史上阻止核战甚至是阻止全球毁灭的无名英雄。

第二天，收音机里传来好消息，我几乎不敢相信自己的耳朵。无论是密函，还是罗伯特·肯尼迪的口头警告或者他的口头保证，在我们给赫鲁晓夫的建议里，有些建议起了作用。我们将震慑力与外交手段、沟通与协商谨慎地平衡起来，得到美国在加勒比的海军力量以及全世界核大国的支持，终于成功了。我立刻打电话给邦迪。赫鲁晓夫正在撤走导弹。“是真的，”他说，“原定于上午10点在内阁室召开的执委会会议推迟到11点30分，总统和夫人才有时间去教堂，他叫其他人也去。”

晚些时候，当肯尼迪走进内阁会议厅时，执委会的成员全体起立，向他鼓掌致敬。他吩咐我们要保持警惕，不要掉以轻心，要尊重赫鲁晓夫的政治家身份。他发表了一份祝贺赫鲁晓夫“为世界和平作出重要贡献”的公开声明，并补充道他们的通信是“两国政府深度的相互理解……”之后他就投入到检查确认导弹撤离的工作中去。像猪湾事件之后一样，他指出危机结束后应该以自省的态度检查我们错误估计了什么以及做对了什么。

接下来的两周，前苏联在古巴的导弹迟迟没有撤走，这着实让肯尼迪不安。来访的德国总统并不知道肯尼迪与赫鲁晓夫的协议，声称他的成功可以证明，只要美国派出更强的军事力量或者安排更大的威胁，赫鲁晓夫一定会撤军。前苏联大使对此解释说，鉴于尼克松在竞选加州州长的演讲中对全体人民的宣誓，赫鲁晓夫担心美国会入侵古巴，对此，肯尼迪总统感到很诧异。总统告诉我，这表明赫鲁晓夫对美国的政治体制有很大的误解。“但是，”他补充道，“我们也不是很了解他们的政治体制。”

一生中，我们收到三次根据可靠情报显示的美国受到的威胁，第一次是1941年无线窃听器捕捉到的日军突袭珍珠港的情报，第二次是1962年侦察机拍摄到的古巴境内的前苏联导弹，第三次是“9.11”恐怖袭击的情报。每一个危机都有不同的因素和背景。只有1962年，我们的政府做足了军事准备，阻止了袭击。

危机结束后，我首次上了《与媒体见面》的节目——因为总统相信关于这次危机我会说正确的话，不会让观众误以为我们在防守，而只说一些必要的话——其他的，绝不多说。访谈结束了，麦克风和灯光也都关掉了，演播室里响起了电话声。主持人和助手们不知道屋里有电话，面面相觑。我接起电话，电话那头传来熟悉的声音，肯尼迪说：“他们怎么没给你戴手套！”

几星期后，美国新闻署负责人爱德华·R.默罗邀请我和哥哥汤姆到他家中吃晚餐。我和汤姆提前安排好，让麦克·费尔德曼那天晚上给我打电话。其他人是听不到电话里的声音的，我假装他通知了一个紧急消息，我对着电话说：“别急，我马上到！”我转过身来告诉在场的其他人说在古巴发现新的导弹，已经召开了执委会紧急会议。接受邀请却没能参加之前的会议的默罗开始准备参加会议，并对会议的内容表达了很深的忧心。我和汤姆马上告诉他我是在开玩笑——真的是玩笑，但是我们的恶作剧并没有把他逗乐。

接下来的数周乃至数月内，到处都是关于危机应对的文章，其中《星期六晚邮报》中的一篇文章还被多次转载。根据多位历史学家的建议，总统命令文章的作者斯图尔德·艾尔索普和查尔斯·巴特利特删去出现多次的我的名字和角色，理由是顽固的保守派可能会抗议政府让一个拒绝服兵役的人介入到危机处理中。通过与查尔斯的交谈，我才知道发出这个命令的不是总统而是他的军事顾问，这个人并不是执委会的成员，没有任何影响力和威信，更不能代表总统说话。

危机结束后的几个月，在一次宗教聚会上，有人激动地问了我一个问题："总统凭什么权力可以因为古巴的导弹而毁灭世界？"我回答说，这个问题是值得思考的，总统也曾问过自己这个问题，它暗示着世界（如果它有人性的话）在一种错乱的精神状态中进化，它存在着相互威慑和制约的规则——彼此了解的相互毁灭的条约，尽管疯狂，却阻止了战争；这个规则在特殊的情况下奏效了，因为我们有一位尽一切可能避免战争的总统。简言之，发出战争的威胁，通常是不道德的，在特殊情况下却成为阻止战争的手段。我为自己在古巴导弹危机中的表现感到骄傲，但对我的回答还是不太满意。公众人物总会陷入一系列不能应对的道德挑战。

1963 年，一位杰出的英国记者来到白宫访问我，他把肯尼迪和平解决古巴危机称作"不但是历史的转折，而且是黄金时代的开始"。他似乎是一个先知。8 个月后，肯尼迪总统在美国大学作了关于和平的演讲，他回顾古巴导弹危机，说道："我们都陷进了一个残酷、危险的恶性循环之中，一方的怀疑就会引起另一方的怀疑，新的武器会带出对方的武器……必须用核武器来牵制对手——他们或羞辱地撤退，或爆发核战……所有我们所建立起来的……都会在 24 小时内被摧毁。"

导弹危机和美国大学的演讲之后，美国建立了核时代的首批军备控制，1963 年美苏两国在莫斯科签署了《部分禁止核试验条约》，危机还致使两国建立了"热线"。当然，两国需要一个更有效、更快捷的沟通模式。

当时，世界已经摆脱了危急的处境，两国的悬崖勒马成为生死关头最具讽刺意味的结果。难道这是获得这种结果的唯一方法吗？如果那些强硬的超级爱国者们接管美国政府，那更有可能爆发第三次世界战争，但如果肯尼迪只是什么都不做，也能招来他们对美国政府的愤怒。

在 42 年的冷战中，美国凭着和 1962 年 10 月一样的信念——警惕、耐心、平静、自我约束，才能屹立不倒，持续壮大。用历史的眼光来看，我们最伟大的总统们面对巨大的挑战——战争，大萧条，考验道德的奴隶制和公民权利等——证明了他们伟大的品质。发现前苏联向古巴秘密运输武器是对肯尼迪的智慧、勇气以及领导才能的挑战，只有亚伯拉罕·林肯和富兰克林·罗斯福曾经历过如此挑战。肯尼迪总统如何应对挑战体现在他所作的决定，他的决定攸关我们国家的利益和人民的生命安全。让世人铭记于心的不是他当选总统的时刻，而是他作决定的时刻。

# 第24章 肯尼迪总统的外交政策

A LIFE AT THE EDGE OF HISTORY

古巴导弹危机是对肯尼迪外交政策的一次全方位的考验，仅仅将其归结为“反战”政策似乎过于简单，但是“反战”一词不可抹灭，他在冷战期间的言谈举止，自然流露出迎头痛击前苏联、与其抗争到底的决心。肯尼迪总统热爱和平，他在全球范围内的冲突地区促进和平，避免冲突升级到不可收拾的地步。美国大学的演讲稿是由我起草的，其中所表达的外交政策却完全是肯尼迪的思想。肯尼迪于1961年11月16日在西雅图华盛顿大学的致词结尾如下：

> 我们必须面对的事实是——美国既不是全能的，也不是无所不知的，美国的人口仅占世界人口的百分之六，美国人的方法不能解决全世界的问题。我们既不是“好战分子”，也不是“和解人”；既不“强硬”，也不“软弱”。美国人坚决保卫自由的边疆，如果摆在我们面前的是和平，那我们就采用高尚和平的方式，但如果摆在我们面前的是武器，那么我们唯有诉诸武力。

毫无疑问，总会有人怂恿三军统帅搬出超强的美国军事力量。柏林危机期间就有人力劝肯尼迪总统派兵进入东德，他没有那么做；有人力劝他派兵拆除柏林墙，他没有那么做；有人力劝他派兵分裂刚果以及越南，他也没有那么做。肯尼迪采取以上任何一个行动，都完全可以得到美国人民的支持，但他没有那么做。最重要的是，来自多方的压力要求他炸毁前苏联在古巴的导弹基地，入侵古巴，从卡斯特罗手中抢占古巴，但他还是没有那么做。古巴导弹危机期间用驱逐舰队形成的隔离线，柏林墙建起后准备开进东德的坦克，准备进驻老挝却没有动身的军队，这些为美国的安全提供了保障，也进一步推广了美国的外交政策。挑起战火或者卷入他国的战争并非难事，他都没有那么做。

恰恰相反，肯尼迪派和平队的志愿者到许多发展中国家提供教育、医疗、工程和其他方面的服务。他创办了世界上首个专门研究裁军事务的政府机构，在这个极其复杂的领域里形成一支专业的骨干队伍；他指派外交官们带着军控和裁军部门的新建议去参加国际大会；他将美国的农副产品送给遭受饥饿困苦的人，作为粮食促进和平项目的一部分；他将更多美国生产的产品送给急需经济支援和人性关怀的不发达国家，其数量比往后的历届总统都要多；他号召国民要在长期的冷战中延续警觉、服务、舍身奉献的精神，但他从未怂恿他们去伤害他人。对外，肯尼迪在演讲中明确表示，美国呼吁和平，期待得到国际的理解；对内，他大力呼吁和平并奖励维和机构。美国公益会服务委员会的代表来白宫拜访总统，对巨大的军事预算表示反对，事后，该代表就占用肯尼迪宝贵的时间向他道歉，总统却回答："不，不，继续施压吧。你知道的，舆论的另一方也一直在向我施压呢。这就是美国体制的运作方式——能屈能伸。"

专家顾问们力荐总统建立"铁蹄"的外交政策，尽管他一直反对，但是"铁蹄"的影子确实存在。这些影子仅仅是总统缜密和实事求是的考虑的表现，却不能满足专家们的期待，他们要的是一个有力的、合乎他们心意的回答，但是肯尼迪的政策力度刚刚好。肯尼迪将现实与理想、谨慎与创新完美地结合，因此他也无法定义理想主义的范畴，而这种结合正是现实所需要的。

初到白宫时，我没有任何关于外交政策的经验和能力，也没有承担过相关的任务。不久后，我了解到外交政策、对内政策、财政政策、与国会的沟通、总统的政治前景和成就，都互相牵制和影响。对内政策，国会的法案和拨款最是关键；外交政策，总统的一句话就是政策。我的职责就是帮助总统打造他的语言，进而打造他的政策。他偶尔让我思考一些国际问题，比如美国驻葡属非洲殖民地的军事基地、国际货币、小麦价格等。我按照各部门和各机构领导的指示，将他们各自管辖范围内的国内外问题的相关意见反映给总统。

我的另一项任务是，协助总统建立起为外国的经济发展提供援助的机构，并设计相关的项目。对此，我向负责类似项目的资深人士、对外专家以及总统本人请教了如下几个问题，并于1961年3月将这些问题形成备忘录递交给总统。

1. 项目的名称有两种选择：国际开发总署或自由发展行政局。（这个问题比较简单。）

2. 新署长或者新局长应该向国务卿汇报还是直接向总统汇报？他应该具有副部长级别或者向经济事务部副部长汇报？

3. 军事辅助是否应该与经济辅助一起纳入总统的主要方针和机构操作之中？还是二者必须分开？或者是否应该减少军事辅助，以对经济发展提供更多资金？

4. 由于国会消减国外援助的一贯做法，我们要求获得的资助是否应该多于实际的需要和预算？

这只是我提出的问题的一小部分，而我的大多数问题没有得到解决。

肯尼迪总统上任后不久便与戴高乐总统会晤，在此之前他派我先行前往巴黎（这是我首次出国旅行），从法国外交政策参谋处了解戴高乐总统的立场以及法国民众当时的舆论，也为我起草肯尼迪在法国的演讲稿做准备。在法国政府的会客厅里，我正要向他报告调查结果时，他急忙示意我停下，说："难道你不认为我们最长久、最亲密的联盟已经装了窃听器吗？"

肯尼迪以典型的亲民作风给不同的助手委派特别的任务，他也让我关注美国与伊朗的关系。据报道，伊朗沙王穆罕默德·礼萨·巴列维十分嫉妒肯尼迪的个人魅力、智慧、国际地位以及在美国的人气。国务院的外联人员告诉我，伊朗沙王觉得在肯尼迪总统的就职演讲中的一句话，"那些无法领导和平革命的人，必然会通过暴力进行革命"，是针对他个人说的。他的想法也许没错。

就像美加边界的许多北美人一样，肯尼迪总统与加拿大总理约翰·迪芬巴克的关系并不十分友好。肯尼迪出访渥太华与其会晤，希望加拿大能加入美洲国家组织（OAS）。离开渥太华时，肯尼迪无意中留下了一张便笺，上面是他随手写的关于这个议题的提示，而且字迹潦草得难以辨认。不料迪芬巴克拿到了这个纸条，以为肯尼迪说他是狗娘养的，事后他还威胁说，如果肯尼迪不在美加共同成立的北美空防司令部的争端上做出让步，那他就会"揭发"肯尼迪总统外交语言粗鲁的丑闻。当我将情况汇报给总统时，他对我说："我没有写他是个狗娘养的，因为那时我还根本不知道他就是呢。"

1962 年，肯尼迪总统计划与赫鲁晓夫进行国际性的电视辩论或对话，并且同意两国领导人可以向对方国家的民众发表演讲。我们与苏方谨慎地协商了电视谈话的各项事宜。我们向美国驻莫斯科大使汤普森、驻贝尔格莱德（南斯拉夫首都）大使凯南以及驻巴黎大使加文征求意见，他们全都建议总统应该将要点放在维护和平和裁军上，避免提及冷战的话题，不要让赫鲁晓夫在他的国人面前丢脸，并且要牢记我们的目标观众是普通的前苏联人，他们一辈子所接受的教育都是关于美国资本主义和种族歧视有多么邪恶。

肯尼迪打算说几句俄语，以提示观众想到富兰克林·罗斯福，回想起斯大林开启的美苏共同的美好愿景。对话不是为了争论而是善意地沟通。我的哥哥汤姆和白宫新闻秘书皮埃尔·塞林格私下里与赫鲁晓夫沟通了电视对话的安排，汤姆还写了便条给我："总统此次和赫鲁晓夫的电视对话与他和尼克松的那次辩论一样，同样具有优势——显而易见的真诚、有目共睹的能力、不言而喻的年轻与活力。"当汤姆和皮埃尔出访俄罗斯与赫鲁晓夫商谈时，他们曾用私人电话打给美国的一名同事，抱怨说政府招待他们的别墅里应有尽有，唯独缺酒。当天会议过后，当他们返回别墅时，发现冰箱里面全都是啤酒。

就在最后一刻，赫鲁晓夫与他的同事断定，肯尼迪会在演讲中挑衅性地声明重新核试验是"原子讹诈"，于是他们便单方面取消了这次从未正式对外通知的电视对话，机会就这么错过了。肯尼迪总统去世后，我提议约翰逊和肯尼迪一样，通过电视对话的平台向全球呼吁和平，重新开启先前皮埃尔和汤姆代表肯尼迪总统与赫鲁晓夫进行的谈判。但是，结果还是没有对话。

## 猪湾事件

正如西柏林之于赫鲁晓夫，是他心头的一根刺，古巴之于约翰·F. 肯尼迪，是一根心头扎得更深的刺，致使这位天主教的年轻总统与脾气急躁的年轻革命者菲尔德·卡斯特罗势不两立。在肯尼迪任职的短短三年时间里，古巴岛肯定了约翰·F. 肯尼迪最大的失败——猪湾事件，但也认可了他最大的成功——和平解决古巴导弹危机。

艾森豪威尔政府密谋策划的中情局入侵计划最终将登陆地点锁定在古巴的猪湾，召集了1200名古巴流亡分子组成突击队，经过中情局一队人马的一系列组织、武装与训练后，于1961年4月入侵古巴。他们将发动一连串武装行动来推翻菲尔德·卡斯特罗。肯尼迪起初同意了这个计划，一方面是因为他不想被贴上"软弱"的标签，另一方面是肯尼迪当时还没想出任何在政治上可以接受的方法来撤销和解散中情局组织起来的突击队。肯尼迪从计划这次入侵的主要官员——中情局局长艾伦·杜勒斯、副局长理查德·M. 比斯尔等人口中获得了一系列的保证，承诺这次计划会同时在古巴人民的起义下取得成功，世界上其他国家不会发现美国参与了这场入侵；如果猪湾登陆战败，流亡分子就会逃至卡斯特罗早年率领的反叛军驻扎的山中避难。

这些想法听起来很简单，几乎简单得不够真实。结果证明，确实如此。肯尼迪获得的保证无一兑现。肯尼迪随后发现，不能指望流亡的古巴政治家向他反映他们的祖国人民的意见，或指望他们为即将执行的计划保密；也不能指望他们展开有力有效的军事行动。他们之间彼此不信任，也不相信主使入侵的美国人，反之亦然。流亡分子的领导人以为此次的入侵军队将会受到像欢迎解放者一样的欢迎，并且很容易就能够取得胜利，而置美国提出的骇人警告于不顾。我至今还不明白中情局的那些精明的官员怎么那么容易受哄骗：卡斯特罗当时正得到广大古巴民众的支持，而反对他的古巴领导人或身陷囹圄或远在美国的迈阿密，他们如何认定卡斯特罗能那么容易被打倒呢。

猪湾事件很久以后，中情局于 1960 年 11 月 15 日秘密召开会议的记录被曝光了。会上，中情局的评论家总结说这次入侵是“不会成功的……在公众支持推翻卡斯特罗政府之前，古巴不会产生内乱……（卡斯特罗的）防御也会将这次袭击粉碎”。三天后，在棕榈滩召开的中情局简报会上，并没有人将以上任何一项担忧告知肯尼迪，那些心存怀疑的顾问们不愿意在新上任的总统面前挑战自己的上级。我个人以为，中情局的那次惨败可以归因于中情局的一个宗旨：宁错毋疑。

那时我正全身心地投入到总统的国内事务中。如果我了解那种混乱的局面的话，我想我会唤起肯尼迪的另一面：善于怀疑，谨慎小心，审时度势，能对战争进行全面考虑。如果我也参与到机密计划的讨论中，我想我应该也会相信那些专业的计划者们所提出的保证。但我还会向他们提出怀疑，就像我参与其他事件那样，怀疑他们的合理性，怀疑他们的证据来源。我甚至还会质问他们此次入侵对美国的道德权威、声望及世界舆论会产生何种影响，就像我在古巴导弹危机期间质问的那样。

事件的整个过程中，我与总统关于此次行动的唯一一次谈话是 4 月初，行动之前。在每周一次的政策调整会议上，麦克·邦迪和戴夫·贝尔（几乎是无意地）向我透露了中情局有这次计划及其紧急性，但没有告诉我计划的全部内容。我立即来到椭圆形办公室向总统询问此事。他撇了撇嘴，表示他真的不想和我讨论此事，因此我不想勉强他——但我要是做得到就好了。他用他偶尔粗俗的语言说道，计划这次行动的那些受人尊敬的顾问们都在试图找借口保护他们自己，“我知道，每个人都想从中得到好处”。

直到入侵计划失败之后，我们才真正地讨论起这件事。我们那时在白宫西翼后面的车道。他既痛苦又疲惫，情绪极为激动，我从没见过他如此自责。他没有抱怨自己的命运或者责备那些发动者，而只是怪罪自己。“我怎么能错得如此离谱？我这辈子都知道不能完全依靠那些顾问们的。我怎么能如此愚蠢地让他们任意妄为呢？”他一边自责，一边列举出他所信赖的却完全没有实现的保证。那是他政治生涯中最糟糕的一周。但幸运的是，尽管迟了一些，他最终还是勇敢地承认此次计划是错误的，并终止其继续进行，他明智果断地拒绝了中情局提出派遣更多的美国空军增援的要求。因为他知道这种要求将毫无疑问地会遭到世界各国的反抗，可能还会刺激前苏联作出军事反应。对一个会犯错误、并非全能的领导人来说，单单只有勇气还不够，他还需要运气。

猪湾事件结束之后，我召开了一次事件背景记者会，目的在于把这次惨败的历史背景交代清楚，猪湾事件虽然是由肯尼迪点燃的战火，但却是由他的前任总统艾森豪威尔布置的炮台、装置的炮弹。肯尼迪公开地回绝了我的说法。他在 4 月 21 日那天宣布："我是美国政府的负责人，这是无可否认的。"几天之后，面对美国报刊出版商协会，他引用了爱德华·R. 默罗的一句名言，算是对我的忠告，"如果你不纠正过错，那它才会变成真正的过错"。肯尼迪决心纠正自己的过错，他下令开展事后调查，命令调查人员要客观、全面，不必有所顾忌。那个夏天，中情局调查员莱曼·柯克帕特里克将军在他自己的报告中把这次计划的失败归咎于"组织的自大、无知和无能"，他总结得很到位。

我很佩服邦迪在猪湾事件之后所表现出来的勇气、正直和睿智。应总统的要求，邦迪写了一份关于猪湾事件失败分析的备忘录，其中并没有忽略肯尼迪总统的政策错误。如果在几年之后，麦克也给约翰逊写了一份类似的备忘录，那就齐全了。

有一些顾问让肯尼迪尤为蔑视，他们事前赞成，败后又换了一套说法，还对媒体说："我早就告诉过你们了，我就知道事情会是这样，我已经预测到了。"他们甚至还对总统这样说。正是切斯特·鲍尔斯的这种态度令总统将他从副国务卿的位置降到特别巡回大使，而后又变为美驻印度大使。我猜，这也是一年之后肯尼迪让特勤局在内阁会议室和椭圆形办公室的电话上安装特殊录音系统的原因，延续了由艾森豪威尔或前几任总统开创的先例。肯尼迪想记录每个人的立场和观点，至少他有意把自己政治生涯中的某些片段录制出来。命运偏偏和他作对。后来的事实证明那些录音对历史学家们、作者们和我的写作有很大的用处。可能除了他的弟弟罗伯特之外，他身边没人意识到我们给总统提供的建议大多数已经被秘密录音了。许多年之后，当我知道这件事时并不生气也不惊讶。当时就算知道我们的谈话被录音了，我也不会更改自己的建议。

总的说来，美国对古巴所采取的政策里，我的参与非常有限。传闻说中情局又有了一项计划——"猫鼬计划"，中情局打算削弱并破坏古巴经济，以此逐渐削弱古巴共产党及其领导人的声望。我的唯一作为就是写了一份备忘录，举出几个非暴力解除共产党人控制古巴的方法。**第一，向古巴人民宣传卡斯特罗已屈服于莫斯科的控制而背叛了革命；第二，在古巴增加美国之音西班牙语的节目数量。**

之后，我加入了罗伯特·肯尼迪和邦迪在古巴导弹危机后所成立的“常务小组”，它是执委会的延续。1963年春天，常务小组召开了一次会议，讨论解决古巴问题的所有可能的方案。我能很自信地说，暗杀卡斯特罗不在讨论范围之内，肯尼迪从未参与暗杀卡斯特罗的阴谋。我之所以如此确信，是因为一位总统是否想要勾结谋杀他人很大程度上取决于他的人格，而我十分了解肯尼迪的人格。1961年，当他头一次接到多米尼加共和国总统特鲁希略被谋杀的消息时，我和总统在一起，我看到他很是惊愕，毫无心理准备。几年后，一名中情局特工承认，他把肯尼迪随意说的一句话——卡斯特罗早晚会被“废除”——当做总统“间接地”承认和批准谋杀卡斯特罗。这真是荒谬至极。1956年，肯尼迪总统想要罢免“奥尼恩斯”·伯克马萨诸塞州民主委员会主席的职务，但并不意味着他要伯克死。肯尼迪虽未表现出要保护或者支持那些实施专制、岌岌可危的外国领导人，但他也不支持暗杀他们。

猪湾事件存在很多矛盾。中情局史上最大的机密事件因为影响太大而不可能保密，又因为准备得太少而无法成功：登陆人员太少，空中战机太少，水中舰艇太少，预备的弹药太少。从本质看来，这是一项注定要执行的计划——如果肯尼迪对这个计划干涉得太少，又或者如果肯尼迪对这个计划干涉得太多。这项计划进行得太过机密，以至于身处局外的怀疑者根本无法对其进行必要的审查和参与。躲在迈阿密的古巴流亡人员与整个事件的保密性、突发性和成功有着最大的利害关系，结果他们却成为了媒体提前获得消息的主要来源，他们甚至还夸大了流亡军队的势力，使卡斯特罗加强了防御。

有趣的是，对1961年猪湾事件的惨败难辞其咎的一名中情局官员居然在1962年的古巴导弹危机中因阻止了第三次世界大战的爆发而获得表彰。理查德·比斯尔开发了U-2侦察机的空中拍摄功能，使美国拍摄到前苏联的导弹装备，及时作出谨慎反应，这也为导弹危机的成功化解奠定了基础。

猪湾事件有一些好的方面。肯尼迪总统意识到自己应该负起全部责任，而不是责备他人，这使得民意调查中他的支持率反而上升了。但是他带着遗憾的笑容告诉我，除非他疾病缠身，否则这种情况不会再出现。随后，肯尼迪变成了一位优秀的领导者。他有了一系列重大改变：

1. 改变态度。他不再认为他拥有不会失手的点金术，猪湾事件过后不久，他就让军队的领导人们就美国应该在中南半岛（Indochina，亚洲东南部的半岛）实行怎样的政策提出建议。仔细审查那些建议之后，肯尼迪意识到他们对这个地区的处理远远不如对古巴那么“在行”。之后，肯尼迪对我说：“感谢上帝，感谢猪湾事件，否则，我们现在就在老挝了，如果那样，那可就糟糕一百倍了。”

2. 改变政策。他不再听取关于军队整顿的建议，而是更加关注拉丁美洲的经济、行政和政治上的改革，以孤立卡斯特罗。中情局想通过一连串的破坏和颠覆活动来推翻卡斯特罗的领导，但却向肯尼迪表现出他们的无为和无能。

3. 更换顾问。他解雇了一些所谓的聪明人和给他没有实现的保证的顾问们，让我和罗伯特·肯尼迪加入国家安全理事会。肯尼迪对我们十分信任，他相信如果我和罗伯特参与了猪湾事件，那事情不会是现在这个样子，我们会给他从未获得的坦诚和批判性的意见，至少在猪湾事件中他没有得到过。

4. 改变作决定的方式。他不再接纳任何一条未经考验的建议。幸运的是，这一改变在之后的1962年古巴导弹危机中，起了大作用。

5. 与猪湾事件不同的是，肯尼迪在随后的古巴导弹危机中没有把同盟国和国际组织排除在计划之外，他不再一意孤行。

6. 他认为事件的保密要求与向美国媒体和公众公开事实之间并无冲突。

在猪湾事件中，肯尼迪尝试通过那些官员们的保证来增强他们的信心；在导弹危机中，他只请教他所信任的顾问，而不仅仅依赖于将军们的意见。

从大体上来讲，对于美国、肯尼迪、中情局、古巴流亡军队以及古巴籍的美国人来说，猪湾事件注定是一次短时间内造成的失败。但我不禁在思考，46年后，从长远的角度来看，这是否真是一次失败。从某种意义上讲，肯尼迪短期的失败奠定了他长远的成功——这是美国和西方国家成功地从冷战中全胜退出的全球性成功中的一部分。他通过磨练自己的警惕性、耐心和控制力维护了世界和平。如果这种分析正确的话，那么肯尼迪总统从猪湾事件中吸取的教训，正适用于次年发生的古巴导弹危机，对拯救整个世界功不可没。

## 柏林危机

1958年，赫鲁晓夫扬言要占据西柏林，但直到1961年夏天，才有了柏林战争的苗头。前苏联人民对爆发战争的忧心和他们的幽默感，从赫鲁晓夫的女婿阿列克谢·阿朱别依的笑话中可见一斑。

> 问：如果炸弹掉下来，我们该怎么办？
>
> 答：把被单盖在身上，然后慢慢地爬向最近的墓地。
>
> 问：为什么要“慢慢地”？
>
> 答：为了避免恐慌。

1961年7月，关于如何回应前苏联即将与东德签署关系正常化条约，瓦解西柏林的特殊地位一事作出回应，肯尼迪已经请教了相关的顾问，如果还知道别的消息，他还应该向美国民众声明此事。他让我分析收集来的建议，然后告诉他我自己的分析结果，与此同时，我还要开始着手一篇演讲稿。

7月17日，我将一份题目为《对柏林的决议》的备忘录递交给了总统，这份备忘录长达四页半，内容详尽。其中，我抨击了那些挑衅的建议，包括一份国家紧急状态的总统声明，一项对国民警卫队军事储备力量的召集。我在备忘录中写道，那些行动纲领可能会把赫鲁晓夫带到一个想与我们一决胜负的高度，引起国内外认为肯尼迪没有经验的批评家批评肯尼迪政府争强好胜，在美国国内与西方国家内引发分歧，从而增加了赫鲁晓夫的气焰。在建议总统就此问题进行电视演讲之后，我变成一贯的反问风格，说道：“现在有必要表明完全否定的外交立场吗？”我提议在这个问题上，国务院可以尝试通过联合国或国际法庭获得解决。如果不是肯尼迪当总统，我不知道这位总统会不会认真对待那些建议，肯尼迪却和我花了很长时间进行讨论。

1961年10月6日，肯尼迪总统准备与前苏联外交部长安德烈·葛罗米柯讨论柏林危机，让我准备一份提纲。我建议，在“冷静期”期间，我们均可与各自的同盟国和国会商讨，之后，双方应共同努力，争取达成共识，不再单边行动或恐吓而使谈判无法进行。

1962年3月，国务院为肯尼迪起草了一份给前苏联的临时协议方案，肯尼迪再一次询问了我的意见。我告诉他，莫斯科可能会立即拒绝接受。如果我们真的想达成协议，“那么将它包装成馋人的诱饵，会不会更合他们的意呢？”

在整个柏林危机期间，肯尼迪采取措施让前苏联和西德认可美国使用核武器的合理性。但他从未作出使用核武器的明确决定。总统班子作出了紧急应变计划，给总统递交了备忘录，召开了会议，列举了各种选择，总统聆听、询问、质惑、作出不同的估计。一些历史学家得出的结论是，总统曾经慎重地权衡过核武器的使用问题。由于我们生活的年代危机四伏，西柏林在全球自由事业的发展上起了重要作用，前苏联与西柏林对抗时有巨大的军事优越性，所以如果肯尼迪不考虑使用核武器，就是不负责任的做法。然而，肯尼迪并没有作出某个具体的决定，或表明在任何情况下都会使用核武器——因为肯尼迪并未作过这样的决策。

令人惊讶的是，在国家安全委员会中，邦迪手下两位颇有头脑的官员制订了一项计划。在这项计划中，美国把核导弹扔到前苏联的核试验基地，目的是扰乱前苏联的核试验，而且事后，美国不要对其宣布负责。他们把这项计划送到我面前，我的回答很简短："你们这些家伙真是疯了，滚出我的办公室。"毫无疑问，总统也会这么回答他们的。

对柏林采取什么策略，肯尼迪需要西方联盟的大力支持，但这里有一些让人担心的因素。戴高乐总统担心以美国为首的北约组织会绕过他本人而取得突破。德国总理康拉德·阿登纳担心肯尼迪会单方面与莫斯科达成协议、结束冷战。为了将这两位顽固老人的心思转移到他们的国民身上，肯尼迪于1963年飞往欧洲，寻求盟友的支持，不仅仅是为了建立一个积极的、联合的西方联盟，同时也是为了欧洲东西部的再次统一和未来后冷战时期的繁荣和民主。他也通过这次欧洲之旅遏制了欧洲长期的反美情绪。

我仍然记得西德经济事务部长路德维希·埃尔哈特刚刚上任就加入到欢迎肯尼迪的车队中。埃尔哈特意识到，肯尼迪的成功与他在人群中的挥手姿态密不可分。于是，他决定也尝试一次：刚开始只是挥挥手，接着前臂也跟着晃动，最后使劲地挥舞着整个手臂。但他还是不像肯尼迪的风格。

肯尼迪在西柏林市政大厅前的演讲是最好、最难忘的一次。这次演讲是专门向西柏林人民致敬的，向他们敢于挺身维护自由的勇气和耐心致敬。这次演讲预告着充满希望的未来，期待着有一天那些维护自由的人们能够最终骄傲满意地回首过去。

1963年6月26日，天气很好，广场上聚集了很多热情的民众，我从没见过这么热烈的场景。肯尼迪总统站在市政大厅的台阶上，我站在他后面，广场上每幢大楼的每个窗户旁都能看到人，人山人海，广场离那面抹灭人性的柏林墙不是很远。

这次演讲的最后几个字是整个演讲中最著名、最鼓舞人心的，表达了肯尼迪总统与柏林市民同仇敌忾的决心。演讲出现了一个无心的语法错误，但是演讲结束之后，在场观众报以长达 15 分钟的掌声和喝彩。最后，他用德语说了一句“Ich bin Berliner！”人们认为他应该表达的是“我是（一个）柏林人”，但是由于他少说了“ein（一个）”，这句话变成“我是柏林之音”。

西德著名的政治家威利·布朗特在他的笔记中写道，前天晚上，我（作者本人）和肯尼迪在波恩就餐时，我已经反复斟酌了这几个字。事实上，我不相信肯尼迪会闹出这样的笑话，我也不相信他会允许出现这样的错误。随后，我不断收到责备我犯错误的邮件，无休无止。一位评论家说由那句话带来的掌声至少是温和的，因为人们认为肯尼迪总统是故意想在外语上玩弄幽默的文字游戏。我不这么认为。还有一位评论员猜测，是我故意在他的演讲中犯下这个错误，目的是为了让观众看到总统多么的幽默。事实也并非如此。我想大概只有在场的观众会理解总统的真正意思吧。

三年后，我跟随美国新闻署到汉堡大学进行图书推广，我开玩笑似地向学生们解释了肯尼迪总统没能参观汉堡的原因，并说了一句：“Ich bin ein Hamburger！”（我是一个汉堡包，而我本意想表达的是，我是一个汉堡人。）懂英德双语的观众立即报以掌声和笑声，我连结束语都没机会说。

肯尼迪总统的演讲结束后，我们在市政大厅享用午餐。期间，麦克·邦迪告诉我这次演讲应该有不一样的基调，尤其是因为它提及西方国家与共产党不能和谐地合作，而几周之后，关于《禁止核试验的条约》谈判将在莫斯科进行。当天下午，肯尼迪总统要在柏林自由大学为学生们作演讲。他的演讲增加了新的内容，谈及目前在铁幕国家（二战结束后东欧和中欧的社会主义国家。包括前苏联、波兰、南斯拉夫、捷克斯洛伐克、匈牙利、保加利亚、罗马尼亚、阿尔巴尼亚、民主德国。——译者注）和世界上其他地区刮起的“改革之风”，并预言“东欧国家将有历史性的改革”。

肯尼迪结束了午餐时间简短的讲话，掌声不断。他提议为柏林墙两边的柏林市民、德国人民和自由事业干杯。那天结束之后，疲惫不堪的肯尼迪还是高兴地登上“空军一号”专机，一屁股坐在我对面，说：“这样的日子不会再有了。”遗憾的是，他一语成谶。人们到现在还记得那一天、那次演讲，还有虽有瑕疵但仍旧鼓舞人心的最后一句话。

31 年后，我在重新结盟的欧洲、重新统一的德国、重新统一的柏林发表了一次演讲，情不自禁地回忆起那年与肯尼迪一起访问柏林时的场景。他当时竭尽全力地维护集聚在他面前大约一百万甚至更多的柏林市民的希望和骄傲。

我说，即使肯尼迪在1994年还仍然活着，他也不会把和平的柏林和柏林的自由完全归功于自己，他会与东西方国家一起分享这份功劳。我也禁不住想到，当他知道柏林墙的倒塌并不来自任何一枚美国炮弹，会感到多么地欣慰。

发表柏林演讲的前一年，肯尼迪和赫鲁晓夫由于布置在古巴的核导弹而对峙过，他们意识到必须要有更好的办法来解决社会主义国家和资本主义国家之间的冲突和争端。1963年6月10日，位于华盛顿的美国大学召开毕业典礼。肯尼迪在典礼上的致辞集雄辩的语言、高度的原则、有建设性的提议和理想主义于一体。这次演讲经过长时间的策划，旨在打破与前苏联就禁止核试验的条约谈判时所陷入的僵局。

诺曼·卡曾斯是《星期六评论》的编辑，也是一位具有创新精神的反战人士。他向我和肯尼迪总统建议：如果总统踏出第一步，那么前苏联的领导人就会有翻天覆地的变化。卡曾斯认为，6月前苏联中央委员会会议召开之后，赫鲁晓夫将面临一次至关重要的抉择：要么谴责美帝国主义是无能回应他的和平共处政策的好战分子，要么对他的政治领导作出一些具体改变。为此，卡曾斯认为美国应该首先发表声明，表明自己热爱和平的意愿。麦克·邦迪很赞同这个想法，并让他的助手们为这个和平演讲提出最好的想法让我参考，而且还告诉他的助手们这项计划需要保密。

肯尼迪表示，在西方国家的巡回演讲过程中，他会花时间准备美国大学毕业典礼的演讲。巡回演讲之后，他紧接着会参加在夏威夷召开的美国市长会议。由于一些私人原因，我希望能与肯尼迪总统一起前往夏威夷，但他让我待在华盛顿准备毕业典礼的演讲，之后再飞往夏威夷，以便在长时间的返程中和他一起讨论演讲的事情。当我离开华盛顿飞往夏威夷时，我把一份完整的演讲草稿复印件交给了邦迪。他叫上了我哥哥汤姆、阿瑟·施莱辛格和他的两个助理，组成一个小组修改演讲稿。

在返回华盛顿的飞机上，肯尼迪与我修改了演讲稿，之后通过电话和邦迪讨论，并催促他把演讲稿拿给国务卿和国防部长审阅，但不许在他们各自的部门内传阅。因为总统知道，这篇演讲稿中传达的空前的信息将向华盛顿好战人士敲响警钟，可能会在他演讲之前就走漏风声甚至发生政治攻击。

6月9日星期天，肯尼迪在美国市长会议上作了报告。当天晚上，我们就动身返回华盛顿，并于周一早晨抵达华盛顿郊外的安德鲁空军基地。我直接前往美国大学，总统去白宫换了身衣服。毕业典礼在学校的运动场举行。我坐在讲台后面，再一次被这位美国总统的演讲震撼了。他阐释的原则几乎与我所信仰的完全一致；他简略地提及美国的民权，但重点强调了和平——“不是由美国主导的、以美国武器推行的世界和平”，而是要让全人类受益的和平。肯尼迪说：“归根结底，我们彼此之间最基本的关系是，我们居住在同一个星球上，呼吸着同样的空气，我们同样珍爱孩子的未来，我们组成了人类。”在这次前所未有的演讲中，肯尼迪号召人们重新审视冷战，重新审视我们与前苏联的关系，重新斟酌我们真正想要的和平是什么。

这次演讲使肯尼迪成为第一个公开承认前苏联是一个强国的美国总统，他认识到赫鲁晓夫真正想要的是什么，还对二战中众多的前苏联伤亡人员深表同情。而在西方，前苏联军队在二战期间的贡献从未被认可过。

伍德罗·威尔逊曾提出口号“为实现民主而维护世界和平”，这个口号听起来像是要把美国的制度强加于各国人民。我和肯尼迪都认为这个口号应该改为“为实现体制多样化而维护世界和平”。我们可以想象有一天，每个国家，包括每个共产主义国家，都可以自由地选择自己的制度体系。

那天早晨，美国参谋长联席会议和原子能委员会主席支持肯尼迪单边暂停大气层核试验（在从夏威夷返回华盛顿的途中，肯尼迪把这项决议添加到演讲稿中，以体现这次演讲的高度原则）。发表这项声明之后，莫斯科马上就禁止核试验的条约展开双方谈判。肯尼迪总统在华盛顿亲自紧密追踪了此次谈判。期间，赫鲁晓夫对美国代表团领导埃夫里尔·哈里曼说，肯尼迪的演讲为这项条约的订立奠定了最重要的基础。赫鲁晓夫允许西方国家电台在前苏联重播肯尼迪的演讲，莫斯科的报纸也会全文刊登。

1963 年 7 月 26 日，也就是肯尼迪总统在美国大学演讲后的第六周，他发表了全国电视讲话，对莫斯科举行《有限禁止核试验条约》的草签表示祝贺。我确定，先前他把暂停大气层核试验的决议添加到演讲的主意是通过政府集思广益得来的，目的是争取到美国人对政府的支持，让他们相信用条约来限制核武器的发展能确保美国的安全，相信前苏联政府冒险发动战争或拒绝美国的可能性是很小的。1962 年，肯尼迪总统就做过一次演讲，主题是恢复美国的核试验。幸运的是，那次演讲的措词十分严谨和考究，避免了前苏联以此为借口在 1963 年斥责肯尼迪为禁止核试验所做的努力。肯尼迪将条约的条款送到参议院，并附带一些有建设性的意见以应对主战派提出的反对。最终，他成功了。参议院批准了条约。之后，总统把他用于签署条约的其中一支钢笔送给我，我感到十分自豪。

肯尼迪任职总统的时间并不长，而 1963 年的春夏两季是他任职期间工作最激烈、取得最多成果的时期。美国大学演讲的前一天，也就是 6 月 9 日，他在夏威夷给美国各市长作报告，希望他们在民权危机上给予他帮助。6 月 10 日，美国大学演讲的同一天，他还签署了《平等工资法》，禁止在薪资问题上歧视女性。翌日，也就是6月11日，他在椭圆形办公室传令阿拉巴马大学招收两名黑人学生入学，当时阿拉巴马州州长乔治·华莱士正好戏剧性地站在走廊里。肯尼迪通过全国电视讲话发表最有力的声明，正式宣布种族歧视将永远从这个国家消失。继亚伯拉罕·林肯后，肯尼迪是第二个做此宣布的美国总统。6月12日，肯尼迪成立了国家艺术委员会。一周后，他将美国史上最全面的民权法案递交给国会，并宣布美国和前苏联将在各自的首都建立起直接交流平台，也就是所谓的"热线"（指供美国和前苏联首脑在发生紧急情况时互相进行联系的直通电话线路，尤指白宫和克里姆林宫之间的电话线。——译者注）。6月23日，肯尼迪出访德国，以期巩固与西方同盟国之间的关系。

2003年，也就是肯尼迪逝世40年，这一年美国在国际舆论中臭名昭著。那时，我正在罗马准备一个演讲。当地的外交政策小组邀请我作一个报告。我问负责人："报告的主题是什么？"他说："谈谈肯尼迪总统任职期间美国的大致情况吧。"我接受了他的建议，讲述了当时美国的状况：那时的美国因其存在的价值而受敬佩；因其原则性而受尊重。不因其强大而使人畏惧；不因其成就而遭人憎恨。那时的美国听取世界各国的意见，与世界各国合作，遵守国际法则；那时的美国推崇和平，绝非战争的始作俑者。这就是肯尼迪总统任职时的美国。

## 和平队

和平队的成立是肯尼迪引以为荣的成就之一，是他号召为人民服务和奉献的最好证明，也是向其他国家传达美国价值的新方式。通过一句他很喜欢引用的中国警句——得道者多助，失道者寡助，肯尼迪认为和平队确实"得道"，因为他得到多方帮助：休伯特·汉弗莱参议员提出的法案、詹姆斯·加文和弗里茨·霍林斯的演说、米尔顿·沙普的文章、国会议员亨利·罗伊斯提出的法案、弗雷德·杜顿撰写的关于竞选策略的备忘录，等等。

还有许多帮助得追溯到1960年的竞选之前。与尼克松的电视辩论结束后，我们就赶去密歇根大学，还是迟到了几个小时，而且一大群学生也还在会场外面等候着。我可以肯定那时候的总统候选人肯尼迪的手里没有演讲稿。他登上讲台，当场就发表了诚挚的讲话，阐释他的和平队的概念。内容如下：

> 我相信我们能改变世界……在你们这些人当中，有的人要成为医

生，有的人要成为机械师或工程师。但是有多少人愿意去加纳？有多少人愿意用他的一生去世界各地服务？不是一两年的事……而是把你们生命的一部分奉献给国家。你们的回答要升华为这个问题的答案：一个自由社会能否与极权主义抗衡？我认为能，我认为美国人是乐于奉献的，但是我们付出的努力必须比以往的更多……你们无法理解该问题的本质，那么在未来十年这个国家在相对实力上是不可能有进展的。所以，今晚我要在这……回归本质！但是我也要求你们为此尽自己的一份力……

那天晚上，学生们对肯尼迪的演讲报以热烈的掌声和欢呼声。而且，在接下来的几周里，他们还做了很多紧密的有组织的工作。他们给肯尼迪写了一封请愿书，要求政府做一个有关的项目，并允许他们参加。他们还要求我和肯尼迪在密歇根的竞选协调者做好计划，在下次约翰·F. 肯尼迪来的时候，向总统提交请愿书。

几周后，我将之前的信息全部写入演讲稿，肯尼迪便发表了关于和平队的最全面的演讲。也就是在 1960 年 11 月 2 日的旧金山，肯尼迪发表了一次关于世界和平的标志性演说。他要建立“愿意并能够为其他国家服务的充满智慧的和平队”，前往全世界的发展中国家去做老师、工程师、医生或护士等。

在当选和就职演讲之间的过渡期里，他任命了一个专责小组，发展并细化这个项目。1961 年 1 月 30 日，建立“和平队”首次纳入国情咨文，正式的国家议事日程。

肯尼迪总统入主白宫的 40 天后，发布了行政命令，并迫使国会建立一个永久性独立机构的法案，于是和平队成为现实。6 个月后，总统在他的妹夫萨金特·施莱弗的鼎力协助下，把所有人员安置到位。让施莱弗跟踪这个项目是一个完美的选择——他有崇高的理想，不知疲倦，而且对公共事业投入了百分之百的热情。除此之外，他在不同的政府部门任过职，而且施莱弗总是全心全意地帮助那些国内外最不幸的人。

3 月 1 日，肯尼迪知道国会将对法案进行讨论，从而延迟了进程，因此没等国会通过法案，他就发布了行政命令。许多共和党人对此表示反对，自由派民主党人最初也贬低这项决议，保守派一开始也拒绝。只有好心的学者们去研究它。国务院和国际开发署都想控制它，美国中央情报局想利用它，一些中立国的领导人，甚至是那些最需要帮助的国家的领导人，都凑过来嘲笑它。

最终，自由派和保守派都支持了这个项目。他们向外国友人展示了美国人的慷慨大方和善良，这是通过面对面的接触和实际帮助，通过美国人的友好和谦恭，通过优异的美国人同当地普通人的日常接触来实现的，而不是通过政治手段、宣传、富裕的游客或者美国商人。这个项目使年轻的美国人重新与国家利益联系在一起。

和平队不仅是我年轻时期的理想，还是约翰·肯尼迪总统施政方针的核心。这个令人骄傲的计划，和肯尼迪的民权法案及反战行动及时地结合在一起，使我对其他方面的暂时失望或抵触情绪荡然无存。政府作决定本身就是冒险。即使是和平队这项最高尚、得到最广泛支持的政策，也可能招致惨痛的失败，招致与之利益相关的政府的憎恨，招致过度劳累和身处险境的年轻志愿者们和父母们的抱怨，或者导致政府必须向背井离乡的年轻美国人不断地提供药品、安全保障和其他支持。但是，多亏了施莱弗和他的团队善于管理，才避免了这些情况的频繁发生。

1961 年 8 月，肯尼迪总统为表彰第一批远赴加纳和坦桑尼亚的志愿者们发表了演说。飞机刚降落到加纳首都阿克拉，51 名志愿者下了飞机，就立即给东道主留下了深刻的印象。他们组成了一支合唱队，在加纳教育部长和其他官员面前，用契维语（当地的一种语言）唱起了加纳国歌。

和平队成立之初只有 500 名志愿者，1963 年增加到 900 名，而 1965 年人数已经达到 1.2 万人。另外有 23 个国家跟随我们建立了和平队，发扬了他们的奉献精神。美国和平队的志愿者在许多国家的教育、农业、卫生保健及社区服务等岗位上兢兢业业。随着志愿者及服务国家的增加，总统也越发为和平队的诞生和美国的理想主义代表们感到骄傲。他充分利用每一次机会，在白宫草坪上会见即将出发的志愿者或者刚回国的志愿者，更抓住每一次机会赞扬他们。

这么多年来，和平队的志愿者们和他们的水平受到了许多国家的欢迎：阿富汗、斯里兰卡、伊朗、委内瑞拉等。他们在帮助别人的同时也帮助了自己——帮助美国在全世界赢得新的朋友。我经常在国内碰到曾经服务于和平队的志愿者，他们现在服务于高级商务、政治、外交、医疗、教育或者非赢利性组织的行政部门。所以，他们都告诉我，在和平队“收获的比付出的多很多”。

1996 年，我在美国和平队 35 周年的晚宴上讲话，到那时已经有大约 15 万志愿者向世界上最需要帮助的人们展现了美国最好的一面。在我的演讲中，我把总统最初的希望和那些实践过总统梦想的年轻志愿者相比较：

> “我坚信”，约翰·肯尼迪在旧金山说过，“这个国家的男同胞和女同胞……都非常渴望为公共服务作出贡献，全心全意为自由而努力，

并且渴望能够加入到全球范围的反贫困、反愚昧的活动中来。”

我最喜欢的志愿者写过这样的句子：“这里的生活……以美国的标准来衡量是很贫困的——没有电，也没有自来水、厕所……供应不足……妇女们只能在家生孩子，没有产前护理。”

“生活不是一帆风顺的，”我最尊敬的总统在1961年3月1日说，“但是它可以变得丰富且令人满足。对于每一个参加过和平队的美国人来说……他们都知道，他们只是做着平凡的事情，而能给别人带去更好的生活，这正是和平的基础和条件。”

我最喜欢的志愿者说过：“我现在觉得……几个月前这几乎是不可能的事，这就是我的家……这里的人们慷慨大方，热情友好。刚来到这里时我谁都不认识，但当我离开时，我有了许多新朋友。”

肯尼迪去世后，人们都称和平队的志愿者为“肯尼迪的孩子”。我十分骄傲地说，他们中有一个人就是我的孩子——我的女儿朱丽叶——我亲爱的志愿者。她从摩洛哥的撒哈拉边境一个小村庄给我来信，她的来信证明，许多年后，约翰·F. 肯尼迪留给后人的东西仍然闪耀着光芒。

## 太空计划

20世纪50年代中后期，冷战进入了白热化的阶段。为了证明在科技上取得的成就，两个超级大国之间的竞争已经逐渐延伸到探索外太空的竞争上。对美国来说，外太空的竞争难度很大。我们的竞争对手能够秘密进行大规模的研究，而且不受外界批评、公众舆论、条约或宪法以及预算的限制。在艾森豪威尔政府时期，一个接一个的火箭发射失败，致使前苏联的太空工作与美国高度曝光的失败形成鲜明对比。前苏联军事占领太空的可能性对西方来说简直就是一场噩梦。在1960年的大选中，太空问题自然成为考察总统候选人肯尼迪的一个主要方面。新的政府必须“使这个国家再次前进”。

在1960年的总统换届期间，我偶然间遇见了做科学研究的杰罗姆·威斯纳和他的许多同事。我就问他们，把大量的钱投入到美国太空探索上是否值得。他讲述了太空探索可能衍生的科学产品，给我留下了深刻的印象。那些产品是先进的通讯、医疗、信息、天文及气象技术，而且还可能解开人类最古老的未解之谜：宇宙、地球以及生命的起源。

1961年4月12日，星期三，前苏联的宇航员尤里·加加林成为第一个进入太空的人类。肯尼迪把这一伟大创举看做是前苏联人在冷战中取得的重要收获，还友好地向赫鲁晓夫致以诚挚的祝贺。第二天，肯尼迪得知《时代周刊》的休·赛迪将就美国探索太空的情况采访他。他让我召集一些专业人士，他们的专业知识可能对美国该如何作出最好的回应有所帮助。虽然我在科学和天文学方面没什么天赋，但我还是从同事们的细心指导中获益匪浅。太空探索，和许多其他的事情一样，是我在工作中学到的东西之一。

这个问题，也是总统在工作中学到的。当美国航空航天局局长詹姆斯·韦伯把未来美国的太空舱模型带到椭圆形办公室时，肯尼迪并没有真正领会到其中所包含的宏伟的科学技术，而且还怀疑太空任务的花销和意义，他对我开玩笑说："韦伯来这儿之前去了一家玩具店吧。"

4月14日，星期五，我的办公室聚集了许多专家和负责太空任务的官员，预算主管戴维·贝尔和他的主要助手、白宫科学顾问杰罗姆·威斯纳、航空航天局副局长休·德莱顿。他们一致认为：前苏联需要开发具备更强大的推进力的火箭，以建设它的战略武器库，而早在几年前，美国就已经研发了较轻型的热核武器，它不需要超强的运载火箭。结果，前苏联在太空竞争中取得了相当大的优势，并将在一段时间内保持领先。我问道，加加林的太空之旅后，接下来会是什么。他们提出很多未来可能出现的太空产物——运载两个人上太空的太空舱，一个太空站或实验室，一个到达外太空的无人火箭，可以拍摄太空照片和采集太空矿物和空气样本。关于这个阶段的每一步前进，我想问，美国要承诺什么样的前景才能给世界留下深刻印象？回答每次都一样——前苏联在火箭推进力方面的领先优势会继续在每一次进展中占据首位，它甚至会先于美国把无人驾驶的飞行器送入月球。

我问道："载人飞船怎么样？"他们说，太空工程过于庞大，过于复杂，而且遥不可及，需要许多新技术及工程开发、元件和相关研究，因此美国必须用更多的时间去解决火箭推进器方面的滞后，在新的开发、元件、研究领域实现大的突破，才能够在前苏联领先的情况下扭转格局。我又问了很多问题。虽然那天之后还召开了几次会议，但我确定，就是这次会议，我们首次讨论了把人类送上月球的可能性。

载人飞船登陆月球看起来不太可能实现，但我知道这个提议会引起肯尼迪总统的浓厚兴趣。载人飞船是他一直以来所说的所有事情的集中体现：努力将美国向前推进，和前苏联人一起进行和平的太空探索，跨越"新的界限"。

那天晚上，肯尼迪总统和我、林·赛迪还有其他几个顾问一起在内阁会议室开会。会上，我们讨论了总统所面临的几个选择。会议结束后，当总统起身准备离开时，休·赛迪向他询问了关于登月的事情。“在这儿等着。”总统对他说，然后把我叫到了椭圆形办公室。

我们的谈话很简短，我也记不清我们具体说了些什么。对于实现载人飞船登月，总统表示怀疑，但还是很感兴趣。他随即意识到人类登月的可能性可以激励民众支持太空探索，如果实现，它将成为20世纪人类最伟大的冒险之一。“把人员配备到位，”他说，“去看看麦克纳马拉对此事有何看法。”

走出办公室，我就去找等候着的赛迪。我兴奋地向他透露，美国政府对于加加林的太空之旅将会有很强硬的戏剧性的回答。“我们要上月球了！”我兴高采烈地告诉了他，还向他透露在公布此事前，总统还需做更多的考察和确认。

6周之后，肯尼迪总统将向国会——实际上是第二个联邦政府，发布“国家紧急需求”的召唤。在这期间的42天里，身为太空委员会主席的副总统约翰逊和麦克纳马拉、韦伯已经对可能实现的登月计划做了广泛而深入的研究。总统向他们书面提出了一系列问题，比如它的成本、风险、人才、开展的多种可能性及管理责任等。在他作决定之前，他听取了数百位各领域的科学家、工程师、专家的意见，也因此坚信了在太空探索的竞争中，美国绝不能位列第二。在一系列谨慎的前期研究、成本预算、风险权衡和责任分配后，这个具有探索性的提议正式成为总统决议。

由于资金的需求越来越多，政府面临的国内外危机也日益加剧，肯尼迪决定在“国家紧急需求”的演讲中公布“十年登月”的决议，并争取取得国会的赞成和拨款。作为敏锐的演讲者，肯尼迪意识到即便听众不会反感，他们也会产生怀疑。他还意识到，国会中的民主党和共和党成员对他的决议表示惊讶和怀疑。所以，在演讲中，他偏离了事先准备好的演讲稿。在所有正式的演讲中，这是他唯一一次偏离事前准备好的演讲稿。在表达这个计划的重要、艰巨以及迫切需要得到各方支持时，他的语气相当急切。

约翰·肯尼迪强迫自己以“10年”为期限，也给国家航空航天局带来了压力。“10年”这个词代表一种有意识的弹性：它既可以表示60年代的10年，也可理解为下一个10年，即70年代。而登月计划实际上是在8年后的1969年7月20日才实现的，肯尼迪规定了“10年”的期限，当然是以为自己能活过60年代，无论到时收获的是责备还是嘉奖。

1961年夏天的一个晚上，我凝视着月亮，想象着登月计划是真实可行的，还是只是一个疯狂的幻想。用20世纪60年代的货币制度来算，登月计划实现就已经耗资了数百亿美元，一些人认为，用于“登月计划”的巨额财政资源可以用来战胜顽固的疾病，还可以帮助我们国家的穷人。对于这个观点，我部分表示赞同。但同时，我也不相信，如果没有这项计划，国会会赞成把这些资金用到传递爱心的行动中去，也不相信国会会投票赞成那些科学家们提出的有现实意义的科研项目。“登月计划”成就了美国在太空领域的优越性。之后，科技、外交和国家安全等方面的利益也会随之而来。

杰罗姆·威斯纳领导下的总统科技顾问委员会认可了人类登月的重要历史意义，他认为这堪比怀特兄弟的首次飞行和林德伯格的穿越大西洋之旅。同时，他告知应当预防对宇航员的健康可能造成的危险。他们担心国家航空航天局不能在实验室中模拟失重状态，因此不能预测到人体在飞船登月时的高速、高温和高压下的身体状况。威斯纳的一位高级顾问对我说：“如果人们提出质疑，就先用动物来代替人。”这点我可做不了主。几个月之后，国家航空航天局果真让一只大猩猩去乘坐飞船，总统在新闻发布会上宣布该猩猩“于上午十点零八分起飞……并且一切顺利”。

1961年5月5日，美国将一位叫艾伦·谢波德的宇航员送入太空，进入了亚轨道飞行。这次飞行受到了多方关注：等着看美国出丑的前苏联人，左右摇摆的第三世界中立国，焦急等待结果的同盟国。那段时间，不知情的美国媒体坚持认为他们都必须获得报道许可。媒体的社论记者和专栏作家都从当时的媒体阵势中察觉到紧张的气氛。如果当时的飞行失败，那将是民族的耻辱。谢波德圆满完成任务时，我正陪同肯尼迪、杰姬和约翰逊在伊夫林·林肯的办公室电视前观看报道，我们都发出胜利的欢呼。

艾伦·谢波德的飞行和约翰·格伦1962年的环地球飞行，尽管太空舱空间有限，却被肯尼迪总统视为美国和自由主义的胜利，不但使大多数美国人的爱国热情空前高涨，同时也振奋了他们的士气，还为总统赢得了更多民众支持。政客们说，幸运再次眷顾了肯尼迪。这可不是什么幸运，约翰·肯尼迪面对的是一个濒于破灭、遭受嘲讽的空间探索计划，而他却勇敢地将这一计划转变为一个成功的项目。

但是对肯尼迪总统最主要的考验，并不在于他是否能将人送到月球再送回来，而在于他是否能实现全球的和平。通过迅速而有序的努力，我们不但成功阻止了前苏联的太空军事化进程，还促成包括前苏联在内的各个国家间的科技合作，登月计划成为各国寻求和平的巨大推动力。肯尼迪最初确定这个决议的部分原因是，前苏联拒绝和美国进行国际太空合作，而美国要确保没有任何一个超级大国能够通过危险的军事手段来统治这个未开发的领域。

约翰·肯尼迪去世后，我和林登·约翰逊决定继续这个项目。正如林登·约翰逊在一次新闻发布会上所说：

> 1960年的总统换届期间，肯尼迪总统曾经要求我负责太空项目，并就团队的领导和项目的管理提出一些建议。总统多次与我谈起“十年登月”计划的必要性、重要性和危险性。他要求我递交书面建议。我建议在60年代的10年间就完成这个计划。索伦森先生和我详细地探讨了这项计划，因为正是我们挚爱的总统提出了这个计划，于是很自然地，我们非常虔诚地遵守着它。（当然，约翰逊有点夸张了。）

1967年，约翰逊总统还在任，美国的载人飞船失事，导致第一批里最好的飞行员维吉尔·“加斯”·格里森丧生。1961年，我们俩都曾被提名为“十大杰出青年”。我当然知道危险和风险都是不可避免的，就像其他的重大科学探索和开发一样，但我仍继续支持载人飞船的空间探索计划，格里森当然也深知这其中的危险。我们也知道只有人类才是最精确最可控的机器——人的观察、探索和演绎可以探索到计算机和照相机探索不到的细节。

2001年，芝加哥阿德勒天文馆举办了“美国太空飞行四十周年庆典”，我受邀出席此次庆典，并发表演讲。在此，我要说明的是，我并不适合对此话题进行演讲，因为我根本不知道黑洞、棕矮星、红色彗尾的区别。很久以前，我曾参观过华盛顿的天文馆和那里举办的展示浩瀚宇宙的展览。年轻人的好奇促使我不禁想，该如何获知时间和空间的意义、生命的意义、国家存在的意义和宇宙中某个星球的意义。

科学史学家曾说过，数百年后，假设我们没有在同一时间毁灭自己，那么1969年的登月计划才可以视为人类首次离开地球，这将成为最具历史意义的事件，成为实现“科技、梦想和科学”的标志。我真心希望，美国是为了保障全人类的利益和和平而利用太空资源。

那些现代作家说，军队和情报局的强硬分子强烈反对肯尼迪总统所倡导的和平谨慎的外交政策，他们的反对是对的。但是麦克纳马拉、罗斯维尔·基尔帕特里克、参谋长麦克斯韦尔·泰勒和中情局局长约翰·麦考恩都是总统的忠实拥护者，所以，他们都严格控制自己的部门，避免造成重大的反抗活动。然而，他们在私下的谈话或是之后出版的回忆录里，都表现出对此事颇有微词。

# 肯尼迪总统的新闻发布会

第25章

A LIFE AT THE EDGE OF HISTORY

最近一名资深记者告诉我，肯尼迪总统任职期间，他在新闻发布会上的坦诚和妙语连珠的回答如今再难寻觅。肯尼迪面对记者不会像其他总统那样如临大敌。反之，他把新闻发布会当做机会，不但借此向国民和国会告知他的立场和主张，还可以借此对平时很难与他直接接触的政府官员提出建议和指示，尤其是那些中低层的官员，他们可以从新闻发布会上领会他的思想方针。

肯尼迪总统总是像学生准备期末考试一样，准备他的新闻发布会。前夜，总统会要求各政府部门和机构的领导递交一份报告，内容是近期的重大发展、问题或建议，无论是好消息或坏消息。如果总统在新闻发布会上（由电视转播）被问及任何他所不知情的政府工作问题，他可绝不会给他们好脸色。收到政府部门报告之后，肯尼迪这位快速阅读者便立即专心研究起来。

如果下午要开发布会，那么总统、副总统和国务卿会在当天早晨8点的早餐会再回顾，一般会持续到十点。我和费尔德曼则准备一系列可能在发布会上碰到的问题，新闻秘书皮埃尔·塞林杰和其他人也不能清闲。1960年9月，他为与尼克松的首次电视辩论做准备时，我罗列的要点大多是以问题的形式出现的。如果他知道答案，他就点头示意，他也会询问更多的信息和其他可能的回答。有时他也会提出一些我和皮埃尔没有列出的问题。早餐会结束时，沃尔特·赫勒通常会向总统递交一页当天的国内经济报告，以及时发现和预防问题。总统还会安排费尔德曼和其他人在接下来的几个小时内收集他所需要的任何问题的周边信息。如果他要在发布会开场时发出某项声明，通常就由我负责提供第一份草稿。

他的新闻发布会按惯例是在下午4点开始。他会在2点前拿到需要的材料，3点的时候再开个跟进会议。我、邦迪和塞林杰（或者还有我们的助理们）会到他的卧室将最新的问题和信息交给他阅读。总统常常正在吃东西或休息，或刚洗过澡，有时他正坐在床上刮胡子。这种卧室会议十分随意，而且非常有趣。而后他就去国务院礼堂，在那里正式召开新闻发布会。

1962年6月，美洲国家组织的墨西哥大使指责肯尼迪的政策，逼迫肯尼迪取消对墨西哥城的访问。就在他为某次新闻发布会做准备时，我提议总统回应墨西哥大使的逼迫。肯尼迪给出了一个强硬、复杂的回答，将美国在国际关系中的利益和礼仪提升到一个高度。我不客气地问他的确切意思时，他微笑着回答说："就是他妈的墨西哥政府里的混混不能阻止我出访！"大约一个小时后，当他在新闻发布会上面对这个问题时，他的回答则十分优雅："这实则是一个大使与墨西哥政府之间的问题，而不是美国政府与墨西哥政府之间的问题。"

肯尼迪总统在新闻发布会上的即兴幽默有时不能不被抑制。我能从他的眼睛和笑容里看到，他内心很费力地对抗那些可能使他惹上麻烦的充满诱导的讽刺。他因为优雅地回复了犀利的问题而满足。当被问及如何评价参议员玛格丽特·史密斯的"建立一个监督者委员会"建议时，他只是回答道："监督国会参众两院吗？那么，如果他们认为自己也该受到监督就没问题。"后来，他私下称史密斯参议员为"伟大的女性"（great lady），而政府文件中却少了一个d，他立刻提出修改。

有天下午，我、邦迪和塞林杰正在总统的卧室总结最近的形势，为新闻发布会上可能遇到的问题做准备。法国政府决定禁止从美国进口家禽肉，因为美国人在鸡身上注射激素，使鸡长出更大更多的鸡胸肉，这影响了法国人的性欲。有人调侃地问道，法国那位上了年纪的戴高乐总统个人对此有什么看法，我脱口而出："他兴高采烈地跳起舞来。"

总统笑着问我："你怎么知道这个笑话的？"我回答说，这个笑话在我几个兄弟之间已经流传很久了。他说他自己也听过，但只是前些年在他的朋友圈子里听到的。在场的人都坚持要听完整个故事，总统让我来讲，其中的笑料就是我刚才讲的那一句，在这里就不重复了。内容是关于一个饲养家禽的专员称爱寻根究底的女人为"野鸡脱毛机"。我讲完故事后，肯尼迪笑得比其他人都厉害，他说多年来他重复讲这个笑话，但他把它说成了"鸡类脱毛机"，所以没有多大的"笑果"。这是几个我比他了解得透彻的故事之一。

他的非凡的自我控制力还表现在，他能避免他的言论（哪怕是只言片语）被外界曲解或者用来攻击他人。这可是需要技术的，他在阿拉斯加州安克雷奇市的总统竞选活动中将其很好地运用了。我在路上简要地告诉他，阿拉斯加这个新州的各个城市对于成为州首府的竞争非常激烈和微妙，如果他偏向任何一方，比如安克雷奇市、费尔班克斯市、朱诺市或者诺母市，那么都会导致其他城市的选民不投他的票。当肯尼迪被问及他认为该州的首府应该设在哪里时，他回答说："我对此了解不够，不足以品头论足。又或者我对此了解得太透彻了，所以不知道从何说起……"

在肯尼迪总统的新闻发布会上，他不反感带有敌意的问题，他时常以妙语作答，而且不会反讥提问的人。然而，有一名提问者由于她的挑衅而被国务院不负责任地认定为对总统的安全威胁，肯尼迪受到困扰，但他也认为这样的判断有失公允，他还指责她在提问时不经思考。肯尼迪欣赏来自缅因州的年长的记者——梅·克雷格女士的提问，她喜欢问一些让人大跌眼镜的复杂问题；因此，肯尼迪总是在任何他能提问克雷格的时候都提问她，给这个发布会增添色彩。

帮他准备新闻发布会的讲话并非是我与新闻界的唯一联系。虽然我不完全负责与媒体的沟通，但是我经常处理记者的来电和询问，每晚离开白宫前都尽量回复每个电话，这已经成为我的惯例。肯尼迪从未让我给任何一个记者打电话去抱怨什么，这与约翰逊的做法不同，在我辅助约翰逊总统的几个月中，他常常让我这样做。

从最初与肯尼迪在参议院工作到我们来到白宫，我和新闻界的关系总体上还是友好和真诚的。我和肯尼迪都欢迎记者，我们发现和他们很有共同之处。肯尼迪对他们真诚且公开，获得了他们的信任；较之一群记者，肯尼迪还是喜欢单独出现的记者。肯尼迪曾经给过我警告，我也为此警告一位最好的记者朋友——《华尔街日报》的阿尔·奥登，我们都应该"永远不要忘记，尽管我们是这么要好的朋友，但是我们的目标不同"。

1961年9月中旬，肯尼迪任期内的第一次两党会议后不久，我和拉里·奥布莱恩在私人住宅中面对全国主流媒体的三十多名记者讲话，但是我们没有给予记者报道权。我给他们发了一份长达三页的备忘录，开头便是：这能为你们的新闻报道加料，但不是国会的意思。这份备忘录详述该年度执政党的立法成就，考虑到大多数内容都是众参两院的"南部民主党人"所联合推崇的，我将其称之为"重要问题"。我在肯尼迪图书馆的档案里发现的那一份，已经被第一位阅读者用红笔潦草笔迹写着"传教资料"。

来自保守的《芝加哥论坛报》的一位记者没在场，却拿到了那份备忘录，并从一个出席的记者口中得知，有人在我讲话的过程中喊道："你要我们听你讲废话吗？”于是该记者断言，那些保守派报纸的代表均没有被邀请出席，而出席的记者们的反应是“从愤怒到恶心，他们将那些讲话当做一次洗脑”。这个记者觉得我离题甚远，这点是无可厚非的，其实他们可以自由发挥。当时，我不但是新人，还是天真的新人。

媒体对公共政策有着巨大影响，因对于那些担心媒体与政府对抗的人，我从不表示认可。我曾以私人律师的身份在许多国家旅居和工作过，他们的政府和媒体不但没有互相牵制，反而互相庇护。我很欣慰，媒体在美国发挥着“看门狗”的作用，但是我知道有一句谚语是：看门狗吠生不吠熟。我希望看门狗的叫声不断。

# 筹备连任竞选 第26章

A LIFE AT THE EDGE OF HISTORY

1963 年秋天，我和总统开始对 1964 年的总统竞选和他的连任进行慎重考虑，在此之前发生了两件事：对外，10 月 7 日，参议院批准了《禁止核试验条约》；对内，10 月 29 日，众议院司法委员会表示支持他的两党人权提案。

11 月 12 日，总统首次召开 1964 年总统大选的策略会议。参加会议的除了总统和我，还有司法部长、肯尼迪的妹夫史蒂夫 · 史密斯、民主党全国委员会主席约翰 · 贝利、白宫助理肯尼 · 奥唐奈和拉里 · 奥布莱恩、奥唐奈在国家委员会的联系人理查德 · 马奎尔，还有人口调查局负责人理查德 · 斯卡蒙，他可是一位善于分析选票的政治学者。副总统约翰逊没有出席，尽管我相信肯尼迪的每一步打算都以 1964 年的选票不被分流为重点，特别是如果他要有胜算的话，就更需要拿下南部的选票，然而约翰逊并不是他核心团队中的一分子，而且他与参加会议的人也都没有什么交情。时至今日，我是这群人中唯一在世的人。

会议决定，在连任竞选中，每位与会人员的工作都与他们在 1960 年大选时所负责的工作一样，史蒂夫 · 史密斯负责协调资金的筹措和开销，肯尼 · 奥唐奈负责日程安排及后勤，拉里 · 奥布莱恩负责基层，约翰 · 贝利负责政治领导层。我继续负责发布会、政策、纲领、辩论以及演讲。罗伯特 · 肯尼迪继续当他的司法部长，将在幕后运筹帷幄，对外则称他为竞选经理。有一些事情是不言而喻的，让司法部长当竞选经理也许比让罗伯特当司法部长更糟糕。

在 1960 年民主党代表大会之前，我就已经分析了代表团的人数和他们各自的地域，以及他们对肯尼迪及其对手的影响，这些对手或者比他更自由主义，或者来自南部。我也为1963年11月的代表大会准备了一份备忘录。我特别指出："1964年，民主党的政党格局得以改变的唯一机会，就是确保总统候选人的提名不被左右，改变民主党全国代表大会中表决权的分配，使其尽可能地符合政治公平的原则，一人一票，不存在有特权的选民。"我在备忘录中写道：

> 如果说现行体制违反了宪法精神，那是不对的，但它确实不合逻辑、不公平，伤害一些人的利益。它不仅在宏观上迅速增长了规模小的州的力量，对选民和民主党人数量巨大的州也不公平……法律和公平都呼吁废除现行体制，要求一个最基本的"一人一票"新体制原则……在这样的体制之下，选拔那些能代表党派真正实力的人，几年之后民主党（总统）提名者的素质和成功的概率都会提高……

这个宏伟得有些不切实际的建议并没有受到任何重视。

会上，总统显得十分自信，对于他所取得的成就感到很自豪，他满意地说自己已经知道该如何管理政府机构，如何与国际同盟友好相处。我们讨论了他在下一届的总统竞选中将会面临的挑战，尤其是在南方和城郊地区，还有是否和民主党全国委员会一起建立"独立公民组织"。不久，总统飞往弗罗里达州和得克萨斯州以联合这两个州的敌对势力，为1964年连任竞选打下根基。对于谣言称约翰逊或其他南方的民主党人将会在党内就人权法案问题提出异议，总统则完全不予理会。我们关心的是，共和党会提名巴里·戈德华特，以吸引南部和极南部的地区的议员，还是会提名纳尔逊·洛克菲勒以吸引中部地区的无党派议员。肯尼迪几乎从未在任何问题上和戈德华特达成共识，却很喜欢他本人，并认为戈德华特至少在表达他极保守主义的观点时具有诚恳的学术态度。

此外，两党联合通过了肯尼迪总统的《禁止核试验条约》，而共和党可能会提名戈德华特为总统候选人，这两件事情让他逐渐认识到1964年总统竞选的基调是世界和平。《有限禁止核试验条约》最初实施时，肯尼迪曾访问过一些西部的州，意在初步宣传他关于保护环境的新设想，但是他看到和平的主题收到良好的反馈时，便逐渐地转移到这个主题上来了。

在蒙大拿州的大瀑布城，他脱离了《关于政府对资源开发的九点规划》的发言稿，即兴地说了下面的话：

> ……这代美国人要把安全及和平放在心上，因为欧洲、拉丁美洲、

非洲或亚洲所发生的事情会直接影响到居住在这个城市的人们的安危。

在华盛顿的汉福德地区，他发表了一个有关能源（也包括核能）问题的演讲，他即兴地说道：

> 现在人们充分认识到战争具有可怕的毁灭性、可怕的破坏性和可怕的煽动性，我们是可以摆脱这个恐怖的事实的……建立一个合理合法的规则……我们便有可能获得一个更和平的世界。

在内华达州的拉斯韦加斯，他说：

> 在一种屏障下，在一种逐渐壮大的力量下……由于我们有在自由世界里变得更强大的强烈要求，我们也应该试着为和平而努力，而且我们会发现变得强大和争取和平之间并不存在矛盾。

我回到白宫，因为竞选主题的改变而感到诧异，却毫不因为我花费了时间和精力去准备“环保主题”的演讲稿，没有派上用场而失望。他从内华达州回来后，我们讨论这次的收获，我们明显地意识到美国选民在最重要的和平问题上有日趋明朗的认可，他们的选择不仅有利于肯尼迪的竞选也有利于整个国家。

当我考虑连任竞选策略的同时，我草草写下美国的经济对政策的影响的机密信息：

> 用最简略的政治术语说，我们应该期望全民充分就业在1964年的夏秋两季达到高峰，而在1963到1964年的秋季之间会出现衰退，如果无可避免的话，那么早到总比晚到好，国会实行税收和经济项目的最佳时机也该作出相应的调整，对于一个不纳收入税的无业游民来说，减税对他们意义不大。即使失业率没有实质性的降低并保持在5%左右，在肯尼迪的任期内，也可能不会出现明显的经济衰退或者股市大涨。

在11月初的连任竞选策略会议之后不久，我回到内布拉斯加州，在奥马哈举办的州民主党年度晚宴上发表主题演说，于是肯尼迪总统要在1964年参加连任竞选的意向一目了然。我的演讲并不是要指示或者声明什么，而是告知我们早先在白宫的讨论。肯尼迪为1964年的竞选准备了两个可能的主题，我在演讲中将他描述为“一位心系美国的总统”。我提到在他的身上包含着“作为总统必须有的三个首要素质——创造性思维、善心和进取精神”。

在我们商讨1964年民主党代表大会的细节问题时，肯尼迪的竞选计划成为一个重点。在我们的连任竞选策略会议后的几天，也就是11月19日，我写信给电影制片人阿瑟·克里姆，他也是民主党的资金筹集者，感谢他和他妻子玛蒂尔德上周末在纽约对我的盛情款待。我最后说道：“我会尽快给你寄一些关于大选电影的材料，如果周四我会陪总统去得克萨斯州……我希望我们能再见面。”

不久后，戈德华特称他原本“有机会的，时局曾对肯尼迪不利……（他）肯定不能拿下南部。企业联谊会也不支持他。我觉得我有一次公平的机会能击败他。我不会在竞选上花太多钱……肯尼迪不会像约翰逊那样害怕争锋相对”。戈德华特甚至想和肯尼迪展开一系列的候选人辩论，“在各个问题上一轮又一轮地辩论……”，他认为肯尼迪会同意这么做的。肯尼迪喜欢辩论确实不假，但是我确定他可不想为戈德华特招揽观众。

戈德华特说他有机会，可不是没有道理的。1963年末的民意调查显示肯尼迪的支持率已经开始下滑。在9月份的盖洛普民意调查中，他以53%的支持率领先于戈德华特的40%，而10月份的哈里斯民意调查则给出了相反的结果，戈德华特以54%领先于肯尼迪的38%。同时，关于民权法案的争论正在升温。我们试着在政治层面上低调处理，一则标题为《索伦森：民权非1964年竞选的争论点》的新闻报道让我感到很满意。还有一篇文章引用了我的话：“我当然相信共和党，因为它有林肯，因为它不会变成白人至上主义的党派。”

我始终相信约翰·肯尼迪会在1964年赢得连任。他日益赢得美国民众的尊重和爱戴，柏林危机和古巴导弹危机的和平解决使国民对他的认可与日俱增，他提出的减税政策和立法程序对经济的影响，成为他在1960年大选时拥有的相对的优势，那时他的对手是一位比戈德华特更强悍的对手，他赢得的是一场会比1964年竞选更为艰难的竞选。1960年时，他因年轻无经验和宗教信仰受到指责，1964年，这些不会重演。我相信，在连任竞选中，由于人权问题而在南部失去的选票会在其他地方补回来。

我确信他在第二个任期内会取得巨大的成功。他将会打造一个更加有分量的以民主党为主导的国会，为更有意义的立法奠定基础。他有国家领导人的经验，熟悉各政府部门的运作，因此他的第二个任期会比第一个更富有革新精神和成果。他于1960年提出的医疗保险法案将在1965年得到实施，还有减税法案和民权法案也会实施。反贫穷项目也将得以通过。

我相信，肯尼迪连任后，我们所有这些白宫人员一定会把工作做得更好，会像以前一样努力，也许也会配合得更默契、更和谐。在他的第二次任期内，我将进入不惑之年了，如同肯尼迪曾和我私下谈过的那样，那时我已经有足够的经验可以进入内阁，或者像哈里·霍普金斯一样作为密使被派遣国外，我不确定他是否愿意离开我这名白宫中的亲信。

我们会在1967年5月29日给他庆祝50岁寿辰，那一定是个充满更多欢笑和关爱的时刻。如果他健在并赢得了连任，他就会在白宫再工作5年，仍然会在一次又一次的会议中对我们发号施令，仍然会在定期的新闻发布会上像顽童似的咧着嘴笑，仍然会和来访的国家元首亲密交谈，会与他正长大的子女们快乐地聊天，会在电视上向美国人民庄严地发表声明，在他人生和政治生涯的黄金时代展现他的卓越风姿。他不会像艾森豪威尔那样，在一次腐败丑闻中失去他的首席顾问；不会像尼克松那样因为“行为不端和犯重罪”而被迫辞职。在他两次任期结束之际，他将会满怀期望、精力充沛、充满自信地离开他的总统职位，迎接下一轮挑战，他可能会去名牌大学当校长，去主流报纸当编辑，或者也可能在罗伯特·肯尼迪的政府里当国务卿。

唯一一个存有争议的外交问题就是美国与中国的外交关系，他特意将这个棘手的问题推迟到第二次任期内解决，因为那时他会更有号召力并拥有更多议员的支持。中国卷入朝鲜战争，变成了美国政治上的一个超级难题，但是肯尼迪知道他必须面对。在中国三年自然灾害时，肯尼迪曾表现出想要伸出援手的善心，但是当时他却无法冲破中国抵制与西方国家建立联系的情绪。如果腊斯克坚决不愿改变，肯尼迪要是想与中国建交就还需要一位新国务卿——其实无论如何，都会有人员的调动的。

卡斯特罗领导的古巴——这个让肯尼迪总统犯了最大的错误而又取得最大的成功的国家，是他在连任之后要解决的另一个问题。肯尼迪反对西半球的共产主义，但对卡斯特罗并无个人怨恨。他渐渐地对卡斯特罗怀有了一种敬意，在他身上，肯尼迪感受到一种卓越的领导人气质。他和卡斯特罗尽管有着不可逾越的信仰鸿沟，但总有一天他们会进行一次愉快的私人交谈，话语间一定少不了两人对彼此的欣赏和尊敬。

通过他先前的竞选班子和史蒂文森在联合国的助手威廉·阿特伍德及其他非间接渠道，肯尼迪认真地探究了他与卡斯特罗和解的可能性，甚至探究了在未来把前苏联势力驱逐出古巴境内，并承诺结束古巴在西半球内搞颠覆的可能性。如果可以改变，肯尼迪不会坚持认为卡斯特罗应该离开第三世界的不结盟运动，之中不乏和肯尼迪保持着良好关系的领导人。一个中立的古巴正是肯尼迪希望看到的。他一直反对古巴的政策和政治压制，他希望自己某一天能把卡斯特罗变成另一个马沙尔·铁托，那个脱离了前苏联阵营和莫斯科，却没有实施反共政策的南斯拉夫共产主义领导人。在第二个任期中，他不会再担心如何面对古巴裔美国选民，因为到那时许多改变都是有可能发生的。

肯尼迪在 1963 年 11 月提出预想，越南将是他任期内最大的外交政策难题。他知道维护西柏林的自由比维持世界和平和西半球的民主更为重要，他明智地避免了美国媒体和民众——甚至是华盛顿或国防部门——对越南问题投入过多的关注。然而如果他有机会反思的话，他可能会发现没有给予这个问题足够重视的错误。

关于越南问题，他所发表的最好的讲演并不是在他成为总统以后，而是在 1954 年的参议院，他在 1951 年随国会出访了越南。当时，他以一个新晋参议员的身份，他告诫艾森豪威尔总统和美国人，美国不能取代法国在越南的殖民统治，那里的战争将是国际战争，而越南人民也厌恶了外国的军队驻扎在他们的国土上。他还提到，任何西方势力，无论是美国还是法国，都不可能赢得这场战争。这位年轻的参议员说美国向越南派出作战部队是徒劳无益的；确实，肯尼迪总统却从未这样讲过。

一些历史学家指出，尽管美国向南越做出帮助其实现独立的许诺出自于杜鲁门，但却是在艾森豪威尔再次向吴庭艳总统承诺向越南派军事顾问和参谋之后才实现的。自从吴庭艳率领他的腐败家族执政以来，美国政府、天主教会，还有像麦克·曼斯菲尔德和威廉·道格拉斯法官这样的自由主义人士都把他视作一名爱国主义者，视作帮助越南摆脱法国殖民主义最大的希望。而肯尼迪总统却越来越强烈地感觉到，吴庭艳的反共斗争还是不能使南越获得独立，除非吴庭艳政府接受肯尼迪和他的智囊团强烈建议的土地、税收及政治方面的改革。他也很了解吴庭艳家族，一旦他们断定美国绝不会眼睁睁地看着越南落入共产党手中，他们就绝不会同意施行这些改革。

在这种情况下，肯尼迪政府内部出现了分歧，一边认为要保护吴庭艳不受南越军队的伤害，一边坚持通过政变选出新的领导人。这成为肯尼迪在白宫的这几年中最主要的分歧。肯尼迪认为，即使美国反对或阻挠越南军队将吴庭艳赶下台，也不能提高越南人的生存环境。他也许已然想到，南越军方发动政变的结果就是吴庭艳的死亡。而当他听到吴庭艳被暗杀的消息时，我能从他的震惊和沮丧的表情中感觉到，他没有表示甚至暗示过任何比考虑流放吴庭艳更严肃的举措。

总统主要的外交政策顾问们对越南问题的其他方面也难于达成共识。在一次国家安全委员会会议上，我听到两名成员（一名军人，一名平民）报告近期在越南执行任务的情况。他们对这场战争的进展和前景竟然得出完全矛盾的结论，一个乐观，一个消极，总统忍不住问道："你们确定两个人去的是同一个地方吗？"

当总统询问我的意见时，我表达了对诉诸武力的怀疑，我认为还是和平解决好。我相信无论何时，我的想法都与他的不谋而合。1961 年 4 月 28 日，在给总统的备忘录中，我提出了对美国最新计划的质疑，"计划的结果十分模糊"，它能不能实现依靠于共产党将作出什么回应，也许他们根本不会有什么回应，依靠于越南人是否会支持和吴庭艳是否会改革。我写道，这项计划没有时间限制可言，没有明确的权利区分，也没有对长期财政的消耗和产生的影响进行实际的评估，在没有慎重考虑的情况下，将诸多方面的构想堆砌在一起（包括一份向联合国提交的申请和一份五年经济规划）是不切实际的。我总结道："一个国家只有自救才能得到拯救，这是最明白不过的道理了。"

1961 年 11 月 24 日，我在备忘录中建议总统针对越南和老挝地区的政策问题发表电视演讲，我强力建议总统在演讲中：

> 消除国际上存在的关于美国即将在东南亚地区采取行动的广泛的猜测和争议……总的来说，在这一年，这样的演讲能比新闻发布会更好地诠释美国的政治决策……只有越南人才能打败越共，我们不能替他们去打。一个来自不同的国家、种族和文化构成的军队是不足以对抗内乱、游击战及大多数内战的……

我提醒肯尼迪记得他曾经于几周前在华盛顿大学所说过的话——"我们不是无所不知的，也不是无所不能的"，"美国方法不能解决世界上的所有问题"。我随后写上："我们有捍卫自由世界的重要职责，不能为了打击游击队而将我们的主要力量分离。"

在 1961 年 11 月的另一份备忘录中，我列举了其他一系列没有答案的问题，试图警告总统大规模的军事干涉可能引发的后果——美国军队到达越南后会受到当地人民的欢迎还是憎恨；赫鲁晓夫是否会因此觉得我们"有勇无谋，觉得我们不堪一击，默许了他的进一步行动"；美国军队能否比越南军队取得更大的成果，而越南军队的“人数已经超过共产党人数的10倍”；是否“所有其他途径已经试过了，并且证实行不通”。虽然越南问题我了解得并不透彻，但我感觉到这些备忘录得到了他的肯定。

肯尼迪赢得国会多数派的少数人的支持，但他们也同时面对着极右派的谴责——肯尼迪打击共产主义的手段过于软弱。肯尼迪认为自己没有任何立场去放弃艾森豪威尔承诺，最终到1963年，将派往南越的军事顾问增加到16 000人以上。同时，肯尼迪意识到吴庭艳的支持者（无论出于宗教原因还是来自资产主义国家）与胡志明领导的共产党之间的较量牵扯到两个国家的民族主义者，而美国的决策者对越南的历史文化不甚了解，他不想美国插手越南的内战。他不断地咨询越南问题顾问和其他领域的专家：我们该如何解决这个问题？他还不止一次地问到，美国军队是否应该在越南的国土上行走并开火。

肯尼迪对越南问题的谨慎处理受到了负面新闻报道的重重阻碍，于是他作出了错误的决定，命令《纽约时报》派人取代大卫·哈伯斯塔姆驻越南记者的职位。据我所知，他从未向其他任何一家报纸提出过类似的要求。报道越南政局的大卫·哈伯斯塔姆和其他记者并没有错。总统对当时越南的局势也把握不准——无论是在战场上还是在政局上，吴庭艳家族已经渐渐地失去人心，这成为游击战的一个重要的背景。

亨利·卡波特·洛奇——肯尼迪在1952年竞选参议员的共和党对手，曾经担任驻联合国大使，他表示自己愿意接受国际任务。于是肯尼迪接受他的请求作为实现两党合作的一部分，派他到越南去，希望凭他的政治外交能力和智慧能够理清困难的局面。当有人告诉我洛奇被派往越南时，我面无表情地问道：“是北越吗？”事实证明，洛奇没有大家想象的那样能干——和大多数美国政治家一样，他对媒体大放厥词，却不去做他分内的事情，而且他不信任中央情报局，还诋毁国防部的军官和文官。

肯尼迪通过他的亲信、朋友、美驻印度大使肯·加尔布雷思，试图打通和北越对话的另一条通道。肯·加尔布雷思与印度外交部长德赛交往密切。2005年春末，肯·加尔布雷思接受《波士顿环球报》的采访时，表明自己曾与肯尼迪总统在1962年春季讨论过这件事，他期望总统能够“通过印度”向北越提出建议，如果他们停止在南方的游击活动，用助理国务卿埃夫里尔·哈里曼的话来说，“我们将会回到一个正常的基础上来”。但是双方的非官方停火协议能够实现吗？在加雷斯·波特提供的《哈里曼档案》里，《波士顿环球报》的记者布赖恩·本德报道说，总统曾经命令哈里曼派加尔布雷思到越南进行斡旋，但是“（之后）哈里曼见到肯尼迪，劝他暂缓这个计划，从此这个计划就再没被提起”。在2005年的采访中，加尔布雷思说，他的希望是能和印度探讨此事，但是他没有接到过官方指示。这从另一方面证明了肯尼迪希望解决越南境内的冲突，他愿意和自己的敌手进行沟通谈判。

肯尼迪去世之前，将工作重心放在他已经宣布的撤军的想法上。我不确定1963年末麦克纳马拉撤退1 000名美国士兵的计划是否主要想给南越政府施加压力。肯尼迪认可撤军的要求，他也清楚这的确很难完成。他觉得撤军吃力不讨好，因为这会激怒国内的右翼人士，那么1964年的获胜总统的将是一位主张增军的总统，事态只会更加糟糕。肯尼·奥唐奈后来说，肯尼迪暗中告诉过他的顾问们他将会在1964年的大选之后从越南撤军——这一点我和阿瑟·施莱辛格都不会相信，肯尼迪不会在政治上算计。

然而，总统从老挝、古巴以及柏林危机中意识到，必须解决的政治问题不一定必须诉诸武力解决。我认为他一定会继续寻求协商解决的出路。在1963年11月4日的新闻发布会上，他说“我们的目标”是“让美国人都回家”。此前，在5月的新闻发布会上，他说只要南越政府提出建议，“明天我们就让某些部队回家”。9月谈到南越时，他说：说到底，这是他们的战争。他们才是需要承受成功或失败的人。10月时，他说到这年年末，“我们希望减少在越南的美国士兵人数”。

然而，回顾往昔，我发现他说了许多互相矛盾的话，不论是在公开场合还是私下，他一方面宣布撤军来回应和平论者，另一方面又公开宣称军事支持来回应军事论者。在柏林危机期间，我就几次见到肯尼迪由于矛盾的言论而为心烦的自己增加了麻烦。肯尼迪总统能够与一些顾问一本正经地开会，而真正的决策他已经和另一些顾问搞定了。

事实上，肯尼迪能够理解，而且不时地支持两个互相矛盾的观点：**北越的共产党接手南越，将会加强前苏联控制冷战的主动地位；即使有美国的作战部队和空军力量的帮助，日益腐败、失去民心的南越政府也敌不过爱国热情高涨的北越共产党，而美国也会因此逐渐背离自己的基本信仰和原则**。他在两种观点间犹豫不决，不断的通过投入资金、军事顾问、隐秘行动的方式推迟关键性的军事干预决策。这个决策最终还是约翰逊总统作出的。肯尼迪不认同不惜一切代价打赢战争的理论，特别是当这个代价可能是很多美国年轻人的鲜血时。

最后，我只能明确地告诉你肯尼迪没做过什么。尽管由副总统约翰逊、参谋长联席会议主席泰勒、副国务卿顾问罗斯托带领的去西贡（前南越首都）的使团不断向总统提出建议，认为他应该派作战部队在南越开战，派空军轰炸北越，部队从南越出发进攻，但是肯尼迪没有那样做。联席会议建议总统在老挝驻扎 6 万人的军队，他也没有那样做。1962 年，麦克纳马拉建议他往老挝派 4 万人的军队，他仍然没有同意。他绝不想让亚洲变成一片战场。虽然他没有违背艾森豪威尔的承诺，但也没使战争演化到约翰逊执政时所达到的程度。直到 1963 年 10 月，在他的坚持下，美国都没有真正地参与或者退出这场冲突。

我本人强烈反对约翰逊执政期间的越战政策，所以我更愿意相信肯尼迪能够找出撤回所有美军指挥和顾问的方法。但是,即使像我这么了解肯尼迪的人，都无法确定他是否能找到出路，因为我不确定如果他知道那是他最后的日子，他会做些什么。这是唯一一项在移交到下任总统后被处理得更糟的外交政策。

# 肯尼迪之死 第27章

A LIFE AT THE EDGE OF HISTORY

1963 年 11 月 21 日，星期四，上午 10 点 45 分整，总统走出椭圆形办公室，走向直升飞机，打算去安德鲁斯空军基地乘坐前往得克萨斯州的“空军一号”。那天多云，天气凉爽，我从白宫后门跑出去追总统，把关于“得克萨斯式幽默小品”的材料交给他。那是我们之间的最后一次对话。在直升机螺旋桨发出的轰隆声中，我已经不记得当时我们对话的内容。也许总统感谢我为他收集的幽默趣事；也许是我提醒他一些他回来以后需要讨论的问题。但是，我那时并没有在意那次简短的谈话，那只不过是另外一次启程。前一天，我就杰姬在得克萨斯州与讲西班牙语的观众见面的行程给她的助手提供了一些建议。

总统登机之后，我见了七八名美国政治学协会的成员，回答了他们的问题，还带他们参观了椭圆形办公室。我告诉他们，总统为一个政治分裂问题去了得克萨斯，“那里有很多他的‘敌人’”。其中的一个成员记得我曾用了“危险”这个词——但是我没有印象我是否说过或者想到用这个词。那天晚上，我在专栏作家乔·奥尔索普家吃了晚饭。之后我回到白宫，和阿瑟·施莱辛格一起看了电影《007 之俄罗斯之恋》，我知道肯尼迪也会喜欢这部电影的。

那是一年中最忙的时候，立法工作、联邦政府的工作，还有 1964 年 1 月的财政预算工作都要开始了，我的工作也很多。第二天，11 月 22 号，星期五，白宫还是一如既往地繁忙，虽然我以为那天会比以往空闲一些，因为总统和副总统都在得克萨斯州，而大部分的内阁成员都在开会，为前往东京参加两国内阁成员的会议做计划。总统希望这次会议能进一步巩固两国之间的关系。

麦克·邦迪确定那天下午我不用随他们一起去五角大楼审核国防部的预

算报告。中午的时候我去卡尔顿酒店，在1412号套房和《堪萨斯城市星报》著名的社长兼主编罗伊·罗伯特一起吃午饭。他是一位共和党人，想和我讨论肯尼迪的领导能力和执政方针。罗伯特问我肯尼迪在1964年的竞选不会和林登·约翰逊搭档的谣言是否属实。我回答说，肯尼迪总统时刻都想留住约翰逊。虽然罗伯特只是提了一下副总统的事情，但是没有原因，这还是让我想起亚伯拉罕·林肯时期的副总统也叫约翰逊。更让我害怕的是，我想起来了近期发布的一项可怕的数据统计显示，从1840年起，以20年为一个周期，就有一位在任的总统死于任期（如哈里森、林肯、加菲尔德、麦金利、哈丁、富兰克林·罗斯福）。

因为午饭后我不需要去五角大楼，便让白宫司机在我回去工作之前载我去阿灵顿的公寓。我刚离开公寓，白宫的配车员就给我的司机打来电话："你有载人吗？""是的，特德·索伦森。"（也许他用的是我的代号，但是我已经忘了我的代号。）"马上回白宫，把他带到西面的地下室入口处。"总统不在白宫，我不知道还有什么事情这么紧急。我很快赶回去,以为又发生了新的政治危机。

回到白宫，我看见每个人都脸色苍白，流着眼泪。我长期的秘书格洛丽亚·西特林告诉我，肯尼迪总统遇害了。她递给我一份合众国际社的报纸，上面刊登着总统遇刺的消息。格洛丽亚和另外一位秘书托伊·巴彻尔德叫我赶紧去特勤局特工杰瑞·贝恩的办公室,因为他有达拉斯市帕克兰医院的电话。只要医院没有发出确切的消息，我还是在心底默默地相信还有希望，哪怕只有一丝希望。当我到杰瑞的办公室时，他正在和特勤局的另一位特工罗伊·凯勒曼通电话。肯尼迪总统遇害时，罗伊正给他开车。不一会儿，杰瑞挂了电话，转过来对我说："他去世了。"

没有吵闹，没有尖叫，也没有哀号，至少我不记得了——有的只是不相信和悲伤。我很麻木，很无助，手足无措。不久之后，我尝试集中注意力去思考未来——包括我自己的未来——但是我做不到。我只是一遍遍地回想这件事情多么可怕。我仿佛在一场超现实的戏剧中扮演着一个机械的飞行员。这场戏没有剧本，也没有导演。

由于其他的高级官员都不在白宫，我感到责任压在了我身上，但是我不知道该怎么着手。然而这并不要紧。那个悲惨的下午，白宫的每个人都等着罗伯特·肯尼迪的指示。他让我去通知白宫发言人约翰·麦科马克。（新总统林登·约翰逊宣誓就职之后，他成为总统的第一助理。）我很难说出这件事。我几乎不能把这句话说出来，但是我还是努力地说了。罗伯特·肯尼迪问我内阁成员是不是应该从太平洋折道返回。我回答说：当然了，国家出现这么紧急的情况，他们应该马上返回，并且尽快回到他们在华盛顿的办公室。他还提到他接到了林登·约翰逊的电话，约翰逊对宣誓的措辞不确定，所以特意打电话向他问了些问题。我提醒罗伯特《宪法》中有规定。我们当时没有清晰的思维。

穿过椭圆形办公室有一个会议室，叫“鱼室”，里面有台电视。那天，我独自坐在那里，感觉坐了好几个小时，好像半身不遂一样，无法思考，思维越走越远。沃尔特·克朗凯特一遍遍悲伤地重复着总统遇刺的事情。新闻里不断播出总统那天早上在得克萨斯州的早餐会上演讲的画面——他离开那天早晨，我陪他在椭圆形办公室里复习了那个演讲很多次。

那年夏天，总统在爱尔兰进行了为期四天的访问。在登上返回华盛顿的“空军一号”飞机之前，总统在香农机场对群众说：“春天的时候，我肯定会再回来的。”（这些话至今都让我和爱尔兰人感到伤心不已。）为爱尔兰之行做准备时，我偶然看到了托马斯·戴维斯写的一首民谣，祭奠欧文·罗·奥奈尔的死亡。而在那悲伤的一天，我坐在“鱼室”里，伤痛不断涌上心头，这首民谣中的一节也不断在我的脑海中重复：“大雪纷飞时，小羊离不开牧羊人，你怎能离我们而去，欧文，你怎能离去？”

我1963年的随身日程本上记载，那个周末除了和我的堂弟一起吃顿便饭看个电影之外，没有安排其他的事情。但是我推掉了那个约会，还有之后几天到几个星期内的所有约会，所有的记忆都留给11月22日那天发生的不可思议的事情。

那天下午回到办公室以后，我只接了几个电话。一个是我的哥哥汤姆打来的，他顺路来了我的办公室，并坚持让我去他家和他的家人还有正在出差的弟弟菲利普一起吃晚饭。这样，晚上我就不会独自一人待着了。另一个电话让我立刻去安德鲁斯空军基地，因为“空军一号”会马上返回那里。我和其他人一起去安德鲁斯空军基地接肯尼迪总统的遗体，还有杰姬、约翰逊以及助手们。在去安德鲁斯的直升机上，我坐在约翰逊的两位高级助手乔治·里迪和沃尔特·詹金斯的身旁。我对他们说：“我对你们的处境深表遗憾，我会尽我所能地帮助你们。但是我希望你们不要介意，我不想提起得克萨斯。”

玛丽·麦克罗里在她的新闻专栏中这样描写我在安德鲁斯的样子：“脸色惨白，就像生了重病一样，仿佛在噩梦里什么也看不见什么也听不见一样。”我不与任何人说话，只是静静地看着总统的遗体从飞机上被抬下来，杰姬和约翰逊从飞机上走下来，然后坐着白宫的豪华轿车离去。我什么都做不了，只是尽我所能地控制自己的情绪。我回忆着我和肯尼迪在安德鲁斯的最后一次见面。他精力充沛，大笑着畅谈着未来。那天，我第一次痛哭了。其他人陆续前往总统遗体停放的贝蒂斯海军医院时，我则返回了白宫。在去汤姆家之前，我和格洛丽亚道别，并尽力安慰她，她终于抑制不住自己的情绪，放声大哭起来。在汤姆家吃完晚饭已经快九点半了。林登·约翰逊从旧行政办公大楼的副总统办公室打来电话，温和、坚定、关切地告诉我他有多么遗憾，他多么深刻地理解我的感受；他知道在过去的11年里我对总统有多么重要；还有现在，他——林登·约翰逊更加需要我。新总统要求我在之后的一两天里去见他。我说："再见，谢谢，总统先生。"然后就把电话挂了。几年以后，比尔·莫耶斯告诉我，在从达拉斯回来的飞机上，林登·约翰逊不断重复说，他需要留住肯尼迪的执政队伍，"尤其是特德·索伦森"。

那天晚上我服了一片安眠药才睡着。星期六早上9点30分，我回到办公室。之后，我接了两个电话。第一个电话是皮埃尔·塞林杰打来的，他让我去见阿特·布赫瓦尔德和泰迪·怀特。但是我的大脑已经无法很好地运转，我完全忘了皮埃尔的话，后来他又提醒了我一次。布赫瓦尔德想要一些肯尼迪的幽默轶事来写他的专栏。我当时就给了他，但我并不认为他那时的请求是合适的。泰迪要来采访我，文章要登在新一期的《生活》杂志。我说"我不希望就因为达拉斯的几个疯子让所有的努力都白白浪费掉"。

第二个电话是罗伯特打来的。他邀请我参加在白宫东大厅举行的弥撒仪式。出事之后，第一次和杰姬说话。她朝我走来，用力握住我的手，眼神真挚地看着我，努力地安慰我。她的眼里同样流露着悲伤。亲眼看自己的丈夫被刺杀，给她的打击和伤痛令人无法想象，她还是尽力地抑制自己的悲痛，并且来安慰我，因为她知道我也遭受着同样的悲痛。

直至今日，我仍旧记得他竞选参议院和总统时的一些细节，但是我已经记不清那个恐怖的周末的点点滴滴。那几天已经在我的记忆中模糊了。星期五下午，我、罗伯特·肯尼迪和他的妹夫萨格·施赖弗首次聚在一起讨论葬礼的惯例和宗教礼俗方面的事宜。所有事宜都要等杰姬能够处理事情之后才能最终定下来，包括把这位倒下的水手葬在阿灵顿国家公墓——"那么他就是属于国家的"，还是把他葬在他的家乡马萨诸塞州的布鲁克林。我不记得我最终支持把总统的遗体葬在布鲁克林还是阿灵顿，但我记得关于埋葬地点的问题，我们内部起了分歧。罗伯特和皮埃尔试图说服我支持把地点选在布鲁克林。

星期六下午，我们还在讨论葬礼的相关事宜，讨论星期一在圣马修斯大教堂和墓前举行仪式时，该说什么悼词，由谁来说。由于我从未参加过天主教徒的弥撒仪式（除了那天早些时候举行的那次），我觉得由我致悼词有些不妥。我的确准备了一系列材料和肯尼迪的名言，包括《圣经》的节选和肯尼迪演讲中的摘选，因为在之后的几个礼拜到几年里，我都会参加所有肯尼迪的纪念会。我把它们交给了罗伯特和杰姬，他们尽量不让气氛变得那么压抑和悲伤，所以和我开玩笑，说我连仪式上的酒都不喝。她说《传道书》中肯尼迪最喜欢的一句话是："生有时，死有时。"我觉着用在悼词里很合适。她回忆道肯尼迪曾经为她朗读过这行诗，他还引用过《圣经》里的一句话："寻找有时，遗失有时。"

有一天，埃塞尔打电话问我，在葬礼的弥撒仪式上要不要派圣餐。我说给1 000多人派圣餐恐怕是一件很困难的事，但是她已下定决心。

星期六晚上，我和赛格一起去华盛顿大主教帕特里克·奥博伊尔的家中，见了波士顿大主教理查德·卡申，还有肯尼迪的好朋友、波士顿的政治家弗朗西斯·莫里西。去博伊尔家的路上，白宫司机迷路了。晚上10点的时候，赛格下车去问路，我们终于到了博伊尔家。我向卡申强调，葬礼要尽可能简单，杰姬也是这么要求的。"是的，"他说，"我们会把他当做耶稣会的会员。"那次见面讨论得很顺利，除了博伊尔大主教对在弥撒时致总统的"政治演讲"有些不满，我们之间没有其他的分歧。

星期天，总统的灵柩从白宫送往国会大厦的圆形大厅，供人们瞻仰和纪念。他将在那里停留一天然后返回白宫。我排队等着瞻仰总统的遗体，他的灵柩上覆盖着国旗。我拒绝了所有政府方面的安排——让我插队，大家都排了好几个小时了。排队的时候，我听说杰克·路比杀死了暗杀肯尼迪的凶手李·哈维·奥斯华德。我想，这只会让事情变得更糟糕。天呐，这样下去什么时候才会结束呢？

星期一一大早，罗伯特打电话给我，他不知道墓前的悼词该说什么。我找了一篇并传给他。然后，我加入了送葬的队伍，将总统的遗体从白宫护送到圣马修斯大教堂，在那里举行由卡申大主教主持的弥撒仪式。我按照秘书的建议，戴着总统送给我出席他就职典礼时戴的帽子。弥撒仪式过后是在阿灵顿国家公墓举行入墓仪式。我看着总统的遗体被慢慢地埋进土里，又一次哭了，我不愿意相信他真的永远离开了。

整个星期我都感觉那么的不真实，让人难以置信。我总是带着无法克制的恐惧感去看电视，但却无法抹去我的所见所闻。一时间，全国流传着无数谣言，还有夸大地报道说谁又干了什么事。没有人可以确认这些事情的真假——但是所有人都相信这些事。最终，只有一件事情可以确定——那就是约翰·肯尼迪遇害了。正如几年之后在罗伯特·肯尼迪的追悼会上，我的法律朋友西蒙·里夫金德法官谈到肯尼迪兄弟之死时讲的那样："我们到底要做什么，才能有资格活在这个连羊群都可以吞噬牧羊人的时代？"

特德的曾祖父母：索伦·佩德森和梅特·索伦斯达特·佩德森

1869 年，蔡金一家。左起：菲尼亚斯、莫里斯、安妮斯（特德的母亲 8 岁时）、朵拉和斯特拉

特德的母亲

安妮斯·蔡金·索伦森

特德的父亲

克里斯汀·亚伯拉罕·索伦森

索伦森的兄弟姐妹在看《生活》杂志。左起：特德、露丝、罗伯特、菲尔和汤姆

索伦森的兄弟姐妹为母亲庆祝八十大寿。前排左起：罗伯特、安妮斯·蔡金·索伦森、露丝·索伦森·辛格；后排：汤姆、特德和菲尔

肯尼迪参议员和露西·托里斯主持特德的宣誓仪式。(1952 年)

肯尼迪参议员和特德在参议院办公室工作。(50 年代末)

1958年，肯尼迪参议员携妻子杰奎琳与特德抵达波多黎各首都圣胡安，乔瑟·贝尼特斯接机。

特德在核查1960年初选的选票样本。

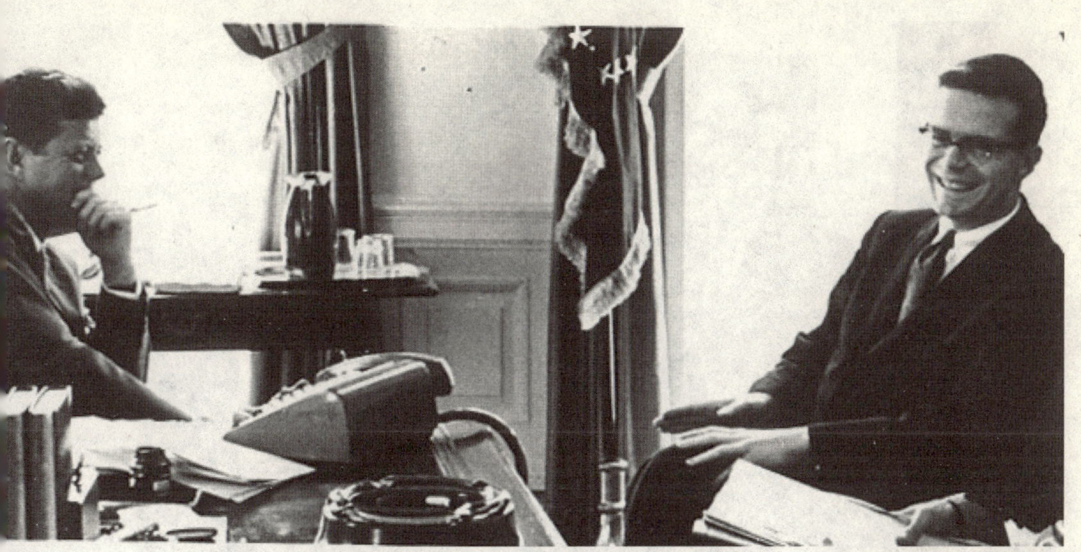

肯尼迪总统和特德在白宫椭圆形办公室。(1961 年)

1960 年总统大选。左起：迪克·古德温、特德和麦克·费尔德曼

汤姆·索伦森和特德在特德的白宫办公室。

1961年10月26日，诗人罗伯特·弗罗斯特、内政部长斯图亚特·尤德尔和特德在内部招待会上。

1962年8月，周六特德和儿子们一起打垒球。左起：史蒂夫、特德、菲尔和埃里克

1967年夏天，特德和儿子们在丹麦哥本哈根参观露天博物馆。左起：史蒂夫、特德、埃里克和菲尔

1968年3月，在希考里山庄罗伯特家中的餐厅，总统竞选结果宣布前的会议，左起：史蒂夫·史密斯（端坐着）、罗伯特·肯尼迪、爱德华·肯尼迪参议员、特德和威廉·梵登·霍伊维尔

1968年春天，特德为罗伯特·肯尼迪的总统竞选演讲。

1969 年春天，阿瑟·施莱辛格在姬莲·马丁和特德的订婚晚宴上。

1969 年冬天，特德在他的律师事务所。

1970 年，纽约，特德参加纽约参议员竞选初选。

密西西比州费耶特市市长查尔斯·埃弗斯支持特德竞选参议员。

特德和姬莲在竞选上亮相。

1987年，特德和纽约市长埃德·柯赫访问哥斯达黎加首都圣何塞，奥斯卡·阿里亚斯总统和夫人接见了他们。

特德和阿瑟·阿希在威彻斯特举行的名人网球募捐赛上。

特德与古巴总统菲德尔·卡斯特罗。

2002年10月，特德和阿瑟·施莱辛格在古巴军事博物馆的一架前苏联导弹前。

特德和姬莲在联合国与南非总统纳尔逊·曼德拉见面。

2000 年，索伦森一家在朱丽叶和本·琼斯的婚礼上。左起：特德、史蒂夫、朱丽叶和本、埃里克、菲尔和姬莲

特德与姬莲在庞德里奇。

特德在纽约的住所。

特德与奥巴马参议员在芝加哥德保尔大学。(2007 年 10 月 2 日)

“他没有受太多痛苦吧？”我问一位海军医务官。他告诉我没有，总统中枪后很快死了。这的确让我感到些许欣慰，但是后来我才知道事实并非如此。根据政府的调查报告，第一枪打中总统的脖子以后，总统还有微弱的气息，到射中他头部的第二枪之间的几分钟里，他面带迷惑的表情。我太了解这个男人了，我相信那时候他的大脑绝不是空白的或者害怕到麻木。我相信他心里在问自己一些问题：什么样的敌人会这么做；如果我被杀了，这个国家会发生什么样的事情；谁来照顾杰姬和孩子们。我在战争和政治争斗中幸存下来，可这就是我结束的方式吗？在过去的 11 年里，我回答了他很多问题；但是这些问题，我答不上来。

我感到很无助。先前，我经历了各种各样的政治危机——西维吉尼亚的初选、在民主党代表大会前受杜鲁门的攻击、休斯敦部长的指责、猪湾事件及其余波、古巴导弹危机和柏林危机。11 年来，我的工作就是帮助肯尼迪。但是，达拉斯，我不知道该怎么帮他。我甚至都不在现场。在总统大选之前的 4 年里，我和他一起走遍了每个州，包括得克萨斯州，却没有和他一起进行国际访问。总统就职以后，我和他走访了全球——从欧洲到中美洲，但是没有和他一起在国内访问。那天我没有和他一起去得克萨斯州，成了我们命运的转折点。

接下来的两个星期里，好朋友们都支持着我，几乎每个晚上都有人请我去吃饭——有些是华盛顿的贵妇人，包括凯·格雷厄姆、弗洛伦斯·马哈尼、凯特·洛凯姆（肯尼迪曾经说：“我希望我们能任命更多像凯特·洛凯姆这样的人。”），还有我的一些老邻居——温克家、英特马家、希夫特一家，还有我的哥哥汤姆。乔·艾尔索普不止一次邀请我去吃午餐。那段日子我也试图安慰那些试图安慰我的人，记忆里充满了痛苦和眼泪。白宫和政府部门的许多同事不时来我办公室，向我表达他们的悲伤、愤怒、猜疑、同情、关怀，还有对罗伯特·肯尼迪的忠诚。

我的世界顷刻间变了——事实上，是结束了。我很喜欢与肯尼迪共事的这些年，喜欢在白宫工作的这 3 年，喜欢我有机会帮助总统树立国家的形象和在世界中的角色。这 11 年里，肯尼迪几乎占据了我生活和思想的每一寸。但是，这一切顷刻间都结束了。突然间，他走了，事先没有任何征兆。我们还要去赢得新的和平，去实现新目标，去宣布新的提案、原则和优先权，去跨越新的边界。但是，我的领导，我的领袖，我精神和动力的源泉已经走了。

这是我生命中遭受的最深刻的一次创伤。这一切如此不真实，让人无法接受，让人刹那间伤心欲绝。雄辩的声音瞬间静止了，同情的心瞬间停止了，智慧的头脑瞬间破碎了，俊朗的笑容永远失去了。我当然不愿相信这一切。“他们甚至都不愿再给他三年的时间”——我说，为了国家，为了世界，为了命运。特德·里尔登是我的老朋友，也一直是肯尼迪的助手。他来到我的办公室，大喊：“我真想拿个该死的炸弹把那该死的得克萨斯州从那该死的地图上炸了。”我也很生气，很愤怒，但我知道这么做根本就无济于事。刺杀总统的人很快也被杀了。复仇不是肯尼迪的风格。他并不会记恨达拉斯。他一定希望我在我的生活和工作中延续他的精神。

总统的死甚至比我父亲的死对我的打击更沉重。我深爱的父亲去世时，是不可避免的，是预期之内的。他慢慢衰老，他终于不用再遭受折磨了。而肯尼迪死在达拉斯是完全不一样的。在这 11 年里，我们从没有机会说再见或感谢过彼此。我从没有机会表达我对总统的感情和尊敬——我从没有告诉过他——突然间连告诉他的机会都没有了。平时，我们都太忙了。而且受工作压力的影响，我们都不善于表达自己的感情。我们总觉得会有机会表达我们的感情。我从来没有想过没有他的未来。我一直以为我们会享受几年甚至几十年的合作和友谊。我甚至都没有向他要一张他亲笔签名的合照。我想我每天都能看见他，为什么要这么做？

我理智地认为一切终究会结束的——生命中没有什么是永恒的。但是我没想到他会这样结束。等到肯尼迪连任之后，实现他的计划和梦想，他慢慢变老，然后和他说再见，一切才会结束。我以为结束是因为疾病；我以为他可以像预想的那样，和他的孩子一起享受天伦之乐。但是事实并非如此，一切都来得那么突然，那么残忍。

总统遇难后的几天里，我被来自朋友、同事和陌生人的信所淹没。我记得肯尼迪在 1960 年的竞选时说过，“所有的修女都支持他”，虽然他“肯定自己不是神”，所以当我看到来自全国各地的修女写的信时，我尤为感动。但是，最让我感动的是我的次子史蒂夫写信给我的安慰。他还不到 10 岁，那时候还住在美国的中西部。他在信里这样写道：

> 亲爱的爸爸，肯尼迪总统遇害，我们全家都感到很遗憾。我听说你的工作不变。我现在篮球打得很好。我们这里养了一只小狗。我要把它养大，我觉得很有趣……你的儿子，史蒂夫。

另一封让我感动的信来自保守派专栏作家约瑟夫·艾尔索普，他是肯尼迪的好朋友，曾给肯尼迪提过很多建议。他在信里这样写道：

> 我不知道该和你说什么，因为没有人与总统的关系像你和总统那样，即使对杰姬和罗伯特。我写信表达了我对总统的感激之情，感谢他为国家和世界所做的一切……这个辉煌的时刻不会也不能再重来。而我说的，于你于我，可能都没有什么意义了……他为我们的国家和整个世界上了新的一课，赠予了我们最珍贵的礼物，那就是希望！从他踏上政坛的最开始，他每时每刻，每日每夜都和我们同甘共苦。有你帮助他，他很幸运；有你帮助他，我们也十分幸运……你助他一臂之力，成就了他的成就。在那些危机重重的日子里，我的脑海里有一个想法……我想你也有同样的想法……像我们这样的大国，承受着巨大的重担，追求着伟大的理想，所以几乎在每一个世纪里，都需要一个新的道德模范……乔治·华盛顿是我们第一个模范……林肯达到了美国圣人的高度……我们这个世纪有两位罗斯福总统……愤世嫉俗之人和普通人看到这封信也许会笑；因为肯尼迪总统关注的是大局，因为背后流传着他不道德的流言蜚语……在我所认识的公众人物当中，他树立了更高的道德标准——勇气的道德标准——心胸宽广，直面抨击毫无畏缩，接受指责，谨慎批评他人，无论他人该受多大的批评。总而言之，他树立了真正的公民道德规范……他是一位天才，当危险出现时，他总是优先考虑国家利益，把自己放在第二位。如果我没有猜错，他还会为我们的国家提供新的道德模范，像林肯和华盛顿那些前辈一样，为后人服务……这些年来，我以为现在就是收获的时刻——金光灿灿、光芒耀眼、硕果累累。你，在这段激动人心的征程中，与他共同经历了如此丰富、如此有益的事情，我觉得我应该对你说“愿上帝保佑你”，因为你会需要帮助的。但是我不信仰宗教，所以我只想简单地对你说声“谢谢”。
>
> 深情的乔

几个星期以后，我的同事阿瑟·施莱辛格邀请我去白宫剧院看演出。我哀伤地回答：“太快了。”当他告诉我，总统的妹妹和妹夫也会出席时，我意识到哀伤不应该成为主要情绪。生活需要继续，但是我的生活没有继续；工作需要完成，但是我没有完成。重点是什么？我越来越不愿提及肯尼迪的死。朋友和陌生人经常问我：“11 月 22 日，你在哪儿？”这让我感到害怕。在街上遇见的过路人总有一种难以抗拒的冲动想要告诉我，听见肯尼迪遇刺的新闻时他们在什么地方，然后反过来问我当时在哪儿。至今，他们还这样问我。

几个月之前，我的一位故人的女儿请我12月13号去韦尔斯利女子学院做演讲。拖延了一段时间后，我终于还是决定遵守我的诺言，虽然我的演讲无法飞出学院的围墙——但在总统遇难三个星期之际，这是我致悼词的一个机会。我说："在他青年时期嘲笑过他的那些长辈们突然发现自己成了孤儿，对他的耐心感到不耐烦的年轻人突然发现自己变得苍老虚弱了。"我谈着他杰出的品质、成就和独特的魅力。"他是第一位出生在20世纪的总统，第一位信仰天主教的总统，第一位探索太空的总统，第一位在他整个任期都承担着冷战期间的巨大又棘手的任务的总统。"我引用雪莱为年轻的济慈所写的悼念诗："即使未来忘记了过去，他的命运和盛名也将成为永恒的回音和光芒。"我还引用了丁尼生的诗句："庄严的船队在前进，驶向山下的海港，可消失了的轻抚与静默了的声音竟在何方！"演讲后我没有接受任何提问直接返回了白宫。

让那段日子更加难熬的是，在分居三年之后，我和我的第一任妻子卡米拉在1963年的夏末正式离婚。离婚后，她和我们的三个儿子搬到了她以前在威斯康星州的家。他们的离开让我感到很痛苦。虽然卡米拉大度地向我声明，结局不能怪我们两个——1949年结婚的时候，我们都还很年轻，我们在华盛顿过着不同的生活，踩着不同的步伐，朝着不同的方向，但我仍然觉得我有责任。作为总统的竞选助手和顾问，我需要经常出差，不完整的生活破坏了我们的婚姻。早在1960年就有记者问我，竞选期间我几乎都不在家，我的家人对此有何看法，我回答道："他们已经习惯了——一直以来就是这个样子。"有位作家说得很对："就好像特德这样对他的家人说，'看，我的爱属于你们，但是我的生活属于总统。'"在1963年的最后几个月里，我失去了家人，失去了最好的朋友，也失去了我生活的目标。

我意识到，为了我和肯尼迪所共同追求的理想和目标，我没有任何理由停止继续奋斗。于是，我的悲伤逐渐转变成了我的决心，而不是让"他们"（不管"他们"指的是谁）破坏我和肯尼迪曾经共同追求的目标、计划和理想。奥登的挽歌很好地击中了我的感受，"他就是他自己；他将成为什么人，这取决于我们……"那时候，我发誓要尽我所能让肯尼迪的精神延续下去。在过去的11年，我的全部工作就是帮助肯尼迪发展国内公平公正的政治体系、促进国际和平，帮他实现他的兴趣，帮他被世界记住，帮他传播他的思想。接下来的四十多年里，这些就是我的业余工作。

我喜欢怀念他活着时的美好，而不愿记起他死亡的可怕，所以我从未去达拉斯参观纪念肯尼迪之死的博物馆，也没有看过泽普鲁德的电影《刺杀肯尼迪》，更没有坦率地谈过我那时真正的感受；我觉得就算是几十年之后再去说或者再去回忆，也会让我心痛如绞。不单是我有这样的感受，就连与总统不那么亲近的迪安·腊斯克在1988年的信中也说道：“我从未想过把那次暗杀带来的痛苦形成文字，因为仅用文字根本不能表达。今年是肯尼迪逝世25周年，而我的感受从未如此深刻。”

我不知道我是否已从肯尼迪之死的阴影里走出来。时光流逝。关爱和欢笑帮助了我。但是，5年之后，肯尼迪的弟弟罗伯特遇刺，又加深了我对那段时间的痛苦回忆。这两段悲剧强行夺走了我的未来。

肯尼迪之死对美国和世界造成的影响远远超过对我造成的影响。在我的生命中，我见过许多动摇了美国的剧变——1941年珍珠港事件、富兰克林·罗斯福之死、马丁·路德·金遇刺、2001年纽约和华盛顿的恐怖袭击。但是这些都不及肯尼迪遇刺给美国人的心理和精神带来的打击严重。一个充满希望和骄傲的时代刹那间化成了一个充满绝望和悲观的时代。

许多历史学家和我一样确信，如果肯尼迪还活着，世界会是另一个样子。越南战争的情况不会逐步恶化；冷战不会持续这么长时间。肯尼迪会把和平的多边主义发展为美国和世界的主旋律，他会做得和罗斯福一样好。约翰逊的民权法案、“伟大社会”社会福利政策和其他国内政策，都是根据肯尼迪1963年的立法基础上形成的，如果他还在，会更早地实现。如果美国的年轻人和黑人所信任并拥护的肯尼迪总统还在白宫的话，那么1968年到1970年间的国内暴乱和校园暴乱就不会发生了。他为那么多人付出了那么多心血，就算被一个他不曾错怪过的人不明缘由地刺杀了，他仍然在付出。正如几年前肯尼迪在一次新闻发布会上说的那样：“生活是不公平的。”

肯尼迪总统并不是受所有人爱戴的。各个国家政府，无论追求的理想和所处的经济状况有什么差别，都沉痛哀悼肯尼迪总统的死，但有两个人例外。据报道称，阿尔巴尼亚共和国的恩维尔·霍查表示很高兴肯尼迪从世界政治舞台上消失。海地的弗朗索瓦·杜瓦利埃为庆祝肯尼迪的死，在全国举行了一场盛大的狂欢。

我一直不希望也没有能力再开始争论是谁杀了肯尼迪和他为什么杀肯尼迪。对这些问题，我也没有获得任何新的消息。我没有太关注刺杀肯尼迪的阴谋，一方面是因为研究这件事对我来说太痛苦了，另一方面是因为没有哪位阴谋论者能够提供可靠的证据证明哪位大人物雇奥斯华德去刺杀肯尼迪，也没有任何可信的证据证明奥利弗·斯通虚构而残忍的电影《刺杀肯尼迪》的真实性。

在准备这本书的写作时，我终于强迫自己看了这部电影。不计其数的年轻人把这部电影看作刺杀肯尼迪的真相。

罗伯特·肯尼迪不得不怀疑刺杀他哥哥的敌人背后存在阴谋。但是罗伯特告诉他的助理尼克·卡岑巴赫，他并没有兴趣知道那些阴谋。

正如很多矛盾的阴谋让人难以信服一样，如果说刺杀肯尼迪和5年之后刺杀他弟弟的敌人背后没有任何阴谋，我个人认为这同样让人难以信服。我不能披露新的情况，也没有得出新的结论。但是，就这个问题我感到很矛盾。一方面，现在查明是谁杀了肯尼迪有什么好处？这么做肯尼迪也不会复活，他推行的政策和标准也不能继续实施。另一方面，证明肯尼迪是因信念的分歧而殉职，而不是单纯地正好被某个疯狂的狙击手随手杀害的，如果这是事实，那么世界上的许多人，包括我，会感到欣慰一些。

我没有参与谩骂沃伦委员会的大队伍了。由两党中公正睿智的爱国者组成的沃伦委员会所做的事情不能使批评家们都满意，而且也没时间对那时流传的每一个推断和理论做必要的综合调查。然而，有关人们对子弹和刺杀原因的不间断的猜疑，我也不再认为它们毫无道理，我也不认为沃伦委员会的报告为“谁杀害了肯尼迪”这个争论画上了句号。

媒体发表的一些阴谋论既荒唐又可怕，虽然没有任何证据却有点逻辑。大部分的阴谋理论家把卡斯特罗列在了嫌疑者的名单里。我不这么认为。卡斯特罗有足够的智慧知道肯尼迪对他并不构成威胁，而刺杀肯尼迪的举动会威胁到古巴的生存。杰姬不招人待见的远方亲戚戈尔·维达尔曾要求帮助肯尼迪写稿。在此期间，我曾与他有过简短的交往。他认为——至少他写过——肯尼迪的当选和遇害与有组织的犯罪团伙不无关系。我也不这么认为。

一些阴谋理论家进行了大量的全面调查，试图把那些没有联系在一起的关键点联系起来。还有一些理论家希望能证明肯尼迪是被极右或者极左分子杀害的。所有人的意图都是好的，试图查清一项犯罪，至少从理论上证明某些人、某个组织或某些政府官员是凶手。但是，无论他们声称听到了多少声枪响，有多少起偶然的死亡事件与此相关，说到底，真正能证明的只是一支枪杀了一个人。

我希望那些阴谋理论家能够理解我为何拒绝他们邀请我发表评论，为何不看他们的推理，为何不参加他们的新闻发布会；我希望他们能理解我这么做是因为我无能为力。我不认同他们，不喜欢他们也不接受他们。他们嘲笑没有人告知我隐藏在那起谋杀案背后的秘密和阴谋、行动和发现，他们是对的。我怀疑没有人被告知全部情况。许多理论者说他们有真实的文件和照片给我看，但是事关机密，他们无法公布。

那些阴谋理论者不能证明任何一个指控对象与刺杀肯尼迪事件相关，我也不能证明与此无关。但在内心深处，我不能完全并永远认为他们中的任何一个没有罪过——支持卡斯特罗的古巴人、反对卡斯特罗的古巴人、前苏联国家安全委员会、黑手党、中央情报局和军事家们，肯尼迪在美国大学的一次演讲中曾委婉地宣布他有计划要减少越战中的军事顾问。他们都有除掉肯尼迪的动机和掩盖事实的动机。虽然在法庭上这些都不足以构成证据，却足以让整个国家感到不安。我认为，如果一些诽谤肯尼迪的极右分子能够正视自己的内心深处，那就会发现他们最深的恐惧。

1963 年 11 月 22 日，至少从表面看来，美国一派祥和，繁荣昌盛；但是表面之下燃烧着熊熊怒火。肯尼迪总统能感受到得克萨斯州的敌对气氛。达拉斯人人手一张右翼分子发出的通缉令，上面胆大妄为地写着：悬赏捉拿约翰·肯尼迪。然而，因为得克萨斯州的民主党内部，约翰·康纳利领导的当局和拉尔夫·亚伯洛领导的改革派之间存在分歧，白人和非白人之间也存在分歧——这些都威胁着约翰逊能否保证得克萨斯州在 1964 年的选举中支持肯尼迪 - 约翰逊，所以约翰逊向肯尼迪建议了此次得克萨斯州之行。对肯尼迪来说，进入敌人的地盘是需要勇气和决心的。他认为作为总统，不能因为有反对者的存在就逃避一个州或一个城市。

私底下，肯尼迪不避讳谈死亡，还常拿死亡来开玩笑。一天晚上，他开车载我从参议院去弗吉尼亚州，车速很快。他开玩笑说，如果我们都死在车祸中，我们会出现在内布拉斯加州报纸的头条上。幸运的是，哥伦比亚特区的警车阻止了我们，那个特别的假设最终没有实现。当他在参议院的办公室签署他的遗嘱时，他让我和另一位作为见证人的秘书证明这封遗嘱“完全合法”，“因为里面完全没有你们俩的好处”他说道。据报道，副总统因为要到备受战争摧毁的越南执行调查任务而不高兴，总统说：“别担心，林登，如果你发生什么事，我和萨姆·雷伯恩会在得克萨斯州的奥斯丁市为你举办前所未有的盛大葬礼。”有一次他很严肃地和我说，如果有一个始料不及的杀手下定决心要刺杀总统而又有些运气的话，那他根本没有真正的防范措施。每一个活跃的总统都无法避免地会暴露在杀手面前。他的一些决定必定会引起他人情绪的波动或者激起矛盾。他的行踪很容易摸清，他出现在群众面前也是无法避免的。

1963 年 11 月 22 日的达拉斯事件不是肯尼迪第一次面对死亡威胁。在他就职典礼的六个星期之前，特勤局和棕榈滩的警方通知肯尼迪，他们逮捕了一名杀手。这名杀手的车里装着炸药，打算在肯尼迪住所的墙缝里引爆。在前一个星期天，这名73岁的疯子把他的车停在了离肯尼迪家大门不远的地方，等着总统去参加早上的弥撒时引爆炸弹。但是最后，当他看见肯尼迪的妻子和两个孩子时，他改变了主意。这名刺客后来给特勤局的局长写信说："这很恐怖……因为我们离得很近。"由于特勤局担心会有人模仿这种行为，所以只把这件事告诉肯尼迪，后来肯尼迪向我透露了这件事。他似乎感到很困惑，而不是害怕。

如果命运注定要让某个疯狂的人来刺杀肯尼迪，那么最好先让他把古巴人从古巴危机中解救出来，让他为美国实现平等权利铺平道路，建立美国在太空中的领先地位，组建维和部队，设立一个能够鼓舞全世界人民的领导标准。只要他能领导我们——哪怕只是短暂的辉煌时刻——那也是值得的。

# 第28章 继任总统约翰逊

A LIFE AT THE EDGE OF HISTORY

1963年11月22日晚上，林登·约翰逊打电话给我，劝我当他的助手兼顾问。约翰逊十分亲切，他因为温柔机智的性格出名，最重要的在于他劝功了得。在白宫的3个月里，我们的交往尽显他的老练。虽然有同样的办公室，同样的头衔，同样的薪水，必要时几乎同样亲近的接触，但我知道我的工作已经改变了。我之前在白宫的角色取决于我与肯尼迪11年的相处，他对我的影响最大，但他已经离开了。

新总统与我的关系完全不同了，但不是因为林登·约翰逊与约翰·肯尼迪在哲学、人格、风格和才智上的差异，和一些潜在的更大的差异。约翰逊任职总统期间对于权力和压力的掌握在某种程度上可以体现他真实的本质，这两者都是他在任职副总统期间所不曾拥有的。作为总统，约翰逊热爱追逐权力，他过分的自负让人觉得没有安全感，他那些智商过人的高官又让人感觉不自在。在我看来，他的人格中有种夸张和伪善，我认为这是所有政治品质里最差劲的——在1951年我以联邦安全局雇员的身份拜访国会时就见识过了。

约翰逊对权力的偏执令他深受其苦。我相信，那些很自然地接受和履行领导的职责、将其视为自己日常责任的总统不会觉得有必要经常谈论权力。在约翰逊掌管白宫期间，我只为他工作了非常短的时间，我经常发现他和助手们谈论权力，而肯尼迪和我从来不这样。肯尼迪和约翰逊所在的白宫有何区别，我的副手李·怀特写道“肯尼迪的白宫更有趣”。完全正确，他所在的世界也更有趣。

甚至连我10岁的儿子都轻易地看出这些区别来。1963年12月的一天，我们正在椭圆形办公室谈话，约翰逊得知我的三个儿子正在白宫内务处等我，他立即停下来，说："我们去找他们吧！"我们下了楼，和我的儿子们围坐在一张桌子旁。约翰逊不像肯尼迪那样善于跟孩子们讲话，他一会儿便回办公室去了。我的儿子——见过肯尼迪总统的史蒂夫，转过头对我说："他看起来不像总统。"我笑了笑。

因为种种原因，我知道自己在白宫的生活不可能再和以前一样了。我知道肯尼迪不会允许我在这个冷酷无情的暗杀之后的过渡期里离开白宫，但我不想再停留了。白宫成员不属于政府机构的组成部分，而是总统个人职权的延续。没有任何一名专业人士或总统班子成员希望追随一位又一位的总统。在那种环境下，我跟其他的老助手们一样，很快向约翰逊总统提交了（形式上的）辞呈，我还建议我的副手麦克和李也这么做。这样，才能方便约翰逊尽快把他的人带来白宫。约翰逊拒绝了所有的辞职申请，连他的朋友约翰·康纳利和其他人也建议他接受。

1963年11月23日，我的信是这样写的。

亲爱的总统：

我坚信，您有足够的自由选择自己的同事，并将他们指派到那些合适的位置上，所以我特此提交辞呈，辞去总统特别顾问的职务，从您审批的日子起生效。您知道，无论您怎么处理我辞职的请求，我都会对您一直保持忠诚和敬意。

周六晚上，在白宫对街的老行政办公楼的副总统办公室里，约翰逊和副手比尔·莫耶与我进行了谈话，前一晚他在电话里提出了这个要求。我们定的时间比较早，但那天下午我在白宫西翼的地下室碰见了约翰逊，他说他会忙到很晚。

几乎是一见面，约翰逊就立刻问我："你认为有没有外国政府参与这件事的可能性？""您有证据吗？"我问道。他递给我一张政府函，上面没有标明具体的出处，明确写着某一外国政府企图暗杀肯尼迪。"已经没有意义了！"我说。但约翰逊坚持认为有。考虑到这是国际阴谋，他随后加强了自己的安全保障措施。

我提起当天早些时候提交的辞呈，他说"我知道，收到了"，然后就再没有下文。"我希望你把国内政策规划总结出来，但别指望我能像你那样吸收得那么快，"他说。我根本就没那个指望。基于当天早上我的副手麦克和李整理的材料，我提出了他需要尽早决定和处理的11个问题，然后形成清单提交给他。一个半小时的谈话，我印象不是很深，但记得我的态度很强硬，没有微笑。我心情总是不好，尤其是在面对约翰逊的时候。我建议他跟国会沟通，并提醒他要谨慎处理“两种已经被任用的部下：一种是不想为他工作的，一种是太想为他工作的”。

我留下来的主要原因，是在那一个半小时里，他说了一句“我比肯尼迪更需要你”。报纸上说我是这样回答的：“我将生命中的11年奉献给了约翰·肯尼迪，这些年中，他是唯一一个对我重要的人。”这过分表达了我生命中苦恼时刻的情感。说这些悲伤的话时我没考虑到家人的感受，我十分抱歉，因此我在这里向我的三个儿子和他们的母亲卡米拉表达迟来的歉意。而我确实只想向约翰逊传达我深刻的悲痛。

在悲剧发生的那个周末，约翰逊让我起草他作为总统的第一次演讲稿，他打算在11月27日，也就是感恩节的前一天，在国会会议上发表，我同意了。我想要帮助约翰逊继续推行肯尼迪对1964年的计划，完成肯尼迪的遗愿；我要他在演讲中记起那些政策、承诺以及已故的总统。

约翰逊的助手杰克·瓦伦蒂、查理·墨菲、霍勒斯·巴斯比、阿德莱·史蒂文森和肯·加尔布雷思把他们写的演讲草稿交给我，肯拍拍桌子，说：“要我说，我的这份最完美，你都不用改了。”但当我在周一晚上最终坐在白宫内务处准备写作时（几个小时前肯尼迪总统在阿林顿国家公墓入土），我检查了这些草稿，并决定重写。晚些时候，约翰逊和我通了电话，谈了立法议程及其提交时间。对于演讲，他提出了自己的想法：

> 我想就“时间”（执行的最后期限）这条线多说几句……我觉得如果有时间限定的话，我们会一败涂地，摔个狗吃屎。我想人们会说肯尼迪被打败了，约翰逊的班子不支持他的工作……我想我们只能努力那样做……也许感恩节……如果那时你还没有完全离开……这确实是一段艰难的日子……你让我当副总统时没告诉我生活会变成这样。

“生活确实艰难，”我回答道，“而且会越来越难。我想你应该考虑到我会在感恩节离开。”“我恐怕是该考虑了”，约翰逊说，“我没有足够的时间了解全部的情况，特德。我还没有看完所有材料的三分之一，我看到凌晨两点……”

第二天晚上，我把演讲草稿交给了约翰逊总统。他看了一眼，有些不真诚地说他“一个字也不会改”。我离开了他的办公室，来到麦克·邦迪的办公室，遇见了麦克纳马拉和腊斯克。我们的谈话还没结束，约翰逊就和他的助手阿贝·福塔斯和沃尔特·詹金斯走了进来。“我们做了些修改，它有点太像肯尼迪总统的口吻了。”他们是这么跟我说的。直到演讲发表之前我才又看了一遍稿子。周二下午，我见到约翰逊坐在椭圆形办公室——肯尼迪曾经的办公室里，我再一次感到心神不宁。

我估计约翰逊不久就会说我的草稿“是对伟人的颂词……但国会想知道我对这些事情的立场是什么样的”。约翰逊减少了对肯尼迪成就的罗列，加上了许多他自己——约翰逊——将来要做的事情。他删掉了我写的开头：“我不能接替他的位置，但必须占用他的办公桌。”当时我对于约翰逊的删减很是生气，但现在我承认他的许多改动是明智的。那次的演讲必须让美国和世界都知道，美国仍有行动高效的政府和总统，肯尼迪的主动精神仍在延续，这些会把国家从噩梦中解救出来，回到现实中来。

我写的草稿受到总统的改动甚至与其他人的材料合并，这对我来说并不稀奇。肯尼迪不止一次那样做过。但肯尼迪对我草稿的改动总是恰到好处，被改动的大部分内容我自己看后也觉得很差劲。过去，我总是有最后定稿的责任，确认所有的新材料和我的草稿在结构和主旨上相互协调。现在我没这个责任了。我不禁觉得，众多的草稿和不停的改动结果就是一份既啰嗦又没逻辑的演讲稿。

两天后，约翰逊坚持让我、奥布莱恩和塞林杰陪他一起，乘坐总统的豪华轿车出席国会的演讲。约翰逊知道我对许多改动不满意，便对奥布莱恩和塞林杰说：“这演讲稿写得很好，有90%是索伦森写的，剩下10%是我写的。”“不，先生，不对！”我断然抗议道，“我写的还没有50%。”“好吧，无论怎样，”约翰逊说，“你那50%是最好的！”我用比与肯尼迪说话时更专横的语气回答道：“在这点上我们意见相同，总统先生。”这时车里的每个人都笑了，包括约翰逊和我，气氛缓和了下来。

那天午后，乔·奥尔索普抱怨这次的演讲稿跟肯尼迪的不同，约翰逊演讲的结尾“毫无新意”，不过是《美丽美国》的一段歌词而已，想强调肯尼迪总统经常提及的“兄弟情谊”的概念。我没有告诉他们，其实演讲稿是我写的。

回忆起来，我居然能在那段日子里继续工作，即使我知道忙碌的工作可以帮助我缓解并治疗精神上的压力和失落。11年来，我一直都很忙。11月22日以及随后的几个星期里，我都用忙碌的工作来拯救自己。全神贯注地工作要比无休止地回忆好得多。回到西翼办公室工作的唯一缺点就是我每天都会不断地想起已经离去的人。日复一日，我尽我所能来安慰我的同事和我自己，提醒他们我们对国家应尽的义务。

在那段艰难的日子里，我努力让自己保持忙碌的状态。我吃饭、睡觉，但没有吸毒。在孤独和悲伤中，我做了一件比吸毒更严重、更自毁的事。几个月内，我失去了那么多：我的家庭、我的老板、我的工作，在这个世界上我感到十分孤单。总统被暗杀后的几天，我和萨拉·埃尔伯利——我曾经交往过的年轻女人重新开始关系，我请她来华盛顿跟我结婚。她接受了我的求婚。对于我们彼此而言，那是一个在错误的时间、出于错误的原因、与错误的人作的错误决定。我们在生活背景、知识、兴趣、性格、宗教几乎任何一方面都不相同。我的亲友都劝我别这么做。几个月过去了，我愚蠢得更明显，我固执地坚持我必须信守男人的诺言，在总统遇害后的第 7 个月，我开始了这段对我们俩来说注定是短暂而痛苦的婚姻。萨莉去世前不久，也就是 1966 年，我们原谅了彼此的错误。

杰姬知道这次仓促的婚姻使我感到羞愧后悔，很久之后写信给我："我们不能因为自己在那难熬的第一年里的所想、所说和所做而责备自己。"但我从没原谅自己在没有长远打算的情况下做出第二次结婚的决定。我在反对离婚的家庭里长大，到死都会为自己的两次离婚感到难堪。我母亲反感商业主义，在我两次离婚后，她也同样反感我。她说："我死前想看到两件事发生，一是你与前妻复婚，二是你的哥哥罗伯特退出广告业。"我没有做到，但哥哥做到了。

我钦佩《华盛顿邮报》的凯瑟琳·格雷厄姆和她已故的丈夫。星期一那天，在约翰逊总统的演讲后，她通过电话与约翰逊进行录音对话，她认为特德"看起来很不好……他很受伤"。大概是因为总统去世当天，我无礼地要求她离开在白宫开的总统葬礼策划的会议，因为我认为她不应该在那儿，她说："我知道他的情绪，但我没因此而原谅他……他不可原谅……我们都应该理解他的感觉……他没哭，却做出这种粗鲁的举动……因为他与肯尼迪总统的特殊关系……我想他会好点的……如果你给他多一点儿关怀。"约翰逊回答说："我已经尽可能地做了，而且抛弃了我所有的骄傲和自尊。"

也就是同一天，约翰逊总统见了我、奥布莱恩和奥唐奈，再一次说明他和国家需要我们，他希望我们留下来。奥布莱恩和奥唐奈同意至少会在这个过渡期留下来。当约翰逊看着我问我是否愿意留下来"和他一起"时，我既想坦白，又想与他合作，于是就像一开始我表现出的那种不明朗的态度一样，我回答道："我还在这里啊，总统先生。"

也许他觉察到了我的矛盾心理，所以接下来的几个月里，约翰逊都会有意地当着其他人的面说我是他"最信任的顾问"。从某一方面来说，他是在请求我留下来。12 月上旬，在国家商业协会的演讲时，约翰逊甚至带上了我的演讲稿小册子《白宫决策》，并在午宴上把我介绍给工人领袖，他说："没有根据的判断毫无意义，而这个人既有判断力又同时掌握了根据。"

事实上，留在白宫对我来说越来越难，度日如年。约翰逊与罗伯特·肯尼迪之间一直存在敌意，约翰·肯尼迪的白宫班子处于一种举步维艰的尴尬境地。我不知道我与罗伯特·肯尼迪的关系应该公开到何种程度。白宫的许多工作人员对约翰逊很反感，觉得他是不够格、名不副实的篡位者，另一方面，对当时仍是内阁成员的罗伯特·肯尼迪在感情上和政治上很是支持，这两种情绪相互叠加。后来，同仇敌忾的态度演变到非常严重的程度，最终甚至造成我们从组织严密的阵营分裂成公开对垒的派别。

12月5日星期二，为政府工作这些年来，我第一次草草记下了一些历史机密事件，名曰"总统去世后的政府纪事"：

1. 奥布莱恩、邓根、里尔登和其他人来我的办公室，他们感觉前途茫然。

2. 艾森豪威尔和罗伯特·安德森（前财政部长）告诉新总统要借机削减预算。

3. 狄龙在海勒不在场的情况下说，削减预算是减税的唯一方式，肯尼迪以前就承诺过。

4. 劳工部长沃茨避开约翰逊，对商业协会说"我受够了"。

5. 弗里曼和尤德尔在为了充裕的预算进行游说。

6. 邦迪和腊斯克在竞争：谁最能拍约翰逊马屁；谁能接管新的工作；谁能控制约翰逊一无所知的对外政策。

7. 决策人或者决策组织（如果存在的话）知名度并不高，而且满是困惑，华盛顿的律师在白宫进进出出，新闻记者要么打电话要么在家呆着，约翰逊的得克萨斯州逢迎者也加入了进来，约翰逊对那些近乎哀求的提议不核实就仓促地作决定。

8. 新闻界的反应比任何时候都要重要。

9. 信息先送到国会的惯例改变了，也没有了对肯尼迪的赞美。

10. 奥布莱恩和奥唐奈，因为国家委员会反目了。

11. 约翰逊给一些小机构、非正式的组织做了许多演讲，在多次会议上净讲一些得克萨斯州的粗俗故事，或者委婉地或明显地说教，还会重复他将怎样比肯尼迪更大幅度地削减预算。

现在看来，这个文档写得很让人生气伤心。

与约翰逊在白宫共事的3个月里，我们相处起来并不困难，我直言自己的看法，毫无隐瞒。1964年1月27日，对于要如何处理他的朋友鲍勃·贝克的丑闻事件，我给约翰逊提了一些建议。晚些时候，我听说约翰逊在椭圆形办公室告诉他的心腹们：

> 我告诉你们，在白宫我见过的最聪明的人就是索伦森。他今晚告诉我，他认为我像一个肥胖的大雪茄头儿，大肚子的笨蛋（这不是真的），他建议我出去站在媒体面前，他们想我这样做。

在国会联席会议发表过首次演讲之后，约翰逊总统向联合国发表声明，向其保证美国将继续奉行肯尼迪寻求和平的多边政策，然后于1964年1月向国会提交一份独立的国情咨文。比起肯尼迪的以往的任何一份演讲稿，这份国情咨文经过了更多次更多人的改动，除了1962年10月22日肯尼迪就古巴导弹危机所发表的演讲之外。为约翰逊起草演讲稿时，我没有改变我的风格，他也没要求我那么做。据比尔·莫耶斯说，约翰逊知道自己没有肯尼迪的能力，不善于面对民众发表看法，不能像肯尼迪那样通过电视与民众亲切互动、巧妙应答、细腻交流，新总统相信我能帮助他。

圣诞和新年假期时，我和约翰逊在他的得克萨斯的农场里，重复了我之前为他的首次国情咨文所提的所有建议。我在文件上写的最后一项建议是1962年肯尼迪就麻醉药滥用问题在白宫会议上提出来的，肯尼迪建议，由于国内的此类问题不断增加，我们不仅要加大联邦管辖权和执行力，还要增加一些能长期修改的新条款。约翰逊厌倦了我们的深夜会议，突然叫道："药品？我不想与药品扯上任何关系，就把它们锁起来，然后把钥匙扔掉！"会议结束之后，我从演讲稿中删掉了有关药品滥用的部分，但把这个条款引入了他的立法，因此就有了1965年的《防药物滥用修正案》和1966年的《药品复健法》。

这个法案不是唯一一个由约翰逊从肯尼迪政府继承下来的东西。约翰逊的"伟大社会"福利政策的主要部分所包括的大量内容在肯尼迪总统的任务小组、会议、顾问委员会、行政命令，甚至他的演讲中，都有迹可循。我很高兴看到，约翰逊的立法能力就是以具体的法律形式来实现肯尼迪时期的国内政策。

不幸的是，约翰逊改变了许多肯尼迪时期的对外政策，他停止从越南撤回美国的作战指导和顾问，延缓了一系列有希望与前苏联签订的协议，放弃了肯尼迪总统准备在他的第二个任期内与中国发展关系的计划，还逐渐终止了肯尼迪建立的与拉丁美洲同盟的联系。

约翰逊继续任用了肯尼迪时期的大部分国家安全委员会的顾问，承担起了肯尼迪时期的大多数外交问题，但他并不具备同样的能力和理解力，不能用同样的方式来平衡和评价那些顾问们。但是，在让两院通过他的立法和民权法案方面，约翰逊比肯尼迪更有技巧。但他对世界的理解与肯尼迪的不一样，他对美国深陷越南问题的理解也不一样。约翰逊以为所有的问题都可以通过与一位领导人达成协议而得到解决。但是有些地区的领导人不止一位，有些领导人代表不了他们的人民。作为参议院多数派的领导人，约翰逊知道如何应用立法权的杠杆作用——任命、预算和宣传，而总统权力主要是道德权力，是传递理想和价值观，以劝说和激励人们的力量。约翰逊永远不能完全理解这一点。

因为肯尼迪曾希望把维护世界和平作为他 1964 年竞选的主题，于是我尝试说服约翰逊将其作为他任期的主题，我在 1964 年 1 月给新总统写了份备忘录，推荐他推行"美国的和平攻势"，包括捐赠多余的食物给贫困国家的人民，把白令海峡改名为"和平海峡"，解除美国与前苏联边境的武装和核武对峙。关于越南，我极力主张他向赫鲁晓夫公开提议双方在越南问题上保持中立立场，并终止美国和北越在南越的全部军事活动。他左耳进，右耳出。我离开的时间不确定，一旦约翰逊决定增派军队去越南，我就不可能留在政府里了。

其实，我无意在这个短暂的过渡期之后继续留任。约翰逊有自己的长期助手，像里迪、莫耶斯、瓦伦蒂、巴斯比和其他人，他们的关系就像我和肯尼迪的关系一样。对他们来说，约翰逊当上总统，他们坐我的位置不仅是理所当然的，而且如果他们像我之前一样，在白宫有头衔、有办公室、有职责的话，那也会使白宫内更加有组织性。我觉得约翰逊应该有一名只效忠于他的高级助手。因为我不是这样的助手，所以我觉得如果我继续为他效力的话，那对他来说既尴尬又不公平。

我决定写一本书，回顾我与肯尼迪共事的这些年。他曾经计划在任期结束后与我一起写这样的一本书。现在他离开了，我更觉自己有责任将此夙愿完成。哈珀与罗出版公司的埃文 · 托马斯，也是《当仁不让》的出版人和编辑，与肯尼迪和我一直有很好的关系，当他提出让我写这样一本书并给予优厚的报酬时，我想，是时候离开白宫了。

1 月 14 日，大约是总统去世后的七个半星期（我几个星期前就有这个打算了），我走进椭圆形办公室告诉约翰逊我的决定，提交了正式的辞呈，2 月 29 日生效。

关于1964年的立法程序和主题我已完成了主要部分，我越来越相信，您对已故总统肯尼迪的政策的处理以及您在11月份的选举，会取得成功。在接下来的几个月里，我感到自己有责任为已故的总统和我11年来的工作写一本书。

我十分感激您和夫人对我的关怀，尤其是11月22日之后的那些最难熬的日子……

约翰逊立刻反对，他说道："你知道，肯尼迪在天堂正看着我们呢，他希望我们一起工作来实现他的理想，他不想你离开这儿的。"他的说辞越来越煽情，直到最后他说起了他与手下的关系，说一旦我了解他，就会发现他对手下像对自己的孩子一样。我回想起我好几次看到约翰逊先极力地称赞和吹捧他的手下一分钟，紧接着便击垮他们的尊严和自信。我平静地回答道："是，我知道。"约翰逊为了劝我别离开，让访问白宫的戴维斯杯网球赛获胜队在内阁会议室等了一个多小时。

当天他正式回复了我的辞呈：

虽然很不愿意，很遗憾，但我还是接受你的辞呈。

我知道你下了很大的决心才决定离开，我也下了很大的决心才决定让你离开。虽然很多人很欣赏你的工作能力，但只有总统本人才能真正体会到你对政府工作的贡献。

在过去的3年里，我十分敬重你，因为你效劳的是约翰·F.肯尼迪。在过去的七个星期里，我十分依赖你，因为你尽职又出色的工作使得这届政府取得了巨大的成功。你在《白宫决策》中写下的那些"为人类事业所作的伟大而长久的决定"，如果没有你的话就更难以实现了。

但是我接受你的决定，理解你想要离开的原因。我知道，你的工作使国家变得更强大，同样地，你写的书会让世人对肯尼迪的记忆更加深刻。

你写完书后，我希望你能回来工作，就像你保证的那样。

那天，我成了肯尼迪白宫班子中第一个离开的人。让人不可思议的是，无论在白宫、律师事务所还是在其他任何机构，一名职员在离开的前夕会突然变得很受欢迎，受那些与他共事的人和那些他圈子之外的有识之士或重要人物的欢迎。我很荣幸，我的欢送会于2月19日在美国国务院华丽的本杰明·富兰克林礼堂举行。这次欢送会是对我在华盛顿职业生涯的一次回顾。最初引荐我到华盛顿来的律师斯坦利·格维尔茨，我之前在国会联合委员会的上司保罗·道格拉斯议员也来了。一些新闻界的朋友,包括沃尔特·李普曼和凯·格雷厄姆也出席了欢送会。宴会的嘉宾来自各个机构、组织、部门，从肯尼迪早期的支持者特诺·龙卡利奥到约翰逊最信任的副手比尔·莫耶斯和杰克·瓦伦蒂，还包括所有内阁成员、白宫班子成员以及美国最高法院的法官，其中有首席大法官沃伦、法官威廉·布伦南及夫人、法官拜伦·怀特，全都一一出席。约翰逊总统和夫人也顺道来参加。

肯尼迪政府中资深的内阁成员阿瑟·戈德堡法官主持了宴会。麦克纳马拉的妻子玛格丽特代表内阁成员的妻子们发表了致词。迪安·腊斯克说：“这种聚会实在少见，无疑连赫鲁晓夫都会称之为华盛顿统治阶层的聚会。能把他们聚在一起，绝不是靠一句‘你必须得来，他就要写书了’就能办得到的。”我的副手麦克·费尔德曼在宴会上说，由于在白宫深夜工作违反了约翰逊形式多样开源节流政策，我多次被要求熄灯离开。他还开玩笑说，白宫医务室再也不用照顾我的后背和胃溃疡了，可以裁掉一半的医务人员来为“约翰逊”节约更多开支。在愉快轻松的气氛中，内阁长官们都忘记了我曾削减他们的经济预算，曾更改他们加到国情咨文中的提议。

这么多鼎鼎大名的嘉宾（其中一些人是在我的推荐之下为肯尼迪工作的，我与他们共同奋战了三年多）出席我的欢送会，几乎使我感动得落泪，就像我在 11 月 22 日后头几个月的大部分时间所处的状态一样。欢送会结束时，海军乐队在外边即兴演奏曲子《因为他是快乐的好朋友》，一场临时的记者招待会就在外面举行。一名记者问我：“你感觉到外部世界的时代主流了吗？”我答道：“是的！”

《纽约邮报》的专栏作家比尔·香农把这次聚会称之为“肯尼迪时代深情的诀别”。《华盛顿邮报》的时评《幕后英雄》这样写道：

> 总统特别顾问西奥多·索伦森的辞职结束了政治历史上的一个辉煌但悲哀的简短篇章……索伦森涉猎广泛，文笔不同凡响，是肯尼迪执掌华盛顿时期最令人仰慕的典范。

《纽约时报》称：“国家从（肯尼迪和我的）关系中获益良多。”《生活》杂志的白宫记者休·赛迪写了标题为《总统副手的离去》,并把我称为肯尼迪的“万能的助手和开拓新边界的合作者……大多数助手都有一定的工作范围，但索伦森先生出现在每个地方，做着每一件事……”也许在外界看来是这样的，但事实上这些年来，在所有事项上，肯尼迪都听取了罗伯特·肯尼迪的建议、奥唐奈和其他人提出的政治提议、整个白宫和其他部门的真知灼见。

我离开后，仍能收到约翰逊总统的来信。6月我与萨拉度蜜月时，约翰逊给我发了一份电报，口气竟是模仿肯尼迪的就职演讲。1964年的民主党全国代表大会（约翰逊轻而易举地再次获得总统候选人提名）期间，电视广播公司要求我当评论员，我就此事征求他的建议，他回答说一个人扮演参与者与观察者两个角色可不是什么明智之举。（我猜他那时真正的想法是：“这个狗娘养的可别来泼我冷水。”）在一次类似的对话中，我负面评价了有可能成为他竞选搭档的人时，他给了我明智的劝告，至今还很受用：“永远不要往你有可能会喝到的井水中撒尿！”

有时，我会在访问白宫时或民主党的社交聚会上见到约翰逊。在1968年到1969年的过渡期，约翰逊从白宫卸职，我们友好地通了信，他大方地说道：

> 当国家处于危急时刻，你我在充满巨大的压力和悲伤的时期里一同工作。我们很好地挺过来了，其中一个绝对肯定的理由就是，你和许多人把国家放在第一位，为国尽忠，为我尽忠，就像你为肯尼迪工作时一样尽职尽责。我和你一样，都希望在以后的日子里我们能碰面……

1968年，约翰逊退出总统选举后不久，我和罗伯特·肯尼迪在一次调停会议上遇见了他，那时我对他的感情仍然很复杂。无论我对政策构想与约翰逊的有什么不同，无论与肯尼迪的风格相比，我对他的风格感到多么不舒服，我仍十分佩服他的领导能力。当我离开会议与他告别时，我对他抱有一种近乎怜悯的同情，同情他曾经奋勇对抗贫困和种族歧视，同情他曾经为很多人推动过很多重要的立法，最终那些人竟与他相向为敌。然后，我又想到成千上万因他而踏上没必要的越南之旅的美国年轻人；想到他扔到越南北部的炸弹使许多无辜的人丧命，却无损于他们为求独立而战的决心；想到那些因为战争而扼杀的联邦医保和住房政策——除了几句像例行公事一样的称颂和感激之外，我无法发自内心地来赞美约翰逊。纵观约翰逊的辉煌成就，比起在越战和在“伟大社会”政策上浪费的近2 000天，我会永远记得肯尼迪的“新边疆”政策被悲剧性地缩短了的1 000天。

# 第三部分

## 纽约，1965 ~ 2007 年

我在肯尼迪身边的那11年是很愉快的，在这里从事私人法律业务则不然，它充满挑战，富于变化，使人有成就感；更重要的是，它好比一场其乐无穷、永无止境的探险，总能发生离奇的故事，遇到非凡的人物。

# 第29章 生活与写作

A LIFE AT THE EDGE OF HISTORY

1964年2月末，我离开了白宫；1951年7月3日我第一次坐着出租车来到这里的情景还历历在目。这两个时间都是一个未知旅途的开始，也都是我人生的转折。

约翰·肯尼迪死后，他所组织的特别工作小组也解散了，有人回家了，有人去为罗伯特·肯尼迪工作，也有人为林登·约翰逊工作，但我们经常会在爱德华参议员的办公室和肯尼迪图书馆见面。在1966年初，我有幸到纽约居住，就能定期与麦克乔治·邦迪和阿瑟·施莱辛格见面。麦克·费尔德曼虽然还住在华盛顿，但我们仍然是亲密的朋友。我很少在纽约社交圈露面，但仍然能通过它和朋友们保持联系，比如为庆祝凯·格雷厄姆成为《华盛顿邮报》主编，我参加了杜鲁门·卡波特在广场酒店举行的黑人和白人舞会，在舞会上我遇见了很多老朋友。我还和佛罗伦斯·马哈尼保有联系，她是华盛顿"贵夫人"之一，直到她103岁离开人世时还保持着活泼开朗的个性，她甚至在墓志铭中夸耀自己的沙发靠垫。她说："年龄只是个数字，而我的年龄却已经无法计算。"

1969年，我的很多朋友来到纽约圣瑞吉斯，参加我和姬莲的订婚派对。我第一次遇见姬莲是在罗伯特·肯尼迪的家里。像我一样，姬莲是唯一神教徒，对时事和政治事务很感兴趣；她和我一样，也有一位温和的共和党父亲与一位来自中西部的积极活跃的母亲。姬莲在电视台工作，1968年年初，她也在华盛顿，当时在罗伯特的妻子埃塞尔所主办的一个慈善马拉松节目中担任导演助理。在罗伯特·肯尼迪的希考里山庄一次盛大的晚宴上，我再一次看到了这个充满智慧引人注目的女人。她比我小 13 岁。当我注意到她时，她正在自助餐人群中被一个喝醉了的球星骚扰，于是我邀请她到楼上一起用餐。第二年春天，姬莲加入了罗伯特·肯尼迪竞选总统的队伍，剩下的事你就应该知道了。1969 年 6 月，我们在她的家乡密歇根大急流市完婚。2001 年，她给女儿的邮件中写道："有一个陪伴我 32 年的伴侣，是我一生的幸运。"

更幸运的是，姬莲按照我的兴趣和我所参与的活动选择了自己的职业，她最初是那样的腼腆矜持，后来变成了一位才华横溢的辩护人和公共演讲家。她协助罗伯特·肯尼迪竞选总统，之后一系列的政治竞选使她在 1978 年成为纽约市长埃德·科赫的内阁，职位是联合国领事团协议委员会的专员，尔后又担任基督徒与犹太教徒全美联盟的主席，并加入内阁次级委员会，与常任秘书布特罗斯·加利和科菲·安南一起工作。现在姬莲在联合国基金会工作，在联合国宣布重大事宜时，她负责向美国人发表演讲。

在纽约林肯中心，我们坐在西边的台阶上，姬莲给我介绍芭蕾舞，我给她讲歌剧。1973 年 3 月，我们的女儿朱丽叶出生了，她对我们来说意义重大，令人欣喜，将我们在中央公园西区的生活完全改变。我和姬莲分担家务，比如洗碗、换桌布等，在可爱的小女儿的成长过程中，我们一家充满了欢乐与喜悦。

1974 年，一些肯尼迪的老部下来我们纽约的公寓，大家一起看了《十月导弹》这部电视剧，该片讲述的是古巴导弹危机。杰奎琳·肯尼迪·奥纳西斯、简和史蒂夫·史密斯、麦克乔治·邦迪、卡尔·凯森（邦迪的白宫副手）、阿瑟·塞林杰、唐·威尔逊和他们的夫人都来了。看着那些扮演我们的演员，我们都觉得很搞笑。但是从那之后，我们就再也没这么聚过了。

1978 年我 55 岁生日的时候，姬莲办了一个盛大的派对，邀请了很多老朋友和新朋友，杰姬给姬莲写了一封很感性的信。

> 亲爱的姬莲：
>
> 特德的生日具有重要的意义，在其他任何人的生活中都不多见。
>
> 珍贵的朋友、伟大的人物、重要的时刻、共同的努力，所有与他们的生活紧密联系的一切……所有与特德发生联系的一切——全都值得我们共同庆祝……
>
> 亲密，是友情与亲情的结晶。你们所诠释的一切都如此幸福，如此美满。
>
> 我回到家里思绪万千，既高兴又感激。我会把这份记忆藏在心底一直回味。

我想你也一定和我一样。特德能娶你为妻是多么幸运，我们的生命中有特德是多么幸运。

这是另一段光辉岁月的崭新开始……那段难忘的日子我将保留心底，无限感激。

那些日子里，我仍能在肯尼迪家里看到许多老朋友——爱德华、简、埃塞尔、尤妮斯，以及经常见面的卡罗琳。

我用了3年的时间（1964～1966年）来适应新生活。我给接任我工作的麦克·费尔德曼写信："在没和我商量之前不能离开这个重要的位置，这是一个忠告。"华盛顿的工作像人的生命一样，一旦结束就意味着一无所有。每天晚上我不再需要接听很多电话，即使是私人电话我也不用急着回复。我的日程表不再排得满满当当。离开不到半个月的时候，我原来的白宫秘书写信跟我说："自从你离开后，还没有人搬进你的办公室。他们把它用作备用房间，今天在这开会，明天也可能成为职员吃午餐的地方。"

那年夏天在海厄尼斯港的高尔夫球课上，罗伯特·肯尼迪对我大吐苦水，那时联邦调查局的埃德加·胡佛挖苦他不用再以司法部长的身份向总统进行汇报了。另外，一些内阁成员和华盛顿人士对他也不如以前那么尊重了。"总有一天我会把这些都写进书里的。"罗伯特说。他说只有罗伯特·麦克纳马拉是他与约翰逊共同的朋友，另一些人当他是总统的弟弟时，与他交情匪浅，一旦总统死后就与他疏于来往了。

妹妹露丝说，每次我走出家门没有看见白宫司机在门口等着，就十分失落，并且这种状态持续了很长一段时间，可是我对白宫的权力和福利并没有留恋。或许她说得也没有错。我有时会怀念"空军一号"的起飞和降落，门前再也没有一群等待着的人，再也没有特派的出租车在火车站等候，再也没有人愿意帮我提行李。当然，再也不用三人挤在一个狭窄的座位上。

1966年，当我以实习律师的身份开始我的法律生涯时，我对自己的社会地位有了一次极其清醒的认识。那时一名委托人的案子需要我与邮政署副署长进行斡旋。尽管从敞开的办公室大门看进去他并没有工作缠身，但他还是让我在办公室门外足足等了一个小时。在我们各自从事的工作中，他有权力，而我是一个求他办事的人。这真是不错的一课！

令我最为留恋的是我过去所承担的责任。在我离开白宫的最初的日子里，我患上了一种"前警察综合征"，就像退休警察吉米·布雷斯林走在街上查看每家后门是否锁好，随时注意潜在的危险一样，我仍然担心国家事务和国外各地的时事政策，虽然我再也无权干涉了。

偶尔我会收到在约翰逊政府中朋友们的来信，其中包括在华盛顿如鱼得水的杰克·瓦伦蒂的来信，他在信中说："华盛顿像一条翻滚的运河，我时常感到心神不宁，就好像我驾驶着单薄的小舟，在每个急转弯处激流勇进，愤怒的当地人在岸上怒吼，而我却奋勇前进，努力向彼岸靠近。"另一封信中他提到他和总统去了奥马哈，但因为此次属非政事访问，总统不能对即将上任的内布拉斯加州副州长（我的弟弟菲尔）做出任何公开的表态。如果他真要说些什么，那就是'做些对的事'。"

1964 年 12 月，约翰逊总统希望我能为他在 1965 年 1 月 20 日的就职演说撰写演讲稿，并说在批准我的辞职申请时，我曾经"许诺"过会这么做。我没有写演讲稿，我给比尔·莫耶斯写信说道："对于一个离开华盛顿政治舞台已经这么长时间的人来说，为总统写就职演讲稿绝非正确之举。"但我还是好心地写了一页《1964 年就职演讲主题思想》的大纲，不过我并不确定约翰逊和他的班子是否接受这些建议。其中包括"对那些教唆复仇和使用暴力的狂热分子进行阻止，无论是国内还是国外；对那些抱有偏见和盲从教条的人给予谴责，无论是国内还是国外"。40 年后的今天，这些建议仍然正确。

我只是提了几点建议，没扮演什么重要的角色，也没有起什么重要的作用。对于 1963 年所发生的事情，我依然无法释怀，以致约翰逊（不是约翰·肯尼迪）的提名人大会和就职典礼我都没有出席。我也没有参加 1964 年在大西洋城召开的民主党全国代表大会，在会上约翰逊获得了民主党总统候选人提名。我把所有的时间都用来撰写一本书，这是肯尼迪在任职总统第二年时就有计划与我合写的一本书。对此，《时代周刊》引用了我的原话："如果我现在不写，以后可能就更不会写了。"

我从来没有完完整整地写过一本书。只有两篇我在哥伦比亚大学所做过的演讲留在白宫，之后被出版成书——《白宫决策》，肯尼迪总统当时还慷慨地为这本书写了推荐序（或许是由阿瑟·施莱辛格打的草稿），提到："在总统的事业中，在事关重大的时期里，在至关重要的事件上，特德是一个精明敏锐的合作者、参与者和观察者。"但这回要写的这本书与以往的两本都不同，对于如何写书，我其实是门外汉。

1964 年 2 月，我将自己的想法和文件，及以前从肯尼迪的同事们那里得到的相关文稿加以整理。我从 6 月开始动笔，乐观地希望在 1964 年劳动节（9 月的第一个星期一）前能完成草稿，1965 年新年前能写出大体初稿。幸运的是，在 1965 年劳动节前我终于完成了书稿。这本书对我来说是一个转折点。它把约翰·肯尼迪鲜活地留在我的记忆中，使他变成我工作的动力。写这本书让我可以延续为他工作的状态，让人们继续记得他是20世纪最伟大的总统，这就是我写作的目的，我希望肯尼迪能活在人们的心中，也许是几十年，甚至活得更久。

写这本书对我来说是有益身心的，它不仅为我提供了一个缓解精神压力的空间，也为我提供了一个机会，能全身心地投入到我所了解和信任的这个人的历史中去——一边发泄自己的情绪，一边感受其中的喜悦，缓解我心中的痛苦。

《肯尼迪传》这本书的写法就像我给肯尼迪写演讲稿的方法一样，列提纲，把相关笔记和资料分类归档，然后按照每一类资料写出每一章的草稿，在这个过程中再创作出每一段和每一篇，最后再为每一章定稿。

《肯尼迪传》的写作过程非常孤独，伴随我的只有平时积累下的文件、书稿和我的回忆。我总是去翻看肯尼迪图书馆的历史文本，查找资料。

我不能依靠自己原来的日记，因为我从没坚持记日记。1960年年末，我觉得有必要开始记日记以记录历史了，但我每天的时间都被报告、介绍信、声明、便函和会议所占据，没有足够的时间去忠实详实地记录每天发生的事情。

写书不能被打扰，不能分神，要连续不断地工作。我沉浸在写作之中，从早晨一睁眼就开始写，一直写到夜里眼睛睁不开了才停下。它占据了我的全部生活。有很多很多的夜晚，我彻夜不眠、奋笔疾书，甚至比在白宫遇到危机时还要拼命。休息一会儿我都深感愧疚。那些没有完成的书稿堆积在另一个房间里待用，提醒我不能分神，一定要专心写作。运动、睡眠、爱人，有时甚至是食物都会被忽视。

大体上说，我的安排并非完美无缺。我在海厄尼斯港租了一幢小别墅，每完成一章都寄给格洛丽亚·斯金，她虽然不再做白宫秘书的日常杂务，但仍然住在华盛顿。每章打印出来后，她再把稿件寄给我校对，然后我再把整理好的书稿寄给哈珀与罗出版公司的埃文·托马斯，埃文甚为惊讶整个过程依靠于美国邮政完成，他坚持认为我雇用了一名速记员，将我的口述记录下来。更让他难以置信的是，我收集到的文件、书稿、文章、便函和原来的演讲稿经过口述、转录、编辑和修订之后，原来的资料被统统销毁，化为乌有——这样做是为了避免我最初的设想出现混乱或者遗漏。但埃文非常担心，如果书稿一旦丢失或损坏，我是否还能凭借记忆重新写作，因为所有研究资料都已经销毁了。所幸我的手稿并没有遭遇不测。

我原来将这本书命名为《遵守承诺：肯尼迪印象》。第二备选是《希望的时代》，但这两个书名都遭到了质疑。于是我就将其直接命名为《肯尼迪传》，因为在图书馆我发现，有许多世界伟人的个人传记都是只用他们的名字命名。

卡尔·凯森是本书的热心顾问和史实核查员，他把每章每页的手稿都拿给政府专家看。我只想确保两点，一是书稿的准确性，另一个就是不能危害国家安全。看过手稿的专家有国防部副部长罗斯维尔·吉尔帕特里克，他告诉卡尔："读过特德写的关于外国政策那一章，依我之见，总体说没有涉及到目前的国家安全问题，我认为没有删除的必要。"只有一次我被要求修改有关中情局计划的附注："不是涉及安全问题，而是不能被公开，以后可能还有利用价值。"我对文章做了相应的修改。我在书中提到肯尼迪坚持认为卫星和U-2侦察机是我们获得情报的最好的工具，后来才知道，中情局对此处非常在意，可能向敌人透露了过多的信息，但他们没有要求我删除。

尽管我坚持这本书的准确性，但我也承认其中确实有些不实的叙述。我在给格洛丽亚的信中写道："有个秘密我不得不说，出于对肯尼迪的敬仰，书中不乏赞美之辞，也许会被视为盲目的个人崇拜。'古巴导弹危机'那一章完全是靠回忆完成的。"

除了一些为政府工作的同事之外，我还想在出版之前让罗伯特修正一下，首先要确定事实的正确性。在电话里他建议删掉二战后我提到自己的拒服兵役者身份，这有可能成为我政治前途中的潜在威胁。他也建议把我对道格拉斯法官的私人拜访删掉，因为一个纯拜访的拜访也可能引起一系列的问题。他还提议把在古巴导弹危机中向总统提具体建议的顾问姓名都隐去，其中包括阿德莱·史蒂文森和道格拉斯·狄龙。

早在杰姬担任双日出版社主编之前，她就同意阅读我写的《肯尼迪传》手稿。她是一个公认的称职的编辑——校正印刷错误，提出可能的失误，维护她丈夫的个人决定，提供有用的说明，一遍遍地改正那些我所不确定的事情，特别是肯尼迪私下里钦佩谁、讨厌谁，她在纸页旁边手写了一段段修改意见。除此之外，她让我尽量把肯尼迪对林登·约翰逊的称赞轻描淡写，还给出了很多更为具体的建议：

> 肯尼迪一生从来不喝白兰地……
>
> 他十分崇拜沃尔特·乔治（佐治亚州民主党保守派的前辈），会利用参议院会议与他见面，而且晚上一定要跟我说他和沃尔特·乔治的谈话，无论他说了什么。他赞扬得最多的参议员就是沃尔特·乔治。
>
> 肯尼迪面对群众一定能从容应对，因为他在大众面前更为放松。
>
> 我认为脚注非常必要，这样可以避免你被视作心存偏见，但是肯

尼迪的大使都非同寻常，所以这么写让人觉得不大和谐——你可以读读其他著作再仔细考虑。或者你想写艾森豪威尔的大使们：驻葡萄牙大使古根海姆（由于好色而被撤职的官员）、齐勒拜奇、格鲁克，等等，史密斯伯爵“过去在外交工作中的表现”并不是他无法出任瑞士大使的理由，而是因为他和银行界的关系……你可以采用脚注的方法，但我相信某些地方你一定会格外小心……

我知道他（杰克）一开始对新闻界的指责非常敏感，也许你不得不这么写，但在白宫的最后两年，他适应了每天的行程，学会了如何处理事务，如何处理一些强烈的打击，虽然令他迷惑不解，但却没有令他心烦意乱。他开始变得宽容忍耐，就像夏日田野里的马，虽然不停地有蝇蚊骚扰，但随着时间流逝，这些烦恼也会逐渐消失，于是它就安分守己地干自己的活、吃草、摇尾巴。报纸上的消息令我心烦气躁的时候，他总是安慰我并告诉我要看开点。如果你想要这方面的具体例子，我可以给你提供很多，有些甚至涉及国际关系问题……

“他认为《纽约时报》是全球最好的报纸”——你确定吗？这份报纸经常使他很疑惑，那些从未离开华盛顿的专栏记者，内部裙带关系混乱，这些怎么说明它是全球最好的一份报纸，他喜欢法国《世界报》，他对《纽约时报》的观点非常藐视……

“翰翰——他父亲总是这么称呼他。”事实上，他的父亲从来都不这样叫他，只是叫他约翰。这个昵称现在对这个可怜的小家伙来说真是个折磨——他几乎被这样叫了一辈子。我知道你书中写了很多重要的事情，但如果你能澄清这个昵称的来历那就更好了。我都不知道怎么会有这个昵称的，我们俩都讨厌昵称，在我们看来，杰克和杰姬就是一对不幸的组合——我们只叫孩子们的第一个名字。我只记得小约翰还是小婴儿的时候，我抱他在怀里，给他讲故事，叫他小约翰，小约翰，当时某位女记者——可能是亲爱的劳拉·伯奎斯特女士——将这称呼记了下来，现在如果有陌生人叫他翰翰，他会非常生气，因为他觉得这个名字非常的孩子气，他甚至会因此与人家大打出手。如果你在书中写他父亲从不这么称呼他的话，那可真是帮了大忙……

伏特加或者蕃茄汁，他下午是从来不喝的，在假日里，他也只是在午饭前喝一点，或者在晚饭前喝上一杯，其他时间都不喝。

“虽然肯尼迪玩高尔夫，他却很少去轻击区。”一旦白宫学校开学，这里就是孩子们玩耍的操场，草地被挖成沙坑，定位旗、玩具、草皮和泥土散落在整个轻击区。这让他觉得很有意思，他可以看学生们在操场上自在地玩耍。他从来都不在意什么，即使园丁将草坪修剪得很整齐，孩子们却把整个花园糟蹋得像麻子脸一样。

“卡罗琳在机场强烈要求‘不要拍照’”这一句最好删掉，这样对她来说有失公平。她是一个害羞柔弱的小女孩，她在我身边感受到新闻媒体的可怕。面对摄像头时她曾经用手遮面，后来我发现我个人的想法误导了孩子，所以我就重新教导他们，我说摄影师有权拍照，这是爸爸生活的一部分，在镜头前要像爸爸一样保持风度。这对他们来说并非易事。我只是觉得你的用词不太合适，会让人觉得卡罗琳很霸道，你知道，她只是个柔弱的小姑娘而已。

你有一处写得不准确，他读过很多诗，至少和我在一起的时候读了很多。

他讲起他父亲说钢铁业的那群狗娘养的那段话，可否写得再清楚一些？因为之后你又说那是他的意思了。我知道他确实这样想过，但当我读到这段话时，我不得不翻到前一页，看一下前面的描述，恐怕对这件事不感兴趣的人就没这么认真了。这句引用的话会为他带来许多不必要的仇视，所以最好在第一次提及时就清楚地表明这些话的来历。

杰姬挑出来修改的地方完全把我惊住了。

不久之后，作家威廉·曼彻斯特竟然对外宣称，肯尼迪家族给我施压，让我修改稿件，这完全不属实，这也许来源他与罗伯特和杰奎琳之间私人的不愉快经历。事实上，我非常欣赏他们精益求精地要求修改的态度和所提出来的大多数建议。肯尼迪的其他家人都没有看过书稿，更没有想过要进行修改。在我写书期间，我考虑到不久之后自己可能还会回到政府里工作，所以对林登·约翰逊、民主党和肯尼迪家族的评判比较保守，以免自绝后路。

《肯尼迪传》于1965年10月4日问世，此时曾经的总统助理离开白宫已有19个月之久。我拒绝了将出版日期推迟到11月22日总统逝世两周年纪念日的建议。外界对这本书的评价褒贬不一。有人说我“作为肯尼迪的密友出版他的传记是沽名钓誉”；还有人说“细致而准确的描写，历史学家可以以此为据……真情实感贯穿全文，让人感动……即使是肯尼迪本人，也做不到如此详尽”；另外一些人抱怨道“这是太痛苦的回忆”，“贵死了，要10美元，但写得很好”。一些评论家认为在肯尼迪去世不久，就将秘密、建议和社交事宜公之于众有欠妥当；另一些人认为这本书有失客观，不够公正；无党派人士甚至认为“是对英雄的狂热崇拜”。在书的序言中我已经表明态度：让我开诚布公地说，这本书是为表彰肯尼迪以及他的作为，不仅出于对他的忠诚和仰慕，还出于作者本人的无比自豪和深切信念。

虽然评论各异、褒贬不一，但《肯尼迪传》的销量却非常好，《展望》杂志称这是“1965 年最重要的作品”，并连载。我的父亲会因此骄傲的。记得在我 9 岁生日的前两天，他从华盛顿给我寄了张一美分的明信片，上面写道：“亲爱的特德，你过生日我却不能回家，但总有一天你会写一本书，让全世界的人都来阅读。”

这并不是当时唯一一本由肯尼迪旧部下所写的总统传记。皮埃尔·塞林杰也曾出版过相关的书作，还有总统秘书伊夫林·林肯、总统助理拉里·奥布莱恩、肯尼·奥唐奈以及戴夫·鲍尔斯。一位专栏作家就此总结道：“今年夏天纽约市的主流产业就是写约翰·F. 肯尼迪。”阿瑟·施莱辛格表示他也要写书，书名为《一千个日子》，媒体就编起了故事：谁的书会最先出版，是我的还是他的。甚至英国的两家报纸——连载他的书的《伦敦周日时报》和连载我的书的《观察家》之间都出现了竞争。一篇文章将我的手写速度与阿瑟的打字员的打字速度进行比较。在白宫举行的阿瑟告别晚会上，蛋糕上放着两个牛仔，在一条小路上，朝着一个用金纸包裹的巧克力球狂奔，巧克力球上写着“胜者为王”，两个牛仔上分别写着“TCS”（索伦森）和“AS Jr.”（小阿瑟·施莱辛格）。几年后，我遇到以色列总理列维·艾希科尔时，我表示要把自己为肯尼迪写的书赠送给他，他的反应是：“哦，好啊，《一千个日子》！”对此我只能微笑置之。

国内连载《一千个日子》的《生活》和连载《肯尼迪传》的《展望》之间也碰出了一些火花，他们声称肯尼迪给了我和阿瑟不同的写作任务。阿瑟在给我的信中写道，他确信我“就算没有直截了当，也（对他）发起了一次实实在在的攻击”，还试图“撇开”我与他那本书之间“肮脏的联系”，但我立即写了一封私人信件告诉他绝无此事。当时我们的关系处于暂时的紧张，但很快我们就和好了。

由我与施莱辛格著书所引起的轩然大波最终演变为威廉·曼彻斯特的著书风波，威廉根据肯尼迪的遇刺事件写了一本书，名为《总统之死》，他将书稿拿给我看，当时我正在科德角忙于写作。我觉得要重新面对肯尼迪的遇刺对我来说确实不易，它将我一点点建立起来的理智与情感的平衡再一次打破。此书出版之后立即招来肯尼迪家族的强烈不满，他们起诉了曼彻斯特。出于个人的原因，我无法去看那本书，所以从未读过。施莱辛格写的《一千个日子》是唯一一本我完整阅读过的肯尼迪传记。

在完成《肯尼迪传》几年之后，一位教授告诉我，他让学生们在许多顾问的作品之间进行选择，如克拉克·克利福德、迪克·诺伊施塔特和其他辅佐过多位总统的顾问们的书，我的书似乎缺少人气，因为我只辅佐过一位总统。当时我的脑海里回想起《飘》的作者玛格丽特·米切尔说的一句说，表明她一生虽然只写了一本书却也非常知足，我回答说："没错，但我的那位总统是货真价实的总统。"

# 第30章 纽约新生活

A LIFE AT THE EDGE OF HISTORY

自书出版之后，我花费了数月的时间为许多教育界的人士和普通市民做演讲，我从讲台上看到了这个国家的很多方面，就如同我多年以来在政坛上看到的一样。我在英格兰、爱尔兰、东圣路易斯、奥斯汀、威奇托、伊萨卡岛、阿灵顿、芝加哥以及美国西海岸发表过演说，甚至为了在新西兰发表的系列演讲而环球旅行。

我演讲的题目是《约翰·肯尼迪的遗训》。当组织机构告知我必须在客户手册上提供三个不同的演讲题目时，我回应道，我更愿意保持我的主题——肯尼迪的遗训。对方通知说："你不需要做三次不同的演讲，只需要三个不同的题目。"这很简单。我最终可以自己安排演讲的行程。无论主办方如何提前问我的演讲题目，我都会回答道《路在前方》。

在巡回演讲的过程中我获得了一些宝贵的经验：学生听众通常比成人听众更好，他们有更活跃的思维，更尖锐的问题，更热情；外国听众对演讲的反应通常比美国听众更热烈，也表示出更多的兴趣。在听众提出的问题中，大多数是关于沃伦委员会的报告和各种阴谋理论；是谁写了《当仁不让》，是谁写了肯尼迪总统的就职演说；越南问题的解决方案是什么，肯尼迪总统连任后会做什么。偶尔也有令人意外的时刻——有一位听众说"我并不在乎其他人怎么评价你的书，我认为写得不错"；有人以为已故的总统名叫"杰克"，尽管他们并不认识他是谁；有人认为我指责中情局和军队在猪湾事件中犯错的行为虽然谈不上叛国，却是不爱国的表现，如果我这样指责总统则是可以接受的。

当我正在寻找下一份工作的时候，这次环美演讲既宣传了这本书，又为我带来了一小笔收入。在一次加州旅行中，我拜访了州长帕特·布朗和罗伯特·肯尼迪的前助手埃德·古斯曼。我也与加州大学的校长克拉克·科尔见面，讨论了我进入大学谋职的可能性；但是有人友好地提醒我说“大学董事会中的保守派集团还没准备好接受一个由我这样背景和性格的人所提出的管理方式”。我接受了这个不错的建议。

在巡回演讲中，我随身携带了一份清单，上面写着我可能会从事的职业和位置。我经常会询问像伯克·马歇尔（罗伯特·肯尼迪的司法部助理）和麦克·费尔德曼这样的好友，让他们帮我把把关。清单上写着在各行各业中我可能去从事的工作：去《新闻日报》当专栏作家；去《星期六评论》当特约编辑；去普林斯顿大学的伍德罗·威尔逊公共和国际关系学院主持每周一次的研讨会；去波士顿、华盛顿或纽约的律师事务所就职；去国家历史出版委员会任联邦职员（大概是兼职）；接受实力雄厚的演讲机构的资助做一名全职的巡回的演讲者；两所大学的校长；一个基金会主席；甚至竞选公职——我离开白宫后不久，内布拉斯加州民主党全国委员伯尼·博伊尔与州长弗兰克·莫里森一致鼓励我参加州参议员的竞选，与现任的共和党参议员罗曼·赫鲁斯卡抗衡。这个建议完全不可取。

我的三个年轻的儿子最希望我成为全美职业棒球联盟的理事长。我向许多朋友打听情况，都被他们嘲笑了，他们问了我几个问题，还说了一些他们认为我爱听的话。在面对那些有可能的未来雇主时，我可并没有说他们爱听的话。在我面试的同一天，新闻报道中说美国棒球联盟正在考虑柯蒂斯·勒梅将军为他们的领导，他在古巴导弹危机期间想要成为人肉炸弹，我告诉联盟人员：“如果你们要的是一名退了休的空军将军，那你们就不需要我了。”结果他们还真是要了一名退休的空军将军——勒梅将军的一个下属得到了那份工作。

事实上，1964年和1965年的大部分时间里，我一直在写书并为此展开宣传，对未来的工作尚未拿定主意。一个朋友说：“这是自我认识他起，他唯一一次让人看到他的困惑和犹豫不决。”我的哥哥汤姆解释道：“我认为特德真正想要的只有那一份工作，但是我一直提醒他，给约翰·肯尼迪做特别顾问的日子已经一去不返了。”

我丢了有一份至少很有希望的工作。当我还在白宫的时候，我从事电影行业的朋友阿瑟·克里姆和鲍勃·本杰明与我商量，如果书写完了，我是否愿意接管美国电影协会的领导职务。

约翰逊听闻风声之后，立即觉得这是一个与我保持密切联系的好机会，以备偶尔需要起草演讲稿或处理其他小事之需，因为美国电影协会总公司离白宫不到两个街区。约翰逊决定帮助我得到那份工作，并与他的亲密朋友埃德温·维斯通了电话，那时我正坐在他的办公室里，面对面地领教了经典的“约翰逊风格”。

约翰逊：我给你带来一个坏消息和一个好消息。

维斯：什么坏消息？

约翰逊：是这样，我的朋友索伦森现在正坐在我的办公桌旁，他决定写一本书。他是总统班子成员中最有能力的一个人，他要写一本关于总统的书。但是我要处理的一些事情离开他就解决不了，而索伦森又不愿留在这个勾起他的伤心回忆的地方。他和我一样的情绪化和敏感。他想为电影协会工作，所以我告诉他，或许我能让你来帮帮他，同时他可以依然为我工作。

维斯：我很乐意帮忙。

约翰逊：他是我们团队中最有能力的人，作为律师也好，顾问也好，指导也好，他已经摸索熟悉所有的门路，还是写作技巧最娴熟的作家……从来没有任何一个人能与他相比，如果我要做大型演讲，我估计他是最佳的助手人选。我相信如果你真的帮忙争取的话，你会搞定那个工作的……

维斯：好吧，他想做什么……？

约翰逊：他想从事埃里克·约翰逊的工作（美国电影协会的主席）。

维斯：哦……那他已经开始着手了吗？

约翰逊：还没有……你刚好能帮他得到这份工作。

维斯：好的，我会尽我的最大努力……那好的消息是什么？

约翰逊：好消息就是你将得到他，坏消息就是我将失去他……艾迪，如果我有钱的话，我自己每年会给这家伙20万。现在他对任何工作都不感兴趣。除非他能成为美国电影协会的头儿，那里有20个人正在无条件地等待着他。我想我们在这个机构里有些朋友，同时我并不认为他们能找到比我们的最佳人选更好的人了……我或者会因此而失去他，亦或者因为我所掌控的其他机构而失去他。我不准备让他流亡到草原，让他自生自灭，因为我想把他纳为己用。

那次对话之后不久，维斯通知我说，美国电影协会似乎有意让我坐上那个位子，只要我表态，他们将对此作进一步的决定。我给他写了一封又长又毫不客气的信，内容是我对那份工作的要求，那些要求是我毫不客气地附加上去的：

> ……这份工作应当允许我（可能）成为内阁成员或驻外大使……简言之，我希望这个职位能被发展为一个更为宽广积极的角色，在教育、交流和文化领域发挥更大的作用……我希望我们正在思考的是同一问题……

很明显，我们并没有思考同一问题。几个月之后，一名与美国电影协会有联系的友人说：“他们对索伦森的唯一兴趣就是因为总统对他感兴趣……现在总统已经对他不感兴趣了。”这份工作最后由约翰逊忠诚的助手，同时也是我的朋友，多才多艺的杰克·瓦伦蒂得到了。

曾经还在我考虑范围之内的一份政府工作是接替阿德莱·史蒂文森担任美国驻联合国大使，那是1965年夏天，由麦克·邦迪推荐给约翰逊的。阿德莱在伦敦因心脏病发作而突然辞世。但是我无法猜透约翰逊的“巧妙”用人计划有什么高明之处——他不知何故劝说我的老朋友阿瑟·戈德堡辞去美国最高法院法官的职务，接任驻联合国大使一职，然后又委派他长久以来的心腹阿贝·福塔斯接替阿瑟原来的职位。只有约翰逊能够劝服某人在最高法院从一个既光荣又有影响力的终生职位上退下来。据传闻，约翰逊告诉阿瑟，在联合国任职，他可以“解决”越南问题，那它就是一条升官的捷径，或许是纽约市市长，在那之后，或许是第一任犹太人总统。谁知道呢，我们既不能低估约翰逊的说服力，也不能低估戈德堡的雄心。

最终我决定，我接受过长期训练的专业会提供给我一个扎实稳固的基础。12年前，当我还是参议员约翰·肯尼迪的一名年轻助手时，我就与阿瑟·戈德堡就十分熟了，他那时是首席劳工律师，我问他我的立法和政治工作是否对后来的私人律师身份有所帮助，“还是说与我所选的专业相差甚远？”他回答说，从更长远的意义上来看，我的工作是为进入较大的律师事务所做最佳准备。带着那个回答所赋予我的信心，我投身进了私人律师业。

1965年，在我考虑自己的将来时，我发现了一封1951年4月的信，这封信是著名的华盛顿律师瑟曼·阿诺德写给我的法学院院长的，内容是感谢他寄来的推荐信，在信中阿诺德写道：“很遗憾，我们近期并没有人员扩招的需要。”我把那封信给了我的新朋友——约翰逊的心腹阿贝·福塔斯，他是阿诺德的长期搭档，我在封面附上了说明：“没人知道历史的钟摆将如何摆动。”福塔斯立即给阿诺德“法官”写了信，内容如下：

或者你看不透，或者你在与那位杰出的教授交往时缺乏审慎的态度，他不过是在推荐他的优秀学生而已。那时，你写信回绝了索伦森到你的事务所，因为事务所里已经有9名律师……（现在）我们已经有一打律师了——有时候我觉得好像有几百个……你告诉比特尔教授我们已经没有任何空缺了……也不再考虑增加人手了……到底你在考虑什么呀？如果你不能承担这个考虑的后果，你必须……坦率和诚实……我不知道你要如何回复特德·索伦森。我希望你能尝试说服他，说你当初拒绝他是为了他好。但是这样做对你也可能毫无用处。拒绝就是拒绝了……索伦森的名字已经被整个国家知晓，更确切地说……他已经被全世界知晓。索伦森的话，甚至是经由他人所表述的他的思想都为世人所牢记……这是真的，但是他却在这个年纪就退出，正准备写一本能赚100万美金的书。他的理想、他的形象，他高尚的思想、牢守的原则已经将这个国家和世界推进了一个新的时代……你在信中谈到你对比特尔那封信的"感激"让人觉得很虚伪。你认为他的信十分恼人确是事实，你甚至没有考虑过特德·索伦森的显而易见的优点。当这间事务所最后面临破产的事实时，我只想让你知道，如果你曾经正视过未来，那么这个灾难是可以避免的。现在，你就卷起袖子，挺直腰杆，雇佣索伦森吧。

当我的理智的顾问、记者朋友乔·卡拉夫特认为我应该进入法律界时，我写了一封信向他解释道：

……我猜测95%的法律事务都令人厌恶——尤其是与我之前的工作相比。我不想把它说得太难堪，因为我或许会进入这个行业。但是我希望能够找到一份令我感兴趣的工作；我想知道有多少家法律事务所能保证我主要承担公法、行政法、国际法领域的5%的工作，这样的工作对我来说是一个值得接受的挑战，它不仅仅只是公司改革，起草遗嘱或者打击激进派的立法。

一名华盛顿的律师全力而又真诚地建议我加入他的律师事务所，并且会体谅我要花大把时间用于公益活动，只能处理那些与我的良心和国家利益相符合的案子。他建议我不仅要考虑加入他的事务所，还要在他为我举行晚宴的时候和他一起回到华盛顿，"也许你最亲密的朋友中有三四成来自国会和市中心"。

时间和环境不允许我接受这两个建议，无论是工作或晚宴，我可以毫无疑问肯定的是，到头来，这个决定对于我、热情的共和党保守派律师和后来被起诉、监禁的尼克松政府官员查科·尔森都有好处。我再次声明，没人知道历史的钟摆将如何摆动。

大约在同一时间，我还见了我的朋友法官萨缪尔·罗森曼，他曾经是罗斯福总统的首席稿撰人，又是首位白宫特别顾问，到1965年之前一直都是纽约著名的法律事务所（以他的名字命名）的资深合伙人之一。他带我参加晚宴，还领我参观了他的事务所奢华的办公室，其目的就是引诱我同他共事。当他告诉我他的合伙人薪水多少之后，我特别注意到他们办公室墙上的昂贵的艺术品，我问他："那些艺术品好玩吗？"罗森曼惊讶地看着我说道："好玩？他们尽一切努力赚钱，那样周末或假期才有得玩。"在我和约翰·肯尼迪共事的日子里，我觉得我干的任何工作都是有意思的，对我来说，金钱并不是主要的检验标准；无论我加入哪间事务所，我都会把大量的时间花在我的办公室里，我希望能在法律界继续"快乐"地生活。

私人律师行业并不像公共服务那样让人容易满足。我起草的法律备忘录没有一份能像古巴导弹危机时期我为肯尼迪起草给赫鲁晓夫的回信一样给我满足感，连一半的满足都达不到。与约翰·肯尼迪对我的登月计划报告的热情称赞相比，我向萨达特、曼德拉和其他国家首脑提供建议而获得的令人陶醉的自豪感则黯然失色。当我的客户的巴拿马管道完成时，我的成就感也不能和1962年协调扭转了钢铁公司引发的通货膨胀而获得的成就感相比。

约翰·肯尼迪的好友斯波尔丁把我推荐给了他的律师杰克·马森格尔，他是宝维斯律师事务所的合伙人之一。凑巧的是，肯尼迪的另一个好友鲍勃·特劳特曼，把我推荐给了他的佐治亚州同乡莫里斯·艾布拉姆，他也是宝维斯法律事务所的合伙人。与宝维斯的谈话之后，我作出了决定。1966年1月20日，也就是约翰·F. 肯尼迪的就职演讲之后的第五年，《纽约时报》报道，我将搬到纽约加入宝维斯律师事务所。

和约翰·肯尼迪共事的日子里，我们志趣相投，友谊深厚，这也部分地解释了为什么宝维斯律师事务所能够吸引我。事务所的西蒙·H. 里夫金德法官对此做了最好的表述："如果你不能以愉悦的心态从事法律工作，那么你的决定就是不正确的。"我觉得自己在后面愉快的40年里非常幸运。

最初，我以为律师职业生涯于我是暂时的，它是有趣的私人和公共生活的基础。直到1972年或者再晚一些，当我希望罗伯特·肯尼迪能竞选总统，并取得胜利时，我盼望他能带我回到华盛顿。我觉得自己非常幸运，在选择事务所时考虑充分，就像我在1966年3月选择了玛吉·霍恩布洛尔当我的秘书一样。她用直接而老练的方式处理了所有的工作任务，而这些在以前要由白宫的三名秘书来处理。2000年，她退休了，我们在事务所富有成效的合作关系也就此告终。我们的友谊未受影响，我们互敬互爱，继续合作，依然从对方那里寻求建议和帮助。

我之所以选择宝维斯是因为它有卓越的能力，进步政治堡垒的声誉以及它对公共事业的承诺。我告诉一个《纽约时报》的记者："我想加入的事务所应该能够刺激我，而并不只是允许我积极参与公共事务。"法官里夫金德在他的公开演说中反复强调，律师是一种职业，而不是买卖，我们服务的是委托人，而不是消费者。不幸的是，当今的法律已不是法官里夫金德当日所说的那样了，现在它注入了商业性和广告，对利益的强调比对社会责任更频繁，像里夫金德法官和其他先到宝维斯的同事们——专心致力于义务法律援助和理论准则的探索、具有社会责任感的知识分子们变得越来越少了。当然，法律事务所从来不是完全无偿地服务。当富有的委托人问里夫金德法官他们该如何"回报"他挽救了他们的公司时，他冷淡地回答道："在很久以前腓尼基人就已经回答了这个问题。"

进入宝维斯之后我才知道，要想在纽约州从事律师业，我必须得先在其他州从事5年或者5年以上的法律工作，或者通过难度极大的纽约律师资格考试，二者任选其一。我想知道，难道我在政府的工作不能算是从事律师业吗？我从纽约律师资格考试协会的代表处得知，早些年理查德·尼克松从加州的政界转投到纽约的一家法律事务所，这便是政府官员不用参加法律从业考试而直接进入纽约律师行业的先例。1966年，我在麦迪逊大道上偶然与这位前副总统相遇，我告诉他我正在跟随他的步伐。他慷慨地问我是否想看看他的档案，我立即接受了。多亏他的档案和他的入行先例，我不久便被准许进入了纽约的律师行业。他主动、友善地向我提供帮助，但是后来尼克松当上总统，我的名字则出现在了他的"仇敌名单"中（据报道这是查克·科尔森所为）。

我第一年开始工作时，刚和儿子们从维尔京群岛度圣诞假期回来，我为这个岛上一个宝维斯的客户提供了法律援助。我到圣托马斯旅行，顺便拜访了我的州长朋友，并在当天返回纽约。我的管理人"训斥"我树立了一个"坏榜样"，说我工作起来都没有时间去游泳。那时我就知道了，我没选错事务所。

当我的老朋友阿瑟·戈登堡结束了美国驻联合国大使的职务之后来到了宝维斯事务所，他坚持他应当加入该事务所，这并不令人惊讶。阿瑟曾担任过的一系列辉煌职位——内阁秘书、最高法院大法官、联合国大使——改变了他本来谦虚的性格，而这种性格恰恰是他以前成为劳工律师的原因。他的妄自尊大是事务所的笑声来源。“请问，我们要如何称呼您，是戈登堡先生、长官先生、法官先生还是大使先生？”回答：“哦，简单一句‘阁下’就行。”他经常在发表评论时添油加醋地说“当我还在最高法院的时候……”

选择宝维斯律师事务所也就意味着选择到纽约工作。乔·卡拉夫特曾经劝我加入大型的纽约法律事务所，为将来的公共服务和大量的对外事务打下基础。罗伯特·肯尼迪认为我应该在纽约工作，而不是在华盛顿，以便于我能够继续在真正的政界发挥作用。罗斯维尔·吉尔帕特里克——纽约律师协会著名的领导人，曾任肯尼迪时期的国防部副部长，也支持我到纽约，并反对我选择华盛顿。他认为我对华盛顿的认识对纽约律师业来说，将是一份独一无二的资产。还有一个朋友建议我不要在华盛顿当律师，他说：“如果你在华盛顿当律师，那么你身上的担子将决定你不能游说议员或者招权纳贿。”至少在我第一年里，我达到最好的状态——在纽约成为了一名华盛顿律师。

虽然内布拉斯加州依然是我真正的家，纽约却是一个更适合居住的地方。早期的旅行就是一场持续的战斗——寻找交通工具、便捷的落脚处和廉价的酒店。我住在这里的时间很长，长到我自己都能熟悉这座城市，每一天在我的住处和办公室之间来来回回，我发现纽约比世界上的任何其他城市都更加令人愉快、有趣和多面。在哈里·杜鲁门的妙语中我发现，我很快便发现几乎每一位纽约鸡尾酒会的嘉宾都有智慧，比任何一位美国总统都要聪明。

1966年，我最终拥有了一座新房子和一份新的工作，实际上是几份新工作，并得出结论，工作清单上的很多种职务都与私人律师密切相关——以一个特约编辑的身份为《星期六评论》杂志写文章，每周为纽约电视台提供一个评论，并主持普林斯顿大学的伍德罗·威尔逊学院的研讨会。我的课程被命名为《外交政策中的总统领导力》，主要是针对高年级学生，课程包括演讲和讨论，以及在学年末的一次公开演讲。（其中还包括了在第二学年课程结束时，与学生们进行一场橄榄球比赛，结果我断了一根肋骨。不久之后，我就告别了橄榄球和普林斯顿大学。）同时，我也担任着当时作为参议员的罗伯特·肯尼迪的顾问。

我在白宫工作时，对那些自以为比总统见多识广的专业学者、新闻记者和批评家不以为然。离开白宫之后，我却成为了他们当中的一员。在接下来的几十年里，我不仅为《星期六评论》投稿，而且还为50个不同的出版物写文章、散文和短评，包括《华尔街日报》《摇摆》《纽约时报》《新印第安文摘》《天主教精神》《花花公子》《红皮书》，以及德国的《世界报》等等。文章的内容包罗万象，从古巴导弹危机到“为什么我爱上了网球”，从信念在政治中的作用到幽默在政治中的作用，等等。我写的关于总统权力的文章在美国和其他大国——巴拿马、伊朗、德国和中国发表。专题演讲稿集成为了我后来出书的基础——《黑夜中的守望者》是讲水门事件对总统职责的影响，《不一样的总统》主要讲两党合作打破政治僵局，结束20世纪80年代中期政界正在重现的典型苦难。

我还在一些与我志同道合的非盈利性、非政府组织工作过多年。其中我最为欣赏的两个组织一个是20世纪基金会（现在叫世纪基金会），另一个是外交关系委员会，在这里我还有幸成功地推荐阿肯色州州长比尔·克林顿为该组织的成员。

每到古巴导弹危机或约翰·肯尼迪逝世的纪念日，我就会写一篇关于肯尼迪遗训的文章，或做一次相关的演讲，还就此主题写了一本书《肯尼迪遗训》，并于1969年出版，一些批评家对这本书不屑一顾。我也参与协助建设了哈佛大学肯尼迪学院和政治学研究会、东波士顿的约翰·F.肯尼迪总统图书馆和博物馆，后两个机构最初本计划联合起来建在坎布里奇（马萨诸塞州），但是该市的一个女警官抱怨说图书馆和博物馆将给这个城市带来成千上万的游客，她无法“想象内布拉斯加州的温尼贝戈人（居住在内布拉斯加州和东威斯康星州等地的北美洲印第安人。——译者注）在哈佛广场上停车”。

又是内布拉斯加州！

# 律师生涯 第31章

A LIFE AT THE EDGE OF HISTORY

1966 年，我在宝维斯开始探索一个自己略知一二的领域——政府管理与外交关系。在此之前，我没接触过私人委托业务。次年，我几乎在马不停蹄地代表委托人处理外交关系，经历“古巴导弹危机”之后，我对国际事务更感兴趣了，后来，我受理的几乎都是国际业务。由于我与肯尼迪的关系，我有机会与世界各国的重要决策者会晤。

我受理的法律案例往往是我所面临的所有挑战的一个缩影。我安慰自己，我在全球范围内解决法律纷争，这样的工作性质可以与我曾从事过的事业相媲美，我早年曾是一名年轻律师，在内布拉斯加州受理过案件，现在我则负责受理各个国家的各类纠纷案件。我乘飞机飞越广袤的非洲丛林，如果人类未曾破坏它，它应是一个美丽、神秘、宁静而又充满机会与挑战的大洲——正如地球本来的那样。像那些顽劣的学生试图参与到所有校园斗殴一样，我也希望自己参与并解决所有的国际纷争以及内战。有一点我深信不疑——法律远比武力更适合解决问题。

当我从某个鲜为人知的国家回到纽约，比如马其顿或富查伊拉，同事便纷纷问我在如此闭塞、偏远的国土怎么做交易。每到一个新国家之前，往往有人警告我，这将是我见到的最腐败的国家。我不由得回忆起我在 1956 年至 1963 年的战争岁月。当时在肯塔基州、路易斯安那州、阿肯色州、内华达州等地，每次都有人告诉肯尼迪和我：“哦，这一定是你见过的政治最腐败的州！”

在肯尼迪身边，我学会了废寝忘食地工作。我曾误以为，私人业务生涯的开始会给睡眠不足的日子画下句点，然而我仍然要夜以继日地工作，脆弱的胃使我在这缺少睡眠的旅行中更加吃不消。尽管对内布拉斯加州的偏好使我逐渐适应了清淡的简单食物，我却在非洲、中国和其他地方吃了各种各样闻所未闻的食物，我必须说的是，有些真的特别不好吃。在新加坡，我享用了油炸冰激凌；在刚果，我品尝了烤豪猪——异常燥热，我不得不用冷饮熄灭胃里的火，却发现烈酒使那股火更旺了。

在我屈指可数的专长中，我的业务水平十分突出，但对于其他领域我却知之甚少。分配到公司业务部后，为健康着想，我参加了定期的部门午餐聚会。我对自己所受理的法律案件的复杂程度常常不甚了解，出于一种心理学家称为“骗子综合征”的心态，我常常幻想自己的无知总有一天会暴露无遗，我也会因此丢掉饭碗。

与我接受国外固定委托人的业务不同，我对新事物往往十分谨慎。我曾拒绝到华盛顿担任美国武器生产商的代表，以免牺牲安逸与名誉。我拒绝作为两个重犯的代表——一个政客和一个声名显赫的纽约人——使我帮他们获得赦免。一个以色列朋友请我担任南非第一个建立种族隔离制度的国家博普塔茨瓦纳共和国（被称为南非的“黑人家园”）的代表，我拒绝了。一个在尼加拉瓜索摩查独裁时期担任美国外交官的自由派朋友请我帮忙获得国会或执法部门对于美尼关系正常化的许可，我告诉他，我不会做索摩查的代表，不过我会让他的公关公司了解在恢复正常化之前，尼加拉瓜需要修正哪些人权方面的缺陷。他拒绝了我的提议，后来华盛顿的一个著名民主党人受理了这个委托。

不幸的是我从没学过外语。擅长多语种的妻子引用丘吉尔夫人的话为我开脱：“我丈夫只讲一种语言，但他说得很好。”

到 1970 年，英语逐渐成为国际贸易的第一语言，不使用英语的地方则有译员。因此我虽然对外语无知，在世界各地都无大碍。在一次谈判煤矿合同时，担任非洲某国政府代表的是伦敦一位迷人的妙龄女法官。她坚持认为，我提议的条款已经包含在该草案的其他条款中。于是，我引用一句美国俗语回答：为了安全起见，我们应该扣上“双重安全带”。她听了立即脸色发青，我很纳闷。会议结束后，一位英国律师告诉我，“安全带”的英语单词在大西洋彼岸是女子吊袜带的意思。

最让我惊悚的航空旅行是和姬莲从阿根廷飞越安第斯山脉到智利，我们的飞机遇到了不速之客——后来证明是一个真空袋。飞机垂直下冲几千英尺。我腿上的文件像个没扣安全带的乘客，一会窜到机顶，一会摔落在地上。我叫姬莲不要费心去捡散落的文件，我告诉她在生命的最后时光应该好好过。几年后我听说那条特殊的航线因为太危险已被取消。

我在安哥拉见识了什么叫危险。我和我的委托人包机到内陆与反政府武装领导人乔纳斯·沙文比会面。飞行员警告我们要在天黑前回到机舱，因为政府军和反政府势力有时候会在晚上击落身份不明的飞机。黎明前我们返回相对安全的首都，我和委托人站在宾馆外，准备启程。这时候，一个打瞌睡的卫兵的自动步枪掉了，滚下楼梯冲向我们，我们惊慌失措，幸好没走火。

在加纳，我迫不及待地要见财政部长，甚至打断他正在召开的内阁会议。接下来，他把我和委托人的地方代表介绍给会议上一个友善慈祥的男人，他热心地与我交谈。分别时，委托人的代表悄悄告诉我，和我们交谈的人是“杀手”——总统的安全长官，以暴力执法著称。

我在塞拉利昂终于不用再谈判，换上泳衣来到美丽的海滩，身后跟着全副武装的保镖。

我从不拿枪，也觉得没必要。但显然其他国家的人却不这样——不论远亲或近邻。在古巴，我发现我寄宿的房主的轿车后座竟放着一挺机关枪。

《纽约时报》发表过一篇文章，错误地指责一位来自拉丁美洲某国的总统，说他从美国中央情报局收到了秘密的反共资金，为此，这位总统请我替他与《纽约时报》打官司。他告诉我，在他的国家，许多人指责他，甚至控告他。为了对我的来访保密，他派总统专车在我的商务飞机梯下接我，请我去他府上长谈，次日又把我送上回程班机，没留下任何表明我来过这个国家的记录。他虽然没有公开露面送我回国，但私下写了封颇有诚意的道歉信。

1993年，从前苏联独立出来的塔吉克斯坦总理让我起草一份新的国家宪法。不幸的是，总统和总理的观点大相径庭，可以说是背道而驰，以至于后者不久后就变成“前总理”。几乎与此同时，我提议的宪法通过了审议。我与这位总理的首次会面正值内战期，我听见窗外一声枪响，接着是一声大喊，总理给我翻译过来是“停火”的意思。我问道：“在贵国开完枪后才喊停火么？”早些时候，我和委托人正要离开政府大楼去拜访总理时，一辆黑色轿车从拐角呼啸而来，挡住我们的去路，我和委托人很吃惊，老老实实地待在车里。黑色轿车里下来四个身穿制服持枪的人，最后下车的是总理，他向我们挥手道别，热情而亲切，但夹杂着一丝不易察觉的沮丧神情。

有一次，我离开以色列去约旦，美国驻耶路撒冷领事馆的司机把车停在亚伦比桥以色列的那一侧，等待美国驻约旦大使馆的人员与我在桥上会面进行“交接”。这时，我们身后冒出一个声音：“请把轿车开走，你们在警戒线上。”我们这才发现在桥的两侧对应安置着炮位。还有一次，在委内瑞拉海岸，我和一位将军要登机飞往内陆，机械师告诉他所有必要的引擎都已检测完毕，然后亲切地与我们道别。“不，”将军显然对他的检测不放心，便故意说道，“你和我们一起去。”这位机械师一听很害怕，连忙说对这架飞机还要做几个检测。

无论走到世界什么地方，肯尼迪总统总会给人留下深刻印象。1966 年，我和一个委托人去以色列，前总理本・古里安来到我们宾馆，就罗伯特・肯尼迪竞选总统的战略向我提出一些建议，该战略的第一阶段是与前苏联人秘密会面并探讨越南问题的解决方案。

这些年来，我也收到许多国家的总统和总理的来信，表达对肯尼迪的敬仰之意。一位国家领导人这样写道：“我了解肯尼迪的一生之后，痴迷、喜悦和伤感的情绪交汇在一起。他树立起来的政治领导人榜样，正是我要追随的。”

想要学习肯尼迪的当然不仅仅只有外国领导人。我从他身上学到的东西十分珍贵：他总是向其他国家的领导人学习有益的东西；他对战争与和平总是谨慎，不轻易做决策，直到了解各方的关系和所有事实；他认为，文化差异是政治、政策、甚至法律争端的核心；他对一切都保持怀疑、好奇、友善的态度；他让我对未来可能取得的成就抱有很高的希望，却对他们能在短时间内实现的期望抱得很少。

我去非洲的次数多于其他大洲。出公差时，我还和姬莲乘专车去过秘鲁的马丘比丘古城遗址，并沿途停车，买了路旁商贩的各种小玩意。我曾游览过拉巴斯，它是世界上海拔最高的首都，我还游览了乌兹别克斯坦的古城。我在博内尔和扎伊尔、加拉加斯和康塔多拉打网球。我常在机场候机大厅打盹，醒来时常不知自己身在何国。1961 年初，我帮助撰写肯尼迪就职演讲词，写到“居住在贫穷地方的人们在试图摆脱困境”，但那时我并未亲眼目睹，而我在加拉加斯（委内瑞拉首都）的郊区，见到贫民窟里的居民在捡垃圾，还在安哥拉见到了无家可归沿街乞讨的孩子们。

因为工作的特殊性，我接触过一百多位总统、总理、首相、大臣、国王和女王，其中一位是玻利维亚总统贡萨罗・桑切斯・德罗萨达，他请我帮他准备其党派的新宪章。反对党称那个宪章草案为《索伦森宪章》，绝不是赞美之词。我与许多杰出人物不期而遇，在纽约一个舞厅遇到加拿大前总理皮埃尔・特鲁多，在法国领事馆遇到前总统弗朗索瓦・密特朗，在飞机上遇到柬埔寨的西哈努克亲王，在一个艺术博物馆遇到巴勒斯坦领导人齐亚，在沙特阿拉伯王宫里拜见了国王阿卜杜拉。

我认识的人千奇百怪：一位拉丁美洲某国家的前外交部长，后来在华盛顿被谋杀了；有一位中东商人，我负责调查他的神秘失踪；一位越南难民摇身一变成为美国银行家；两个被认定是前苏联国家安全委员会成员的人成为联合国官员；一位英国商人因涉嫌与中国关系太过密而进美国监狱；一个伊朗商人兼学者和他的一个兄弟，两人被迫放弃所有家当逃离他们的国家。

作为一个美国人，我在世界各国有一定知名度，所以去别国时，我可以不必担心因持不同政见而被报复。我也在我纽约的办公室会见海地、圭亚那、刚果金以及科泰迪瓦被流亡的政治家。

在一次与宝维斯律师的谈话中，我把一些见过的外国领导人给我留下的印象归纳如下：

印象最深刻：南非纳尔逊·曼德拉。

最有号召力：古巴菲德尔·卡斯特罗。

最腐化堕落：刚果蒙博托·塞塞·塞科。

最昏庸：巴拿马奥马尔·托里霍斯将军。

最神秘：委内瑞拉卡洛斯·安德烈斯。

最耐人寻味：埃及安瓦尔·萨达特。

最冷酷无情：罗马尼亚尼古拉·齐奥塞斯库、尼日利亚独裁者萨尼·阿巴查、巴拿马独裁者曼努埃尔·诺列加。

最有预见力：以色列戴维·本·古里安。

最神奇：巴勒斯坦亚西尔·阿拉法特。

最雄辩：以色列西蒙·佩雷斯（当时是外交大臣）。

最令人费解：墨西哥卡洛斯·萨利纳斯，我见到他两次，一次是在他办公室，另一次他脸色阴沉地离开。

上过最好的大学：博茨瓦那费斯图斯·莫哈埃，毕业于牛津大学。

最有皇家气派：加蓬奥马尔·邦戈和富查伊拉埃米尔酋长。

最朴实无华：布隆迪总统和马其顿总统基罗·格利戈罗夫。

最富丽堂皇：土库曼总统尼亚佐夫，经他做媒，我的一位同事寻得另一半；爱尔兰总理查尔斯·豪伊。

我发现，并非所有独裁者都面目可憎。我见过罗马尼亚总统尼古拉·齐奥塞斯库，他因承认以色列，并公开表示希望解决与其他国家之间的冲突而与克里姆林宫决裂。他温文尔雅，语气轻柔，后来却露出兽性。一位拉丁美洲国家的总统在办公桌挂着这样一条标语："偷我时间的人是最坏的贼。"刚果的蒙博托·塞塞·塞科把自己的金钱豹宠物拴在前门，后来我对一名同事说，这是为接受当地电视台《吃掉新闻人》节目的采访做准备。他曾受美国支持，使一个动荡的国家变得安定团结，摆脱莫斯科的摆布，但随后他却露出暴君、匪徒的本性。

蒙博托总统请我说服世界银行的总裁罗伯特·麦克纳马拉调停刚果与被没收财产的欧洲煤矿开采大亨之间的纷争，但后来双方都对我的做法不满。由于刚果政府不接受麦克纳马拉提出的协议，他一直不肯原谅我；蒙博托召见我，单刀直入地质问我有什么权力“带那个人”来刚果，我提醒他，财政部长代替蒙博托批准了这项提议。总统大怒：“作为我们的律师你应该读过宪法，也应该知道根据宪法只有我才掌握政权，而不是什么大臣！”

1983 年，我在外交关系委员会上提到津巴布韦的罗伯特·穆加贝时，我表示对他很有信心，他被视为非洲一颗冉冉升起的新星，但现在并非如此。

1995 年 9 月，我在尼日利亚向阿巴查将军就平民政策的过渡事宜提出建议，他是这个国家最后一位军事独裁者。他问我如何改善对美关系，我回答道：“释放所有政治犯，不要处决奥巴桑乔将军。”他听后勃然大怒，认为这与美国无关。

我告诉他我不会在华盛顿为他的政府获得支持而游说。我提议由我起草一份给克林顿总统的国家安全顾问的备忘录，对于“如果美国承诺给予一定回报，尼日利亚国家元首可能采取积极举措”这一点，阐述我单方面的理解，确保一次使双方国家都不失颜面的对话。就我所理解，尼日利亚所急切需要的并非他期待的得到的待遇，而是我向国家元首的建议。同理，在我看来，美国在两国关系的主动权，并非建立在对美国变通性的了解，而在于我对克林顿政府提出的个人意见。

我要尽快离开尼日利亚，我乘坐以色列委托人的飞机从阿布贾飞往拉各斯（尼日利亚的首都）国际机场。午夜，我刚要登上飞往欧洲的荷兰皇家航空公司航班，两个身着制服的官员不让我登机，把我带回候机大厅。他们就“安全”问题对我进行审问，我可以理解他们的做法：我乘坐到这里的私人飞机所停的场所为总统所有。我表扬了他们的警惕并迅速去飞机场。我还没登机之前，这个国家发生了重大的变化：阿巴查将军死在女伴的怀里；平民政策需要重新修订；奥巴桑乔将军被释放出狱并成为总统。

在安哥拉参加一个会议期间，我被特许自由出入政府大楼，但却没得到外币申报单，没有那张申报单便无法离开这个国家。我向一位持枪官员极力解释无法在短时间内把美元兑换为安哥拉币，却无济于事。他要搜查我的行李，一边搜查一边问我是否还会再次来到这个国家。出于礼貌，我给出肯定答复。“很好，你可以拿回行李了。”他说。幸好一位路过的官员认出我，并帮我解围，我才带着行李离开了。

我最满意的一次工作可以说纯属巧合。一个美国朋友在纳尔逊·曼德拉的非洲人国民大会工作，他问我是否愿意代表非洲人国民大会与华盛顿政府募捐人员进行谈判，为1994年南非首次自由选举做准备。我欣然接受并告诉他，他们的想法不错，而且这件事不需要太长时间，我的公司愿意对他们提供无偿服务，不收取任何酬劳，只需支付成本费用。

我发现不管是预算顾问还是其他人，都没想到美国为南非总统选举筹集资金，因为美国法律禁止任何公司财团出于商业动机向外国选举提供援助。我提议美国成立新基金，为南非培训非选举人提供援助，这个基金就叫“南非自由选举基金”，对其赞助可减免税收。南非自由选举基金主席可由两名杰出人士担当——爱尔兰的商务专员安东尼·奥赖利和我在宝维斯的同事里昂·希金伯瑟姆。

南非自由选举基金运作后，成为南非选举的重要前提，它筹集了数百万美元，无偿提供了价值数十万美元的法律服务，这是宝维斯的律师资源。律师团由我的同事克里斯·梅克林带领，为集中培训投票者及选举工作人员提供资金，对南非历史上的首次自由选举，这种培训是必不可少的。

我初次见到奥赖利时，他已为这项事业赞助了10万美元，并问我资金筹集的进展情况。杜安·安德列斯曾向另一个美国商务专员咨询。如果我亲自致电，他愿意赞助10万美元。如他所“愿”，我打电话告知他：“进展十分顺利。到目前为止，其他人的平均捐款已达到10万美元。”

1993年7月1日，曼德拉前往宝维斯参加非洲人国民大会的首次正式董事会议，并在会后召开了记者招待会。记者问了他一个不痛不痒的问题：“曼德拉先生，费城选举您与南非总统戴克拉克为自由钟奖的共同获得者，而他在当权期间却囚禁您27年之久，对此您作何感想？”曼德拉平静地说了一个值得玩味的答案：“我对此并无异议。费城人民有自己的决定权。现在，我和戴克拉克总统彼此需要，如果有必要，我们将一直结伴而行。”

离选举还不到一年时，南非自由选举基金在宝维斯正式启动了，最初没有办公室、工作人员和资金。到选举日那天，投票人数众多和作废选票极少这两件事证实：南非自由选举基金的使命圆满完成。在我的职业生涯中，没有别的事让我如此有成就感。

1994年元旦次日，在奥赖利的巴哈马庄园，我向曼德拉解释为什么免税的南非自由选举基金仅限用于投票者的教育，而不用于政治活动或党派活动。他马上意识到非洲人国民大会是间接受益者，他还说道，哪怕像他这样高学历的律师，如果从未参与过投票，都不知道投票选举如何运作。随后我们了解到麻烦事很多，在最初的试投票中，大多数投票者都在候选人名字旁画“×”，这个“×”代表从名单中淘汰。

乘奥赖利的私人喷气式飞机飞往纽约途中，曼德拉和我聊了很多，从杰姬·奥纳西斯到伊丽莎白·泰勒（两个对他产生深刻影响的人物），谈到歌星迈克尔·杰克逊（曼德拉问，他是否被指控有性虐待罪名），还提到他27年的牢狱生活和他的家庭。他告诉我，他的外孙女不听他的话，不想上大学，她坚持认为自己是唯一了解曼德拉的人，也是唯一可以照顾好他的人。他坦言，他对她的态度很矛盾。

他向我讲述他对父亲的爱与敬仰，他父亲在他很小的时候就过世了。他还讲述，年幼时他用粉末和粉笔灰抹在两鬓，乔装成头发斑白的父亲。多年后他自己真的白发苍苍时，却郁郁寡欢。他说很难改变儿时一日两餐的饮食习惯——晚餐通常是玉米糊或炖肉，剩下的作为第二天的早饭，但是天气热的时候东西可能会变质。他后来发现，监狱里的饭难以下咽。75岁时，他骨瘦如柴，却精神矍铄。他不再慢跑、打网球，而是长时间漫步。

曼德拉提到，他的狱友安迪姆巴·托伊沃·雅·托伊沃拒绝所有白人来访者，包括同情他的白人。但我告诉曼德拉，托伊沃·雅·托伊沃后来娶了个白人民权律师，并生了对双胞胎。曼德拉听到后很惊讶。

曼德拉还跟我讲述，他出狱后成为非洲人国民大会的代表，筹集资金非常艰难。这位一心争取民主的热心人士发现，非洲独裁者们有一个优点：他们可以在短短几分钟内批准数额巨大的赞助资金，而民主组织却需要长达数天甚至数星期的会议讨论。

曼德拉向巴勒斯坦解放组织提供了一张他拥抱阿拉法特的照片，以说明南非可以为以色列和巴勒斯坦树立一个和平调解的典范，他在南非犹太社区长期受到同盟国的攻击，其中包括他从前的辩护律师，该律师坦言后悔曾经为他辩护。接着，曼德拉召集所有南非的犹太评论家成立小组，向他们解释非洲人国民大会要赢得一切可以赢得的支持，他珍视与南非犹太人的长期联盟关系，因为这是确保非洲人国民大会成功的一个关键。但他也敏锐地察觉到，以色列向南非种族隔离政府提供武器。他说，他曾在日内瓦参与相关会议时发现，与前来参加该会议的美国犹太领导人相比，南非犹太人的怨恨根本没有消除。

1993年7月访美期间，曼德拉告诉我，芝加哥警方在他开会地点的对面一所公寓里发现一名男子持有枪械和望远镜。他很感激南非总统戴克拉克经常向他透露政府情报部门调查的暗杀报告。他补充道，他知道自己无法避开所有的狙击手，因为他必须站在人群中竞选，包括在那些频繁发生暴力事件的区域，这使我联想起肯尼迪曾说过，他希望有一辆特制轿车，带有透明的防弹罩和防炸弹装置。

曼德拉认为他与戴克拉克的关系既亲密又疏远，戴克拉克既坚持自己的原则又阴险狡诈。在一次各党派参加的宪法会议中，曼德拉被一件事激怒了：所有人都按名字的首字母顺序发言，而戴克拉克想以总统的身份最后发言，曼德拉同意了，还说服其他非洲人国民大会领导人同意。最终，戴克拉克却利用那次别人没法反驳的发言机会对非洲人国民大会进行攻击。

他还告诉我，在奥斯陆，他们共同获得诺贝尔和平奖时，一群挪威的非洲人国民大会支持者聚集在他们的宾馆外，戴克拉克和曼德拉同时向他们致意，人群中突然爆发出非洲人国民大会的会歌，戴克拉克得意洋洋地挥着手，而曼德拉只得安抚准备怒闯宾馆的人群。

曼德拉很欣赏乔治·H.W. 布什，他是首位提出释放他出狱的国家元首。但他对罗纳德·里根却没有好感，因为里根曾断言非洲根本没有真正信仰民主的人，后来里根又改口说，他遇到过的祖鲁酋长曼戈苏图·布特莱齐是民主人士。这个人是曼德拉的劲敌，在曼德拉看来，这个酋长根本没有竞选到领袖职位，并且不与被选举者合作，自行进行地方统治。

1977 年 4 月，我首赴古巴（被取消提名中央情报局主席的三个月后）。此行由我的一位巴拿马政府朋友安排，该政府与哈瓦那关系甚密。我向卡特政府道明来意，并列出美国为实现和解提出的条件，其中一条是释放一位特殊的政治犯。此次行程有各类委托人作为代表，其中坦伯斯曼希望利用古巴关系在安哥拉进行钻石交易，而古巴军队在安哥拉支援反西方势力。我还尝试着了解前往古巴的前苏联油轮借用委托者诺斯维尔在博内尔的转运港的可能性，但是这一点没有得到证实。古巴总统卡斯特罗警告美国人不要干涉他在自己的地盘捕鱼。

在我们的首次会议中，卡斯特罗告诉我，古巴的发射台可以窃取佛罗里达电视台信号，让古巴人民收看美国电影，比如《大白鲨》。但是这引出古巴高层政策问题，他说：给古巴人民放电影有可能减少他们去海滩的兴趣吗，或者这对沙滩拥挤会起到缓解作用吗？

后来我表示，愿意将我的书《肯尼迪传》赠与他，他笑容满面地说："怎么过了这么长时间才想起这件事？"我解释说，一直没插上话。

我和古巴体育总署署长共进午餐，讨论古巴重量级拳击获奖者能否在宝维斯委托人麦迪逊广场的赞助下做一些公开表演，这时菲德尔突然走进来和我们坐在一起，笑着说起体育总署与总统办公室人员的篮球赛。署长笑着回答：总统顶多是用自己的身份和身高恐吓裁判。

几个月后的行程中，我陪同美国大陆谷物公司的谈判者与古巴方面进行洽谈，在美国政府提供许可证的情况下，可不可以用美国的玉米、大豆和其他农产品和古巴的蔗糖做买卖。随后美国财政部询问，我和委托人的做法是否违反了《古巴贸易禁运条例》和《对敌贸易法》。我们表示十分谨慎,不会触犯法律。

在我对古巴的第二次访问中，我应邀与卡斯特罗会面，与他讨论上次见面时送给他的那本书。他强忍着疲倦，手里夹着雪茄（2002 年再次见面时，他身体已经每况愈下，不再对雪茄爱不释手），偶尔更正其随行翻译的英语，与我讨论书中对于古巴导弹危机的描写。他对一些现在才知晓的信息表示鄙夷：前苏联谎称没有在其境内安置导弹，向他隐瞒美国 U-2 间谍机进入古巴领空，并且从一开始就没有击落这些飞机，没有坚称前苏联撤军的条件是美军撤离关塔那摩湾、撤销贸易禁运并阻止中情局发起的突袭。简言之，我们是从两种截然不同的角度别开生面地讨论了古巴危机。此次会面从午夜持续到凌晨 4 点，随后卡斯特罗出人意料地把我送到猪湾的新宾馆。

再次见到他是 1995 年了，卡斯特罗到美国参加联合国五十周年庆典。《乔治》杂志的出版商小约翰（约翰·肯尼迪之子）让我安排他俩会面。菲德尔回答道："有何不可？"采访不久之后就在古巴进行。

此后，在与古巴驻联合国大使和古巴驻华盛顿外交官的会谈中，我提出讨论两国外交、政治及经济关系正常化的主动权的可能性。该国对这个话题的敌对情绪很大程度上是出于感情和政治因素，迈阿密的古巴籍美国人以及反对卡斯特罗的强硬派常带有这种情绪。然而，出于利益需求，要求古巴与美国开辟新渠道和新市场的商业界人士数量也在激增。甚至身处异乡的古巴人中，越来越多的人不再反对美国与古巴关系正常化。越来越多被没收财产的古巴裔美国人意识到，只有通过对话才能得到财产赔偿。

我的另一次拉丁美洲之行是受理一项非正式委托，此任务由纽约市长爱德华·科赫负责，到中美洲监管，或者说是简化（至今也没弄明白是哪种行为）哥斯达黎加总统奥斯卡·阿里亚斯施行的"和平计划"，这个计划旨在结束该地区被外界操纵的内部冲突。我对此并不惊讶，但很遗憾在此行中得知，在尼加拉瓜的桑地诺政府 - 堪查斯斗争中，双方有各自的人权"保护"组织，均由美方提供赞助。一个饱受攻击的尼加拉瓜中立派人士问我："美国人和前苏联人怎么不到荒岛上去互相残杀？为什么要牵连我们的人民？"

我们一行人在尼加拉瓜首都马那瓜参加桑地诺广场集会，科赫市长受邀登上桑地诺领导人的讲台。作为他的朋友，我建议他别去，因为他一定会遇到拉丁美洲式拥抱，一旦这样，他的照片刊登在纽约《每日新闻报》的头条，会对他的政治生涯造成难以挽回的负面影响。我也劝他不要喝冰镇饮品，于是他全程饮酒，一周后回到纽约，医生说他是唯一一个在拉丁美洲变胖的人。

在我们即将离开马那瓜去哥斯达黎加之际，科赫找不到放在行李箱里的鞋袜，我告诉他，像这样的非正式访问，赤脚穿球鞋去阿里亚斯的总统办公室都不要紧。那次会面之后，他和我们团的所有成员都离开哥斯达黎加去波多黎各，阿里亚斯总统亲切邀请我共进晚餐。他郑重其事地问道，科赫市长在他办公室穿着那么随意是不是“故意失礼的表现”，我解释说并非如此。

爱德华·科赫是一个很好相处的伙伴，可惜不是一个老练的外交官。我告诉他此行中他的表现有亮点也有缺陷：亮点是他把纽约扬基队的队服送给桑地诺领袖的儿子们，这个国家对棒球运动十分痴迷。这位领袖（前一天晚上还带着游行队伍高唱反美歌曲）问市长为什么不送他一件，总统强调说：“我也是狂热的扬基队球迷。”市长巧妙地答道：“昨晚你可不是。”

1971年，我在和委托人的一次见面中第一次见到巴拿马领导人奥马尔·托里霍斯将军。当被问及一项运河条约的前景时，他回答：“美国今年要同意新条约中的条款，要不然……”我追问：“要不然怎样？”他说：“要不然我们就发动游击队恐怖袭击。”我说：“你还有更好的选择。”他问我是什么，我带上律师帽说：“等我回办公室，给你列出一些选择。”我把信寄给他，他很满意，我们从此成为朋友。

5年后，1976年11月，我的巴拿马旅程才刚刚拉开序幕，我的老朋友哈罗德·伯恩斯坦——负责石油储备和销售的委托人诺斯维尔公司的主席来电告诉我，当日报纸报道美国政府禁止阿拉斯加北湾原油区的石油经过阿拉斯加的输油管道出口。“那又怎样？”我问他。“这就意味着所有石油将输往南部48个州，阿拉斯加本身对石油没什么需求，而西部海岸地区则不能用到。”他说。“那又怎样？”我又问道。他回答：“这就意味着油轮不愿冒险经过好望角，那么要运到美国东海岸，只能在巴拿马太平洋沿岸设立转运港，才能把石油装卸到油轮，横跨巴拿马运河。”“妙计！”我说，“你打算怎么办？”“我给你打电话，不就是我该做的事吗？”他回答。

前一天，应托里霍斯将军的请求，我向其助手维拉德讲了新卡特政府及其政治倾向。我到维拉德在华盛顿宾馆的房间，让他立即回来，告诉他，由于阿拉斯加石油出口限制，巴拿马和诺斯维尔都面临着机遇。

10天后，他告诉我，主要石油公司都“觊觎”着，我和委托人必须尽快赶到巴拿马以保证不会节外生枝。我和哈罗德的助手参加了一个会议，与会的有巴拿马贸易部长和康塔多拉岛的代表。不一会儿,其他人都飞回巴拿马内陆，只有我独自坐在美丽的岛屿大庄园后廊。夜幕降临，托里霍斯将军及其翻译光临，我们喝着啤酒，吃着鱼虾，彻夜长谈。我告诉他，诺斯维尔出身卑微，他家里有辆马车，伯恩斯坦的父亲萨姆驾着它，夏天卖冰激凌，冬天卖煤。

将军对这项计划很感兴趣，甚至展开地图指出建转运港的合理地点。当他特别指出应该聘请的巴拿马律师时，我暗生戒备，詹姆·阿里亚斯可是巴拿马最好的律师。据说该将军十分贪恋美色与美酒，杯酒碰撞间我产生了担忧，我今晚将代表我的委托人面临什么样的挑战。

与巴拿马的首次谈判结束后，我们就战胜了其他大型的石油企业，建立了从阿拉斯加转运到美国大西洋沿岸目的地的主要设施，这些设施沿用至今。

在美国右派的强烈攻势下，美国与巴拿马就巴拿马运河未来发展的谈判举步维艰，美国坚决不将巴拿马运河拱手送出，一位美国官员郑重地指出:“我们是光明正大地拿……”我代表诺斯维尔进行的谈判很顺利，就在巴拿马城的会议结束时，托里霍斯将军紧急传唤我去他的住处——位于巴拿马北部法拉吉军事基地。抵达后，将军正在初步计划召开记者招待会，准备宣布放弃运河条约谈判，并公然谴责美国。一份以白宫为背景的简报使他震怒，这则简报称特别大使索尔·利诺维兹向美国人民承诺在美国军方的控制下，巴拿马运会河很安全，即使新条约出炉，美方军队也会干涉任何潜在的危险事件。托里霍斯对“干涉”的字样尤为恼火，利诺维兹后来表示他从未使用过这样的字眼。我说美国政府是可以撤销声明，托里霍斯嘲讽:“帝国从不做‘撤销’的举动。”我建议他向美国大使提出抗议，他拒绝沦为“信差”。我又建议他请求与美国政府磋商，他坚持自己绝不“卑躬屈膝”。他表示这么做的话，学生们放假归来时会“上街抗议”。

当我提议由我致电白宫时，他欣然接受了，他还说:“记住，不是只有两个政府参与到这件事中。”星期六中午，我通过白宫转接台联络到卡特总统的国家安全顾问兹比格涅夫·布热津斯基，谨慎地向他解释局势。他表示理解，并同样谨慎地声明会仔细计划如何应对。

将军邀我共进午餐，一个多小时之后，他身旁的专线响了起来。巴拿马驻华盛顿大使加布里埃尔·路易斯（后来成为外交部长，是我的挚交）来电说白宫新闻发言人称前一天的简报只是推测，不能代表美国政府的决策。虽然只是很简短的声明，甚至没得到任何媒体的关注，但是巴拿马的目的已经达到了。

将军向我翘起大拇指，打电话取消了记者招待会，并对我说："别理会其他工作了，留在我身边吧。"我委婉地解释道，暂时没有移居巴拿马的打算。

我从头到尾都没参与过巴拿马运河条约的谈判，甚至对此一无所知。周末，美国情报部门得到消息称巴拿马按计划召开记者招待会，一会儿说招待会涉及了什么主题，一会儿说它已经取消。代表共和党利益的群体怀疑一些秘密的交易已经泄露了，而美国合众国际社（UPI）报告美国之所以会作出重大让步，一定有什么不为人知的秘密交易。美国参议院情报部门不得不对此作出合适的解释。

后来，评论家们知道索伦森和布热津斯基曾经通过话，碰巧白宫的那卷电话录音带流失了，他们断定那卷录音带就是证实他们怀疑的确凿证据。在接受参议院委员会成员的采访时，我和布热津斯基都解释说，不管是我们两人的对话还是我曾出现在巴拿马，都与条约谈判毫无关系。在接受采访之前，我接到过朋友质疑的电话——《纽约时报》保守派专栏作家威廉·萨菲尔（经常有保守党参议员向他透露官方情报）问我这个通话是怎么回事，我向他说明当时的状况，他表示相信。

在参议院的某次少有的秘密会议上，我的角色得到澄清，怀俄明州共和党参议员马尔科姆·华勒普抱怨道："没有宣誓书作证就只有依靠信誉度了。"（意思是说布热津斯基或者我其中之一在说谎。）委员会主席伯奇·贝赫是我中央情报局的一个辩护人，他回应到："我绝不相信特德·索伦森在有意欺瞒大家。"几个星期之后，我和布热津斯基签署了宣誓书。最终，没有任何形式的秘密交易曝光，运河条约也凭借微弱的优势通过批准，正式生效。我收到卡特总统的感谢函——感谢我"参与此次审议过程"。

格雷厄姆·格林是托里霍斯的忠实追随者，他认定令将军丧生的坠机事件绝非意外。但巴拿马已经接受了这个历史。托里霍斯死前不久，我与他见面时探讨了诺斯维尔的新企业，我对他当时的回应记忆深刻："不，你当前的计划很成功。如果你擅长种柠檬，就无需做其他尝试，哪怕是柠檬汽水。"

1976年，我以诺斯维尔总统哈罗德·伯恩斯坦代表的身份与托里霍斯将军共同运行该方案。30年后，我陪同哈罗德·伯恩斯坦之子杰（后来成为诺斯维尔总统）会见托里霍斯之子马丁（后来成为巴拿马总统）。我们在加布里埃尔·路易斯之子塞缪尔（后来成为巴拿马副总统）的家中会面，四个人中只有我的角色始终如一。

1976年7月，埃及驻华盛顿大使来电告诉我，安瓦尔·萨达特总统请我立刻去埃及。月末，我在萨达特总统亚历山大港的乡村庄园与他会面。他说，比起开罗，他更喜欢这里，因为他不喜欢城市的拥挤喧嚣，也不喜欢官僚们可以随时随地来访。他身上散发着领导人气质，充满活力，能言善辩，自信都写在脸上。他像演员一样喜欢卖弄，在我们国家也小有名气，对于一切话题都可以侃侃而谈，经常冒出过激的言论和仓促的决策，这些特质可以使总统身陷困境，也可以让他取得辉煌成就。

萨达特总统参与编写他的个人传记，并请我做他的顾问，策划非阿拉伯语版权的销售问题，我同意了，并告诉他我不会考虑宗教信仰的因素，会找到最好的出版商。他问我犹太出版商愿不愿意出版这本书，我说，只要有赚头他们一定肯出。而宝维斯的一个犹太同事却动摇了我的信心，他觉得跟我签订合约会觉得别扭。最后，纽约最好的出版商兼编辑之一——哈珀与罗出版公司的迈克尔·贝茜——碰巧也是个犹太人——中标，并于11日和我共赴开罗会见总统，萨达特总统嘲弄地说道，很多美国游客自称是卡特的特派代表，目的是打探萨达特总统对待解决问题的态度。

7月的一次行程中，我们拜访了萨达特在地中海的豪宅，身着制服的男管家端上茶，他的助手清算出出版合同明细，谨慎地清了清嗓子："还没计算索伦森先生的费用支付呢。"萨达特故作惊讶，在他奢华的豪宅中两手一摊对我说："哎，我拿什么付给你呢？我没钱！"我告诉他，我的公司会从我原本为他争取的出版商预付款中扣除属于我的费用。

次年，萨达特历史性地访问了耶路撒冷，他的传记中便是以表现他特有的开创精神的事件做结尾，事实证明，这本书在美国及其他13个非阿拉伯国家大受好评，在埃及十分畅销，但在其余阿拉伯国家情况却大不相同。一位评论家写道：这本书算不上是纪实文学，而是杜撰出来的。早在1976年，萨达特就告诉我，他希望把书的绝大部分收入捐赠给他出生的村庄，迈特阿布库姆村，剩下的则捐给他妻子情有独钟的埃及退伍伤员康复慈善机构。

萨达特与耶路撒冷的关系的另一次历史性突破，是他在戴维营与卡特和以色列总理的会面。电影制片人表示出对这本书的兴趣，并向我和萨达特助手保证，绝不会把萨达特总统刻画成一个犹太人形象。萨达特被刺杀后，这位制片人又打电话告诉我，先前之所以不卖掉版权拍成电影，部分原因是在等待一个戏剧性的结尾——现在如他所愿，这件事确实能给他灵感。后来这个人和他的电影怎么样了，我不得而知。

我接触过很多有学识、有修养、有才艺的人，其中之一便是萨达特的助手兼秘书拉沙德·拉什迪博士，他是一个剧作家、作家和舞蹈家，他还是埃及艺术学院的院长，同时也是撒达特总统的文化事务顾问及助理。他讲述了一件令他难忘的事：纳赛尔执政期间（阿拉伯埃及共和国的第二任总统，被认为是历史上最重要的阿拉伯领导人之一。——译者注），他提交过一个剧本，却没通过审核。最后，迫于拉什迪的压力，审查员告诉他，最后六句台词可能被理解成对埃及的未来缺乏信心。拉什迪说："我把后六句台词稍作修改。"修改后，剧本被编排成剧，在拉什迪的调教下，女演员用极大的讽刺口气说完了结尾的六句话，便倒地死去。结果，审查员对演出简直是无可奈何。

起初，萨达特总统聘请我做他传记的顾问，随后又要求我设计一个方案，使他能够看到坐落于西奈山的圣坛的全景，该圣坛神圣无比，是三种宗教信仰者的共同圣地。我获悉世界各地许多资金筹集方面的法律条款，向他阐述他应该采用其中的哪些措施。他点点头，吸了口烟斗，我叙述完毕后，他沉默了，然后对拉什迪说："美国真是太了不起了！""您指的是美国律师吗？"他的助手问道。萨达特回答说，"不，我指的是他们竟然能把如此复杂的事情安排得有条不紊。"得到三方宗教的许可谈何容易，而得到每个教派的许可更是难上加难。与萨达特探讨这个问题时，伊斯兰教的两个教派——逊尼派和什叶派——最不成问题，但事实证明，那恰恰是最大的障碍。

1981年，我又在华盛顿见到他，我们探讨他的第二本书，第一本是《探索认可》，第二本则是《探索和平》。他仍旧把该书的版权费献给了给他出生的村子。这是我最后一次见到他。萨达特从不受人身安全问题的困扰。有一次我们不经意谈到这个话题，他毫不在意，豁达地向我挥挥手："我可以在开罗的大街上走，一直走出国王葬礼队伍那么长的距离，其他阿拉伯领导人可没有这个胆量。"

我哥哥汤姆是中东问题专家，也是阿拉伯文化研究专家，事实上他早就提醒过我，萨达特在他国家的声誉和受欢迎程度并不像在国外看起来的那么好。他还预言，萨达特当总统的时间长不了。

1995年1月，以色列和巴勒斯坦签署的《奥斯陆协议》预示着"自由贸易工业区"在加沙与以色列边境正式落成。联合国开发计划署派我前往协助该项目的启动，并起草一份概念书或者一份在谈判过程中帮助双方沟通与理解的备忘录。生活水平每况愈下，人民的愤恨情绪与暴力行为持续增加，工业区的开发可以为日益增加的巴勒斯坦失业人口提供就业机会，也可以为以色列提供廉价劳动力。以色列人不愿让巴勒斯坦公民踏入他们的领土，一旦局势紧张，便将他们驱逐出境。

到达该地区后，鲜明的对比让我震撼不已：一面是世界上最美丽的城市之一耶路撒冷古城，另一面是满目疮痍的加沙。因为长时间不降雨，街上的污水恣意横流，经常有夜间枪击案的报道，街上总能看到持枪械者。加沙也存在着强烈的反差：街道的一边是巴勒斯坦狼藉简陋的房舍，另一边则是以色列人华丽醒目的居所，现代化的公寓周围种满花草，站在门外守卫的是以色列士兵。巴以巡逻队四处游走。这些景象让我明白为什么愤恨和暴力事件频频出现在这片土地上。

与我同行的是来自挪威的经验丰富的联合国特使拉森，他拥有巴以双方的尊重，但对于联合国本身，人们却充满了不信任与抵触情绪。有人告诫我晚上开车很危险，即使是联合国的专用车。我还听到类似传言：今晚会有“烟火”。当晚乘联合国专用车从加沙回到耶路撒冷的途中，一位世界银行的官员告诉我说，由于双方对联合国处理巴以纠纷的做法极为不满，一旦暴动，这台车会成为双方攻击的对象。

在耶路撒冷和加沙来往期间，我们遇到了数不清的以色列警方检查站，这使我回忆起早些年在柏林墙路过查理检查站的情形。尽管我听说过许多关于以色列中层官员和巴勒斯坦当局的中层官员之间互有交流，甚至密切合作，但这种跨国界的互相尊重在低层官员中荡然无存。

此次行程中，我频频与双方官员见面，他们都才智过人而且友好，包括毕业于沃顿商学院的巴勒斯坦规划部长和一向雄辩而果断的西蒙·佩雷斯，他曾在一起汽车爆炸事件后一反常态地郁郁寡欢。他很支持联合国开发计划署的这项方案，“我不想对巴勒斯坦的贫穷问题负什么责任，我们自己还没有摆脱贫困。”

我必须与巴勒斯坦领导人亚西尔·阿拉法特进行一次长时间的谈话。他长期面临着死亡威胁，所以其助手建议我们远离窗户。“我们要坐在地板上吗？”拉森特使问道。加沙的电力系统不稳定，在谈话中途停电了，几分钟的黑暗中，屋子里鸦雀无声，谁都没离开自己的座位。

因为其所有研究、行动以及计划都被以色列破坏，阿拉法特始终耿耿于怀，他怀疑我也是受美国政府（他长期的死对头）的委托才有这次的访问。当时，不论西方国家还是阿拉伯官员都不信任他的话。以色列曾断言最近一起汽车爆炸事件的始作俑者藏在加沙，并指责加沙警方未尽全力搜查疑犯，阿拉法特就此事对我说：“即使我在必要时藏在加沙，那里的人民也都认识我。”此次谈话从头至尾他都盯着电视屏幕，电视上正在重播一部美国早期关于海豚的电视剧，叫做《飞宝》。拉森后来对我说，他对动画片也有过同样的狂热。

我与阿拉法特的谈话接近尾声时，我告诉他他的决定十分重要，并且朗诵了肯尼迪最喜欢的诗，这首诗表达的中心是：斗牛士才是竞技场中唯一一个“亲身经历”的人。他大笑，和我手挽手从办公室出来，把我送上车，临别时，他亲密地与我拥抱亲吻，幸好当时没有相机捕捉到这个画面。

如何称呼阿拉法特比较麻烦。以色列不会称其为“总统”，因为这表明他所领导的是一个“政府”，也就等同于领导一个“国家”。因此，他是巴勒斯坦解放组织而并非巴勒斯坦国家的“主席”。就是因为这重要的一点，我的任务以失败告终。我离开后，巴以双方又进行了谈判。以色列断定我所草拟的概念文件中的一个措辞承认了一个“国家”的存在，而巴勒斯坦在这个字眼上坚决不让步。阿拉法特很善于挑拨他的敌人们互相争斗而坐收渔人之利，于是让巴勒斯坦解放组织批准我的文件更是难上加难——如果一方支持，另一方一定会跳出来反对。

当我在特拉维尔夫机场准备乘坐以色列航班回国时，一名以色列安全官员问我此次行程中遇到什么人。我知道一旦回答“亚西尔·阿拉法特”，那会耽搁我回程的时间，我如实答道：“我的大部分会议都是在以色列的外交办公室进行的。”他便挥手示意我登机。

中东计划，我有分。1966年在特拉维尔夫登台演讲时，讲台上有个白色信封，上面写着我的名字。信中写道，

> 尊敬的先生：我几周前从苏联来到这里，我要跟你讲的事情远比潘科斯基（一个为美国和英国充当间谍的前苏联官员，1963年以叛国罪名被处决）事件重要。此时此刻，或许你手里拿着的就是克里姆林宫的钥匙；而我穿着棕色单排扣套装，戴着棕色眼睛，左手拿着《时代周刊》。

演讲结束后，我在出口处见到他，我们到房间详谈。他强烈恳求我向美国政府求助，护送三个携有机密文件的朋友离开前苏联，文件是从前苏联的一个前部长埋葬的文件中找到的。回到纽约后，我将此消息和请求通过麦克·邦迪转达给一名中央情报局高级官员，从此便杳无音讯。

中东冲突，我也有分。1979年12月6日晚，一个德裔或澳大利亚裔男子，自称在提洛尔、沙迦、瑞士、埃及等地有头衔。他试图与爱德华·肯尼迪取得联系，声称能够调停当时的激烈争端——美驻德黑兰大使馆的很多外交人员被关押作人质。

爱德华·肯尼迪参议员团队将此人留给我处理，我下班后他走进我的办公室，身穿飘逸的披风，他介绍自己姓哈利法（一个阿拉伯姓氏），并且给我看了一张他坐在伊朗领导人阿亚图拉·霍梅尼身旁的照片，他自称是该领导人的顾问。他说，霍梅尼表示希望爱德华参议员或是他的个人代表（我）能陪同他去指定的国际中立区。“在那儿，‘我们会释放’一个人质并‘亲手交给他’。”他预言，这个举动可以确保肯尼迪次年当选总统。他说稍后与我联系了解计划的详细情况，然后便消失在夜色中。次日，我写信给哈利法先生，强调肯尼迪参议员与所有美国人一样，希望释放所有人质，而不是一个。在阿尔及利亚的调停下，这些人质于 1981 年 1 月 20 日被全部释放。伊朗声明只有在吉米·卡特退位的前提下才肯释放人质，由于一系列动机不纯的调停和有名无实的提议，美国国务院与白宫屡遭挫败，我所接待的来访者恐怕也是从中作梗的人物之一。

并非所有委托人都坦诚相待。我的一个朋友为一个自诩为沙特阿拉伯公主的人做商务顾问，为她出谋划策，建议如何更好地管理大型企业集团。我给他提供了很多法律和业务援助，令他尴尬无比的是，后来他发现她既不是沙特阿拉伯人，更不是什么公主，既无权无势，也没有经营什么大型企业。

1967 年，我首赴莫斯科。这次行程一方面是开会，另一方面可以顺便带儿子埃里克、史蒂夫和菲尔到前苏联旅游，同行的还有其他人，包括经验丰富的前苏联外贸部长帕托利切夫。在乌克兰，我们游览了我外公外婆的家乡切尔尼戈夫、雅尔塔（二战时期同盟国会议遗址），还有文化之都圣彼得堡（当时叫列宁格勒）。

在莫斯科，我们住在红场对面的历史上赫赫有名的国家酒店，此次文化交流经历十分难得，我的大儿子和二儿子在“先锋”青年营度过了难忘的时光，并且在乒乓球桌上与年轻的共产党员结为好友。

这次旅程接近尾声时，一位全程对我们热诚款待、照顾有加的前苏联官员维克多邀请我们到莫斯科城外的别墅去钓鱼，他说别墅是专门为前苏联的外交大臣准备的。其副手也随行。我们分别乘坐两条船，副手和我的三个儿子同坐一条船，我们两个“长者”则乘坐另一条。这是一次名副其实的“钓鱼”之行。船没驶出多远，维克多便开始谈起我们保持联系的意义有多重要，既促进我们之间的友谊，又促进两个超级强国之间的关系。他随即提议，联系可以加强两国的相互理解，他也可以更明了地了解美国政策。我果断地说道：“维克多，你应该知道，我不会向你透露任何机密情报。”于是我们的谈话转移到其他话题。

第二天，我和儿子们正打包准备回家，他来电话要马上和我谈话。他来之后，我想边收拾行李边谈，他却坚持不在房间谈而要到大厅。我不知道房间里是否装了窃听器，也不知道是否因为他之前的草率而受到上级谴责。他在大厅里对我说："要知道，我昨天并不想为难你，让你做出任何违背你们国家法律的行为。""维克多，"我笑着对他说，"我知道你永远不会这么做。"随后便转身回房继续打包行李。

在宝维斯，有一批年轻同事曾经令我骄傲，后来他们都各奔前程了，其工作领域涉及公共服务、私人企业、联合国、国际法院体系、多边发展银行、发展基金以及各个著名的基金会。我为他们每个人感到骄傲，并且和其中大多数人保持联络。1995 年 5 月 7 日，姬莲把他们中留在纽约的人召集到家里庆祝我的 67 岁生日，我惊喜万分。

能够进入由西蒙·里夫金德和阿瑟·李曼这样的法律界精英所领导的公司，我是何等荣幸，该公司以无偿服务公益事务、律师阵容庞大、才智过人而闻名。这并不是华尔街上沉闷乏味的公司，不是所有委托人都坦诚相告，不是每个案件都有机会胜诉，更不是所有的彻夜奋战都充满乐趣。我在选择委托人以及向委托人提议时都曾犯过错误，也不是整整 42 年都彻底献身于公共利益事业。我在肯尼迪身边的那 11 年是很愉快的，在这里从事私人法律业务则不然，它充满挑战，富于变化，使人有成就感；更重要的是，它好比一场其乐无穷、永无止境的探险，总能发生离奇的故事，遇到非凡的人物。

姬莲、朱丽叶和我的三个儿子埃里克，史蒂夫和菲尔陪伴我走过许多地方。有一次去秘鲁出差，顺便去了趟马丘比丘城；有一次去开罗开完会，便到尼罗河上游度假；有一次去新西兰演讲，旅行社的人说，从纽约往任意一个方向飞行都可以到达另一个半球，于是我和儿子们一起进行了环球之旅，那时他们才十几岁；巴拿马谈判结束后，我们在康塔多拉岛度假，在那儿我第一次见到了托里霍斯将军。最为精彩的是三次非洲之行，其中一次是去野生动物保护公园。唯一可与之相媲美的是全家探险：在美国西部沿着萨蒙河、图奥勒米和科罗拉多河急流泛舟。还有一次是在纽芬兰进行商务谈判，我们去了甘德湖上的总理别墅。有太多快乐的回忆，用约吉·贝拉的话说，余味无穷。

自始至终，我们都是劳逸结合，忙里偷闲，并非光干不玩。

# 第32章 重返政坛

A LIFE AT THE EDGE OF HISTORY

## 1968年，罗伯特·肯尼迪竞选总统

肯尼迪总统遇刺身亡后不久，罗伯特·肯尼迪很快就可能会进行总统竞选，这其实不足为奇。罗伯特知道肯尼迪总统死后，约翰逊自然会接替总统一职，这个时候挑战他是不可能的，也是难以想象的。因此，罗伯特·肯尼迪在纽约竞选参议员而不是总统；当他需要我时，我中断了在科德角的写作，为他准备了几次竞选露面。1966 年 1 月，我搬到了纽约，投了他一票。

1966 年 1 月，我为罗伯特·肯尼迪准备了一份备忘录，总结了他在未来的总统竞选中需要牢记在心的所有的预防性措施。备忘录分三个部分，使用了我一贯的嘲弄手法。首先，我写道："预言的无价值性与可能性的数量成正比。(换句话说，谁知道会发生什么？)"那段包含了所有可能性的偶然因素，将会影响约翰逊总统和汉弗莱副总统在 1968 年和 1972 年的总统竞选的成败。其次，我写道："少数有潜力的、杰出的总统竞选者是很有远见的。"在这一部分，我对民主党参议员、理事及领导者们表达了自己的一些客观看法，其中一些罗伯特并不支持。最后，我提到："提名意味着需要得到绝大多数人的认可，而仅仅一部分人的认可是不起作用的。"在这部分中，我指出 1968 年大选的领先者，比如说约翰逊，不可能直接提名一些地区性的候选人和自己的亲信，也不可能让位给他认为初选可能获胜的候选人，更不可能放弃南部、西部以及农业带的中小州。他需要所有的这些地区以保证获得绝大多数选票。

但是我不希望罗伯特参加 1968 年的竞选活动。在提交完那份备忘录一年

后的夏天，我去了前苏联，告诉一位专为会议作报道的前苏联记者，肯尼迪参议员胜选下一届总统的成功率几乎为零。《旧金山纪事报》发表了一篇名为《鲍勃是零——约翰·肯尼迪的心腹》的文章。不久，我收到了文章的复印件，鲍勃在下面潦草地写着："特德，你是文章作者的朋友？还是它恰巧只是共和党的报纸？！"

尽管如此，我还是继续为罗伯特·肯尼迪准备备忘录，分析如何赢得大会绝大多数代表的选票，这些备忘录有的是应他的要求而写，有些则是我主动写的。除此之外，我还参加了一些分析他竞选成功可能性的会议，其中的一次讨论是1967年10月8号的一个周日下午，在纽约市丽景湾酒店皮埃尔·塞林格的房间里进行的。两个月后，在比尔·梵登·何弗的家中，我说出了对罗伯特·肯尼迪1968年竞选的担忧，他渴望在初选时胜出是没有用的，他不可能在不去考虑吉恩失败的可能性的情况下，作为反战候选人吉恩·麦卡锡的代表进行竞选活动。我的话提醒了罗伯特直言不讳的妻子埃塞尔，她说："特德，这究竟是为什么？阿瑟·施莱辛格在日记上写过你是如何赞扬肯尼迪总统的，现在你为什么对鲍勃这么没信心呢？"

其实，在她看来是悲观主义的东西，在我、爱德华·肯尼迪参议员和他妹夫史蒂夫·史密斯看来，则是政治的现实。这就是我们三个人都反对罗伯特·肯尼迪参加1968年的总统竞选的原因。我们不仅担心向选举负责人否定总统提名的困难，还担心罗伯特·肯尼迪和吉恩·麦卡锡在反战问题上将选票分给了约翰逊，罗伯特·肯尼迪和林登·约翰逊的分离使共和党在秋季选举中占据优势。既然罗伯特·肯尼迪在1972年的总统提名及大选中前途乐观，为什么要支持他参加这次早有指定接班人、成功率微乎其微的大选呢？

这次讨论的另一方由彼得·埃德尔曼、亚当·瓦林斯基和汤姆·约翰逊为代表的参议院人员组成。他们督促罗伯特·肯尼迪去竞选总统，因为这是尽快结束越战的唯一办法。鲍勃对尽快结束越战饶有兴趣，他认为约翰逊承诺建立作战部队、坚决不撤军、漠视以谈判解决冲突的方式，这些都改变了他哥哥对越战的计划。在约翰逊的领导下，美国对越干涉加剧，伤亡人员与日俱增，现在很难想象罗伯特·肯尼迪先会成为反战领导人还是总统候选人。

在反战运动领导人建议罗伯特·肯尼迪作为候选人击败约翰逊时，他刚开始没有同意，尽管他很不乐意将这个机会让给参议员吉恩·麦卡锡——一个肯尼迪家族一直都不喜欢也不怎么尊重的人。

民主党的一个分裂派在未经罗伯特·肯尼迪同意的情况下，打着"罗伯特·肯尼迪竞选总统"的旗帜在新罕布什尔州开始为初选招兵买马，这让他非常不高兴。罗伯特·肯尼迪不想被别人利用，如果在新罕布什尔州有任何的竞选准备活动，他希望由自己挑选的人来领导。他让我到该州劝说那些自行其是的领导者停止行动，我做到了。

约翰逊听说这件事后，他认为我以他的名义停止了新罕布什尔州的肯尼迪活动，于是约我在新罕布什尔州初选的前一天，也就是 1968 年 3 月 11 日在白宫会面。很显然，对约翰逊来说，除了麦克纳马拉，我也是一个例外，因为我是罗伯特·肯尼迪的亲密朋友。在去白宫途中，我到参议院办公室见了罗伯特，他说目前自己的第一要务是结束越战，并让我向约翰逊转达芝加哥市长理查德·戴利的提案，目的是由独立专家组成一流的委员会，对美国在战争中的作用及前景进行研究。

到达椭圆形办公室后，约翰逊将我们谈话的地点换到了他的私人阅览室，这样做也许是想让谈话的气氛更加融洽，或者是为了避免谈话被录音。我们的交谈坦率诚恳，内容丰富，一直持续了两个小时。他坦诚地表达了自己对以下几个人的看法：沃尔特·罗斯托，继邦迪之后的国家安全顾问，与其说他是一位像麦克·邦迪那样的决策者，还不如说他是一位协调者或技术人员；迪克·古德温，约翰逊说自己不怎么喜欢他，是比尔·莫耶斯硬要塞给他的，他强调说迪克直到离开都没赞同过他对越南的政策；阿德莱·史蒂文森，曾经请求约翰逊帮忙，让他代替罗伯特·肯尼迪成为纽约参议院候选人，被约翰逊拒绝后，阿德莱就再没说过他一句好话。

对我来说，总统说话的口吻犹如一位谈论着即将到来的选举活动的候选人。然而，他却说自己不想参加马萨诸塞州的初选，原因是担心这样会迫使爱德华·肯尼迪在约翰逊和吉恩·麦卡锡之间做出选择，他回忆起 1940 年的一件奇事，那时富兰克林·罗斯福让他不要从中阻止得克萨斯州代表团投票给副总统加纳，因为由此导致的不和谐会影响他在秋季的总统竞选。他引用罗斯福的话说道："让他们都将票投给加纳吧。如果没有那 25 票我就不能赢的话，也许我会退出竞选。"约翰逊语重心长地将最后一句话"也许我会退出竞选"又重复了一遍，这暗示着如果今年的大选竞争太过激烈，以至于他不能放弃任何一个州，那么他就有可能与总统大选无缘了。

罗伯特·麦克纳马拉曾经告诉罗伯特·肯尼迪，约翰逊在 1967 年的夏天已经向伯德夫人承诺过自己不会参加 1968 年的竞选；但是他却组织并聘请民意调查人员进行民意调查，所有的这些迹象表明他改变不了参加竞选的心愿。而这次他提到了罗斯福在得克萨斯州的这件事情又暗示着他可能不会参加竞选。

我建议约翰逊采取一两个行动表明他知道外界对他对越政策的批评（我并未向他透露这是罗伯特·肯尼迪让我提的建议）。第一，他应该换掉国务卿腊斯克；第二，他应该任命一个处理越南问题的国家委员会，类似于他组建的处理城市暴力的委员会，由独立人员组成，能够对所有信息做出评价并为未来政策的制订提出建议。在提出这两个建议时，我没有提到芝加哥市长理查德·戴利和罗伯特·肯尼迪。约翰逊回答说戴利曾向他提过相同的建议，并推荐罗伯特·肯尼迪成为委员会成员。他认为如果该提议不是夸口而出并且提议之人知道该怎么做，同时不会对腊斯克造成侮辱的话，它还是有一定的价值的。最后我们讨论了该委员会的成员问题，他让我给他拟一份成员名单，要我推荐优秀人员。

紧接着，约翰逊表示他希望我能重新从事公共服务事业，因为我曾经在公开声明中对他慷慨地评价，比他预料的要好很多。当谈到我和肯尼迪家族的亲密关系和我的反战态度时，他认为我的许多观点有建设性。但是后来约翰逊就没有找过我，也没有给我分配任务，可能是因为我和罗伯特的关系，他怕产生误会。同时，他就我为肯尼迪总统工作期间的表现及在白宫为他的短暂工作给予高度评价，并多次提及我改写国务院给赫鲁晓夫的回信的事，赞扬我用更友好的语言表达出了信的宗旨。

第二天，在新罕布什尔州的竞选中，罗伯特·肯尼迪原以为林登·约翰逊会取得成功，但麦卡锡表现得出人意料地精彩，这改变了整个政治动态，不仅促使罗伯特·肯尼迪准备参加竞选，同时也促使林登·约翰逊打算成立一个独立的国家委员会。据称，麦卡锡和他的部下把明尼苏达州的竞选看成是能否获得总统候选人资格的关键。无可厚非，如果罗伯特·肯尼迪现在参加竞选，而不是一开始就参加，他会被认为是利用麦卡锡的努力来企图获得候选人资格。

又过了一天，当时我正在纽约北部的一个大学里做演讲，演讲刚刚结束我就接到紧急通知，让我打电话给白宫。电话中，约翰逊总统告诉我，他正在考虑成立一个委员会，希望我提供委员会成员名单。最后我到达罗伯特·肯尼迪的住所已经是午夜一点了。他告诉我早上约了国防部长克拉克·克利福德，让我陪他一起去。我睡了几小时，就和他飞往华盛顿了。

在五角大楼里，我和罗伯特·肯尼迪力劝克利福德接受组建对越委员会的提议，因为只有这样才能使美国退出这场不公平、不受欢迎的战争，不至于丢脸。在前往华盛顿途中，我匆忙在黄色的便笺本上写下了委员会成员名单，名单中一共包括 39 人，这些人都是先前在各个领域非常优秀的人，其中包括：国际事务方面的赖肖尔、凯南、鲍尔、吉尔帕特里克、邦迪、凯森、哥登堡、乔·约翰逊、赖特、约斯特和杨；军事方面的里奇韦、诺斯塔德；国会参议员贝耶、蒙代尔、卡尔森、安德森、欧文和艾肯，布拉德·穆尔斯；政府和政论界的有艾奥瓦州州长休斯、罗得岛州州长查菲、前州长托马斯·杜威和大卫·贝尔；学术界的K.布鲁斯特、基辛格、费尔班克、巴尼特和涅夫·布热津斯基；商业方面的海因曼、鲁萨、欧文米勒和G.豪格；媒体方向的考尔斯、多诺万；以及有志于成为总统的麦卡锡、罗伯特·肯尼迪、尼克松和洛克菲勒。

罗伯特明确表示，如果约翰逊总统找不到方法停止越南的战争，他将竞选总统候选人，以此来阻止战争。克利福德指出罗伯特根本就没有机会赢得总统候选人的提名，即使获得了提名，民主党党内的分裂也会导致共和党人在秋季选举中取得胜利。对于这些情况，几个月前我和参议员爱德华·肯尼迪、史蒂夫·史密斯已经向罗伯特分析过了。

通过这次讨论，国防部长克利福德同意和总统会好好研究一下是否成立委员会。像所有克拉克处理过的案子一样，这是一次友好的对话，但是我和肯尼迪并不知道结果是什么。在我们驾车返回罗伯特办公室的途中，他再次强调这次谈话将会是结束战争的最后一次机会。也就是说，如果这次谈话没有取得任何进展，他就决定参加竞选。就我个人而言，我希望成立委员会的提议可以通过，这不仅仅停止了对越南的战争，同时也避免了罗伯特·肯尼迪那年竞选总统。

到达他办公室的几小时后，克利福德打电话给我，告诉我他和约翰逊总统的研究结果是他们不能接受我们的提议，他反复强调总统不会让外人替他作决定，在越南问题上也不会听从任何人的决定。我们就这样结束了通话。从那时起我就知道约翰逊总统最后还是听从了克利福德的意见，他认为成立委员会的整个提议是鲍勃耍的手段，目的是陷害他。同时罗伯特·肯尼迪也决定参加竞选。他说这是他的责任，因为只有他赢得选举才能结束美国对越南这场灾难性的战争。当天晚上就在罗伯特·肯尼迪的希考里山庄召开会议，与会人员都是他的亲信，他们不断提出宝贵意见，想方设法帮他进入候选人名单。

几个月以来，我们这些人一直就罗伯特·肯尼迪参加竞选的问题进行探讨。但是在希考里山庄的那天晚上和接下来的一整天，表面上我们还是和往常一样讨论着，可实际上我们所考虑的已不再是他是否应该参加竞选，而是怎样进入竞选并最终获胜。麦卡锡的下一站竞选地点是威斯康星州，爱德华参议员秘密前往告知他罗伯特·肯尼迪将会参加竞选，希望他能和肯尼迪联合起来战胜约翰逊。毫无意外地，麦卡锡拒绝了，因为他有陆军、有钱、有竞选势头，完全没有必要与罗伯特·肯尼迪联手。爱德华迅速乘私人飞机返回向我说明了此事。几小时后，我和爱德华、罗伯特乘车前往参议员大楼，罗伯特举行了大型的记者会宣布他将竞选总统的消息。

这些事情都发生在一周之内：周一，我和约翰逊总统会面；周二，参加新罕布什尔州的竞选；周三，我和罗伯特·肯尼迪同国防部长克拉克·克利福德见面会谈；周六，即3月6日，罗伯特·肯尼迪宣布参加竞选；周日晚，罗伯特·肯尼迪就成立委员会的提议发布声明，内容如下：

> 索伦森先生想成立委员会的想法，并不来源于我，也不是我的意思。他没打算将我纳为委员会的一员，更没有把这个想法和我参加竞选联系在一起（实际上，这个想法来自戴利）……两天后，白宫打电话给索伦森先生，约翰逊总统打算采纳这个提议并要一份委员会成员名单……我明确表示，如果这不是总统先生搞公共关系的花招，如果总统关于委员会的宣言及成员之间有一个明确的想法，并且他们成立委员会的目的是为促进越南和平，那么我就不参加竞选……但几个小时后，克利福德先生打电话说，约翰逊总统还没有成立委员会的打算……事情再明朗不过了，我知道只要林登·约翰逊还是美国总统，我们对越南的输出只会是越来越多的战争、军队和杀戮，以及对国家的不断的摧毁……

罗伯特·肯尼迪宣布参加竞选后，我就飞回纽约，当时有弗雷德·达顿陪同他在堪萨斯州进行选举，那也是他竞选的第一站。经过那么多无眠的夜晚，一回到纽约我倒头就睡。午夜时却被弗雷德打来的电话吵醒了。他告诉我克利福德在他召开的记者会上声称“罗伯特·肯尼迪想通过组建委员会的方式来达到接管政府的目的，但因为后来计划失败了，所以他才生闷气打算竞选总统”。弗雷德还说，罗伯特·肯尼迪希望我尽快召开记者会予以直接反击。我同意了。几周后，在一次战略会议上，罗伯特·肯尼迪挨着我坐，问：“记者会上究竟发生什么事了？”时至今日，我仍清楚地记得弗雷德那天打来的电话，它使我想起了在竞选期间人们都是那样过分地劳累着！

同周的一天，在罗伯特·肯尼迪家吃饭时，他说他希望我能去华盛顿和爱德华参议员以及史蒂夫·史密斯一起为竞选做准备。几天后我便飞往华盛顿，开始了我们的工作。因为我们曾经在其他竞选活动中多次合作，所以我们三个合作非常愉快。但正是从我们三个主力兵身上可以看出，那一时兴起的竞选有多么仓促，准备得多么不充分。演讲稿内容重叠，撰写人之间意见不合，甚至彼此怨恨，这些都无可避免。尽管罗伯特有他自己的撰稿人，但在演讲稿问题上他还是需要我的帮助或者让我给他提些建议。亚当·瓦林斯基主要负责罗伯特·肯尼迪的演讲稿，他是一个极其聪明且开放的人，他说“虽然我可以成为鲍勃的‘特德·索伦森’，但真正的索伦森出现了”。

一些新闻报道把我这样充满活力的老将和亚当那样的年轻人说成是罗伯特·肯尼迪内阁中的保守派。我的朋友阿瑟·施莱辛格甚至在一篇名为《旧政策与新政策》的文章中尖锐地强调“罗伯特·肯尼迪千万不要被过去那些有旧思想的人影响”。在过去的几年中，我一直是这个屋子里最年轻的人。现在，我突然间怎么就成了保守派中的一员呢？我还不到40岁啊！

在那短暂的悲剧性的竞选中，我最主要的职责不是撰写演讲稿，而是出谋划策、制定战略、分析各代表团成员，甚至有时代表候选人演讲、联系民主党领导人。有一次，一位在我为约翰·肯尼迪总统工作时就认识的纽约民主党的高级官员来到华盛顿，要和我讨论竞选事宜。肯尼·奥唐奈听说这件事，给我打了个愤怒的电话，要求我取消约会，而那时那个官员已经在接待厅等待了。据我所知，肯尼·奥唐奈在那次竞选中没有任何官方的任职，我不知道他阻止我是为了什么。现在回顾起来，可能是因为他长期都对我怀有敌意。

正如以前我为约翰·肯尼迪所做的一样，这次我也帮罗伯特·肯尼迪准备了记者会和辩论会。同时罗列出了一些问题，我知道这些问题很尖刻，但仍没有删减它们，因为记者们一定会提及。问题包括：

> 如果您成为总统，会给美国做出什么成就呢？这些成就中难道也包括窃听马丁·路德·金先生的电话吗？您怎样解释和参议员乔·麦卡锡之间的合作？您有11个孩子，对于第三世界的人口问题，您的观点是什么？为什么当吉恩·麦卡锡在新罕布什尔州获胜后，您才开始竞选呢？

关于与麦卡锡的竞争，我给了罗伯特·肯尼迪几点建议：“行头方面，尽量让自己成熟、尊贵、严肃、高雅……既不过时又不虚幻……不要说太多痛苦的事，自信一点，多些笑意……”

3月31日晚，我和朋友们聚集在罗伯特纽约的公寓中，收看约翰逊总统的最后一次电视演讲。我们都希望在演讲中他能表示停止越南战争，但最后他宣布他将退出总统竞选，当时我们就震惊了。我提议，罗伯特应该和约翰逊总统举行一个友好的告别会议，至少要表示和总统的和解，并希望他在接下来的竞选中保持中立。罗伯特·肯尼迪认为这个主意不错，便叫我去安排，要我陪同出席。

1968年4月3日，星期三，上午10点，我和罗伯特·肯尼迪被护送前往内阁会议厅，因为告别会议就在那儿举行。我小声对他说："或许在印度谈判会议厅举行更适合。"

总统先生精神矍铄，他抱着孙子朝我们走来，接着还让他八个月大的孙子给我们表演走路。在随后的1小时40分钟里，我们共同探讨了越南问题，总统先生还给我们看了有关和平对话的最新新闻报道。坐在总统两侧的是他现在的两位助手，一位是国家安全委员会顾问沃尔特·罗斯托，另一位是总统的法律顾问查尔斯·墨菲，我和罗伯特·肯尼迪对他将在退职演讲中强调和平问题表示敬意。

整个谈话都很坦诚，令人深受抚慰。这次谈话都是林登·约翰逊总统在讲，他说他和罗伯特·肯尼迪由于政治观点不同而长期分歧，还说罗伯特·肯尼迪曾抨击过他多次。罗伯特对于他们关系的恶化也表示深深的遗憾。约翰逊总统说："大部分都是我的错，是人们想方设法把我们分开，你我都深受煎熬。"

约翰逊总统停止谈政治打算结束会议时，罗伯特·肯尼迪坦率地就下一届总统竞选提出问题："在竞选中我应该代表谁的立场呢？您会极力反对我吗？会成为我竞选中的主要反对势力吗？"约翰逊总统回答说："我不想参与竞选的事，尽管不参加竞选不是我的本意，但我着实被反战情绪吓到了……如果我早想到怎么把整个国家团结起来，我自己就去竞选了"。

随着会议的进行，约翰逊总统越来越成熟、老练。他在尽力说明，如果他参加竞选，他和罗伯特·肯尼迪会持一样的立场。他对罗伯特·肯尼迪说："我对休伯特，也许就像特德对你一样……我想你明白，肯尼迪，我并不恨你也不讨厌你，到现在为止我还是认为肯尼迪和约翰逊可以是合作伙伴"。接着，约翰逊总统又回顾了过去几年，他说他从未想过要当总统。1964年时，他极不愿意不参加竞选，但最后由于种种原因他还是成为总统。即使这样，自成为总统的第一天，他就在期待任期结束。他不断强调这些年他都在贯彻和落实约翰·肯尼迪总统的政策，如果约翰·肯尼迪在天之灵看见了他所做的一切，都会感到欣慰。

最后整个会议气氛变得很温馨友善。总统先生最后重申，他退出竞选是为了不让那些他无法战胜的人利用他的和平政策。罗伯特·肯尼迪清了清嗓子说："总统先生，您是一位英勇的、甘于奉献的人。"他说这话时呛了一下，约翰逊总统没有听清。也许他听见了，还想再听一次，所以罗伯特·肯尼迪又重复了一遍。

在互相赞赏的友好氛围下，这次会议结束了。当我们要离开时，总统对我说："如果你不来的话，今天这一切永远都不会发生。"这句话有多种解释，但我还是将它看成是一种赞美。听特工人员说，我们离开后，汉弗莱拜访了总统。

在回去的路上，我们就刚刚和约翰逊总统的会面小谈了一下，也没有进行深度探讨，因为我和罗伯特都认为这次谈话很成功，可以借助林登·约翰逊的中立立场延缓汉弗莱过早地进入竞选。第二天，马丁·路德·金被暗杀了。我仍然记得1965年，我在亚特兰大做有关电子线路发展的演讲时，我和马丁·路德·金进行了一次热忱友好的电话谈话。虽然我们并未谋面，但我一直敬仰他。他的遇刺使我和罗伯特想起了1963年11月可怕的那一天，就在那天约翰·肯尼迪总统遇刺身亡。

目睹了黑人在印第安纳波利斯集会那令人震惊的场面，罗伯特·肯尼迪做了他一生中最有力的最感人的即兴演讲，恳求国内和平和正义的存在。随后他在华盛顿的家中打电话给我，让我考虑一下关于明天在克利夫兰市的演讲，并在一小时后打电话给我。我挂上电话，抓起笔来，脑中浮现的是马丁·路德·金被刺杀的画面，而不是约翰·肯尼迪被刺杀的画面。我迅速在纸上写下了这样一段话：

> 在美国，暴力血腥一直威胁着人们，这不仅仅是党派间的问题。暴力下的受害者有黑人也有白人，有富人也有穷人，有年轻人也有老年人，有赫赫有名的也有籍籍无名的，但他们都被别人爱着同时也被需要着。命运变幻莫测，而生活更是坎坷多舛，无论你住在哪里，从事什么行业，没人会保证你不会遭遇血腥的杀戮，所以暴力血腥一直在不停地继续着。但这是为什么呢？暴力又能解决什么问题……无论他是法律允许范围内还是法律之外，无论是一个人还是一群人，无论他是冷酷还是热心，无论他支持暴力还是反对暴力，只要任何美国公民的生命受到威胁，那么整个民族都会被看成是低等民族……我们这个自称为文明社会的民族正忍受着不断的暴力……
>
> 每天从报纸上得知其他地方的杀戮时，我们总能从容对待。在电影和电视中看到厮杀的场面，我们把它当成娱乐。我们允许，甚至有些美国人激发不同种族不同宗教间的仇恨。在一些富有的城市中，他们不在乎贫穷和不平等的存在，正是这些造就了犯罪、挫败和紧张的局势。
>
> 一些美国人在国外讲学布道，提倡和平反对暴力，但在国内却无

所作为。一些人谴责他人煽动暴乱，而他们自己却恰恰如此。一些人会为自己的罪行寻找替罪羊，另一些人会寻找合谋者。从这些可以看出，暴力带来的还是暴力，镇压只能引发报复，只有清洗整个社会才能把罪恶从我们的灵魂深处清除……

一小时后罗伯特打来电话，我不知道他在飞机上还是在酒店的房间里，我读，他记录。随后，他的工作人员把我写的这段话加入到他们起草的演讲稿中。现在，我只记得那一夜是不可避免的灾难。《罗伯特·肯尼迪传记》的作者杰克·纽菲尔德这样写道："现在，这篇演讲稿也可以作为罗伯特·肯尼迪的墓志铭了。"40年之后，在2006年上映的电影《鲍勃》中，也用罗伯特·肯尼迪演讲的场景作为整个电影的结束。这个场景一直深深的震撼着我。

在竞选期间，我写过这样一封信给我的儿子：

选举依旧惨烈……在对抗汉弗莱的选举中似乎困难重重……在这场竞选中，我是以纽约候选人代表的身份参加的，最后以3比1败下阵来。正因为竞选，我去电台、电视台，甚至是舞厅、别人家或者小区的角落里。但是，总的说来，我日日夜夜都呆在国家竞选总部里……这是一个美丽的春天，阳光明媚、空气清新，这种天气很适合打垒球，但我没能拥有机会……

罗伯特·肯尼迪的竞选进展得很成功，几乎赢得了每场主要的竞选，其中包括内布拉斯加州的胜利。我的弟弟菲尔在内布拉斯加州的竞选中起到了关键性的作用。还记得两年前，菲尔竞选内布拉斯加州的州长时，罗伯特在他纽约的公寓中为菲尔举行了一次募捐活动。打开那本以曼哈顿天空为背景的备忘录，菲尔说："这张照片就是我赢得州长竞选时，内布拉斯加州报纸上的照片。"

到了6月，罗伯特·肯尼迪在俄勒冈州的竞选中失败了，他知道很有可能在加州的竞选中败下阵来，从而失去竞选总统提名的机会。受罗伯特·肯尼迪的要求，我在加州竞选的前一周到处去拉选票。奇迹还是出现了，从富人到穷人，从黑人、拉丁美洲人到白人，从老年人到年轻人，大家都选择罗伯特·肯尼迪。这次竞选是我经历的最具理想主义的、最有活力的、最热情的一次竞选，和2008年奥巴马的选举一样。

对于民主党来说，1968年的竞选是许多方面的一个转折点，因为它重新定义了民主党的将来。这场竞选不像以往一样停留在领导人和某些组织的层面上，它深入到乡村、内陆城市，不像以前一样仅仅厚颜无耻地高举道德主义的旗帜。

得知罗伯特·肯尼迪在加州竞选获胜时，大家在洛杉矶宾馆的房间里高兴得庆祝了起来。在离开加州之前，我和史蒂夫、爱德华参议员还要为罗伯特准备第二天一整天的会议，罗伯特邀我到浴室——整个房间唯一安静的地方——简单地谈了一下明天会议的事情，随后他便去了大使馆舞厅和他的支持者们一起庆祝。在我们的谈话中，他谈到了上周在俄勒冈州竞选的失败，也谈到了接下来几周我们可能会去罗马尼亚，所以时间很紧张，也谈及了在海厄尼斯港建立一个代表团总部的设想，到时候将邀请包括倾向于汉弗莱的所有来自东海岸的代表。我们还谈及州代表大会和全国各州委员会的情况。

在我们短暂的谈话之后，我就上楼去看电视，电视上正在直播罗伯特·肯尼迪在舞厅庆祝的情况，只见罗伯特在舞厅慰问并感谢那些支持他的人，离开前他说："现在让我们进军芝加哥，胜利在那里等着我们！"他穿过厨房离开了舞厅，我骄傲地看着这一切，突然间噩梦重演了，我几乎被震晕了，我不敢相信我所看到的一切。这样的场面怎么又重演了？这到底是怎样一个世界？在人们欢呼声与鼓励声中，在所有的安保措施中，当他一步步向总统靠近时，悲剧再次发生。

我和其他人都赶到医院，等到的是最终的噩耗。约翰逊总统也在白宫打来电话，表示他最真诚的同情和最深切的悲痛。返回华盛顿后，我又回到了纽约，因为罗伯特·肯尼迪的葬礼在圣帕特里克举行，最后他被安葬在他哥哥约翰·肯尼迪身边。

星期五，我所在的律师事务所决定在罗伯特·肯尼迪葬礼的前一天向他致哀，于是下午我们便举行了追悼会。他们让我代表讲话。我悲伤不已，言语根本无法表达我当时的心情。最后我就讲了下面几句：

> 对于我们这些认识他的人，甚至对于整个美国来说，罗伯特·肯尼迪的死都是一个悲剧。他大胆的言论无疑使他备受争议，我相信在罗伯特·肯尼迪政府的领导下，美国能治愈多年的伤疤。人们也渐渐从约翰·肯尼迪总统过世的悲伤中走出来。越南地区趋于和平，国内的公民权得到充分发展——在这些方面，甚至在更多方面，罗伯特·肯尼迪将带华盛顿进入又一个黄金时期。

罗伯特·肯尼迪的死无疑使汉弗莱成为了最有希望的总统候选人。一位朋友曾经这样比喻汉弗莱的现状：他犹如长期关在笼中的鸟儿，一旦解脱便直冲上天，在天空盘旋，观察周围的环境，尔后又精力十足地冲着一个方向极速飞去。代表大会召开的前一个月，副总统汉弗莱邀请我去纽约市。他并不是我一直以为的那种长期兴奋的“勇士”，相反他满腹牢骚满身防备，话语十分愁苦。这着实让我震惊。

爱德华参议员决定不再支持民主党内的其他提名候选人了，自己也不再竞选总统或副总统了。对于他的退出，他的妹夫史蒂夫·史密斯和芝加哥市长戴利都不敢确定。后来，史蒂夫又和我谈了一下汽车工人联合会主席沃尔特·鲁瑟以及其他人竞选的事情。一些关于我操控他们竞选的谣言就此传开了。

我打电话给爱德华，告诉他可以冷静之后再决定要不要参加竞选，但他应该让我们这些支持他的人知道他的决定。最后，他打电话告诉戴利他不打算参加竞选了，无须争取提名。这样，包括我在内的肯尼迪代表团都转而支持乔治·麦戈文参议员，他曾是约翰·肯尼迪的助手。最后麦戈文也没有胜过汉弗莱，4年后才获得提名。

记得一个月前，我和罗伯特·肯尼迪的合作曾被汉弗莱集团指控，他们谴责我向媒体说，汉弗莱对他见过的每一个南方参议员都说要让他们当副总统，这简直是一派胡言。一天晚上，汉弗莱在人群中认出我，大声喊道：“特德，我希望我南下前能再见你一次，你对副总统这职位感兴趣吗？”周围的人都笑了。芝加哥会议结束后，汉弗莱的顾问鲍勃·肖特私下告诉我，在四位副总统名单中我的呼声很高。埃德·马斯基参议员被提名为副总统之前，汉弗莱曾向爱德华参议员询问过缅因州的埃德·马斯基和俄克拉何马州的弗雷德·哈里斯参议员哪个更能胜任副总统的职位。爱德华回复汉弗莱说他认为在民主党内的讨论会更有效地解决这一问题。爱德华说，到时他会极力推荐我。由于种种原因，最后汉弗莱还是决定在马斯基和哈里斯之间选择。这么说来，我索伦森也曾“景气”了一把，只是这事悄悄进行了，连我本人都不知晓。

1968年在汉弗莱的竞选过程中，我没被安排什么工作，而我也确实没做什么。尽管这样，那年秋天我也过得很好，因为我和姬莲相爱了，也得到了更多优先权。汉弗莱认为他马上就能击败理查德·尼克松成为美国总统。有时我在想，如果罗伯特·肯尼迪没有死，并且获得了提名，那他会把一个分裂的民主党重新组织起来，进而获胜成为总统。如果真是这样，他又会是一位怎样的总统呢？

## 1970年参加参议院竞选

早在1966年我搬到纽约时，当时作为参议员的罗伯特·肯尼迪就不断地鼓励我加入参议院，实际上也是他一直敦促我加入参议院。在他的提议下，我被提名为制宪会议委员，随后成为研究如何恢复纽约州民主党活力的特殊委员。我们在整个州内举行听证会，罗伯特·肯尼迪死后听证会仍然进行。正是通过这些会议，我认识了许多新朋友和支持者，他们鼓励我敦促我进入参议院接任肯尼迪的职务，接任他的工作。虽然我毫无经验，但我认为应该听听群众的呼声。

罗伯特去世后不久，9名内布拉斯加州民主党人联名写信给纽约州共和党领导人纳尔逊·洛克菲勒，向他提议让我接任罗伯特·肯尼迪的工作。但纳尔逊·洛克菲勒根本就没理会，这一点也不奇怪，因为我是民主党人。这时，作为密歇根州委员会委员的约翰·马丁，也就是我未来的岳父，向洛克菲勒州长极力推荐我，并为此安排一次会议。他和洛克菲勒大学时曾是同学，他们是很久的朋友了，帮助我的还有洛克菲勒的外交顾问亨利·基辛格。

1968年7月13日，星期六，早上，我和州长先生在他第五大道的公寓中共进早餐。他告诉我，除了我之外另一个最有希望坐上罗伯特·肯尼迪位置的人就是纽约市市长约翰·林赛，林赛也非常想坐上这个职位。由于林赛和洛克菲勒不和，所以洛克菲勒不希望林赛成为参议员。他还表示我是唯一一个他给过肯定评价的民主党人，当然，他是希望在他争取总统竞选提名时，我可以帮他“搞搞气氛”。但他还得考虑到一些共和党领导们的反应，他们将非常气愤，不会同意委命民主党人为参议员的，最后的结果仍是共和党人查尔斯·古德尔当选了参议员。

我在私人笔记本上匆匆记录了我们那天交谈的内容：

> 这次交谈让我看明白了洛克菲勒先生的想法。他任命我为参议员的目的只是为了让我帮助他获得共和党内总统候选人的提名……如果共和党因为我的出现而四分五裂，那么他就能被提名，以处理党内分裂……他非常希望能找到像上届参议员罗伯特·肯尼迪这样水平的人……

经过这件事，我对政治突然“狂热起来”。我要实践、行动，而不仅仅是做演讲写报告。两年后，当查尔斯·古德尔短暂的任期结束后，我决定再次参加参议院的竞选。我在候选人宣言中写到："我的竞选不代表任何党派、任何部门，更不代表哪个集团，我也不是什么纯粹的政治家。"

对于这次参加竞选我考虑得一点也不充分。我记得南卡罗莱纳州的一位朋友弗里茨·霍林斯参议员说过："参加竞选最好的情况就是自己强大、努力、所向披靡。"但在1970年的民主党竞选时我却有三个强大的对手。他们都多次参加过竞选，同时也是经验丰富的募款人员。一位是来自威彻斯特郡的国会议员理查德·奥汀格，一位是来自布法罗的国会议员大理查德·麦卡锡，最后一位是来自纽约市，曾参加过民主改革运动的前议员保罗·德怀尔。我才发现，我为政府工作了多年，竟没有一个显赫的身份。

我的两个朋友——曾被任命为劳工部部长和最高法院法官的阿瑟·戈登堡和曾经为和平队工作过的莫里斯·艾布拉姆——加入竞选行列，使竞争愈加激烈。1969年8月22日，里夫金德法官认为在宝维斯律师事务所应该把一些事情讲清楚，他是这样说的：

> 竞选开始后，无论最终谁取得胜利，民主党的候选人都是非常杰出的……我们担心在竞选过程中事务所内不但没有该有的紧张气氛，反而影响我们整个办公室的士气。我们不再增聘合伙人或者员工……当然，如果事务所的人员愿意为竞选者可以提供帮助和无偿服务……那他们必须保证不会影响到事务所……我们也支持大家在空暇投入到政治活动中。

当时，在纽约州民主党内提名一共分两步。首先，民主党委员会将推举出一名候选人，但在党内的初选中其他候选人也可以参加竞选。据我和约翰·肯尼迪一起工作11年的经验，我知道要获得委员会的支持，钱并不是决定性因素。于是我仿照1960年约翰·肯尼迪争取总统提名时的方式，开始在纽约州内不断奔走。我参加每一个民主党的餐会和会议，向每一位党内领导和民主党官员说明我的竞选构想。在初选会议上，我首战获胜了。但在那个动乱的年月，有委员会的支持也不见得是好事，有时甚至会变成坏事。改革者认为，委员会对我的认可是反对我的一个标志。地方党组织也没公证在初选中我是大众投票的获胜者。最后，纽约州民主党委员会和地方党组织都不为我的竞选提供资金援助。

这是我第一次摆脱顾问的角色，真正为竞选作一次决定。我怀疑我能否胜任这个角色，但是我尽力了。在竞选演讲中，我谈到了越南、以色列的问题，还涉及了麻醉剂和环境问题。我没有在某一方面比其他的候选人特别杰出，我只是在不断强调我和约翰·肯尼迪一起工作的经验以及取得的成就。我意识到我需要有自己的政治观点，有自己的政治特色，但我还是不能做到不把我和肯尼迪的名字紧紧联系在一起。一位专栏作家指出，在我以“约翰·肯尼迪信任我”为口号的竞选中，唯一的优势就是约翰·肯尼迪已经去世了，他不能再站起来争取我的权利了，并把我的演讲说成是宣传“陵墓政策和恋尸政策”。

在初选中，我迎来了42岁的生日，想到竞选的艰辛和恶劣，我写下了这样一首诗：

《时报》《邮报》最是可怕，
也不敢在《新闻采访》发表言论；
我两手空空，关系不通，
在竞选的道路上竟越走越远，
未来竞争漫漫……
我看到一场硬仗，
夜以继日地战斗才能不被超越；
我仍然感谢在我身边的人，
你们如此出色，
还有我卓越的同舟人姬莲。
在我43岁的那一天，
我希望我们在大厅庆祝。
不再畏难，不再回避，
我在此发誓，
在华盛顿疯狂一夜。

姬莲确实是一个非常优秀的竞选者，《宾厄姆顿太阳报》评价她“总是充满力量，自信满满”。《信使快报》称她“学识丰富，表达力强……她的魅力和热情能帮助赢得竞选”。当然，前提必须是她帮助的候选人实力更强。

有一天在皇后区的公园里，一位中年妇女问我：“如果你被选为参议员，你会把路边木板上的钉子拔掉吗？”我不清楚路边的木板归哪个政府部门负责，他们可能很厌烦这种问题，从来就没有给过一个完整明确的回答。我给了她一个表示我很感兴趣的微笑，说：“我竭尽所能。”她严厉地对我说：“这是远远不够的！”然后就大步走开了。

我打算在新闻上公布我的反犯罪方案，所以要求国会议员布朗克斯举行一次记者会。国会议员是出现了，但是摄像机没来，这件事让我很尴尬。同样，我打算让电台为我的竞选做一次宣传，结果还是失败了。因为那个采访员很想看看我处理尖锐问题的能力，他提了许多不友善的问题，这些问题无论我怎么回答，听众都会以为是我做得不好，最后我也放弃了电台宣传。

以色列总统果尔达·梅厄在一次声明中高度评价我在莫斯科力劝前苏联政府批准犹太人和以色列人移民的事。他说："索伦森先生的声明起了重要作用。在他之前，没有一个人有勇气站在苏联的土地上说这样的话，就这一点，他应该得到尊重。"《耶路撒冷邮报》报道了果尔达·梅厄的声明，但该报在纽约的发行量很少。

整个竞选过程中最有建设性的事情应该是，我和我的搭档马克·奥尔科特代马尔科姆·伯克提出的诉讼。我们曾经在新闻报道中强调过美国《宪法》和纽约以前的法律都曾明确禁止公民被派往外国打仗，而马尔科姆·伯克正好是即将被派往越南的士兵，他在看到报道后就到我们的总部找我代他起诉。

在美国公民自由联盟的杰出律师们的帮助下，我们起诉了国防部。美国联邦最高法院法官拜伦·怀特命令政府在短期内不能派伯克去美国以外的任何地方。就纽约东区联邦地方法院允许尼克松总统侵略柬埔寨的决定，我在地方法院组织了辩论。我说这个决定没有得到国会明确的认可，他的这种行为违反了《宪法》，所以他不能派遣像我当事人这样的美国年轻公民去国外参战。其中有一部分，我是这样说的：

> 请法庭明鉴，我们今天所讨论的问题已经非常清楚了，这个案子的关键点就在于，关于越南战争，国会是否真的明确表示过我们国家应该参与到这场战争中……从在政府下达的声明中，第13页明确表示，"原告显然认为国会下达的指示不是它表面的意思。"
>
> 我们已经看到国会是怎么说的了，现在显然政府很想让法庭相信，国会真正的意思不是它纸上所写的意思。

这个案子和奥兰多的案子，使联邦法院第一次重视越南战争的问题。不幸的是，法院最终裁决越南战争是得到过国会批准的。结果是我们输了，但是这个案子在整个司法审查中都被当做是一个检验战争是否违反《宪法》的典型案例。尽管我们没有取得最后的胜利，但伯克在越南给奥尔科特写信，表达对我们的深深感激。

许多支持我的人都纷纷为我的竞选筹集资金，这使我深受鼓舞。但我筹集到的资金远远不及我的主要竞争对手，其中一位是国会议员理查德·奥汀格，他的妈妈就给他提供了大量资金。我不喜欢也不擅长筹集资金，这是我竞选中的明显障碍。

我也从没尝试过，也没期待过，更没接受过来自肯尼迪家族的经济援助。在纽约州民主党的年度晚宴上，爱德华·肯尼迪参议员做了一次演讲帮我筹集资金，并举办了一次筹资活动帮我减轻债务。

在整个竞选过程中，我有点狂妄自大。对纽约来说，我还是新来者，毫无政治根基。作为约翰·肯尼迪的顾问和稿件撰写人时所取得的成就都不是发生在纽约，我所受的教育和培养也都不是在纽约州完成的。罗伯特·肯尼迪竞选纽约州参议员时十分信赖的一位国会议员告诉记者："特德·索伦森曾经是罗伯特·肯尼迪竞选参议员时的救世主，现在居然在纽约连投票的资格都没有了。"虽然他说的不完全是事实，但他却直指了重点。

我的竞选给纽约自由派年轻一代的批评家们制造了机会，他们指控我为成为宝维斯的律师放弃了自由主义的原则。他们还指控我在离开白宫之后继续从事了政治事业，而不是如我原先决定的那样去赚钱。他们指控我离自由主义越来越远。一位批评家写道："索伦森根本就没有看到美国发生的变化。"1966年，我还在通用汽车公司做事，尽管我已经建议通用汽车公司的总裁詹姆斯·罗奇发表公开道歉，仍然有人抨击我们请私家侦探调查汽车安全评论家拉尔夫·纳德的事。实际上，我已经在一个私营企业找到了一个很好的工作，它的薪水比政府机关要高很多。我一直不理解20世纪60年代末和70年代初的那些反战自由人士的激进思想。这听上去很讽刺，很多民主党自由派成员认为我太重权势，而民主党掌权者却认为我太过自由开放。

《纽约时报》的编辑评价我："索伦森算是竞选者中最有智慧的人，也是最可信赖的人，他为参议院的辩论会做了很多努力，对参议院的对外交往也做出积极的贡献……毫无疑问，他会十分关心国内和国际大事……"最后，他们却选择了奥汀格。

有人说"索伦森做得也很好"，很明显，大多数人还是不认同的，所以我落选了。我此次竞选活动的负责人格伦·范·布雷姆和他的助手都很卖力，即使工作量很大他们还是保持热情。从4月2日得到州委员会的首次认可到6月23的初选，整个竞选历时将近3个月，这段时间有难忘的挫折也有快乐的回忆。这段时间我的哥哥汤姆一直做我的军师，有时他甚至会冒充我进行电话采访。我记得在初选那天晚上，我含泪向他道歉。一是因为我在初选中遇到挫折，辜负了他这么长时间的努力。二是因为我们的母亲在久病之后于初选的前一天晚上去世了，我们都非常悲伤难过。

许多以前在白宫工作过的同事也都在全国各地参加了竞选，但结果却不乐观。皮埃尔·塞林杰输掉了在加州的参议员竞选。肯尼·奥唐奈在马萨诸塞州输掉了竞选。萨格·施赖弗在马里兰州输掉了州长的竞选。沿着约翰·肯尼迪成功的足迹，我们都以为已经知道了怎样去竞选，事实证明，那是远远不够的。

参加纽约州的竞选之前，布朗克斯县县长帕特·坎宁安希望我接受他在委员会的职位，挑战我在白宫工作时就很敬重的国会议员乔纳森·宾厄姆，我谢绝了他的邀请，我不想因为一个较低的职位而放弃两年参议员的职位。尽管当时我没有充分考虑到参议员竞选的种种可能性，但直到今日我仍不后悔我的选择。在短暂的选举中，我学到了很多东西，吸取了很多教训。回想起约翰·肯尼迪和罗伯特·肯尼迪也曾在选举中学到了这些时，我就知道要是这些我早就学会了，那么这次我会更聪明。但是我也意识到，我没有耐心也没有热情不停地改变和回避那些有争议的问题，我也不会为了争取头条而去发表一些肤浅的“哗众取宠之词”，这令我很恶心。我也明白，我不会有下一次竞选了。

## 凭三十年的经验对总统候选人们的建议

在竞选参议员失败后，我在接下来参与的民主党党内的政治活动几乎都是国家层面的。

自1956年来，我几乎参与了每一次总统竞选大会或者提名大会，但我在肯尼迪时期以后的政治活动不仅仅限于竞选活动。1973年的尼克松水门事件激发了我另一方面的主动性，虽然有很多争议，但我还是特立独行。尼克松政府的副总统斯皮罗·阿格纽因被指控腐败而辞职后，副总统的位子就暂时空缺。当时大家都推测尼克松本人可能也会被弹劾或者被迫辞职。来自俄克拉何马州的民主党发言人卡尔·艾伯特当时很有可能会突然取代共和党总统，不经过选举就自动把控制权从一个党派转移到另一个党派。

艾伯特先生是一个机智、友善又温和的民主党人士，但没有行政机构或者全国竞选的经验，所以人们普遍认为他对于这一职务是丝毫没有准备的，这是不公平的。十多年前，在白宫参加肯尼迪总统每周与国会领导人共进的早餐时，我认识了他，也开始欣赏他，于是我想帮帮他。我经历了1960年到1961年的总统换届过渡期和1963年肯尼迪到约翰逊的过渡期，并在1972年初秋时应民主党候选人乔治·麦戈文的要求，做了一系列关于过渡期工作的准备。有了以上这些经验，我觉得自己可以帮上忙。

在“星期六夜晚大屠杀”的9天之后，特别检察官阿奇博尔德·考克斯（就是抱怨他写的演讲稿没有在1960年被肯尼迪采用的那个阿奇博尔德·考克斯）被尼克松开除了，司法部长艾洛特·理查森和他的副手也辞职了，使得国会收到二十多份要求调查弹劾的请求。1973年10月29日，我给艾伯特写了一封信，其中写道：

> 无论你是否希望，你随时都可能成为总统。由于我们所处的时代和白宫的在职人员的独特的不可预知性，他如果突然辞职……是有可能的……在国会同意副总统或其他人继任前，（他可能）就被弹劾或被判罪了……而所有这些似乎都有些遥远。如果有你本人意料之外的升迁，那么这个“偶然事件”必须成为你守口如瓶却谨记于心的事实。因此，我建议“偶然计划”决不能和别人提起，它的存在不仅不能声张，还要密封好放在你的办公桌里以备不时之需，在不需要的时候必须密封销毁……也就是新的副总统被确定之时。

在他3天后的回信里，艾伯特写道：“如果你的建议能付诸实践，那是最好的。你愿意给我一个粗略的文件作为开始吗？”一星期后，我给他送去一份长达19页的初稿。1973年11月8日，我在备忘录中建议道：

> 一位新总统……一定要熟练地利用办公室的各类工具和各类人员，在行使政府、国家以及世界范围的其他权力时，在方方面面创新。

我还加入了一条在肯尼迪被暗杀后给过约翰逊的警告：“小心那些利用压力来试探你、指点你或抑制你的人和国家；不要应别人的要求而作决定或声明，除非那是必要或者已经经过商讨了的事。”

艾伯特迅速回复了我，在表示感谢的同时还说：

> 在过去的每一天里，我对“偶然计划”的需要正在一点点减少……只要还在继任总统候选人的范围内，我会一直把它存在我的保险箱内。没有迅速采取行动对于一个不知道应该怎么做的人来说是最好的……我应该花上几小时拜访至少一位肯尼迪总统的属下，还有一位就是约

翰逊总统的手下，我想到的这两个人就是你和乔·加利法诺。

我的备忘录并没有派上用场。杰拉尔德·福特被任命为副总统，并在尼克松离职后继任总统。这份备忘录被锁在艾伯特的保险箱里9年。保密是很重要的。

我写给艾伯特的第一封信说到这个备忘录："如果它被发现了，可能会被误解，进而成为证明你争夺总统之位的不恰当动机的证据。" 不出意料，退休以后，尼克松通过发言人得知了艾伯特在《华盛顿邮报》的采访中提到了这个备忘录，他总结道，他的怀疑被证实了——取得两党支持的撤职完全是民主党的阴谋。

正如1968年我劝罗伯特不要挑战约翰逊总统一样，1980年，我建议爱德华·肯尼迪不要试图去争夺一个在职的民主党总统的位置。他拒绝这条建议，并决定全力以赴地把吉米·卡特赶下台。我决定帮忙，爱德华让我做他的政纲草拟委员会的代表。那次竞选他输了，卡特也输了，里根赢得了竞选。

1984年初，我打算和俄亥俄州的参议员约翰·格伦，他是总统的智囊兼前任宇航员见面。在路上，他打电话说一场突如其来的暴雪使整个华盛顿的交通陷入瘫痪，他被困在车道上了。我不确定这是否是上天的安排。后来我在一个纽约的会议上被介绍给了加里·哈特，不久以后我成为哈特竞选联合会的主席，而后他在1984年民主党总统候选人提名的竞选中却失败了。1988年，担任参议员的哈特决定再尝试一次，我也抱着重新开始的决心，计划在纽约的大型筹募基金晚宴重新介绍他，并庆祝他的领先地位。那时的报纸头条随时是关于他从荣耀到堕落的传言，而在那一天，照片证明了他的婚外恋。晚宴仍旧继续，我的致辞呼吁大家努力把注意力集中到"真正的要事"上。但是我同情哈特的工作人员们，他们去丹佛处理他的竞选活动，在那里他的竞选前景被彻底毁灭了。几个月以后，参议员哈特在电话里询问我是否会回来加入前途暗淡的民主党提名竞选，我只是表示尽力，这让他很失望。

同年，也就是1988年，我担任民主党政纲草拟委员会的行政副主席一职，主要负责撰写原始文件。民主党全国委员会的主席保罗·柯克和政纲草拟委员会的主席——密歇根州长詹姆士·布兰查德，同意我通过删减每一个利益团体、种族团体以及党派的细目清单来缩减纲领的篇幅。

法律公司年轻的同事大卫·高德温为我提供了重要的帮助，在他的协助下，我准备了一份关于党内原则和目标的2 000字声明。民主党全国委员会和政纲草拟委员会加进更多细节之后，2 000 字的资料变成了 4 900 字。不过这个长度比起 1980 年到 1984 年间的纲领还算短，据报道，这是二战以来最短的一个。或许时至今日仍旧一样。

1992 年的总统竞选我没有扮演什么重要角色。我在 1984 年的民主党代表大会上和比尔·克林顿相识，便十分钦佩他娴熟的政治和交流技巧。1992 年初，我们一同出席了一个报告，我告诉他几个月前内布拉斯加州的鲍勃·克里就请我为他的竞选提供帮忙了。我向他保证，如果克里竞选失败了，我很愿意帮助他。克林顿热情地说，如果我不告诉他我在帮助内布拉斯加州的同仁，他会对我有看法的，他期待着未来能得到我的帮助。这是一个衷心而信任的回答，而后来就没有任何消息了。在他的竞选之后，他邀请我为他的总统过渡期提建议，后来他又请我在两个总统委员会任职：一个是“白宫学者”，这是我在肯尼迪执政期间就已经构思得不错的计划；另一个职责是鼓励新近从前苏联独立出来的中亚国家进行自由贸易。

对于那些需要建议的未来总统们，以下是我所有相关回忆的浓缩汇总。这些回忆在过去几十年里，曾是我写给那些向我征求意见的与总统之位无限接近的人，包括爱德华·肯尼迪、乔治·麦戈文、吉米·卡特、加里·哈特、马里奥·科默、鲍勃·克里、约翰·克里以及巴拉克·奥巴马。

**写给：有希望成为总统的人**

**作者：西奥多·C. 索伦森**

**主题：如果你打算竞选总统**

## 是否参加竞选

在你开始漫长艰辛的竞选之前，一定要确保能得到家人、医生、银行人员的认可。首先，要清楚地了解自己为什么想从事这样的一个职业。只有当你确实想得到这个由政府提供无可复制的机会，并致力于把世界变得更安全、更美好，只有当你准确推断没有其他能力相当的候选者拥有胜算，只有当你和你的家人已经做好私生活会被无情地暴露在公众眼前的准备，那么你可以去参加竞选。但是，如果你在考虑上述问题的时候感到备受折磨，那么就不要去竞选了——因为那将会是一场饱受煎熬的旅途。

但是，如果你的回答是“是”，你可能也会在考虑“我是否能成为一名称职的总统”。我个人建议你从以下三方面考虑这一问题：首先，要将自己的才智、判断力、勇气和能力与那些已经或将来可能会参加竞选的人做对比。要知道，杰斐逊和林肯肯定不会参加这次竞选的，经验也是相对而言的。没有一个办公室会为总统的独特职责提供任何有意义的准备。

另一个关键的问题："我能取得胜利吗？"总统竞选并不单单是一个全国选举，还是在州与州之间的多次的竞争。你的政治顾问会不时地向你说明这是一个"战争游戏"，取得一小步胜利甚至一大步胜利，都是指日可待的事情。考虑一下你的提名和选举的胜算是否值得你失去现在拥有的职位和权力，问自己到底什么是你的政治基础（宗教、种族或是其他）。

## 起始准备

没有公告、没有决定并不意味此时此刻不能开始行动。凭着在不知不觉中已经建立的基础，你始终有参加或是不参加竞选的权利，除此之外，你还可以降低你的政治伙伴早早便转而支持其他竞选者的可能性。

在参加竞选的前几年，你应该塑造你的国际形象，可以通过人员的往来和邮件的往来，还要掌握民意调查以及可以做出正确决定的政治能力。

在最短的时间内进行深入调查，有时难免也只能拖到事件解决之后。弄清楚在你竞选的过程中，那些支持者对你、对你即将到来的任期、你的未来、你的执政能力、自由派、保守派和国家大事的看法。与此同时，在每周安排一个内容丰富的交流会，介绍那些新星，汇报其他候选人的活动，汇报党派之争，准备那些需要你演讲的会议或聚会。向进入巅峰对决的两党候选人学习技巧。利用一切能使用的关于民主人士捐赠的数据资料。

除此之外，对别人可能对你提出的控告、抱怨以及可能的突发事件列一张清单，不管他们是真是假。之后，提前针对每一个问题做出如实回答。

你必须表现得成熟。比如，你能向年长者寻求建议，罗伯特·肯尼迪咨询过马克斯韦尔·泰勒、艾夫里尔·哈里曼和罗伯特·麦克纳马拉。同样，你也应该拥有一个令你珍惜的富有智慧和经验的智囊团。你也应该表现你对美国历史的意识——美国的精髓没有改变，任何人一旦作了富有历史感的讲话，那将是一种稳固的力量。

## 制定策略

一名默默无闻却精力充沛热情洋溢的工作人员抵得上一个满是大人物的委员会；50 个 100 美元的捐赠者要好过一个 10 000 美元的捐赠者；在代顿、俄亥俄州这样的地方，和咨询委员进行一个小时的户外烧烤要胜过在华盛顿进行 6 个小时同样的活动。还要谨记，没有人的投票是可以确定的，当然除了你和你母亲，当然你要确定你母亲已经注册投票；对于原则要坚定，即使它会威胁到你的选票，那仍比一个没什么价值的头条新闻要好得多。

要不时地提醒你团队中的人，那些果敢的、不正经的、后来居上的领跑者已经转变为小心翼翼的、一本正经的失败者。那些戏剧性的、预想不到的、富有创新意识的非传统题目应该被提及，如果你是远离现实的激进分子，并且肆无忌惮地参与了竞选，那么你将注定提名失败或者竞选失败。

对于公众，你应保有坚定的决心和自信，而不是过分乐观。让你的助手准备一些你在政治上的期望和会取得的进步的声明，而你要用谦逊的语言来公布它们。表达自信的最好方法就是通过不虚张声势的行动和自贬却不讽刺的幽默。对于报道你获胜技巧、调查和投票情况的新闻，应该少用心思，用多些心思去关注对手的竞选主题、理想、理念和管理方式。

访谈时，你的答案要尽量简明肯定（提问者总试图想把你推到风口浪尖）。不要攻击其他的竞选者。如果你是领先者，那么不可避免地会有来自媒体和竞争者的攻击，此时保持冷静就好，因为当你积攒到更多力量时，攻击便会不攻自破；在适当的时候勇敢承认犯过的错误；在答复攻击型的问题时要明快有力。要记住媒体中最好的朋友可能会最先背叛你，并且对你伤害最大。

## 如果被提名

首先要确定哪些州的大部分选民是支持你的，之后坚决地拒绝一切请求并顶住一切压力，不把宝贵的时间和金钱花在别的地方。如果你有足够多的胜算去赢得总统竞选，那你仍旧必须顶住诱惑和压力来完成竞选的承诺，尽管这些承诺会妨碍你的灵活性，并且在你一旦进驻白宫后，会影响你的工作效率。管理政府比竞选更重要更难。对任何利益集团都不负有明确职责的领导人，既不是一个成功的候选人也不是一个成功的总统。

## 总统大选辩论

辩论要有攻击性，目标要明确，但不能过于尖酸刻薄。对一个有限的话题提出的问题以表达自己更广泛的立场。一些有长远意义的观点和鼓舞人心的话语可以解决小范围合作的弊端。与此同时还要考虑只有唯一答案的具体问题，并在对手准备评论之前——也就是在你接近结束回答问题时，礼貌地向对手提出。

## 阐述要旨

要时刻全身心地关注一些重要的问题，比如那些关系到国家命运的问题。不要把你的时间和信誉浪费在一些边缘问题或者一时之好上。你要将自己塑造成一个最用功的政治家（总统，而不是副总统），一个时刻关心着国家利益的领导人，这一点可以通过有思想有鼓舞性的演讲来完成，并且这些演讲的核心应该放在国际事件上。公众对于这些话题的热情可能会时不时减小，但是这些话题的中心意义对于我们国家的作用是不间断的。要做第一个强调重点问题的人，因为这些问题会是11月份大选之前的新闻头条。

最强的政治手段凌驾于政治之上。大众早已厌倦了“把政治日常化”的政客，并且大众对国会已经没什么好印象。

## 选出一个副总统

竞选搭档对于11月大选的作用几乎是一成不变的，应该以哪一位对你的伤害概率最小作为选择的标准。对于总统候选人提名者，最受欢迎的人会因为为一个人气不如他的人投票而冲淡了他自己的人气。对于挑选副总统人选，我建议如下：

1. 谨记这个人会在你死后接任总统。

2. 确保这个人在选举期间及随后的任期内会百分之百地忠诚。

3. 保证他的过往历史中没有污点，在竞选中用正当的方式，不会做出失态或者出格的事情。

4. 他必须有能力为你获得一些投票，特别是从那些不支持你的州或地区，使你获胜的概率更高。

5. 对于政府管理和事件处理有统筹看法，包括在竞选中支持党纲。

6. 让你的支持者和一些博学多才的人成为你内阁的最初人选。

7. 甘愿把外界对你的攻击转到自己身上，或者能够将其转到别人身上。

8. 抛开以上种种，民意测验应该成为你竞选方式的重要参考。

无论你是否接受这些建议，你的选择会决定你的选举。祝你好运。

# 第33章 被提名中情局局长

A LIFE AT THE EDGE OF HISTORY

1975 年夏天的一个下午，吉米·卡特第一次走进我在纽约的律师事务所办公室，我便开始欣赏他。我相信这个诚实的人有很大的机会在越战和水门事件之后担任总统，尽管我确实问过他是否准备好当国家总统了。我和姬莲在纽约主持了他的第一个筹款晚宴，之后他在我们家过夜。第二天早上，我两岁半的女儿朱丽叶被吓到了，跑到我的房间说有个陌生人在她的洗手间刷牙。

当时，我一直在考虑卡特竞选总统的相关事宜、政治战略和竞选演讲等。我可以毫不谦虚（并非无凭无据）地说，他在这次竞选中一定会赢。

竞选结果一旦揭晓，总统班子的人选也就相继出炉，然而这些人中却没有我。在纽约和我一道筹备竞选的人，有被指派到国务院工作的，有去财政部的，还有进白宫的，就连我的共和党朋友艾略特·理查森也被任命为海外法律谈判团的特别大使。我在写给他的信中半开玩笑地说，我们在新英格兰公共电视台代表两个总统候选人辩论，不管谁会取得胜利，我们其中一个肯定会得到一个高职。结果，民主党候选人胜利了，艾略特被任命了。

日子一天天过去，我没有收到任何任命的消息，我断想可能没什么希望了。随后，我突然从朋友那儿得到消息，总统正在考虑任命我为中央情报局的局长。开始我觉得这个职位并不适合我。我对迪克·诺伊施塔特（卡特的过渡期顾问，1960 年也曾在肯尼迪政府任该职）说，这份工作满是陷阱和麻烦，尤其在教会委员会和洛克菲勒委员会的调查揭露了中情局多年的不法勾当之后，这个职位在国会、媒体和公众间声名狼藉。

我对杰克·沃森说：“这份工作不适合我。”他原任卡特内阁秘书，后来成为白宫办公室的主要工作人员，他与诺伊施塔特一同建议我接受卡特的任命。(后来我的提名受到攻击，由于卡特阵营内激烈的敌对情绪，我不得不怀疑是否与推荐我的人杰克·沃森有关。)

在一次与爱德华参议员谈话中，我告诉他自己不太适合这份工作。但是，沃森和当时已经当选为副总统的沃尔特·蒙代尔已经就这一问题征求过爱德华的意见了，他也推荐了我，并且让我把它当做“最重要的一项政府工作”去做。

中央情报局局长不仅仅负责管理中央情报局，实际上还负责整个情报组织，其中包括国防部情报办公室、个别军事服务部门、国务院等等。这些部门的意见很难达成一致。

我想做一个政策制定者，中央情报局恰好不负责决策工作。身为一名律师，我怎么能眼睁睁看着手下的雇员不断触犯其他州的法律呢？作为一个讲道德的人，我怎么能做出不道德的事呢？我的坦率和诚实如何允许我负责这个政府最秘密的机构呢？凭我在情报工作方面的有限经验，我对自己能否胜任这份工作很是忧心。

12月15日，报纸报道政府将我列为中情局局长的人选。于是我给总统打了个电话，他让我来佐治亚州的普莱恩斯与他会面。我不记得那次通话中是否提了让我负责中央情报局的工作，但我记得，在我放下电话之后，我给汤姆哥哥打了电话，他曾在那儿工作过，对那个部门比我了解得多很多，而他劝我接受任命。

三天后，我去普莱恩斯拜访新当选的总统卡特，他随口问了我几个关于法律工作和投资是否存在利益冲突的问题。我说我从来没想过这些问题，他突然说让我做中央情报局局长。他没有问我的身世背景，或者是否适合做这份工作。对此，我颇感惊讶。一是我渴望返回政府部门工作，二是我不想拒绝总统的要求，即使我还是对自己能否胜任表示怀疑，我还是接受了这份工作。几天以后，12月23日，我被任命的这件事公布了。

起初，一切还算顺利。我收到总统致全部被任命者的一封正式信函，信中告知会有一位政府部门的交接专家与我们联系；媒体工作可以交由他的新闻秘书乔迪·鲍威尔来处理，“或者你自己去操作”；新总统、副总统和内阁成员在圣诞节之后碰面；他希望我也出席。

等候批示期间，我被派到坐落在弗吉尼亚州的兰利中情局总部工作，那里所有的工作人员对我都很忠诚。厨师知道我喜欢吃冰激凌，便每餐都有冰激凌。中央情报局的副局长告诉我，为了确保我的安全，我的公务车一定要是“轻巧装甲轿车”，我家中的卧室里安装一个“紧急按钮”，一旦有危险人物或危险事件出现，就可以呼叫保安。我的邮件要经过严格检查，以防被安置了塑料炸弹。在每个起诉中情局的案件中，我的名字都被列为被告。这是何其荣幸啊！

不久之后，我便遭到了第一次警告——卡特的高级政治助理汉密尔顿·乔丹给我打来电话，说他读过的一篇报道称，我30年以前拒服兵役。我后来才从我的私人检察官杰维特处得知，肯尼·奥唐奈给卡特的助理打了电话，告诉他因为我一直拒绝服兵役，所以我在情报局与军官们处理问题时总是站不住脚。“他们不会支持他的说法……我不想看到卡特因为这个受到任何伤害。”很明显，肯尼的话已经传到卡特耳朵里了。正如我的父亲曾告诉过我的一样，政治不是什么芝麻绿豆的小事，它可是大事情。

汉密尔顿的电话让我感到惊讶——在做出这项敏感的任命之前他们确实已经对我的背景进行了细致的调查。这件事还是引起了卡特班子的重视，对此，我并不感到惊讶。我父亲曾经提醒过我，在我有能力拟定草案之前，一旦我做了任何主流之外的事情，都会影响我未来的政治生涯。像以往一样，他这次又说中了。罗伯特·肯尼迪对《肯尼迪传》的草稿进行修改的时候，也给了我类似的建议，提醒我删去我以前征兵入伍的那部分内容。然而，在我和汉密尔顿的电话中，以及后来与参议员们、记者们的谈话中，我拒绝声明自己对非暴力的看法是浅薄无知的，那样做既不值得也无诚意。

起初，我还以为只有少数几个右翼分子和保守派参议员反对我的任职。我听说，极右派的证人正打算以“玩弄女性”的罪名向约翰·肯尼迪和爱德华·肯尼迪提出控诉，莫名其妙，还把这件事和我的婚史联系起来。连卡特的两个亲密助理都向我的朋友们询问，两次婚姻的失败是否说明我确实不适合这个工作。

早在十多年前，贝利·戈德华特参议员就曾在参议院走廊里批评我的兵役情况。他后来表示，他会支持我在政府里担任所有任何其他的职务，但是“我的本质决定了我不配在中央情报局工作”。同样地，来自犹他州的杰克·加恩参议员——参议院情报特别委员会的资深共和党成员，告诉我一个右翼极端分子曾经找过他，并断言我曾在波士顿看病，溃疡医生给我开了镇定类药物，于是我便神经衰弱了。实际上，根本就没开什么药物。加恩说，他已经把这名右翼极端分子驱逐出参议院去了。鲍勃·多尔参议员在阐述完共和党朋友的观点之后，说我的提名应该被取消。我没有对戈德华特、加恩、多尔和霍华德·贝克这些反对我的人怀有敌意。他们只是在尽自己应尽的政治职责——抓住机会使新总统难堪。

右翼反对的呼声从一条细流演变成了一道洪波，共同反对肯尼迪，反对卡特，反对索伦森。我礼貌地给参议院情报特别委员会的每个成员打了电话，打算于 1 月 17 日就我任职一事举办一个听证会。我还和两党的参议员领导，众议院情报委员会主席，即将离职的司法部长和中央情报局主管乔治 .H.W. 布什见了面。布什友好地邀请我去他家吃晚餐。许多访客、朋友和媒体记者都认为我这次任命会受攻击。我对此深感惊讶。“这简直就像困在地牢一样。”我对一个记者说。

最出人意料也最糟糕的是来自民主党内的批评。北卡罗莱纳州的民主党参议员罗伯特·摩根反对我,因为他不相信我几年前在教会委员会所提供的证词,当时正在调查“暗杀阴谋”，我声明肯尼迪总统对中情局密谋暗杀菲德尔·卡斯特罗的事情毫不知情。在与他的电话交谈中，摩根还说他“讨厌罗伯特·肯尼迪的粗野”,以表达他对我并不看好。我想知道,那与我的提名有什么关系呢。

参议院情报委员会主席民主党人士丹尼尔·艾诺伊是我最崇拜的政界人物之一。他对我年轻时拒服兵役一事做出了负面回应，卡特在选我之前没与他商量，更让他恼火。

委员会的另一个民主党成员奇怪地说他不能相信我，因为他对肯尼迪暗杀事件中中央情报局所扮演的角色感到疑惑重重。

就连我在 1953 年的上司——参议员“铁铲”·杰克逊也反对我的提名。

有些人怀疑我参与了暗杀卡斯特罗的事件——由卡特无意引起的怀疑，他在宣布我被提名的记者招待会上夸大了我的背景，说我曾经“代表肯尼迪总统直接管理中央情报局和其他情报机构”。绝无此事。所有这些指控连同对我以前入伍身份的攻击，把我变成参与暗杀行动同时又支持非暴力的人。然而，直到我的参议院情报委员会听证会的前一周，我还一直以为自己能够得到足够的投票顺利上任。参议员阿德莱·史蒂文森(三世)和约瑟夫·拜登也搅了进来。阿德莱是情报委员会的一名民主党人士，我也曾在伊利诺伊州为他组织过竞选活动。他说我“没有资格胜任这个工作”,而且建议卡特任命他的朋友吉姆·施莱辛格，“他才真正了解来自苏联的威胁”。他说他反对我是因为在和他通电话的时候我“记录”他的观点，好像我对他的说话有所企图一样。阿德莱说我还不够“强势”去赢得中央情报局特工们的尊重，也正是他在办公室里满眼泪水地告诉我是他的反对。他还指责我把包括机密文件在内的文件作为礼物转赠肯尼迪图书馆，并因此获得了减税。他可能不知道他的父亲、前联合国大使阿德莱·史蒂文森也做过同样的事情。

同时，特拉华州的民主党参议员约瑟夫·拜登也让他的人把我的书面陈述引到丹尼尔·埃尔斯伯格的审判中。据报道，拜登发现我的书面陈述很有争议，便把它交给了委员会主席井上。然后他又立即告诉卡特总统。这还只是一个开始，随后阿德莱注意我的书面陈述，他又将其在国会广泛传播。

1971年，我参与了五角大楼文件案，是《纽约时报》与我联系的。《纽约时报》从丹尼尔·埃尔斯伯格处得到一份所谓的五角大楼文件，未经政府允许就将其见诸报端。尼克松政府的司法部长约翰·米切尔正试图禁止，否则就准备起诉。这份文件是关于美国插手越南事务的权威性报道，由当时的国防部副部长莱斯利·盖尔布领导下的五角大楼历史学家所撰写。

这个文件是应当时的国防部长麦卡纳马拉的要求而写的，他要求进行一个“百科全书式的”分类研究，以回答行政部门多年来对关于越战的声明的不同问题。麦卡纳马拉1995年出版的回忆录《回顾》遭到强烈的批评，人们谴责他扩大了战争规模并且延长了战争时间。但是我觉得，相对于拒不承认，他承认了错误（事实上是罪名），对国家和未来的决策者都更有好处。（这对许多其他的错误战争是个借鉴。）

针对司法部长米切尔的指控，《纽约时报》的律师和编辑一直在恳求前政府官员提供证词，质疑机密文件的出版确实会对国家安全产生不可避免的影响的指控。我同意提供书面陈述，其中我声明，我相信对政府机密的保护是合法的，然而一旦有需要保护的机密，行政部门就会例行公事地过分保密文件，而且保护很长时间。我强调，20世纪60年代初，华盛顿的政府官员将秘密文件带回家检阅是很正常的，而且一些官员把机密透露给媒体也并不罕见。相比之下，被泄露的五角大楼文件对于国家安全更加重要，但也没有因此受到刑事起诉。

《纽约时报》专栏作家汤姆·威克为我的书面陈述表示感谢，在信中他提到《纽约时报》以前联系的其他律师都没有“足够的勇气和真诚为此公开辩护……如果你知道有多少人拒绝过，你一定会大大吃惊的，甚至连给编辑们写封关于《第一修正案》的信都不肯。但你竟然公开发表出来，并署上了你的名字”。

总编辑阿贝·罗森索尔在另一封信中补充，我的证词报告“在法庭的报告中帮了我们很大的忙……因为你愿意将其公开……而很多人并不愿意这么做……在这样一个紧张而关键的时刻……我们想没有比这更好的了，我们都期望您能赞同我们将其刊登出来”。那个夏天，出版商苏兹贝格也给我寄了一封类似的信。

我为《纽约时报》做了一份书面陈述，陈述五角大楼文件案的报道不会对国家安全造成损害，后来辩护律师为丹尼尔·埃尔斯博格和第二被告小安东尼·卢素（因窃取、密谋间谍活动，并将这些机密文件发给报社而被起诉）呈上我的报告，我不知道我还能做什么。无论如何，就算我拒绝，他们也准备在审讯时候传唤我再重复一次我的证词。

讽刺的是，埃尔斯博格其中的一个辩护律师居然是共和党人查尔斯·古德尔，1968 年，洛克菲勒州长曾指派他接任罗伯特·肯尼迪的参议院席位。古德尔和其他的辩护律师都试图表明埃尔斯博格的指控只是一例“可动摇的起诉”。他们期望证明，政府官员在离开时将机密文件带在身上，并且为己所用，是再普通不过的事了，他们让我站在证人的立场回答，当我离开白宫时，身上是否曾带有我写的政府文件或是他人写的材料。对于那些问题，我的回答是肯定的。在介绍我的证词报告时，我说道：

> 据我所知，对于那些被认定为机密文件的文件，公众和国会的知情权并没有一项重要的标准。如果公众和国会无法了解实情，就难以作出有根据的判断或者展开有意义的辩论，也不能纠正错误，也不能抛弃无效的政策和战略，这样一来，过去的错误仍旧会重演，国家安全利益也会有无法弥补的损害，而这些危险并没有引起足够的重视。

所有的这些，在今天仍然正确。

在我的证词即将陈述完毕时，律师并没问我什么相关问题，相反，他却想用一些看似无关紧要的问题来诋毁我，像我从未服过兵役，从未经历过越南战争。1973 年 3 月 15 日我出席作证，当晚 10 点 30 分离开洛杉矶前往纽约，我迫不及待地想回到姬莲身边，因为一周后，我们的女儿朱丽叶就要诞生了。三十多年后，一名实习律师研究《第一修正案》时，发现我曾参与其中，朱丽叶在一封电邮中写下了珍贵的话：“爸爸，我为你在那件历史案件中写了那份证词而感到骄傲！谢谢，你代表了很多人。”

最后，五角大楼文件的公开并没造成什么损失。没有人泄露让国家安全受损的机密。纽约的默里·格法因法官和华盛顿的格哈德·格塞尔法官都请政府出示敏感材料的有力证据，但均未得到确实的回应。在这次对《纽约时报》和埃尔斯博格的指控中，最终以政府的败诉收场，由于政府的违规操作，后面的指控也被撤诉。

在我因获得中央情报局局长的提名而成为话题焦点时，五角大楼文件案中我的证词并未发挥作用。那些给卡特和蒙代尔施压要求撤销我提名的人，他们不去争论证词的准确性，反倒暗示说我不能保守秘密，不值得信赖（想到我所有已经保守以及会继续保守的秘密，这还真是讽刺）。这些质疑对于我被提名的职位，真是毁灭性的打击。

反对我的声音不仅仅来自国会。当时我还蒙在鼓里，可从前的防卫和情报处成员已经组成了反对大队。一位已退休的情报官员曾散布消息说我可能会“被派到兰利”，那是中央情报局的总部，“就像舍曼在亚特兰大的职位一样”。反对我的那些人很多都是五角大楼预算案的支持者，他们觉得，在我的带领下，中央情报局不会有足够的胆识去为新型武器系统辩护。退休的情报局地下行动者担心我会使目前反对这些秘密行动的趋势愈演愈烈（的确）；一些情报局的老雇员甚至因为肯尼迪在“猪湾事件”后对情报局的一些负面评述而反对我。另一个可能性极小的因素突然掠过我脑海——也许这些操作者想要阻止我接触情报局中关于肯尼迪被暗杀的资料。

2001 年 5 月，也就是近半个世纪之后，我在外交关系协会里遇到一个陌生人，那人自我介绍说是前任中央情报局秘密行动特工（他是吗）。他说多年来都想告诉我，他和同事们曾在暗中破坏我的提名，他们确实“犯了大错”。他说，情报局那时真的需要一个口齿伶俐、雄词善辩且负责任的领导，而“我就是那个职位的最佳人选”。只是，当他们意识到时，已为时已晚。他承认，一些“卑鄙伎俩”和其他反对我提名的事情都是中情局做的。我怀疑一家收费的报纸专栏的资料来源，那个专栏的撰写人是劳联产联（AFL-CIO，美国劳工联合会—产业工会联合会）的保守派代表，他和海外的情报局关系非同一般。该文章曾说我支持一位在匹兹堡举行的钢铁工人联合会上持不同政见的候选人；并暗示说，这表明我有反对工会的倾向。而我却从未听说过那个持异议的候选人，也从未参加过那次会议，也从未做过那次演讲。

俗话说：“岁寒，然后知松柏之后凋也。”在那次经历中，我在参议院中找到了几位真正的朋友，我们之间的友谊长存：印第安纳州的民主党议员伯奇·贝耶、俄亥俄州的霍华德·梅森鲍姆、南达科他州的乔治·麦戈文，还有科罗拉多州的加里·哈特。新泽西州的共和党参议员克利福德·凯斯和佛蒙特州的罗伯特·斯达弗德都很支持我，还有俄勒冈州的共和党参议员马克·哈特菲尔德也支持我。大约二十年前，我曾就肯尼迪前往俄勒冈州参加初选一事去马克的办公室拜访他。其他朋友也支持我。爱德华·肯尼迪也支持我，但是他不会公开呼吁其他支持我，因为他害怕——他的害怕不无道理——他曾经卷入一场致命的交通案件中，而漫长的提名征程可能会再度引起民众质疑我在那期间给他提过的意见。

有些人支持我的原因让我出乎意料。一位共和党议员告诉我，他的研究人员发现了一封我在白宫时写的关于减少免费戏剧票的信，那封信里流露出的诚实和正直给他留下了深刻印象。一位南部民主党参议员的车曾经陷在大雪中，于是他向路人求助，而这个路人恰好是我妹妹。我妹妹告诉他，除非他保证会投我一票，不然她不会帮助他，然后那个参议员真的投了我一票。

我从来就不是一名激进分子，即便不是国教教徒我也一直认为自己是个循规蹈矩之人，但我却惊讶地发现自己居然成为了卡特任命的高层中最受争议的人。在举行委员听证会之前的那个周六，我和克拉克·克利福德在中央情报局总部的早餐会议上决定让卡特来为我助阵。但是，当卡特真的从委员会上召集了4位民主党成员时，他并没有——像之前我们达成的意见那样——驳回那些毫无事实根据的批判，询问他的提名是否确定，或者为我寻求帮助；他只是请求一个对我重新评估的机会。

周六晚上，我打电话给卡特总统，他向我承诺他会与我站在“同一战线”。但结果他却离我的“战线”很远。他还说自己一直忙于就职讲演的计划，所以没有时间为我作过多的干预。（这让我想起1976年，姬莲和我遇到了伊丽莎白女王，那时卡特已正式成为民主党的总统候选人。当姬莲问女王是否见过卡特时，我插嘴道：“她没有时间。”“不，”女王陛下温柔地纠正我，“他没有时间。”）

即使时间紧急，我也没想过放弃我的提名。卡特也不想为了让他多年的老朋友格里芬·贝尔当上首席检察官，而动用他的政治资金。（贝尔过去曾因参加种族主义活动受到攻击。）在一切结束之后，《纽约时报》提问道：“如果卡特总统任命西奥多·索伦森为司法部长，格里芬·贝尔为中央情报局的负责人，那将会怎样呢？”问得好。我还知道我的朋友安德鲁·扬，他也是卡特早期的支持者，他得到了我想要的职位——驻联合国大使，而事实上他却觊觎着中央情报局领导的位置。当然，命运之手早已提前将一切都安排好了。

在周六晚上的电话里，卡特一直暗示我，隐退才是最好的解决办法。他建议我给克拉克·克利福德打电话，他希望克拉克能劝我放弃。但在克拉克承认卡特“对提名战兴趣索然”时，却也鼓励我，不管最终我是参加竞选还是退出竞选，都要反驳他们的控诉。

尽管之前我曾想取消周日下午的新闻发布会，然而由于传出的诸多诽谤和中伤，我毅然决然决定举行全国电视转播的听证会，公开批驳我所受的诬陷。周日早晨，卡特躲着教堂外面的那些记者。我打电话告诉他，我可不想还没来得及反驳那些粗鄙的控诉，就退出竞选。他回答：“那好吧，看起来你我现在是背道而驰了。”他仍然表示期望我能自动退出，而且，当选的副总统蒙代尔会作“安排”。不久之后，蒙代尔就给我打了电话。

周日下午，在姬莲、杰克·沃森，还有我的法律合伙人阿瑟·李曼的陪同下，我去了弗里茨·蒙代尔家。在整件事中，阿瑟·李曼一直都在帮我。不一会，汉密尔顿也到了。蒙代尔便秘密将我们聚齐，然后会议便开始了，李曼的手稿中这样记录着。

蒙代尔："在过去的两天里，我崩溃的次数远超过了我在华盛顿工作的8年的任何时候……你给卡特政府带来了需要的一些东西……你被不公平地附带着，如果在一个公正的平台上，你毫无疑问会赢得竞选。但是国会却玩起了肮脏的伎俩，我和卡特都相信，自动退出是唯一的出路。"

特德·索伦森："在座的每一位都知道，我本来无意争取这个职位。当杰克·沃森第一次表示他推荐我为候选人时，我说，请不要……但是，吉米敦促我接受这个职位，并强调这项指派对他的重要性，出于一种责任感和个人的原则，我接受了，即使这意味着我的家庭和自己都不得不作出重大牺牲。现在，就因为我接受了这个选择，那些恶毒的人身攻击给我造成了无法弥补的伤害。我的名誉是我此生最宝贵的财富，所以在与那些'勇敢'的匿名控诉者对质之前，我不会在控诉声中退出……我明白总统不想在他执政伊始就遇到政治挫败，对他来说，我的荣誉并非他考虑的首要因素……我是个现实主义者，但我必须在澄清后才会同意放弃。"

蒙代尔："总统也为你受到不公正的抨击而深感焦虑……但是选票与此无关。"

特德·索伦森："我觉得总统并没为我全力以赴。他公开支持贝尔，对我的提名却表示沉默，两者形成了鲜明的对比。"

乔丹："他表示过会支持你。但新闻秘书助理没做出任何评论，事情便乱了。"

李曼："我昨晚看哥伦比亚广播台对卡特的专访。在众多媒体面前，他拒绝就索伦森受到抨击发表任何评论……相对于为贝尔的热情辩护，总统的这种沉默影响很大。"

乔丹："难道你还没告诉吉米，你已经决定退出了吗？"

特德·索伦森："因为我不想让他因挫败而尴尬，所以我让他去评定一下委员会对此事的态度……这还是那些人身攻击演变到这种境地之前的事情。"

姬莲对蒙代尔："如果总统真的态度强硬，要投赞成票的话，参议院怎么会拒绝总统的要求？他之前说过需要特德，可现在却是牺牲特德。"

蒙代尔："我在参议院做了10年，他们根本不受任何人的控制。"

这次会议结束时达成一项共识，我退出竞选一事要到第二天才会公之于众，以免委员会拒绝开听证会，那么我就没有机会反驳那些责难者和控诉。

1977年1月17日，星期一，举行了我的提名听证会，《纽约时报》的头版头条刊登："卡特坚定不移，支持索伦森任职中情局局长。"这则新闻参考了卡特于周日下午发表的一则支持我的陈述，那天他已发觉我即将退出竞选。这也是这一个月以来，该报纸首次刊登对我支持的标题。

美国参议院情报委员会就我的任职问题召开了听证会，但没有第一时间听取提名人的辩论，而是首先给委员会成员每人一个指责我的机会，重复着参议员和他们的职员向媒体披露的所有虚假陈述。但那天，有一个人的缺席引起了大家的注意：在所有攻击我的恶毒谗言散布之后，艾德莱（三世）便再没有勇气和脸面出席我的听证会，更不敢单独面对我。

我说完对非暴力的看法之后，陪我前往听证会的纽约参议员帕特·莫伊尼汉开始为我辩护："当然，当人们的信仰变得微乎其微以至于问题变得愈发难以抉择时，我们并不能将宗教限制强加于公共服务中。"

在听证会开始不久，帕特斜身在我耳边低声说："天呐，这是一个左右摇摆的陪审团。"乔治·麦戈文则称其为"参议院近代历史上可耻的一刻"。

在听证会上宣誓之后，我对委员会的陈述开始了：

> 很高兴能有这个机会……来回应那些流传的、粗俗而又毫无事实根据的人身攻击，它们大多都是匿名的。我并没有企图，更没有草率决定接受这项工作，并且我的一些朋友还曾暗示我，任何同意接受这项工作的人要么是缺乏理智，要么就是缺乏判断力，而完成这项工作却需要理智和判断力……我不打算被别人威胁……即便有流言蜚语，我依然热爱我的国家，珍视我的荣誉，因此我不能放弃这个职位；尽管在听证会之前，委员会的一些成员已经作出了判断，我仍要在此呼吁你们的正义感。

我继续澄清那些对我的控诉都是子虚乌有。在场没有一个委员会成员质疑我的辩驳。同时，我也陈述了主题，在这些主题上，我的意见与那些诋毁我的人存在明显的冲突。读完那些要发布给委员会和媒体的证词后，我接着说道：

> 但是，很显然，现在美国参议院和情报委员会中有很大一部分成员还没准备好接受一位与我有着同样信仰的外人做负责人……（对我

来说）继续为这个职位而奋战，是我义不容辞的责任；如果我遭到拒绝，只会阻碍新的执政政府，如果我被接受，又会影响我作为负责人的效率。所以，我再次遗憾地要求卡特政府取消了对我的任命……我问心无愧地继续我的私人生活。平安夜那天宣布我的提名时，我的小儿子对我说："现在你要做一些你不想做的事情了。"我答道："我从来都不会。"我从来都不会让我的良心道德打折扣，即使现在是为了确保我的提名，我也不会。

在我总结陈词后，井上主席说："我知道这对他来说是一段艰难的日子……但据我对特德·索伦森的了解，我确定这段痛苦的插曲怎么都不会阻挡他对国家福祉的兴趣和关注……本委员会已经收到联邦调查局的报告，该报告决定授予你四星级勋章。"这时，我的法律合伙人马克·奥尔科特在我耳边低声说道："最高级可能是十级吧。"

一直以来，我都对井上主席充满敬意。另一点我指明的是，这个镇上最出名的政治伪善家莫过于乔·拜登。我第一次往他办公室打电话时，他简直是我见过的最热情最有礼貌的人了，他把我称作"卡特委任的最出色的人员！"但在听证会伊始，他一改口气和态度："坦白说，在这一系列的法令下，我不确定索伦森先生是否会被指控或宣判有罪……不管索伦森先生是有意钻法律的空子还是藐视法律。"在听完我的辩护陈词和退出的决定后，他说："特德，你是我这一生中所遇到的人中最优秀的一个。"

会议进行了不到一个半小时便散会了。一场别开生面的媒体见面会则在外等候着。

问："今天早晨是什么原因使你最终决定退出呢？"

答："其实我已经在这个周末就决定了……在进入会场前我就知道了……今晨9点58分，在我进入这幢大楼前，我在楼下的电话亭给卡特打了个电话……"

问："你为什么会要等到今天早晨呢？"

答："因为我想在退出之前反驳那些对我进行的人身攻击……"

问："为什么你要在最后才宣布退出，而不是在最初就宣布，然后再回应那些攻击您的控诉呢？"

答："那样可能在回应的时候，你们便听不到了。"

问："那么又是谁散布那些针对你的控诉，他们是些什么人？"

答：“看看谁要对我进行检验，美国保守派联盟、自由团体、约翰·伯奇协会的发言人……你们也应该和那些记者们谈谈，他们和发布这些消息的参议员们谈过。”

问：“哪些参议员？”

答：“我想媒体知道他们是谁，尽管那些参议员们总是不愿透露他们的名字。”

问：“对于有参议员对你诽谤中伤一事，你相信是真的吗？”

答：“基于媒体——我还是有一点相信我在报纸上读到的……”

问：“您同不同意麦戈文说的，参议员乔·麦卡锡的鬼魂游荡在路上？”

答：“我认为最恰当的方式，应该是我谈论我的情况，而麦戈文参议员谈论他的……”

问：“当选总统或他的职员事先知道您关于埃尔斯伯格和《纽约时报》书面陈述的目的吗？”

答：“我一点都不知道他们对我的背景做了多彻底的调查……这个全在公共记录上记载着……”

问：“您同意参议员贝克在分析中所说的，接受委派的中央情报局局长不应该受到争议和责备吗？”

答：“他当然不应该受责备，但是，要说他不应该受争议，那就会重复今天在此发生的故事，那些反对他的人就会开始散播对他个人的毫无根据的诽谤，说他有争议，然后反对他。”

问：“通过这次经历……你怎样评价卡特先生这名总统当选人呢？”

答：“我想，在那些‘哀痛’的宣布者宣布有人倒下之后，你们可以清楚地看到，他们对于下一位接任者的考量会做得更糟——也许他们真的会更糟。”

我和姬莲、朱丽叶没有去参加就职仪式，而是去美国的维尔京群岛享受假期。当我回来时，我发现了新总统用白宫信纸亲笔给我了下面的一封书信，日期为1月22日：

我知道你和姬莲渡过了一段非常难过的时期，你们想做的只是为了维护这个国家的利益。你的退出（他仍然坚持那是我的决定，而与他毫无任何关系）对我们来说都是巨大的损失……我总是在想离开是否是最好的解决办法……真挚的，吉米。

2月4日，我在给他的回信中表达了感谢：

对于你去年12月对我说的那些知心话……还有上个月你一直在背后为我的提名积极支持，一直到最后我们都意识到行不通，我仍旧表示感谢……我一直相信如果我当选了，中情局的现状会有所改观，这就是你选择我的原因，而这同时也是我支持自己的原因……这丝毫都不能减弱我对你的敬仰之情……送上长久以来我对你的祝福。

这么说来，我们对真情都有所隐瞒。

《纽约时报》头版的文章总结道："对于继任总统来说，任命'我'为中央情报局局长的失败，对他是一次少有的打击。"它引述了很多的因素，包括"参议院自由派和民主人士的胆怯，最重要的是，新执政政府的判断失误和神经过敏导致这种显然的失败"。它指出，我的对手包括"十五个不知名的情报局雇员……参议院的保守派……（共和党人）仍在为水门事件心痛"。《波士顿环球报》在"攻击索伦森"时写道：

提名失败的真正原因只能归结到，索伦森在肯尼迪时代的白宫是公认的权威，由于那些旧日的仇恨、恐惧和争议，女巫在今日酝酿起一场阴谋。从来没有哪个人能集智慧、才华、坚毅、拥戴和超凡的能力于一身，但索伦森有，并且很明显的，他还是让两党中众多的肯尼迪仇家咬牙切齿的人。

《纽约时报》的专栏作家默里·肯普顿写道："他在祭祀大典上发挥了自己的作用，带着令人尊敬的崇高，成为卡特政府的第一个殉道者……他果敢地面对利害关系，对于被牵扯进那样的境地丝毫不尴尬。"

在整个事件中，我最喜欢的评价却是两幅漫画：一个是道格拉斯·马莱特在《夏洛特观察家报》的杰作——我正在接受一个不具名的正式访问："索伦森先生，你能描述一下你在中央情报局的经历吗？"而我坐在那里，背上明显地插着小刀、匕首、剑和各种其他武器。另一个是超级漫画家赫布洛克发表在《华盛顿邮报》的杰作，一个标有"参议员攻击"的巨大鳄鱼吃完了他的午餐，嘴角还留着"索伦森提名"的残片，他擦去他那"鳄鱼"的眼泪，说："哎呀，这个美味的家伙！"我向赫布洛克要了那副漫画的初稿，这些年我一直把它挂在我事务所办公室。

如果吉米·卡特为支持我的提名作过努力，那么我相信我已经得到了委员会的绝大多数赞同，至少包括4个共和党人。几年后，当卡特的回忆录《保持信仰》出版后，几乎没有哪个评论比《华盛顿邮报》的编辑罗伯特·凯泽的评价更为中肯，他这样写道：

> 当代总统的回忆录……可以理解（作者）省略了不光彩的一面……只在书中注入光亮的一幕……特德·索伦森的名字，在这本回忆录中只字未提。但这是卡特的决定——在国会的压力下——在他任职总统的初期，他选择做一个任由参议员们施压的懦弱形象，而放弃了对索伦森的中央情报局局长的提名。

整个经历短暂而沉重，我很是期望回到正常的生活中，与保罗午餐时，我会打趣道，我的退出和回到律师事务所实际上都是这个“深藏的阴谋”的一部分，而事实上，我真的是情报局负责人。就像本·富兰克林曾经说过的那样，在美国，从公共事务再回到个人生活，是一种从奴隶到主人的提升。最后，这段经历并没有使我在公共服务中留下坏名声。这再一次印证了哈里·杜鲁门的幽默话：“要想在华盛顿交到一个朋友，还是买条狗吧。”

# 第34章 家庭与健康

A LIFE AT THE EDGE OF HISTORY

1977年1月我被中央情报局局长的提名小小地“戏弄”了，但没有留下任何心理阴影。那么，1970年参议院竞选的失意虽然令我有些受伤，也没有对我造成过大的影响。事后想想，这也是上帝的庇佑啊。它代表一个全新又更规律的生活的开始，使我重新发现家庭的欢乐，这正是过去的二十多年里经常被我忽略的。在加入那次耗时费力的参议院竞选时，我刚刚结婚一年。尽管竞选失败，我和姬莲最终却拥有了属于我们的时光。

1973年朱丽叶在我们的热切期盼中出生了，她使我们的生活充满乐趣。她继承了她母亲对舞蹈、外语以及马术方面的热情与天分。朱丽叶是在纽约长大的，但是她渴望与我结伴到各地去旅行，西班牙、意大利、英国、爱尔兰、波多黎各、巴拿马，等等。所有这些地方都是按我父亲的惯例安排的，就像他带着我一起坐汽车环绕内布拉斯加旅行一样；就像我的儿子们，在他们十多岁时和我一起到新西兰、突尼斯、肯尼亚、纽芬兰、莫斯科和契尔尼戈夫去夏季旅行一样。

埃里克、史蒂夫和菲尔陆续到纽约加入我们的度假行列，我们有时候还会去威斯康星州。在他们上学、结婚生子以及后来在威斯康星州北部安家的过程中，我们始终保持着书信往来，电话联络和相互拜访。

在大型连锁店和网络的影响下，我的儿子史蒂夫和他的妻子朱莉创立了一家独立的书店，同时，他们生下了我的孙子罗里和孙女汉娜。我的儿子埃里克是一名社会工作者兼家庭法律顾问。他表演并教授音乐，无论是娱乐场还是婚礼现场，都能看见他站在旋转舞台上演奏弦乐器。我最小的儿子菲尔和我的女儿朱丽叶传承了家族的衣钵成为了律师，这一点令我感到非常自豪。菲尔在一个小镇上开了一家私人律师事务所，处理各种案件，大到凶杀案，小到平民百姓的普通诉讼。朱丽叶目前在芝加哥当律师助理。她在进入哥伦比亚法学院之前曾在摩洛哥的美国和平队待了两年。

当朱丽叶于2000年和本·琼斯结婚的时候，我的两个孙子，即菲尔的儿子林肯和特里也都带上了结婚戒指。我深爱我所有的子孙们，喜欢与他们度过每一秒。我的孙子奥拉夫——埃里克的儿子，患有严重的孤独症和智力迟钝。但他是一个可爱的年轻人，在其他各方面都很健全。他每年的探望对我来说都是一段特别的日子，尽管留给我的满是伤痛。

在庆祝我70岁生日的时候，姬莲、我的4个孩子、他们的伴侣和我最小的孙子罗里欢聚一堂。我们一起坐在木筏上，沿着美国大峡谷的科罗拉多河顺流而下。此时此刻我深切感到：我能拥有这样美好的家庭是多么幸运啊！

即使我们天各一方，所有的索伦森家族的人——我和我的兄弟姐妹、我们的配偶以及子孙——都要为了偶尔的家庭聚会而努力聚到一起。这是一个多文化背景、多种族的大家庭——一个多样化的家庭能映射出一个多样化的国家。我们从事不同性质的工作，接受不同程度的教育，来自乡下或城市。有的人出生在国外，而有的人从来没有离开过美国本土。但是，我们都始终怀有和平与公正的理想，这是多年以前在内布拉斯加州林肯市的派克大街，C.A.索伦森和安妮斯教给我和我的兄弟姐妹们的。

我的家人中都没有特别长寿的。我既没有见过我的祖父，也没有和我的父亲和汤姆哥哥共同生活多长的时间，汤姆在1997年去世了。而我到2001年为止都很少出现严重的健康问题，轻微的诸如溃疡、背部毛病以及一些小病，很快就康复了。我在那些年里一直努力保持适当的散步、游泳，并且常年打网球。55岁时，我用了不到四小时的时间就完成了纽约市的马拉松赛跑。

在白宫，我组织了一个棒球队，成员有：李·怀特、麦克·费尔德曼、沃尔特·海勒和吉姆·托宾。在与华盛顿出版社的比赛中，我的位置在投手和第一棒球手之间交替变化。早些时候，在宝维斯律师事务所期间，我在纽约律师垒球社做投手时，有一次比赛令我记忆犹新——我之前的对手在与我在决赛交锋时打出了本垒。虽然我终身都是棒球迷，我最喜欢的运动却一直是网球。威斯敏斯特北部的小镇，是我和姬莲十几年来度周末、假日和暑期的地方。在此举行的慈善活动中，我很激动地与阿瑟·阿什进行一场公开对决。他是我仰慕已久的世界网球选手和民事权利活动家。但他却不欣赏我那非正派的网球球风，每一击都下切带旋转，他还告诉我说球过网后要有些简单的变化。他问我："谁是你的专职教练？"

我可以继续注重饮食，规律地运动，我希望我能够不受年龄给我带来的脆弱，享受一个积极的21世纪。

2001年7月20日，我给我们律师事务所的暑期实习提出了一个很受欢迎的话题：从公众服务到私人业务的转变。我告诉他们为什么我为华盛顿工作，在科德角写作，之后选择宝维斯这个地方。我谈到给美国和外企担任代表，给许多政府领导人提供咨询。此外，我还谈及那个夏天发生的一些新趣闻，诸如联合国解决"钻石冲突"，反对美国海军轰炸部队继续在位于波多黎各近海的别克斯岛上训练，建立一个全球性的新组织来保护世界各地宗教圣地，以及致力于因所谓的伊朗间谍的罪名而被捕入狱的13名犹太人的协商释放。对于自己的作品、演讲和政治活动，我谈的很少。

在讲话过后的问答环节，许多年轻朋友都表示渴望在这些计划中提供帮助，有人还问到我怎么有那么多的时间和精力去做所有这些事情。午餐结束后，当我返回办公室时，我觉得我真的是在消耗时间和精力。我坐到办公桌前准备查看文件，我惊慌地发现自己头痛得厉害，完全读不进去东西。我竟然不知道所有的痛苦已经摆脱了防守，正冲进我的脑袋，而我刚刚向那些年轻的暑期实习生所描绘的丰富多彩的生活也即将发生改变。

正在我头痛时，一位年轻的律师黛安·诺克斯和她的秘书凯茜·富勒，决定叫姬莲、我的医生和救护车过来，我很愚蠢很顽固地拒绝。即使救护人员把我推出办公室，我仍然反对地说"这只是小头痛而已"。后来我才知道，正是黛安和凯茜的及时帮助把我从严重的脑损伤甚至死亡边缘抢救了回来。多年以前，我曾向一位年长的同事发誓说："我永远不会退休，除非他们将我抬出去。"那一天他们就是那样做的。

我一被送到纽约康奈尔医院急救室，急诊护士便立即诊断我小脑出血或小脑中风。一位年轻的住院部医生首先检查外伤，他告诉我说："下面这些问题会让你放松一点。"

问："你知道你在哪儿吗？"

答："纽约市。"

问："今年是哪一年？"

答："2001年。"

问："去年谁当选总统？"

答："我和其他任何人都不知道这个问题在严格意义上的正确答案，

这个问题也没有使我感觉好一些。”(我认为乔治·W.布什没有“当选”。他输了，却通过毫无法律依据、完全依靠党派性的最高法院的决议才得以上任。)

问：“你的表格写着你是一名律师。是哪种？税务律师？”

答：“不，医疗事故的（我开玩笑地说）。最好小心点儿。”

那时，我已经被推进手术室做手术以便排出大脑中的淤血。纽约康奈尔医疗中心的神经学主任告诉姬莲说：“取消3个月内的所有事情。”

我第二天醒来的时候，不知道现在是何年何月了。我试着往办公室打电话，却发现我看不了电话簿。我周身尽是输液管和吊瓶，发现自己挪动身体每个部位时都会痛，我叫人来帮忙但没人回应。我试着离床按响警报器，一个看护跑进来，像摔跤似的把我弄回到床上。任何先前认为自己不会被打垮的错觉瞬间化为乌有。

神经外科医生向我快速汇报了所发生的情况，又问我是否还有什么问题。我只是半开玩笑地回答：“第一个，为什么是我？”他说没有一个医学答案会使我满意的，我比大多数中风患者都幸运，因为我还能走。我问他对我来说走这么多路，游泳游那么多圈，吃那么多无味低脂肪的食物是不是在浪费时间。他镇定地回答：“那不叫浪费——那就是为什么你还能在这跟我说话的原因。”

我的中风没有明显的起因。我没有高血压史、高胆固醇史、糖尿病史和血栓史。我的心脏早年已接受治疗并有所好转。我从来不吸烟，不超重，我还规律地做运动。但我还是中风了。很明显，脆弱的血管出血了。但是，有一件事情是很明显的：2001年的7月，我终于“血债血偿”了。早些年里，我的青春和健康似乎取之不尽，用之不竭，尤其是在白宫工作和竞选总统期间，在1986年以前的几次竞选期间以及十几年的国际商务旅行期间，我通过多年的失眠来虐待自己的身体。1983年，我在跑完纽约市马拉松赛跑后又马上飞往东京，也许这就是一种惩罚身体的愚蠢方式。2001年的头半年里，我乘坐夜间航班从纽约飞往外国，通常第二天晚上又再飞回来。

在医院3天之后，我开始发高烧。我的医生决定植入一个脊椎接听器，检查我的病因。想起我后背下部曾经出过问题，我知道安一个脊椎接听器是很疼的，我请求他们不要安了。正当他们考虑我的请求时，我的体温下降了。但我还是头疼，更糟糕的是还伴有轻微的抖动。我靠静脉注射进食，后来发展到恶心，体重骤减。我感到头昏脑胀，非常疲惫虚弱，我看起来比一个脾气暴躁的老头儿被打垮在病床上的情形还要糟。两个医生朋友给我检查完之后告诉我：

“还是放弃希望吧。”但是我的爱妻始终坐在床边。她被推到了双重角色里，对于她那病情危急且脾气（难以置信的）暴躁的丈夫，她既要做一名决策者，又要当一名看护者。我更习惯于提出建议而不是接受建议。整个痛苦的经历对姬莲来说是非常难熬的。她应付着一切——一方面镇静地从长远考虑，一方面给我们的女儿朱丽叶发邮件：“我们多么幸运，我们有健康、能力、机会和……32 年的相伴，甚至更长。”

尽管我不舒服，但当一位牧师造访医院想为我祈祷时，我还是表现得很有耐性，很虔敬。当时我的兄弟们很好奇我会做何选择，唯一神论者选择无声祈祷。我将这个传统告诉了那位好心的牧师，他同意这么做。

由于我的病情开始恶化，我转院接受治疗。当救护队的护工把我从担架上放下来时，这家医院的通讯系统令我大为震惊。在那里，一个中心控制区可在每天的任何时刻任何病房呼叫医院的任何员工。喇叭就安在我的头顶上。我还发现这个极受热捧的医疗小组对我进行的治疗没有什么作用。小组领导高兴地问我：“我们明天的全部计划是什么？我们必须做好第二天的全部计划。”这时，我回答：“只要从这出去——你们想怎么样就怎么样！”一个专家告诉我，我治疗的目的是使我能够“过正常的生活”。已经享受半个多世纪非凡生活的我，那个目标并没有激起我的斗志。

若在十几年前，没有大脑扫描仪技术和新药物发明，我那天可能就完蛋了。如果我没有得到世界上最好的医学专家的及时救治，我的大脑必然会受到更大的损伤。但是中风给我带来最持久的影响是损害了我的视力。当医生告诉我可能会失明时，我想起了卡莱尔的话：“不要！哦！读者们，知道这话有多伤人吗？”他们说我的眼睛拥有视力所必需的所有正常部分，但是眼睛后方的“控制区”将不再正常。我试着用一种哲学的方式看待：当我父亲的朋友瓦尔特·洛克失明时，父亲在给他的信中写道：“只要你继续保留对生活各方面敏锐的感受，继续保留火热的视线，梦想这个星球上的生活变成什么样，你的眼睛里将留下清晰的画面，无论你的年龄是否过了百岁。”当听到来访者窃窃私语地谈及我得通过指挥台得到帮助的情形时，我有时劝告他们：“老友，不要担心我的眼睛。我的眼睛比美国总统还好。”

起初，我拒绝永远失明这个结果。现在我似乎接受了视力有限可以生活在另一个世界的事实：每天都起雾，每个房间的灯光都昏暗，每个白天都是黎明，每个屏幕都模糊。用《圣经》的话说，现在我是“在黑暗中看一只玻璃杯”。以前，我可以用相当少的时间和努力完成很多事情，这一点我很自豪。中风以后，我发现一个很小的事情都要花费很多的时间和精力。每天早晨起床、穿衣服比我先前需要更多的视力和敏捷度——给衬衫系扣、刮胡子、系鞋带、独立行走。每当我不小心把东西撞到地上，或者把水或果汁倒在杯外洒在桌子上时，我的心里都充满了挫败感。当我把衣服穿反，或者没有看到玻璃杯里的汤匙或塑料吸管而张开嘴时，我试着对所有荒诞的行为一笑置之。我因将书籍录音出版而被大家重新熟悉。当我想起我的书《肯尼迪传》已被美国基金会录制，为盲人和美国国会图书馆的国家读书计划而录制时，我感到非常自豪。

有时我会想起1961年与肯尼迪的巴黎之行。现在我更清楚记得我同情地望着戴高乐总统，他一身军队制服，戴着穗带镶边的军帽，但他太骄傲而不愿去戴高度近视眼镜。当他登上政府贵宾大厅阶梯向肯尼迪总统致敬并护送他到凯旋门的花环位置时，由于少迈了一个阶梯差一点点就跌倒了。在他平衡和镇定之前，有短短一瞬间，将军那严肃、傲慢的神情变得像找不到立足点的老人一样迷茫。我经历了好多次类似的尴尬。

很明显，中风给我大脑右前垂体带来的损伤导致我患上一种叫视觉失认症的疾病。那种病使我看物体时只能看清它的基本组成但总是不能把它们组合在一起——我能认出嘴唇、眼睛和耳朵这样的细节，却不能认出整个熟悉的面孔。著名的精神病学家奥列弗·萨克斯写了一本关于这种疾病的书，书名是《错把太太当帽子的人》。我从来没犯过那种错误，但是我有过类似的麻烦，如错把玻璃门当成开着的，错把乡下的邮箱看成一只鹿，错把阴影认作楼梯。当我的眼睛只看到一个单词的结尾时，我对整个单词的判断总是错误。洗手间门上的标志是“男”还是“女”，我看到“呈现”时，我读的是“再现”；一个“国会”这样的单词我会读成“开会”；我看到“竞赛角逐者”,而文章写的却是“酒吧间的男招待者”；总统是“狂怒的”还是仅仅“好奇的”？离开医院的时候我左边的视觉区还是完全看不见，我只能看到沿街开来的汽车的后半部分，真是离奇的视觉。

中风之后的第一个月里，我尽力使自己不要自悲自怜，努力把注意力集中在我还能完成什么的问题上。但是，几个月以后，每天的发现都是我的视力没有任何好转，这使我有了新的认识——我能做的所有事现在再也做不了了。医生告诉我说：“中风把你击垮了。”确实——激情、雄心、希望、兴趣、能力、耐力，甚至感情的投入全都消失了，以至于我们几乎感悟不到两个月以后，9月11日那天的袭击和此后我们国家的动乱。病痛很长一段时间消磨着我的乐观、我的耐性、我的决定、我的欢乐，甚至我短暂的理性。

我的性情变了。我变得很沮丧，并时常想起我母亲的病，想起肯尼迪遇刺，想起我所知道的包括肯尼迪父亲在内其他中风患者的命运。我想起1986年和罗伯特去海厄尼斯港与他父母共进午餐时的情景；想起肯尼迪大使由于不能与他的儿子交谈而眼含泪水，情景是多么令人悲伤。

我悲伤地同情着我最喜欢的法国著名剧作家艾德蒙德·罗斯坦德。在创作的《大鼻子情圣》中，在最后一幕，当西哈诺头缠着绷带一瘸一拐地走向他挚爱的罗珊时，他的话语是那么低沉。多年来在经受所有的打击仍死里逃生之后，他“被一名卑微的下人算计，从背后用木块砸死”。整个经历是死亡的象征，让我想起了 1963 年 11 月 22 日我已经得到教训——生活是完全不可预料的。

我知道我得控制住愤怒和悲伤，抑制沮丧的任何信号或想法，医生说那样很容易导致大脑血流量降低。我不相信自己曾经真正地患上临床抑郁症。但是我承认在出院的第一个星期里，我的确被严重的忧郁和疲惫吞噬了。看不到，不能正常行走，不能无痛苦地移动头部，我发现无助和无望是那么强大。在医院的第一周，姬莲已经承受了我病情严重时的紧张和担忧，而其他人则负责安慰我照料我。随后她又面临新的挑战。我郁郁寡欢、烦躁易怒、令人厌恶，但我感受到她更多的、永无止境的耐心，意识到她为安慰我这个怪人所做的努力，以及她为了我的安宁而突然间承担起责任。病后的第一年里，我经常有一种奇怪的感觉：我在生命中穿梭，表演戏剧中的情节，向下凝望一个新的世界舞台。我完全换了另一种角度看待自己：住在特德·索伦森的身体里，扮演着他的角色，按他的时间表行事，遵守他的承诺，发表他的观点——然而不知何故，我奇妙地分裂了。

有时，我耳边会出现美国老汽车工人唱的歌，1960 年，我准备肯尼迪在底特律竞选演讲时曾引用过一段歌词：

谁要照顾我，
当我白发苍苍不能工作，
而又尚存一丝气息？

生活不全是忧郁。在头几周里我还是会笑的。先前，我和姬莲拜访慈善家阿瑟·罗斯时，我和阿瑟曾在他的牙买加庄园进行一场高尔夫球比赛。那时他已经 92 岁了，还是一个高尔夫球爱好者。令他失望而令我惊奇的是，比赛下来，我略胜一筹，我可不是什么高尔夫球能手啊。几个月后，我中风后了，他打电话来，我问他在年老时是否也中风过，他说没有。我开玩笑地说：“阿瑟，生活如果像高尔夫比赛，那我又领先了一次。”

在医院和后来回到家里，姬莲给我读了充满希望和快乐的信件和手机短信，它们有的来自家人、朋友和律师事务所的同事，有的来自我华盛顿那几年的朋友，还有其他人，包括比尔和希拉里·克林顿、阿尔·戈尔、内布拉斯加州的前国会议员鲍勃·凯瑞，等等。在医院分娩的产妇给我写信说道："你在纽约是内布拉斯加的领头羊，我们需要你回到原来的位置。" 如果历史学家看到这封来自赫鲁晓夫的孙女的友好来信时，他们能说什么呢？我的哥哥罗伯特发给我来自《体育晨报》的一篇关于先前丹麦自行车比赛的报道，标题为《这些年来索伦森仍骑脚踏车》。家人和朋友们的支持使情况扭转了。

我忍不住想起1954年的秋天，那时肯尼迪背部疼痛，手拄拐杖，他非但没有放弃，还做了重大的脊椎手术。考虑到身体的其他疾病，他很清楚这可能会有生命危险。面对我中风的结果，我的家人和好友没有一个向绝望屈服——相反，他们充满了希望和勇气。

姬莲知道希望是最好的药物，她向我保证在我出院之后，会回到庞德里奇的家中修养恢复。在那里，我开始简单地走动。起初很慢、很小心，后来去游泳，再后来接受朋友和他们家人的拜访。我还拜访了我勇敢的邻居，《超人》的扮演者克里斯托弗·里夫。一次骑车事故使他的脊椎受伤，他最终无法行动只能坐在轮椅上。尽管他的情形如此，他的精神境界却很高。他对干细胞及其他医学研究的造诣很深，甚至他每天练习的养生法都是如此鼓舞人心，于是我决心不让自己由于体力限制而虚度我生命中最后的篇章。

从庞德里奇回到纽约后，我的身体恢复得很慢。一周周过去，可我的身体还是很疼。我终日待在家里，时间从2001年跨进2002年，我仍然不能看清东西。我逐渐变得自暴自弃。十几年前，我的朋友霍华德·塞缪尔——一个失败的民主党政治家，在一次政治宴会上坐在我旁边，他甚至都没受到邀请。席间他闷闷不乐地说，他已经不能再参加游行了。现在我终于感同身受，但我最终决定不再做一个卧病在家的病人，有许多游行我仍然是可以参与其中的。我开始到外面行走，到我的办公室，到我医生的办公室。我去西奈山医院做定期复健，然后再从那里走两英里半的路回家。即使我的家庭护理说她不允许我走出她的视线，但她又不能走那么远的路。毫无疑问，她疼痛的双脚促使她早早便转去看护其他病人。不久，我重新开始了长时间的行走练习，徒步去赴所有的约会和会议。

近几年，我已经能勉强地躲过汽车和自行车，但偶尔还是会撞到行人。我就像《欲望号街车》的女主角一样，"依赖陌生人的好心"，我也依赖我对路线的熟悉。当我看到一个总是混乱的世界时，我只能依赖我对路线的熟悉。我发现我很难看到红灯，马路边总是很远，人行道好像被建筑物、行人和流浪的孩子堵住了。我提醒律师同事们那些我们在法律学校学习过的“行人法则”，我告诉他们：“你一定没有见过真正谨慎的人，除非你见过我过纽约大街。”

我从来没有想过会有奇迹发生，突然从痛苦的深渊重新走进明媚阳光里，没有戏剧性的苏醒，没有灵丹妙药，也没有不期而至的惊喜瞬间。这是一个漫长又渐进的过程，我当时并没有意识到那么多的细微变化。即使我当时对一些治疗存有质疑，但它们奏效了。

我写这本书的时候，很抱歉将我的大多数时间都耗费在身体的护理上。遗憾的是，中风还是影响了我这5年的生活，我对近几年的事情做了许多规划，哪件做完接着哪件的计划非常清晰。对我来说，每当一个新的7月20日到来时，我仍健在，尤其当我想起中风之后发烧有多高时，我就算完成了使命。那时多活6天都让人觉得难以置信，更别说6年。所有的这一切，全都是我亲爱的家人、朋友和一支高级的值得信任的医疗队伍的功劳。

中风之后，大多数人断言我丰富多彩的日子已经结束。1960年到1961年总统换届过渡期间，我建议肯尼迪不要在7月20日之前干涉白宫的决议，即使前一任的艾森豪威尔总统是一名“投机”总统，但他仍旧是总统，在他离开位置之前，他仍旧拥有总统的所有权力。只要我还有生活的权力，我就告诉我自己，我要运用自己的权力。

1998年——在我中风的3年前，我便到了规定的退休年龄——70岁，我觉得自己的身体一直健壮，事业也会一如既往地辉煌，我与事务所签约，继续保持未来几年的业务伙伴关系。中风之后，我正式提出退休。为了与事务所的手续保持一致，我以“法律顾问”的身份继续与其合作，它成了我最后的职业收容所，像其他退休的合伙人一样，我保有一个职位和秘书。

中风之后的头几个月，我总是处于昏睡和悲伤状态，但我决定再次写作。我首先尝试的是为马克斯写诗，他是我的朋友梅格和迪克·利昂的小儿子。

中风后的第六个月，我为卡特总统的国务卿、我的朋友兼肯尼迪政府的同事赛勒斯·万斯发表了悼词，这是我中风以后首次在公众场合讲话。我被引领到教堂的讲坛上，上台阶时我失足踩空了一次。我的眼睛紧盯着放大的打印文件，唯恐我会看错行。我收到了赛勒斯·万斯的同事、家人和朋友的热情回应，那是我回到魂牵梦绕的公众舞台后最令人兴奋的一天。

当姬莲的上司、联合国秘书长科菲·安南邀请我们参加他的诺贝尔和平奖颁奖仪式时，我得到了医生的允许，毫无疑问是因为有我妻子的一路相随。

这是我中风之后首次飞往国外，在此之后的几年中，我还去过许多地方——伦敦、巴黎、哥本哈根、柏林、威斯巴登、哈瓦那、斯德哥尔摩、维也纳、罗马、北京、新加坡、巴拿马和火奴鲁鲁，通常都是在旅伴的陪同下去的。我发现海洋比天空要可爱得多。中风后的 4 年内，因为我继续写作、演讲，行程遍及全国甚至全球，有两名医生竟用同一个词来描述我的恢复："奇迹！"我回答说："恕我直言，我宁愿我的恢复依靠的是药物而不是奇迹。"

中风源于抑郁，在我自我感觉良好时，它不会有明显的起因或征兆，所以不管我恢复得多好，我知道它可能会在任何时候复发。这种意识就像悬挂在我头上的达摩克利斯之剑一样。中风后大约三年的时间，我又经历了一次小中风，它导致我短暂地眩晕。那一次，我穿过中央公园从医院走回家，突然晕倒在地上，我强行站起来，不安地继续走。第二天我向医生咨询了那件事。脑 CT 显示这次短暂眩晕的起因是血管向里塌陷而不是渗血。同时，我被诊断出患有前列腺癌、心脏瓣膜渗漏、恶性黑素瘤、莱姆关节炎和其他一些不同的疾病。这使我想起莎士比亚的《哈姆雷特》中的一行话："当不幸来临时，总是祸不单行。"

当我因为前列腺癌咨询肿瘤专家时，我得知需要采用外部照射放射治疗。这是一种还算是新型的医疗技术，是通过研究处理大客轮电子加速器而发现的，听起来似乎有些耳熟。果然如此，43 年前我曾把这项研究纳入肯尼迪 1961 年的财政预算要点，做过适当的调查之后，将 1.14 亿美元投资于一项叫做"大客轮电子加速器"的新科技研究。你绝不会知道，你扔到水里的一小片面包什么时候会再回到你的嘴里。

中风之前很长一段时间，我沉浸在人生故事的写作之中。在医院的时候，我发现即使我中风了，我的记忆依然完整，我便开始认真地考虑创作这本书，把它当做我集中时间和精力的一项工程。尤利塞斯·S. 格兰特总统身患癌症时，仍然在马克·吐温的帮助下写出令人佩服不已的自传，并且在去世前快速完成了手稿。这项工程以其建设性和创造性的方式占据了我的时间和精力，给了我更多站起来的动力，让我继续下去。

2007 年 7 月 20 日，我仍在执笔，中风的第六年我的生活改变了。写了将近六年，我的书就快要完成了。我的时间表排得很满——写作或者为写文章、演讲和讲座做准备；旅游；与众多的医生见面；还有与朋友的很多交谈和拜访，包括一些新朋友和家庭成员。不管是否得到允许，我每天都要游泳一英里或半英里。昨天一位朋友称我为"战争中的幸存者"，其实光幸存是不够的。自从医生只判给我六个月生存时间的那一天起，我已经活了六年多，这让我感到非常欣慰。最重要的是，我很好地利用了这六年——告诉其他人，尤其是年轻的美国人有关约翰·肯尼迪的故事，激励其他人去为公众服务，用我仅有的能力去写作和演讲，继续学习、欢笑，积极地面向新挑战。我想继续活着、反抗、欢笑、写作、讲演、服务——也许还有另一个 6 年、16 年——我会看着我的孙子、孙女和他们的孩子长大成人。

50 年来，我一直都是靠一支笔闯天下，完成我所有的备忘录、演讲稿、书籍和文章。然而现在，即使我能在强光下看见大号的字，却再也无法识别任何手写的文字，无论是我让其他人写的，还是我自己所写。这正是此书组织、编写耗时长达 6 年之久的原因，也是让我能继续活 6 年的原因。这是一笔不错的交易。除此之外，还有一份额外的收获：我终于可以对辅佐肯尼迪的那段往事画上一个完满的句号。我已经完成了这一生对他的效劳。

# 反思与遗憾

“你是否已经厌倦谈论约翰·肯尼迪了？”有时有人会这样问我。我都会回答：“不，只要你没厌倦。”

与肯尼迪共事的 11 年，无疑奠定了我职业生涯的基础，相互间的信任，又奠定了我们彼此关系的基石。肯尼迪让我融入到他的个人圈子中，向我吐露秘密——如果我将这些秘密告诉他人的话——将会严重危害他的政治生涯、公众形象和他的婚姻。人们意识到我与他的关系以及我对他的影响，一些人便想要如法炮制了，在我离开白宫多年后，克林顿总统的新闻秘书麦克·麦柯里跟我说：“每个来华盛顿的人都想成为你。”我不止一次听到别人这么跟我讲。尽管这难免有奉承的成分，但他们真正的愿望是为约翰·肯尼迪工作。

杰姬曾经对记者说我“很多时候都像小男孩……崇拜杰克”。她说得没错，他确实是我的英雄。我总是被说为“忠贞不贰”，媒体多将这种关系总结成“杰克一受伤，特德就流血”。在很大程度上，我也经常对他人作出评价，其中包括新闻记者和传记作家，但我对他们评价的标准并非是他们怎么评价我的，而是他们怎么评价肯尼迪总统——是否全面、适当、准确地描述他的成就和贡献。有些学者形容我对总统的影响难以计算，是一位掌握过多权力的总统助理的典型，对此，我不以为然。我没作过任何性质的决定，也没运用过任何权力制造危险，我并不像哈里·霍普金、谢尔曼·亚当斯和卡尔·罗夫。除此之外，我的观点与约翰·F. 肯尼迪的原则完全一致，尤其与世界和平与国家公正的原则相符。从某种程度上来说，如果我的建议、忠告和意见对他的决定有影响，我是多么自豪和感激。这个世界不仅需要鼓舞人心的领导人，同时也需要能够谏言和辅佐他的助手。对于他与我谁是总统，谁又是辅佐总统的助手，我从未有过任何疑惑。我很清楚两者之间的差别：顾问——提供建议；助手——提供协助；参事——提供决策。但最终，能够并且应该作出决定的只有总统一人。

有人说，巨人的时代已经结束，那些如富兰克林·罗斯福和温斯顿·丘吉尔一样的大人物已经走远。而且很明显，萨科齐不是戴高乐，穆巴拉克不是萨达特，乔治·W.布什也并非约翰·F.肯尼迪。我也知道，想要到达权力的巅峰所要付出的代价，尤其是在民主国家，所以我不会轻视任何一个国家的领导人，无论他/她是男是女，也无论这个国家是大是小。

在肯尼迪离开后的十多年里，一些评论员说我尽忠职守得有些过头，这些年来仍然为他守口如瓶,仍然否认自己的全能角色,我却不这么认为。约翰·肯尼迪磨练了我的政治能力、判断力和幽默感。追随他的这些年我所获得的经验，为我后来的生活奠定了基础。如果他能够看到我在他离去之后仍对他的理想坚持不懈，我想他会感到欣喜而不惊讶。在我为肯尼迪工作的初期，我不仅学会了尽忠职守，还学会服从与克制，学会默默无闻，绝不哗众取宠、越俎代庖、自吹自擂，以免引起他人对总统的反对，甚至反对他的父亲和弟弟罗伯特，而后两者也强烈地维护着他的形象及事业。我所学到的这些慎密周到的品质，已经成为我自身修养的一部分，而且，至今已是我人格标准的核心，为这本关于肯尼迪及我自己的私生活的书中所公开的内容，严格把关。

从某种程度上来说，我们彼此帮助成就了各自的事业，长久以来，由于他在参议院和白宫里日益增长的左倾转变，许多记者和评论家都推测，他日渐步入更加坚定的自由理想主义，我则是一个主因，强心剂，甚至是催化剂。一位《华盛顿邮报》的编辑对于我进入白宫一事写道："自从这个消瘦的内布拉斯加人加入总统班子之后，肯尼迪的朋友们都认为，参议员向更加自由主义的方向迈进，一步都不会踏错。"或许如此吧。在我们结识之初，他对自由主义表达得很谨慎，许多自由主义者也谨慎提防着他、他的保守的父亲和他的家族，关注他们与参议员乔·麦卡锡的密切关系。在我加入他们之后，肯尼迪的话曾被断章取义地引用——"我根本就不是一名自由主义者"，"我从未参加美国的民主活动"，"我与那些人无法和谐相处"。

对他来讲,有一点是显而易见的——我是一个做了长远打算的自由主义者，他越来越能够与我和谐相处。在参议院的时候，我会在他的演讲中巧妙地逐渐渗透一些比较自由主义的观点，以证明自由主义的答案不仅对这个国家来说是最适合的，而且与民主党的原则也一致。即便如此，由于谨言慎行的本能，他最初还是走在平衡的中间道路，以致无法讨众多自由主义者的欢心，但这一情况在他入主白宫之后有所改变。

我们的观点趋于一致。1953 年，当我第一次见到他的父亲时，肯尼迪大使便果断地说："我决不会让你为我写稿——你太自由主义了。但你对杰克来说正合适。"随着肯尼迪的政治经历逐渐丰富，他的政治哲学也日趋成熟。他从他的父亲身上学到了谨慎保守的作风，从全国旅行和政治活动到新问题、新观点以及包括我在内的其他人，都使他重新审视自己的重心与原则，使其与我所期待的更自由主义的形象愈加吻合。我从我父亲身上延续了自由的理想主义，也从肯尼迪身上以及我在州竞选与全国竞选的真实政治经历中逐渐了解到，纯粹的哲学是如此不切实际，以至于我们在理想主义的道路上达不到必要的成功。我们的哲学观趋于一致，那便是"拒绝幻想的理想主义"，承认多种选择的艺术，坚持战略上可以退让但原则上绝不妥协。

我离开华盛顿很多年了，但我没有一天不想起肯尼迪。在过去的 45 年中，每当我提起"总统"，我所指的只有一个人。每年的 11 月，我的头脑中都会涌现出以往 11 月发生的事情——肯尼迪在 1960 年的选举，他在 1962 年和平解决古巴导弹危机，以及他在 1963 年遇刺身亡。

在家中，姬莲帮我安放了那些年我所收藏的纪念品：我曾在白宫餐厅使用的雕花银制餐巾圈；一幅我和总统的相片，当时我们正在白宫西翼等总统专车，在肯尼迪离开的几个月后，杰姬将照片赠予我。在所有纪念品中，我尤其珍视的是 1962 年 11 月的银制日历，是蒂凡尼为纪念古巴导弹危机的和平解决为总统特制的，上面有总统和我的名字首字母。他将这款日历签上每个执委会成员的名字首字母，一一赠送给他们。

有时候，我真的很好奇，对于人们疯狂地竞拍肯尼迪生前的纪念品，他和杰姬会作何感想。我的这些纪念品可不出售。

肯尼迪任总统期间是理想主义的全盛时期，铭记那一时代的人为他的结局至今仍痛惜不已。1991 年，我在罗伯特 · 肯尼迪的书奖庆典上见到埃塞尔，她对我说："特德，我真的很喜欢看到你们工作的样子，我也一直铭记你对肯尼迪的情谊，以及你对新边疆所贡献的全部活力、创意及梦想。"这些年里，在纽约的街道上，时常有陌生人对我说："你让我又想起了往昔那些美好的回忆。"

然而令人遗憾的是，在这四十余年里，华盛顿完全变了。加里 · 特鲁多的漫画《杜恩斯比利》将其展露无遗。第一幅图中是两个主角在酒吧里讲笑话，其中一个说："记住，不要问国家为你做了什么，而要问你为国家做了什么。"

第二幅图中，他们两人放声大笑，整个画面中布满了“哈——哈——哈”。在第三幅图中，他们全都表情严肃，垂头丧气，其中一个问：“这有什么好笑的？”在最后一幅图中，他们全都埋下头来，号啕大哭。

我总能听到那些评论家和准历史学家们不厌其烦地说着那些陈词滥调，说肯尼迪只有表面没有实质。但你要知道，肯尼迪克服了宗教的偏见和其他阻碍，获得总统的提名，继而赢得大选，足以说明他拥有的不只是表面；和平地解决古巴导弹危机，令前苏联撤回原有核武器，便足以说明他拥有的不只有表面；建立和平队，人类成功登月，也足以说明他拥有的不只是表面；在长达几世纪之久的种族歧视历史上开辟新道路，仍旧足以说明他拥有的不只是表面。

或许在肯尼迪离开不到五十年的时间里，就称他为历史上最杰出的总统之一有些为时过早，但我坚信，子孙后代绝不会忘记美国历史上发生过的三件大事：古巴导弹危机，是他和平解决了世界历史上的首次核对抗；是他推翻了美国世世代代对黑人的压迫；是他建立了全面的太空计划，使人类能够跃出地球，遨游太空。这正是肯尼迪为当今世界留下的巨大财富。

如今肯尼迪所秉承的贡献与革新的准则又发生了怎样的变化？公共服务的光辉已经被越来越多无能的总统密友及腐败的游说议员者玷污；他所强调的外交与经济的权力也已被日渐频繁的枪炮与威胁性的外交政策所代替。

在肯尼迪遇害的一周后，他的遗孀在给赫鲁晓夫的信中写道：

> 你与他虽相敌对，却携手合作，使世界免遭战火……伟人知道适可而止，小人却在恐惧与虚荣中越走越远。

然而，就在杰姬说这番话不到半个世纪的今天，小人毫无考虑地让整个国家陷入战争之中，真是可悲！

无论是肯尼迪总统的演讲能力还是他在白宫对语言的运用，这些标准和原则，无一被传承和延用。我并非言过其实。如今已经很少能听到思想丰富的公开演讲了，这可能因为它们容易引起蛊惑人心、煽动群众的非议。肯尼迪雄辩的口才在当代被视为遗失的瑰宝。而从某种程度上来看，他的格调对于这个世故的繁杂年代来说，显然曲高和寡。

现今总统的思想与行动都交由委员会规划。激动人心的言辞也变成了刺耳的响声和有意的掌声。崇高庄严的描写被虚构夸张的语句代替。总统只在发言时讲话，目的不为鼓舞人心。政治家们只是在忙于制造每时每刻的新闻，而非创造新的历史。

看来，与肯尼迪核心标准和理想的悖离是不可避免，甚至是大势所趋。但我仍然坚信美国人扭转乾坤的力量，因为肯尼迪扭转了联邦政府对民权百年之久的疏忽；扭转了日趋严重的军备竞赛；扭转了美国长期以来的太空探索失败。甚至在1960年的总统竞选中，他也成功扭转了天主教徒不可能入主白宫的偏见。我仍然坚信美国人民会作出正确的抉择。

这是因为，即便是在匮乏激人奋进的演讲的今天，肯尼迪的话仍被引用着，当然也少不了歪曲。就在伊拉克战争爆发的前不久，当小布什的新保守派为这场史无前例的侵略寻找历史先例时，布什总统便引用了肯尼迪在古巴导弹危机期间向全国观众发表的电视演说。国防部长唐纳德·拉姆斯菲尔德声称肯尼迪应对危机的办法是“预防和先发制人”。根本就不是那么回事。肯尼迪尤其抵制先发制人的攻击，他知道，哪怕只采取一小步的攻击，也会酿成无法估计的悲剧。

肯尼迪总统极力强调，美国公民应该问问自己能为国家做些什么，之后的总统则都贬低了公共部门的价值，反而更看重个人利益的追求。肯尼迪试图探索外太空是出于和平使用的需要；里根和布什则将其用于军事。肯尼迪鼓励年轻的美国人服务和平队，而今却渗透进了军方的代表。

约翰·肯尼迪的任期是美国政府的一个黄金年代。然而，在詹姆斯·麦迪逊年过七旬时所写的关于他在多年前参与制宪会议的著作中，我能够对过去看得更加清晰明了。那里并不是卡米洛特。肯尼迪总统也犯过错误，比如猪湾事件。他也经历过失败，比如他没能通过医疗保险法等重大的法案。他辞退的昏官太少，在他任职的第一年又太过强调民防系统，从而又忽视了公民权利，之前对古巴危机也视若无睹。在他任职的前18个月，他向越南注入了太多的军事顾问和太少的关注。他决定建立起强大的导弹军事系统，使其免受挑战也没有使用的一天，也许这种做法有些过分，因为建立这些令人厌恶又无聊的军备价格不菲，而这些资金完全可以用到更好的途径上，比如校园、医院和城市的建设。回顾以往，他呼吁美国对世界的自由负起责任，而继任者们不一定像他那样有能耐担当领导责任，同时兼具理性和韧性。

在他任期快满一年之际，肯尼迪果断地解决了一些人事任命上的失误。而他永远无法解决或公开表示懊悔的最大失误是，他继续任命残暴专制的埃德加·胡佛为美国联邦调查局的局长。胡佛为所欲为，独断专权，紧握权力，使得肯尼迪总统和司法部长罗伯特·肯尼迪都甚为头疼。据说，肯尼迪对于外界要求开除胡佛的呼声回应道：“你不能炒了上帝。”也许胡佛先生自诩为上帝，但对此我不敢苟同。

前些年，由于《信息自由法》的实行，我拿到了自己的FBI档案，记录显示“1948年(当时我只有20岁),免服军役”,“暗示他将从事一份非战斗的服务”,“据说，非常的‘自由主义’”。这份档案还包含了我进白宫前的报告，其中包括我在肯尼迪参议员办公室任职的那些工作，之前任职过政府雇员，我在大学和法学院里的“自由主义”行为，以及我的优秀品格。没有一项出现错误或未经核实的记录，完全推翻了FBI档案全是错误信息的普遍看法。

很明显，FBI对我在进入政府服务之前的那些日子也甚感兴趣。我参加的民主党的政治活动被一一列举，包括我与妻儿私下拜访左翼商人塞勒斯·伊顿在新斯科舍的度假屋；我参加了一个在蒙特利尔大学开的中国会议，一位中国教授被称为“北京的非官方发言人”，除此之外，还附加了我强烈要求该会批准一项决议，“尽力安排中国大陆与美国的非官方沟通”。很显然，某封由国外寄往律师事务所的信函在送达我的办公桌之前，已被秘密地截获并详细考察过了。

我的档案里还附带了一封书信，是由一位公民写给胡佛的私人信函，信中用相当长的内容表述了他非常担心我会“利用总统和他的威严摧毁反共产主义形势的根基”——在当时,这真是一个有用的提醒,就像是一阵风拂过全国各地。

有时候，我会用“如果”“将会怎样”的这类问题来反复考虑我生活中的这些幸运。像本杰明·富兰克林一样，我时常思考“在我生命中发生的接连不断的幸福与厄运”。

正如我一开始就说的那样，我这一生最大的幸运就是我与生俱来的遗传基因——我的祖母的基因，是她在大草原潮湿的小屋子里，与邻里妇女围坐一团，靠着烛光教她们读书认字；我的祖父蔡金的基因，是他远赴印度，寻找失散的兄弟和自己的天地。假如我的父亲没有在格兰德岛浸信会学院发表大胆冒失的言论,没有受沃尔特·洛克之邀就读于内布拉斯加大学并加入唯一神教会，他就绝不会成为一名富有革新精神的司法部长，也绝不会培养出一个对公共事业深感兴趣的儿子。假如我的母亲没有“离经叛道”嫁给我父亲，没有接受专心家务、相夫教子的生活，我也许就不会继承那些与我父亲的丹麦血统完美结合的优秀俄国犹太基因，我也就不会与我那四位相互支持鼓励的兄弟姐妹共同成长。我现在仍然能很幸运地拥有四个孩子，并与我的爱妻姬莲共享了生命中的四十余年。当然了，对于一个从中西部远道而来的稚嫩的年轻人来说，能够结识肯尼迪，伴他度过那些难忘的历史时刻，这算是一种超乎寻常的幸运。我很幸运能够在纽约宝维斯事务所从事法律事业。我很幸运我是一名美国人。没错，我就是世界上最幸运的人。

然而，同大多数美国人一样，我也遭受过一连串的不幸——当我十几岁时，我母亲患了重病；1963 年我痛失良师、益友、领导人——肯尼迪；不到五年又痛失了他的弟弟；多年后，我的双眼在一次意外中严重受伤，这些无疑都是致命的打击。但我仍坚持不懈，不屈不挠，因为我坚信我们必须为一个更和平、更公正的世界而奋斗，克服所有的艰难险阻不懈追求。我认定我自己是一名根深蒂固的乐天派，始终坚信光明终会战胜黑暗，失败必能成就胜利。我坚信人性本善，愿意用道理与敌人坐下谈判，以理服人，运用智慧带领国家走向民主。

回过头来，我生活中所发生的大多数事情变成我一生的转折点，然而在当时看来，一切都发生得自然而然，甚至有些例行公事、平淡无奇。不过，按历史学家亚·J.P. 泰勒的话说，如果那些潜藏的转折点没有转折怎么办？如果肯尼迪总统在 1962 年至 1963 年任职期间，对国务院成员改组并任命我为国家安全顾问，那我能胜任吗？会被反越战的口水所淹没吗？我很乐于想象自己能够胜任该职，成为卡特总统的中情局局长；恐怕我也会因该机构连续不断的错误预测及不正当的管理而名誉受损。

20 世纪于 2000 年画上句号之际，我仔细地思索上帝赐予我的祝福。就在五个月前，姬莲策划的一场精妙绝伦的庆典上，家人和朋友们欢聚一堂，女儿朱丽叶挽着我的胳膊，一直走过花园的小路，与她的丈夫本·琼斯互诉婚礼誓言。

新世纪伊始，我已经 72 岁，依然身体健康。我的法律工作十分忙碌，可以为世界做积极的贡献我感到很有意义。我生活在一个安定、和谐、昌盛的国家，它有最严明的宪法，两党的外交政策都一致呼吁多边外交、共同防御和国际公法。一次意外损害了我的视力和耐力，我无奈中止了法律工作，新总统漠视美国宪法，国际公法以及世界人民的意见，基于军事意愿制定外交政策，这是不公正的。伊斯兰极端主义恐怖分子袭击的两座城市，我都长期居住过，这无疑又造成了恐慌和怀疑的环境。我的生活，我的世界真的是风云变幻!

2005 年 8 月，卡特里娜飓风摧毁了美国南部最大的一座城市，华盛顿却没有做出应对措施。一个月之后，我收到了我的儿子菲尔语气激昂的来信：

> 虽然你在电话中只对当今美国的政治局面简短提及，但从你的声音中我可以感受到你内心深处是多么失望。你为新边疆政策做了很大的努力，提倡扩展理论，呼吁永不退缩，现如今只看到骗子和骗局，你该有多悲伤……大刀阔斧的改革只是过去社会的伟大作为了……而现在的国家正在挥霍人民的善意，抹灭自由的光辉。

然而，几十年转瞬而过，回首往事，我仍然深感幸运之至，我的政治意识觉醒和参与政治工作的时期，是一个有血有肉、作风正派的年代。

如今的令人遗憾的政治领导，完全不同于肯尼迪时代的领导。后者即使是在我创作该书的时候，仍能给我鼓励，激起我的希望，使我奋发向上。当今美国变得与肯尼迪的理想越来越远，然而这并非一朝一夕的事。早在20世纪70年代，我的一位朋友，参议员帕特·莫伊尼汉对此就有过看法。当我谨慎地建议他改变一下他的新保守主义的态度时，他说："为什么？特德，你听起来就像是一个60年代的自由主义者！"我承认，我仍然是一个20世纪60年代的自由主义者，我悲哀地发现，我的理想主义——肯尼迪的理想主义——已被当做一个一去不复返的历史遗物。越来越多的美国人似乎都对能建立起一个更好的政府不抱希望，而随着"失望"的不断出现，人们也变得越来越愤世嫉俗。

20世纪前半页的美国领袖们，为他们的后人留下了一个更受世人尊重、更有安全保障的国家，一个更少种族歧视、宗教问题和经济危机的国家。而这一承前启后的历史传统被当今政府的政治决策者所打破。下届政府接手的会是这样一个国家：曾经受世人敬仰，现在却遭人怨恨，令人畏惧；贫富差距拉开，国家实力削弱；恐怖分子暴力袭击，大规模的杀伤武器在全球范围内剧增，国际环境日益恶化。而我们当前的行政部门又是由这样的一群人所掌管：他们不信任政府擅长管理，除了损公肥私外毫无能力。该是把手中的火炬传给新一代领导人的时候了。

2004年5月，我在纽约发表了一次反战演说，遇到铺天盖地的反对。当我将布什总统对恐怖分子的灾难性回击与肯尼迪总统对古巴导弹危机慎重的反应相比较时，不仅全体的师生、职工，就连当地的市民都嘘声一片，我几乎被口水淹没。他们在台下发出嘘声，吹口哨，嘲笑，用力跺脚，要我闭嘴下台。然而我并没有离开讲台，也没有停止演讲，反而更靠近话筒，更大声地告诉每一个大学生都应该知道的事实。今天最重要的问题不是我怎么了，而是我们的国家怎么了？

同样在5月，我应内布拉斯加的鲍勃·克里邀请，到他任职校长的大学发表讲话，此时，我准备回答之前的那个问题。

《圣经》上说："欢笑有时，哭泣有时。"今天我为我所热爱的这个国家哭泣。为这个我曾自豪地为她服务的国家哭泣，为我的四位祖父母百年前怀抱寻找和平与自由的希望、远渡重洋来到的国家哭泣。当这个国家面临危机的时刻，我决不会默不作声。

与恐怖分子为这个国家所带来的伤害相比，由于国家自身的处理不当，所以它遭受的伤害更严重，更持久。

一周前，一个被上诉的美国驻伊士兵朋友描述了伊拉克人是如何残忍地对待美国人的，他之后又问："我们能那样对待他们吗？"我回答说："当然不能。"

我们最强大的力量不光是军事力量，还有我们的道德威力。我们抵御外敌最有力的保障，不仅是我们警戒、城墙和枪炮，甚至太平洋或大西洋，而且是人类最本质的善良和美德。我们最富有的资产不是物质财富，而是我们精神的价值……我去欧洲演讲的时候，主持人曾要我讲讲美国的好时代，讲讲肯尼迪在白宫时的美国。"现在仍然是美国的好时代。"我说，"美国人民仍然信仰和平、人权和公正，他们仍然是慷慨大方、思想正直、心胸开阔的美国人。"

我不想让我的一生、我的故事就这样终结，终结在当下国家领导所制造的希望破灭的阴影中，在国家总统不称职、不正直的领导中，在政府官员和国会议员都没能尽职尽责辅佐总统的失职中，在我所拥护的政党没能站出来公然反抗并行使自己的义务中。不过一人之过，纵使不幸，不会长久。一个民主主义的国家是可以自主修正错误的。此时此刻，人民拥有至高无上的权力。玩忽职守的领导人可以被换下台。荒唐无理的政策也可以改弦更张。我们人类从失误和不幸中吸取教训。一个新的领导人和新的时代正在向我们走来，而我也将一往无前，继续奋斗、写作、期盼。

约翰·F. 肯尼迪向我们展示了在不到三年的时间里，我们国家在世界角色上是如何迅速转变的。我认为，美国人民最终会对腐败的政治伪善忍无可忍，对于那些使我国的安全和国际地位日益受损，使我们的环境频受毁害、财政问题日逐严重、独特能源日渐衰减的人，进行严肃讨伐。到那时，他们才会回到新边疆政策的理想主义中来。

我仍然是乐观主义者。我仍然相信我们一定能找到并选出非比寻常的领导人，他能够正视未来的危机，并将其一一解决；我仍然相信人性本善，人民最终会做出正确的选择。我仍然相信，法治世界即将到来，和平和自由之光将会照耀整个天地。

**生于斯，信于斯。**

# 致　谢

COUNSELOR

我近些年来老眼昏花，此书的完成得益于多方的支持与帮助。首先，我要感激爱妻姬莲，感谢她在这一漫长的创作过程中所给予的不懈支持、无尽鼓励和持久耐心。我同样要对其他伸出援手的人表示感谢，他们是：陪伴四十余年的伙伴玛吉·霍恩布洛尔，感谢她的友情、智慧以及无法估价的研究及调查协助；玛利亚·戈雷茨基，正是她完美无瑕的组织编排专业才能，本书的章节才得以呈现目前的模样；我的妹妹露丝和弟弟菲尔；我的朋友兼法律搭档杰克·奥尼尔；我在宝维斯律师事务所的秘书劳丽·莫里斯；我的经纪人兼老友默特·简克洛；哈珀·柯林斯图书出版公司的编辑蒂姆·达根及助理编辑艾利森·劳伦岑；我的朋友鲍勃·伯恩斯坦、麦克·贝西、吉姆·布莱特、拉尔夫·布特基斯、克里斯·翰林、卡尔·凯森、迪克·利昂、比尔·米勒及杰夫·谢索尔，感谢他们所给予的宝贵时间和真知灼见；我还要感谢卡罗琳·肯尼迪，她慷慨地允许我引用我所收藏的杰姬的来信。我同时也要感谢我的两位已故朋友阿瑟·施莱辛格和麦克·费尔德曼的宝贵建议。我要向那些从事具体的研究及给我帮助的人表达感激之情，他们是：美国参议院历史学家理查德·贝克、芭芭拉·伯尔巴赫、约翰·卡瓦诺、鲍勃·艾利斯、马克斯·弗兰克尔、查克·古吉、艾利斯岛恢复委员会的诺曼·丽丝和布赖恩·安德森、拉尔夫·G. 马丁、伊丽莎白·纳特尔副教授，波士顿大学的查尔斯·奈尔斯、艾丽西娅·普雷沃斯特、唐·沃尔顿和李·怀特。感谢西北大学的慷慨资助，以及劳拉·奥尔森及大卫·鲁宾斯坦对我的研究给予的大力支持。感谢肯尼迪总统图书馆的工作人员：莎伦·凯利、梅根·迪斯努瓦耶、玛丽罗丝·格罗斯曼和斯蒂芬·普洛特金；感谢罗斯福总统图书馆提供的便利，内布拉斯加大学的同仁及内布拉斯加历史协会给予的大力协助。